許道勳 注譯
陳滿銘 校閱

新譯貞觀政要

三民書局

國家圖書館出版品預行編目資料

新譯貞觀政要／許道勳注譯;陳滿銘校閱.——二版四刷.——臺北市：三民，2022
面；　公分.——(古籍今注新譯叢書)

ISBN 978-957-14-2165-0（平裝）
1. 中國政治制度 2. 唐代

624.11

古籍今注新譯叢書

新譯貞觀政要

注譯者　許道勳
校　閱　陳滿銘

發行人　劉振強
出版者　三民書局股份有限公司
地　址　臺北市復興北路 386 號 (復北門市)
臺北市重慶南路一段 61 號 (重南門市)
電　話　(02)25006600
網　址　三民網路書店 https://www.sanmin.com.tw

出版日期　初版一刷 1995 年 7 月
二版一刷 2008 年 5 月
二版四刷 2022 年 5 月
書籍編號　S030840
I S B N　978-957-14-2165-0

三民書局

唐太宗立像

唐太宗李世民（西元599-649年）高祖次子，隋末天下大亂，勸高祖舉兵，成統一之業，封秦王。及即位，銳意圖治，去奢輕賦，寬刑整武，海內昇平，威及域外。號天可汗，年號貞觀。

唐太宗納諫圖

圖上方題：徐仲和臨閻立本畫唐太宗納諫圖。並讚：太宗堂堂天日表，納諫受言心轉小。鄭公凜凜社稷臣，抗論輸忠殊不撓。精神會合一堂上，賢範英姿屹相向。後來閻相寫其真，至今見者皆尊仰。赭袍玉帶照面光，烏鞾短笏唐人裝。折腰上前進讜論，忠肩義頰搖風霜。

魏徵畫像

魏徵（西元580-643 年），字玄成。唐初名臣，以「善諫」著稱。太宗時深受信用，先後上奏二百餘次。既卒，太宗親臨慟哭，廢朝五日。唐太宗曾謂侍臣曰：「夫以銅為鏡，可以正衣冠；以古為鏡，可以知興替；以人為鏡，可以明得失。朕常保此三鏡，以防己過。今魏徵殂逝，遂亡一鏡矣！」因泣下久之。（詳見本書卷二<任賢>篇）

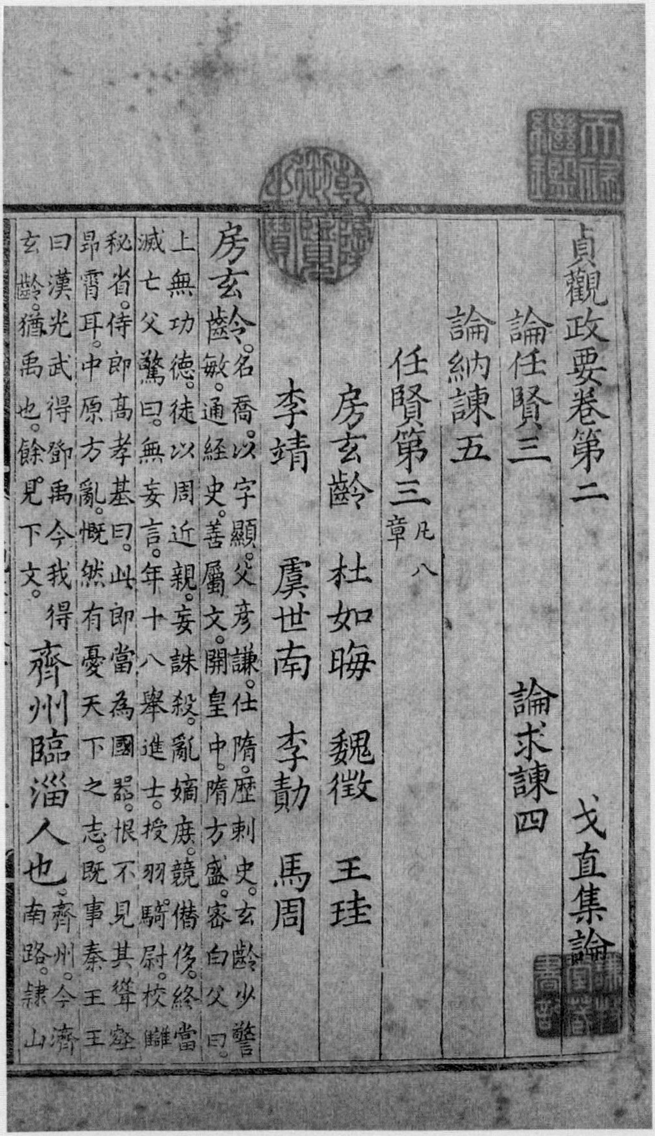

貞觀政要卷第二　戈直集論

論任賢三　論求諫四

論納諫五

任賢第三 凡八章

房玄齡　杜如晦　魏徵　王珪

李靖　虞世南　李勣　馬周

房玄齡。名喬。以字顯。父彥謙。仕隋。歷刺史。玄齡少警上無功德。徒以周近親。妄誅殺。亂嫡庶。競侈。終當滅亡。父驚曰。無妄言。年十八舉進士。授羽騎尉。校讎秘省。侍郎高孝基曰。此郎當為國器。恨不見其聳壑昂霄耳。中原方亂。慨然有憂天下之志。既事秦王。王曰。漢光武得鄧禹。今我得玄齡。猶禹也。餘見下文。齊州臨淄人也。齊州。今濟南路。隸山

明版戈直集解本《貞觀政要》書影

刊印古籍今注新譯叢書緣起

劉振強

人類歷史發展，每至偏執一端，往而不返的關頭，總有一股新興的反本運動繼起，要求回顧過往的源頭，從中汲取新生的創造力量。孔子所謂的述而不作，溫故知新，以及西方文藝復興所強調的再生精神，都體現了創造源頭這股日新不竭的力量。古典之所以重要，古籍之所以不可不讀，正在這層尋本與啟示的意義上。處於現代世界而倡言讀古書，並不是迷信傳統，更不是故步自封；而是當我們愈懂得聆聽來自根源的聲音，我們就愈懂得如何向歷史追問，也就愈能夠清醒正對當世的苦厄。要擴大心量，冥契古今心靈，會通宇宙精神，不能不由學會讀古書這一層根本的工夫做起。

基於這樣的想法，本局自草創以來，即懷著注譯傳統重要典籍的理想，由第一部的四書做起，希望藉由文字障礙的掃除，幫助有心的讀者，打開禁錮於古老話語中的豐沛寶藏。我們工作的原則是「兼取諸家，直注明解」。一方面熔鑄眾說，擇善而從；一方面也力求明白可喻，達到學術普及化的要求。叢書自陸續出刊以來，頗受各界的喜愛，使我們得到很大的鼓勵，也有信心繼續推廣這項工作。隨著海峽兩岸的交流，我們注譯的成員，也由臺灣各大學的教授，擴及大陸各有專長的學者。陣容的充實，使我們有更多的資源，整理更多樣化的古籍。兼採經、史、子、集四部的要典，重拾對通才器識的重視，將是我們進一步工作的目標。

古籍的注譯，固然是一件繁難的工作，但其實也只是整個工作的開端而已，最後的完成與意義的賦予，全賴讀者的閱讀與自得自證。我們期望這項工作能有助於為世界文化的未來匯流，注入一股源頭活水；也希望各界博雅君子不吝指正，讓我們的步伐能夠更堅穩地走下去。

新譯貞觀政要 目次

卷二

卷三

卷四

導讀

（一）

讀《貞觀政要》之前，應該瞭解唐太宗及其貞觀之治，應該瞭解這部書產生的歷史背景。

唐太宗姓李，諱世民。生於隋文帝開皇十八年十二月（西元五九九年一月），卒於貞觀二十三年五月（西元六四九年七月），享年五十二歲。他是一個傑出的政治家和軍事家。這在歷代帝王中也是不多見的。正如〈貞觀政要序〉所說：「太宗時政化，良足可觀，振古而來，未之有也。」他的言行事跡和文治武功，至今仍然引人矚目。他生活的時代，恰恰是從隋末喪亂到唐初大治的歷史轉變時期。由於時代的需要，便造就了這位傑出的帝王。

隋煬帝大業十三年（西元六一七年）五月，太原留守李淵見天下紛亂，群雄競起，乃在晉陽（今山西太原）起兵，乘虛入關，直取長安。次年，即帝位，國號唐。舊史往往把興兵反隋和創建唐朝的功勞，都歸於李世民。其實，首謀人物乃是其父李淵。從年資、閱歷或者實際的政治、軍事經驗來說，李世民都夠不上「首謀」人物。可是，他年輕勇為，無所畏懼，起兵後率領右三軍，治軍嚴明，身先士卒，戰功卓著，已經初步顯露出他的軍事才華。

唐高祖李淵稱帝時，僅據關中一隅。經過多年的統一戰爭，先後凡六大戰役，才重新統一中國，建立了龐大的唐帝國。在唐初統一戰爭中，李世民獨立地指揮了四大戰役：討伐隴右的薛舉、薛仁杲，平定北方的劉武周，消滅洛陽的王世充以及竇建德勢力，鎮壓河北的劉黑闥。這些輝煌的功勳，在當時是沒有人可與之相匹敵的。軍事上的勝利，為他奪取帝位奠定了堅實的基礎。

隨著唐初統一戰爭的節節勝利，以唐高祖為首的皇族集團內部的摩擦日益加劇。武德年間，最突出的摩擦是秦王李世民與皇太子李建成之間皇位繼承權的搶奪。李世民後來回憶說：「武德六年已後，太上皇（李淵）有廢立之心，我當此日，不為兄弟所容，實有功高不賞之懼。」（《貞觀政要・忠義》）這裡，所謂「廢立」，恐怕是自我吹噓而已。但是，李世民不為長兄李建成和弟弟齊王李元吉所容，遭到種種傾軋，則完全是事實。須知，李淵的三個兒子，各自擁兵，構成三大集團勢力，即太子東宮、秦王府和齊王府。在建成與世民的爭鬥中，元吉倒向太子一邊，對秦王府造成了嚴重的威脅。處於劣勢的李世民，經過周密的策劃，在武德九年（西元六二六年）六月四日發動了玄武門之變，殺死了建成和元吉。對於這場蹀血禁門的事件，不能籠統地加以完全否定。其實，玄武門之變具有立嫡以長還是以功繼位的意義。嫡長制所確定的人選，往往不是賢才，未必有治理國家的能力。當然，李建成絕不是如舊史所記載的那樣昏庸、無能之輩。他為人寬簡仁厚，善於物色人物，如東宮僚屬王珪、魏徵、韋挺、薛萬徹、馮立等，都是傑出的能臣武將。在唐初統一戰爭中，也建立了一定的軍功。但是，與李世民相比較，無論是才能還是戰功，都差距甚大。李世民那種雄心奮發、積極向上的氣概是其兄弟所沒有的，他長期轉戰各地，馳騁沙場，深入民間，接近下層，學會了老謀深算的本領。如果根據立賢的原則，皇太子由李世民來當，無疑是更加理想的。但是，在李淵堅持嫡長制的情況並在建成和元吉的竭力反對下，只能以宮廷政變來解決。因此，玄武門之變一方面是爭權奪利的事件；另一方面，客觀上也是對傳統的嫡長制的挑戰。李世民的勝利，對於唐初社會歷史的發展起了積極的作用。

玄武門事變後，李世民取得了皇位的繼承權，不久又正式即位。在位達二十三年，政績顯赫，因為年號「貞觀」，所以史稱「貞觀之治」。這是中國歷史上最為突出的太平盛世。貞觀之治的內容，大抵包括以下幾點：一是經濟上休養生息，撫民以靜，如推行均田，獎勵墾荒，輕傜薄賦，勸課農桑，興修水利，增殖人口。二是廣開才路，任賢致治；強調知人要兼明善惡，用人要捨短取長。三是兼聽納下，鼓勵極言規諫，共相切磋，以成治道。四是寬仁慎刑，完善法制；嚴以執法，吏治清平。五是偃武修文，尊儒崇經；大興禮樂，大開學校。六是統一邊疆，推行和親、團結、德化政策。上述措施的明顯效果，是出現了政治安定、經濟繁榮、文化發達的局面。

太宗在位二十三年，大約可以貞觀十一年（西元六三七年）為界，分成前期、後期。前期治績卓越，國勢日益昌隆，到了後期，太宗「漸不克終」，從「清靜」到「奢縱」，由「虛己納下」到「不好直言」，出現了不如前期的景況。但從大局來看，並沒有出現敗亡的危機。貞觀二十二年（西元六四八年），太宗對自己作了這樣的評價：「吾居位已來，不善多矣，錦繡珠玉不絕於前，宮室臺榭屢有興作，犬馬鷹隼無遠不致，行遊四方，供頓煩勞，此皆吾之深過，勿以為是而法之。顧我弘濟蒼生，其益多；肇造區夏，其功大。益多損少，故人不怨；功大過微，故業不墮；然比之盡美盡善，固多愧矣。」（《資治通鑑》卷一九八）可見，唐太宗直至晚年還是有自知之明的，既不掩飾自己的過錯，更不把自己當作「盡美盡善」的完人，這是難能可貴的。用「功大過微，故業不墮」來評價貞觀之治的業績，也是十分恰當的。

隨著唐太宗的逝世，貞觀之治也就降下了燦爛的帷幕。皇太子李治即位，是為唐高宗。高宗親政的永徽年間（西元六五〇—六五五年），繼續推行輕徭薄賦政策，罷除軍役和土木營建，留意救災，平抑糧價；繼承任賢致治政策，尊禮輔相，穩定政局；強調求諫，開獻書之路，集思廣益；制訂《唐律疏議》，以使法制完善。顯然，所謂「永徽之治」實質上是貞觀之治的延續。

高宗永徽六年，立武則天為皇后。武氏是一個很有本領、權術的女性，加上唐高宗風疾愈來愈重，不能聽朝，於是政事皆取決於皇后。終高宗之世，武則天以皇后身分操持權柄長達二十四年，展現了女政治家的才能。

西元六八三年冬，唐高宗病逝於東都洛陽。武則天就把自己的兒子李顯推上皇帝寶座，即唐中宗。可是，中宗卻沒有摸透母親的意圖，自作主張，依恃皇后韋氏及其外戚集團。這是太后武則天所不能容忍的。西元六八四年春，當了不到兩個月皇帝的李顯被廢黜，改封為廬陵王。同時，武則天立小兒子李旦為皇帝，即唐睿宗。睿宗雖貴為天子，實際上是個傀儡。政事全取決於太后，居睿宗於別殿，不得有所干預。這意味著武則天以太后身分親臨朝政了。西元六九〇年，六十七歲的武則天以驚人的魄力與勇氣，舉行了正式登基典禮，改唐為「周」，改元「天授」，尊號為「聖神皇帝」。武則天經由數十年的奮鬥，跨越重重政治障礙，最後終於如願以償，成為中國歷史上唯一的女皇帝。客觀地評論，武周時期的政治經濟措施，基本上是有著積極作用的。但是，在當時傳統的封建宗法觀念看來，武周政權是對李唐王朝的否定，也是對貞觀之治和永徽之治的否定。所以，在許多的官僚士大夫中，始終存在著復興李唐的意識。大臣吉頊私下說：「天下士庶未忘唐德，咸復思廬陵王。」（《資治通鑑》卷二〇六）被廢的廬陵王李顯，在「天下士庶」心目中，仍然是李唐王朝的象徵性人物。最後，連女皇武則天也屈從於復興李唐的政治潮流，重新迎立李顯為皇太子，而且意識到「還歸李家」是難以阻遏的事。

西元七〇五年，發生了著名的五王政變。所謂「五王」，是指張柬之、桓彥範、敬暉、崔玄暐、袁恕己。他們是政變的策動者，後來都被封為王，故稱「五王」。這場政變逼使女皇武則天遜位，李顯重新登上皇帝寶座。勝利的原因，從根本上說，是由於順應了「復李氏社稷」的歷史潮流。

唐中宗李顯復位以後，恢復國號為「唐」。中宗是個愚闇之主，大權落在皇后韋氏手裡。韋后企圖「襲則天故事」，卻根本沒有武則天那樣的才能，其專權結果出現了自唐初以來未曾有過的腐敗局面。尤其不得人心的是，武則天專權時，尚不敢謀殺唐高宗；而韋后竟「親行弒逆」，合謀毒死唐中宗，結果當然是「人心盡搖」，自取滅亡。

正是在「人神憤怨」的形勢下，唐睿宗李旦的兒子李隆基（即後來的唐玄宗），毅然以「拯社稷之危」為己任，於景龍四年（西元七一〇年）六月發動政變，一舉誅滅韋氏之黨。政變成功後，二十六年前當過傀儡皇帝的唐睿宗，重新登上御座，決心「改中宗之政，依貞觀故事，有志者莫不想望太平」（《隋唐嘉話》卷下）。當時，在宰相姚崇、宋璟等人的努力下，革除弊政，賞罰盡公，綱紀修舉，「翕然以為復有貞觀、永徽之風」（《資治通鑑》卷二〇九）。貞觀之治的歷史經驗引起了人們的重視。然而，好景不長，僅僅維持了半年多。由於李隆基的姑母太平公主作祟，姚崇和宋璟被貶為刺史，朝中紊亂局面又如中宗之世，不可收拾。

直至先天二年（西元七一三年）七月，唐玄宗李隆基徹底地鏟除了太平公主的勢力，親始聽政，才把「依貞觀故事」真正地落實下來，開創了歷史上著名的「開元之治」。開元前期，大約十年，賢相姚崇和宋璟努力地「復貞觀之政」，還用唐太宗、長孫皇后以及魏徵等故事，規勸唐玄宗遵禮儀、戒奢靡。年僅二十九歲的唐玄宗求治心切，任賢用能，安國撫人，求諫納諫，後來又恢復了諫官議政制度。史稱：「我開元之有天下也，糾之以典刑，明之以禮樂，愛之以慈儉，律之以軌儀。……貞觀之風，一朝復振。」（《舊唐書．玄宗本紀》）可見，唐玄宗「依貞觀故事」是成功的。這樣重新恢復「貞觀之風」，又開創了新的「盛世」。

但是，到了開元中期，人已中年的唐玄宗，為前期功績而感到欣喜，重用了一位「志在粉飾盛時」的宰相張說。在一片「萬歲」聲中，舉行了泰山封禪大典；又弄出個千秋節，使得君臣更為荒怠逸樂了。加上宰相不和，諫諍漸衰，奢靡日增，正如當時人所說的：「人君德消政易。」（《新唐書．五行志》）於是在這種情況下，傑出的史臣吳兢便獻上一部《貞觀政要》，要唐玄宗「克遵太宗之故事」。吳兢從萌發編撰貞觀史事，到搜集積累材料，再到初稿編成與修改，最後定稿呈獻，經歷了唐中宗、睿宗、玄宗三朝。換句話說，《貞觀政要》這部書，是「依貞觀故事」的歷史過程所編撰而成的。如果不瞭解上述歷史背景，也就很難領悟這部書的內容和價值。

（二）

《貞觀政要》編者吳兢，汴州浚儀（今河南開封）人。生於唐高宗咸亨元年（西元六七〇年），上距貞觀之治和永徽之治並不久遠。家世不詳，父親肯定不是大官，但也算是讀書人。吳兢小時候勵志勤學，博通經史。武則天稱帝時，才二十歲出頭，目睹了改「唐」為「周」

的大轉變。青年時期的吳兢，靠著自己的才華，得到當時著名人物魏元忠、朱敬則的器重。大約武周聖曆二年（西元六九九年）至長安三年（西元七〇三年）間，魏元忠、朱敬則先後任宰相時，推薦吳兢為史官，與著名史學家劉知幾等一起編修「國史」。所謂「國史」，即唐王朝歷史。顯然，吳兢在當時已開始研究貞觀史事，但還不可能有編撰《貞觀政要》的企圖。

到了神龍元年（西元七〇五年），女皇武則天下臺，唐中宗復位，由於「依貞觀故事」的現實任務已經提出，所以研究貞觀之治的歷史成了重要的課題。這時吳兢雖已離開史館，擔任右拾遺（諫官），後又升為右補闕（諫官），但仍參加編修《則天實錄》的工作，同時作為正直的諫官，更注意從政策角度研究貞觀之治。毫無疑問，他從此已有私人編撰《貞觀政要》的意圖，並作了一些搜集整理史料的工作。當然，那時距離編成還差得很遠，更談不到呈獻了。據宋代的《館閣書目》注云「神龍中（西元七〇五—七〇六年）所進」，而明代宋濂也認為《貞觀政要》獻於唐中宗時，但這些說法都不可靠。因為唐中宗復位五年多的時間裡，朝政全由韋后之黨操縱，而吳兢則上書反對「剪伐宗支，妄任異姓」，怎麼還會寄望於唐中宗呢？

到了開元初，由於唐玄宗真正地致力於「依貞觀故事」，使得頗有政治見識的吳兢，熱切地希望新皇帝能夠接受教訓，以治國安邦，所以他上疏說：「太宗皇帝好悅至言，時有魏徵、王珪、虞世南、李大亮、岑文本、劉洎、馬周、褚遂良、杜正倫、高季輔，咸以切諫，引居要職。……當是時，有上書益於政者，皆黏寢殿之壁，坐望臥觀。雖狂瞽逆意，終不以為忤。故外事必聞，刑戮幾措，禮義大行。陛下何不遵此道，與聖祖繼美乎？」（《新唐書・吳兢傳》）從這篇奏疏中可看出，吳兢的用心以及他對貞觀史事的重視。沒多久，在開元三年（西元七一五年），吳兢服母喪完畢後，唐玄宗特任他為諫議大夫（正五品上），兼修國史。次年六月，太上皇睿宗逝世，因實錄留在東都洛陽，唐玄宗便詔令吳兢「馳驛取進梓宮」。至開元五年九月，終於恢復諫官、史官參與議政制度，吳兢也就有更多機會接近宰相們，並從事各種政治活動。接著在開元八、九年，中書令張嘉貞和侍中源乾曜執政，「緬懷故實」，曾命吳兢選錄貞觀史事。於是吳兢確定了體裁大綱，「參詳舊史，撮其指要」，編成了《貞觀政要》一書，當時他已五十餘歲。

但是，不久，即開元十一年二月，「一代詞宗」張說取代張嘉貞的中書令位置，成為唐玄宗最寵信的宰相。吳兢與張說之間原有矛盾：在唐中宗神龍年間，張說自恃權勢，要吳兢修改《則天實錄》中涉及張說的史事，吳兢堅決抵制，說：如果曲徇私請，則此史不為直筆，怎能取信於後世呢！可能是由於這種糾葛，在張說執政時期，吳兢不願意獻上自己的《貞觀政要》。恰好這時，吳兢的父親逝世，按規定要辭職歸家服喪，宰相張說便趁機用另一個人取代了吳兢的史官位置。吳兢服父喪完畢，唐玄宗任他為太子左庶子（正四品上）。

開元十三年，東往泰山舉行封禪大典，唐玄宗在途中馳射為樂，身為太子左庶子的吳兢提了反對意見，玄宗接受了。封禪禮畢，回到東都洛陽，吳兢再就「分吏部為十銓」之事，上表批評玄宗：「陛下曲受讒言，不信有司，非居上臨人推誠感物之道。」（《資治通鑑》卷二一二）次年六月，吳兢又不勝惓惓之情，批評「陛下庶政之闕」，強調：「願斥屏群小，不為慢遊，出不御之女，減不急之馬，明選舉，慎刑罰，杜僥倖，存至公。」（《新唐書·吳兢傳》）在當時歌功頌德和一片「萬歲」聲中，這樣直言敢諫是需要很大的勇氣的。作為對「貞觀之治」頗有研究的良史，特別能夠從比較中看清楚開元中期不如前期的景況。

開元十七年（西元七二九年），每事切諫的吳兢，不為唐玄宗所容，「出為荊州司馬，制許以史稿自隨」（《舊唐書·吳兢傳》）。所謂「史稿」是指未編完的「國史」，當然那部早已編成而未及上獻的《貞觀政要》也隨身帶去了。就在這年，他素來敬仰的宰相源乾曜，被罷免了侍中職位，得了個「安陽郡公」封號。也在這年，他敬仰的原中書令「河東侯」張嘉貞，病逝於洛陽。吳兢百感交集，憂國憂民，情不自禁地寫下了二百餘字的〈貞觀政要序〉：「有唐良相日侍中安陽公、中書令河東公，以時逢聖明，位居宰輔，寅亮帝道，弼諧王政，恐一物之乖所，慮四維之不張，每克己勵精，緬懷故實，未嘗有乏。太宗時政化，良足可觀，……爰命不才，備加甄錄，體制大略，咸發成規。……凡一帙一十卷，合四十篇，名曰『貞觀政要』。庶乎有國有家者克遵前軌，擇善而從，則可久之業益彰矣，可大之功尤著矣。」他想藉「貞觀故事」使唐王朝得以長治久安的心意，在這篇序文裡表白得十分清楚。

過了不久，吳兢將《貞觀政要》呈獻給唐玄宗，上表說：「臣愚比嘗見朝野士庶有論及國家政教者，咸云若陛下之聖明，克遵太宗之故事，則不假遠求上古之術，必致太宗之業。」他在這裡喊出了朝野士庶的呼聲，急切地希望唐玄宗「依貞觀故事」。同時，他又指出：「昔殷湯不如堯舜，伊尹恥之；陛下倘不修祖業，微臣亦恥之。」（〈上貞觀政要表〉）因此，他建議玄宗從隨表奉進的《貞觀政要》中，擇善而從，克遵前軌，以致太平之業。遺憾的是，玄宗似乎不理睬吳兢的一片心意，因為從現存的史籍中實在看不出唐玄宗對《貞觀政要》有一絲一毫的反應。後來，吳兢累遷台（今浙江臨海）、洪（今江西南昌）、饒（今江西鄱陽）、蘄（今湖北蘄春東北）四州刺史，加銀青光祿大夫，再遷相州（今河北臨漳西南）長史，封襄垣縣子。天寶初全國改官名，為鄴郡（今屬河北）太守。然後回京師，任唐玄宗第二十七子恆王李瑱的師傅。吳兢到了晚年，步履艱難，傴僂以行，還一直希望能回史館供職。但是宰相李林甫卻嫌他衰老，不用他。就這樣在天寶八載（西元七四九年）卒於家，享年八十歲。他畢生修史四十餘年，撰述甚多，可惜留存至今的只有《貞觀政要》一書而已。

（三）

史部著作題名「政要」者，似始於吳兢。以前，史著只有「撮要」、「略要」、「史要」之類名稱。唐初著名史學家李延壽寫了一部《太宗政典》三十卷，今已佚，其書體例和內容不詳。《新唐書・藝文志》將它和《貞觀政要》一起列入雜史類，或許有相似之處，但無法確定吳兢是否參考過《太宗政典》。《貞觀政要》主要由君臣一問一答串連而成，體式並不新穎，古來已有，但它篇目獨創，簡明扼要，條理清晰，詞兼質文，風格別致，在歷代古典文獻中是罕見的。

就內容而言，《貞觀政要》不是一般的歷史著作，而是提供政治教化的典範給有國有家者。正如吳兢在序中所說：「義在懲勸，人倫之紀備矣，軍國之政存焉。」書中不是枯燥而沉悶地敘述政教措施，而是通過君臣之間生動而形象、通俗而明白的言談，反映了貞觀時期人倫之紀和軍國之政。全書選錄了唐太宗和四十五位大臣的言論，分為十卷四十篇，每篇大致按年代先後排列史事。內容十分廣泛，包括君道政體、任賢納諫、歷史鑒戒、太子教育、道德規範、學術文化、刑法貢賦、征伐安邊、慎始慎終等等。茲略加介紹於後：

第一、論君道

在此強調「為君之道，必須先存百姓」。確定了「安人治國」的根本方略。民為邦本，原是儒家傳統的政治思想，也是歷來「治國」大義。《貞觀政要》對此作了新的發揮，把「存百姓」當作「為君之道」的先決條件，同時又把「存百姓」跟帝王「正其身」相聯繫。它的思想邏輯是：封建王朝的長治久安取決於百姓之能否生存，而百姓的存亡又取決於君主自身之能否克己寡欲。這樣，把國治、民存、君賢三者有機地結合起來，反覆強調「有道則人推而為主，無道則人棄而不用」、「君，舟也；人，水也。水能載舟，亦能覆舟」的道理。

從上述開明的君道觀出發，還引申出農本論的經濟思想。「凡事皆須務本。國以人為本，人以衣食為本，凡營衣食，以不失時為本」。這種農本論並非抽象的概念，而是具體地表現為撫民以靜的施政方針。一方面，要讓農民休養生息，「人人皆得營生，守其資財」。另一方面，君主要清靜寡欲，不奪農時。認為「若兵戈屢動，土木不息，而欲不奪農時，其可得乎？」在在都強調務本的重要。

第二、論任賢致治

在此強調「能安天下者，惟在用得賢才」。這反映了貞觀時期的卓越人才觀和用人政策。所謂「貞觀之治」，從某種意義上說，也就是任賢致治。《貞觀政要》反覆宣揚「致安之本，惟在得人」，把「得人」作為「致安」的根本，視致治為任賢的目的。用人自然要講標準，「任官惟賢才」，特別在「太平之時，必須才行俱兼，始可任用」。這裡堅持才德兼備的高標準，反對濫賜官爵。有德乏才或有才缺德，均不為美，都不予以重用。

用人之道，包括知人和用人兩個方面。「知人之事，自古為難，故考績黜陟，察其善惡」。知人要兼明善惡，好壞自有客觀標準，不能憑主觀想像，一定要在使用過程中加以考察，以補主觀上片面瞭解的不足。知人既不易，而用人則更難，難在善任。「明王使人如器」，應該棄其所短，取其所長，使各種各樣人都能盡其才，發揮出他們的聰明才智。〈任賢〉篇列舉房玄齡、杜如晦、魏徵、王珪、李靖、虞世南、李勣、馬周的業績，展現了貞觀時期人才濟濟的盛況。

第三、論求諫與納諫

在此強調「兼聽則明，偏信則暗」。由此可見貞觀之治的特異光彩。

讀《貞觀政要》，給人留下印象最深的恐怕是：雄才大略而從諫如流、兼聽納下的唐太宗，他不愧為中華民族歷史上傑出的政治家。「貞觀之初，恐人不言，導之使諫」。由於唐太宗的積極倡導，諫諍風行一時，面折廷爭的事例，屢見不鮮。上自宰相御史，下至縣官小吏，舊部新進，甚至宮廷嬪妃，都有人敢於犯顏直諫。這關鍵在於唐太宗能誠意納諫。魏徵把話說到了底：「陛下導臣使言，臣所以敢言。若陛下不受臣言，臣亦何敢犯龍鱗、觸忌諱也。」的確，如果唐太宗專橫跋扈，聽不得半點不同意見，那麼魏徵即使不成為刀下鬼，至少也得削職為民了。

為什麼唐太宗如此熱心地求諫、納諫呢？《貞觀政要》中也作了一些分析。因為唐太宗不把自己當作「盡見天下事」的完人，認為「以天下之廣，四海之眾，千端萬緒，……豈得以一日萬機，獨斷一人之慮也。」因而他主張「兼聽則明」，集思廣益；反覆強調君臣事同魚水、共理天下、同心同德的道理；極力希望臣僚們「須相匡諫」、「共相切磋」。

第四、論以亡隋為鑒戒

據統計，《貞觀政要》中談到以亡隋為戒的事有四十五處。其中談到隋的暴政，如大興土木、窮兵黷武、刻剝百姓的事，有二十一處。此外，還有許多地方論辯歷代興亡之事，特別是秦始皇暴政和「二世而亡」，所謂「以古為鏡，可以知興替」，總結歷史經驗是制訂方針政策的重要根據。例如，鑒於隋煬帝的倒行逆施，唐初君臣們感到非「簡靜」不可。魏徵向唐太宗說：「百姓欲靜而徭役不休，百姓凋殘而侈務不息，國之衰弊，恆由此起。」為了避免重蹈隋亡的覆轍，唐太宗堅決地實行「安靜」的政策。後來，魏徵在論時政疏中作了這樣的對比：「隋氏以富強而喪敗，動之也。我以貧窮而安寧，靜之也。靜之則安，動之則亂，人皆知之，非隱而難見也，非微而難察也。」可見，唐初策略的變換，是以隋亡為殷鑒的。

第五、論對太子諸王的教育

從《貞觀政要》中可以看到，唐太宗和大臣們非常重視後繼人培養問題。他們深深地懂得：太子諸王生於深宮之中，長於婦人之手，成人後缺乏父輩那樣涉足民間、經受動亂的社會閱歷，難免目光短淺，識不及遠。如果恃恩驕逸，犯義悖禮，不遵典憲，僭差越等，就會「棄忠貞之正路，蹈姦宄之迷塗」。因此，強調教育的重要性，甚至當作國家最急之事。為此，「搜訪賢德，以輔儲宮（太子），爰及諸王，咸求正士」。同時，要太子諸王「尊敬師傅」，「知君臣、父子、尊卑、長幼之道」，唐太宗還親自進行教育，「遇物必有誨諭」，抓住日常衣食住行的生活瑣事，寓以深刻的治國哲理。如此精心培養後繼者，目的是為了保證貞觀之治的政策能延續下去，不至於中斷。

第六、論道德教化、移風易俗

《貞觀政要》以相當多的篇幅，論述仁義、忠義、孝友、公平、誠信、儉約、謙讓、仁惻、慎所好、慎言語、杜讒邪、悔過、奢縱、貪鄙等等。本來「人君之治，莫大於道德教化」，但經歷隋末喪亂之後，風俗澆薄，不知廉恥，因此「必須撫之以仁義，示之以威信，因人之心，去其苛刻，不作異端，自然安靜」。同時，唐太宗又強調防止奢靡、節用民力的重要，並規定王公以下第宅、車服、婚喪等不得隨意浪費。「由是二十年間，風俗簡樸，衣無錦繡，財帛富饒，無飢寒之弊」，這對貞觀之治的形成是有重大貢獻的。

第七、論儒學與禮樂

唐太宗畢生的事業，前有以武撥亂之功，後有「偃武修文」之盛。所謂「修文」，主要是指尊崇儒術、兼隆佛道、興辦學校、制禮作樂、廣收圖籍、編纂史書等。這些文治措施，在《貞觀政要》中也有所記述。例如，貞觀二年（西元六二八年），以孔子為先聖，加以頂禮膜拜。「是歲大收天下儒士，賜帛給傳，令詣京師，擢以不次，布在廊廟者甚眾」。貞觀四年，再詔令顏師古考定「五經」；後來又命孔穎達編撰《五經正義》，付國學施行。其中值得注意的是：〈禮樂〉篇闡發了「人和則樂和」的卓越見解，強調「樂在人和，不由音調」，反映了貞觀君臣們的民本論的思想特徵。

第八、論完善法制

從〈刑法〉篇、〈赦令〉篇以及〈公平〉篇等可以看到，貞觀立法具有往代少見的完善性能：首先注重劃一性，「宜令審細，毋使互文」。其次強調穩定性，法令不可數變，「必須審定，以為永式」。再次注意簡約性，「國家法令，惟須簡約，不可一罪作數種條」。此外，為了完善死刑的審批程序，具體規定：處決死罪的，在京城裡要二天內覆奏五次，其他諸州則仍舊「三覆奏」。這樣規定多少可以糾正一些冤錯案件，體現了寬仁慎刑的施政原則。

第九、論安邊政策

唐王朝是統一的多民族的國家，正如《貞觀政要》中所說：「弱水、流沙，並通輶軒之使；被髮左衽，皆為衣冠之域。正朔所班，無遠不居。」唐太宗在各族中享有崇高的聲望，被尊為「天可汗」，這是同他推行開明的民族政策分不開的。例如和親政策，唐太宗認為：「北狄風俗，多由內政，亦既生子，則我外孫，不侵中國，斷可知矣。以此而言，邊境足得三十年來無事。」當然游牧民族和農業民族不同，未必注重封建宗法、提倡孝道。但是，唐初和親政策還是起了一定的作用。

第十、論居安思危、善始慎終

一部《貞觀政要》，幾乎處處談到「安不忘危，治不忘亂」的道理。末篇選錄魏徵的〈十漸疏〉，寓意深刻。疏中列舉了唐太宗「漸不克終」的十種表現，例如：貞觀之初，清靜無欲；今則其風漸墜，遠求珍奇。過去，每存簡約，無所營為；今則意在奢縱，輕用民力。過去，親愛君子，斥退小人；今則疏遠君子，昵近小人。以往，求賢如渴，近歲卻由心好惡。以往，孜孜不怠，屈己從人；近來則驕矜放逸，恃功自傲。這些淋漓盡致的對比，反映了貞觀後期不如前期的景況。對此，唐太宗總算是虛心採納，「聞過能改，庶幾克終善事」，不愧為英明的君主。

綜上所述，《貞觀政要》是一部系統地總結唐初「治國安邦」之術的書。歷代較有作為的帝王，無不把它作為自己的必讀參考書，甚至視為座右銘。例如，唐文宗「在藩時，喜讀《貞觀政要》，每見太宗孜孜政道，有意於茲」（《舊唐書・文宗本紀》），元朝皇帝也很重視《貞觀政要》，常請儒臣講解書中內容。而明朝更規定：皇帝除三、六、九日上朝以外，每天中午都請侍臣教授《貞觀政要》。明憲宗甚至親自為之作序，以示推崇。到了清朝，康熙、乾隆皇帝也很熟悉《貞觀政要》內容，十分仰慕「貞觀之治」。當然，中唐以後，封建社會漸入後期，時代不同了，想學唐太宗的那一套，也是學不像了，再也不可能出現「貞觀之治」那樣的昇平治世。不過，後世帝王仍從中學到一些治國經驗，用以鞏固和維護自己的統治地位。直到今天，這部書不僅為我們研究唐初歷史提供了許多重要資料，而且留下了一些有益的啟示。

（四）

吳兢編撰《貞觀政要》時，由於注重軍國之政和人倫之紀，以懲惡勸善，所以對史料的處理似不夠細密。加上呈獻時年已花甲，且又離開史館在地方上當官，也就沒有一一加以審定。《舊唐書》本傳說晚年史著「事多紕繆」；《新唐書》本傳稱「晚節稍疏牾，時人病其太簡」。看來，「紕繆」、「疏牾」之類毛病，在《貞觀政要》中確是存在的。

唐宋時期，各種古本流傳，互不一致。元朝儒臣戈直曾重新加以整理編輯，校勘注釋，並附有唐宋名家柳芳、歐陽修、司馬光等二十二人的評論。這是《貞觀政要》第一次的整理本，通常稱為戈直集解本，簡稱戈本，刊於元朝至順四年（西元一三三三年）。戈本比較完整，流行廣泛。然而，它正如晚清羅振玉所指出的：「戈氏作集論時，往往移易篇章，刊刻亦多衍脫。」與原書出入不小。譬如卷二〈納諫〉篇所附〈直諫〉篇，並非吳兢的原著，而是後人根據《魏鄭公諫錄》等書材料而增補的。

現存最早的版本是明朝洪武三年（西元一三七〇年）王氏勤有堂刻本，離戈本不到四十年，今藏於北京圖書館善本部。接著於明朝成化元年（西元一四六五年）刊刻戈直集解本，流傳至今。從文字上比較，成化刊本比洪武刻本通順，詞意也要確切些。清朝席世臣曾對戈本作些文字上的訂正，但席本與戈本的區別不大。晚清楊守敬、羅振玉都想重新整理，可惜沒有結果。上海涵芬樓影印過元戈直注明成化刊本，於一九七八年九月由上海古籍出版社據以標點印行，發行量最廣。

《貞觀政要》成書至今已有一千二百多年。由於原書的疏失，加上歷代轉輾抄刻，相繼刊行，堆積了大量的錯誤。上海古籍出版社出版的新本雖然改正了一些錯誤，但是問題依舊甚多。其中訛誤最多的是編年問題。例如，卷一〈政體〉篇載：貞觀七年，大臣封德彝參加「理政得失」的辯論。按封德彝死於貞觀元年六月，怎麼可能出現在貞觀七年呢？這件事，《新唐書·魏徵傳》和《資治通鑑》並繫於唐太宗即位初，即武德九年冬，較為確切。又如，卷二〈直諫〉篇載：貞觀三年，詔關中免二年租稅，關東給復一年。按《新唐書·太宗本紀》、《舊唐書·太宗本紀》、《資治通鑑》和《冊府元龜》，均繫此事於武德九年八月。其次，官名錯誤的也不少。例如，卷五〈忠義〉篇載：貞觀九年，蕭瑀為尚書左僕射。按當時尚書左僕射乃房玄齡，而蕭瑀則為「特進」。又如，卷九〈征伐〉篇載：貞觀元年，嶺南諸州奏言高州酋帥反叛，詔遣兵討伐，祕書監魏徵上諫。按當時魏徵為尚書右丞兼諫議大夫，至貞觀三年始遷祕書監。此外，史實錯誤的也不少。例如，卷五〈公平〉篇載：長孫無忌誤帶刀入殿，徒二年，罰銅二十斤。按唐律規定：徒一年，罰銅二十斤；徒二年，罰銅四十斤。又據《舊唐書·戴胄傳》，長孫無忌當被判處徒一年，代之以罰銅二十斤。諸如此類，不一而足。因此，治唐史者引用此書資料，是務須加以鑒別的。

由於明成化刊本在詞義上比洪武刻本通順，而上海古籍出版社的新本即依據明成化刊本標點印行，且又改正了一些錯誤。因此，本新注譯本就依據這新本進行注釋和語譯。語譯時，參考的注譯本有兩種：一是葉光大先生主編的《貞觀政要譯注》（四川人民出版社一九八七年一月出版）；二是王吉祥等先生撰的《貞觀政要注譯》（河北人民出版社一九八七年四月出版）。而其中虛字的意義，則依據的是呂叔湘先生著的《文言虛字》。特此說明，不敢掠美。

最後，殷切地希望讀者們對這新注譯本提出批評，多指教。

貞觀政要序

有唐良相曰侍中安陽公❶、中書令河東公❷，以時逢聖明❸，位居宰輔❹，寅亮❺帝道，弼諧❻王政，恐一物之乖所❼，慮四維❽之不張，每克己勵精，緬懷故實❾，未嘗有乏。太宗時政化，良足可觀，振古❿而來，未之有也。至於垂世立教之美，典謨諫奏⓫之詞，可以弘闡大猷⓬，增崇至道⓭者，爰⓮命不才⓯，備加甄錄⓰，體制大略，咸發成規。於是綴集所聞，參詳舊史，撮其指要⓱，舉其宏綱，詞兼質文⓲，義在懲勸，人倫之紀⓳備矣，軍國之政存焉。凡一帙⓴一十卷，合四十篇，名曰「貞觀政要」。庶乎有國有家者克遵㉑前軌，擇善而從，則可久之業益彰矣，可大之功尤著矣，豈必祖述堯、舜，憲章文、武㉒而已哉！其篇目次第列之於左。

【章　旨】此「序」述編撰《貞觀政要》的目的，在於克遵唐太宗之故事，以使國家長治久安。

【注　釋】❶安陽公　即源乾曜，唐玄宗開元八年（西元七二〇年）任為侍中；開元十七年罷侍中，乃拜太子少傅，封安陽郡公。❷河東公　即張嘉貞，開元八年任為中書令，開元十一年罷免。後又任工部尚書，累封河東侯。開元十七年，病逝於東都洛陽。❸聖明　指唐玄宗。❹宰輔　宰相。唐初三省長官，如尚書左右僕射、中書令、侍中等，均為宰相。❺寅亮　寅，敬。亮，輔助。❻弼諧　輔助。弼，輔佐。諧，調和。❼乖所　安置錯失。乖，違背。❽四維　治國之四綱，即禮、義、廉、恥。❾故實　故事；史實。❿振古　自古；往古。⓫典謨諫奏　典章、謀略、諫諍、奏疏。⓬大猷　大計。猷，計謀。⓭至道　至善之道。⓮爰　於是。⓯不才　自稱的謙詞。⓰甄錄　選錄。甄，鑒別；選取。⓱指要　旨要；要旨。⓲質文　實質與文采。⓳紀　綱紀。⓴帙　書一套為一帙。㉑克遵　能夠遵循。㉒憲章文武　效法周文王、武王。憲章，效法。

【語　譯】唐朝的良相中有侍中安陽公源乾曜、中書令河東侯張嘉貞兩人，由於他們時逢聖明的君主，居於宰相的地位，恭謹地輔成帝王之道，佐助並協調帝王之政，擔心對每一件事物的安置有所不當，憂慮禮、義、廉、恥不能張揚，所以經常克制自己，勵精圖治，緬懷史實，未曾有所廢缺。而唐太宗時的政事教化，確實很有可觀的地方，是自古以來所沒有過的。至於它流傳後世以樹立教化的美德，典章、謀略、諫諍、奏疏之類的文詞，都可以弘揚與闡述治國的大計，使至善之道更趨崇高，便命令我盡量地加以選錄，體裁大要都發自現成的規矩。於是我聚集所聽到的事實，參考舊史的記載，摘取其中的要旨，列舉出大綱，文詞既反映實質，又有文采，而意義則在於懲惡勸善，這樣，人倫的綱紀和軍國的政事都詳盡地包括在書中了。全書凡一帙一十卷，共四十篇，書名叫「貞觀政要」。希望擁有國家的君主能夠遵循前軌，擇善而從，那麼不但使可以傳之久遠的帝業日益彰明，也使可以發揚光大的功勳更加顯著了，難道一定要祖述堯、舜，效法周文王、武王才行嗎！全書的篇目次第，按照順序列在左面。

卷一

君道第一

貞觀初❶，太宗謂侍臣❷曰：「為君之道，必須先存百姓，若損百姓以奉其身，猶割股❸以啖腹❹，腹飽而身斃。若安天下，必須先正其身，未有身正而影曲，上治而下亂者。朕❺每思傷其身者不在外物，皆由嗜欲❻以成其禍。若躭嗜滋味，玩悅聲色❼，所欲既多，所損亦大，既妨政事，又擾生人❽。且復出一非理之言，萬姓為之解體❾，怨讟❿既作，離叛亦興。朕每思此，不敢縱逸。」諫議大夫⓫魏徵⓬對曰：「古者聖哲之主，皆亦近取諸身，故能遠體諸物。昔楚⓭聘詹何⓮，問其治國之要。詹何對以脩身之術。楚王又問治國何如？詹何曰：『未聞身治而國亂者。』陛下所明，實同古義。」

【章旨】此章論帝王之道在於必須先存養百姓，要存養百姓則必須先正其身，不可耽於聲色。

【注釋】❶貞觀初　指貞觀元年（西元六二七年）。貞觀，唐太宗年號。❷侍臣　侍從皇帝的臣僚。❸股　大腿。❹啖腹　吃飽肚子。❺朕　皇帝自稱。❻嗜欲　愛好各種東西的貪欲。❼聲色　指歌舞和女色。❽生人　生民；百姓。❾解體　肢體解散，比喻人心叛離。❿讟　謗；怨言。⓫諫議大夫　諫官名。唐高祖武德初置諫議大夫四員，職掌侍從贊相、規諫諷諭。⓬魏徵　字玄成，唐初名臣，以犯顏直諫聞名。北周靜帝大象二年（西元五八〇年）生於襄國郡鉅鹿縣（今屬河北），幼孤貧。隋末喪亂，詭為道士，投奔過李密的瓦崗軍和竇建德的河北義軍。唐太宗即位初，被封為諫議大夫，兼任尚書右丞。貞觀三年，遷祕書監，參預朝政。貞觀七年，官為侍中，封鄭國公。貞觀十七年，病逝於長安，諡曰文貞，陪葬昭陵。⓭楚　春秋時楚國。這裡指春秋五霸之一的楚莊王。⓮詹何　楚詹尹之後代，隱於漁釣。楚莊王聽說他有奇才，召而問以治國之要。事見《列子・說符篇》。

【語譯】貞觀初年，唐太宗對侍從的臣僚們說：「做國君的法則，在於必須先存養百姓，如果損害了百姓來供奉自身，猶如割下大腿上的肉來充飢，肚子填飽了，而人卻死了。如果要安定天下，必須先端正自己的行為，沒有自身端正而影子卻彎曲的，沒有上頭治好而下面卻叛亂的。我經常思索，傷害自身的東西不是外在之物，都是由於追求各種貪欲才造成了禍患。如果過度嗜好美味食品，愛好歌舞女色，那麼欲望既多，所遭到的損傷也就大了，這樣既妨礙政事，又擾亂了百姓。如果再說出一些不合情理的話，那麼百姓就會因此心生叛離，這樣怨恨之言既將發生，叛亂之事也就會興起了。我每想到這些，就不敢放縱自己的欲念去追求享樂。」諫議大夫魏徵回答說：「古代聖明的君主，也都是就近從自身的修養做起的，所以能夠遠遠地體察到各種事情。從前楚國君王聘用詹何，向他詢問治國的要術。詹何回答說要靠自身修養的方法。楚莊王又問這樣治國的結果如何？詹何說：『沒有聽說過自身修好而國家會遭到喪亂的。』陛下所闡明的，實在跟古代的道理是相同的啊。」

貞觀二年，太宗問魏徵曰：「何謂為明君暗君？」徵曰：「君之所以明者，兼聽也；其所以暗者，偏信也。《詩》❶云：『先民有言，詢於芻蕘❷。』昔唐❸、虞❹之理，闢四門❺，明四目，達四聰❻。是以聖無不照❼，故共❽、鯀❾之徒，不能塞❿也；靖言庸回⓫，不能惑也。秦二世⓬則隱藏其身，捐隔疏賤⓭而偏信趙高⓮，及天下潰叛，不得聞也。梁武帝⓯偏信朱异⓰，而侯景⓱舉兵向闕⓲，竟不得知也。隋煬帝⓳偏信虞世基⓴，而諸賊攻城剽邑，亦不得知也。是故人君兼聽納下，則貴臣不得壅蔽㉑，而下情必得上通也。」太宗甚善其言。

【章　旨】此章論明君與暗君之區別，並闡述「兼聽則明，偏信則暗」的道理。

【注　釋】❶詩　《詩經》，中國最早的詩歌總集。漢武帝立五經博士後，被列為儒家經典之一。❷先民有言二句　引自《詩經‧大雅‧板》。芻蕘，割草打柴之人，指草野鄙陋之人。❸唐　陶唐氏，即堯。❹虞　有虞氏，即舜。❺闢四門　謂廣開四方之門，以招攬天下賢俊之士。❻明四目二句　謂廣開四方之視聽，以決天下之壅蔽。❼照　明；知曉。❽共　共工，古代傳說中人物。堯時為臣子，試授工師之職，後被舜流放於幽州。❾鯀　夏禹之父。堯時為臣子，因治水無功，被舜戮於羽山。❿塞　蔽。⓫靖言庸回　謂恭維之言及邪佞之行。靖，同「靜」。回，違。⓬秦二世　名胡亥。秦始皇死，嗣位，稱二世皇帝。常居禁中，公卿不得朝見，後被專權的宦官趙高逼迫自殺。⓭捐隔疏賤　拋棄不親近的大臣，疏遠微賤的百姓。⓮趙高　秦朝宦官。居中用事，專權獨斷。逼死秦二世後，立子嬰為秦王，最終被子嬰所殺。⓯梁武帝　姓蕭，名衍，南朝梁開國之帝王。⓰朱异　字彥和，吳郡錢塘（今屬浙江）人。善窺人主意曲，能阿諛以承上旨，故特被寵任。歷官員外常侍、侍中。⓱侯景　字萬景，懷朔鎮（今內蒙古包頭東北）人。先為東魏之臣，欲降梁。梁武帝從朱异之議，納侯景為大將軍。後侯景舉兵叛亂，朝野共怨朱异。侯景攻下宮城，梁武帝憤恨而死。⓲闕　指京城、宮城。⓳隋煬帝　姓楊，名廣，隋文帝次子，實施暴政，以致天下喪亂，後在江都（今江蘇揚州）被禁軍將領縊殺。⓴虞世基　字茂世，會稽餘姚（今屬浙江）人。隋煬帝時官為內史侍郎，以煬帝惡聞喪亂，隱沒實情不告。後為禁軍將領所殺。㉑壅蔽　隔絕；蒙蔽。

【語譯】貞觀二年，唐太宗向魏徵問道：「怎麼樣的人可稱為英明的君主或昏暗的君主呢？」魏徵回答說：「君主之所以英明，是因為能廣泛地聽取各種意見；君主之所以昏暗，是因為會片面地相信一種意見。《詩經》上說：『古時的賢人有過這樣的話，遇到疑難之際要與草野鄙陋之人商量。』從前堯、舜治理天下時，廣開四方之門，以招攬賢俊之士；廣開四方之視聽，以全面地瞭解各種情況。因此堯、舜等聖人沒有什麼不知曉的，所以共工、鯀這類的人，不能蒙蔽他們；恭維之言及邪佞之行，也不能迷惑他們。而秦二世則把自己隱藏在深宮裡，拋棄朝臣，疏遠百姓，而只信任趙高一人，直到天下潰崩叛亂，他還不知道。梁武帝只信任朱异一人，起用侯景，而當侯景舉兵叛亂、向宮城進攻時，他竟然也不知道。隋煬帝只信任虞世基一人，以為天下無事，而當眾多盜賊攻城掠地時，他也一樣不知道。所以君主如能廣泛地聽取並採納臣下的各種意見，那麼權貴之臣就不能蒙蔽君主，而下面的情況必定能上通到君主了。」唐太宗很讚賞魏徵的意見。

貞觀十年❶，太宗謂侍臣曰：「帝王之業，草創❷與守成❸孰難？」尚書左僕射❹房玄齡❺對曰：「天地草昧❻，群雄競起，攻破乃降，戰勝乃剋。由此言之，草創為難。」魏徵對曰：「帝王之起，必承衰亂。覆彼昏狡❼，百姓樂推，四海歸命，天授人與，乃不為難。然既得之後，志趣❽驕逸，百姓欲靜而徭役不休，百姓凋殘而侈務不息❾，國之衰弊，恆❿由此起。以斯而言，守成則難。」太宗曰：「玄齡昔從我定天下，備嘗艱苦，出萬死而遇一生，所以見草創之難也。魏徵與我安天下，慮生驕逸之端⓫，必踐⓬危亡之地，所以見守成之難也。今草創之難，既已往⓭矣，守成之難者，當思與公等慎之。」

【章旨】此章討論創業與守成之難易問題。唐太宗強調創業之難已經過去，安天下時要重視守成之難。

【注釋】❶貞觀十年　按《冊府元龜》卷一〇四、《資治通鑑》卷一九五及清末王先恭《魏文貞公年譜》，均作貞觀十二年（西元六三八年），似較確切。❷草創　事情的開始，指帝王之創業。❸守成　守住前已開創的事業。❹尚書左僕射　尚書省置左、右僕射，與中書令及侍中等，同為宰相之職。❺房玄齡　字喬（一說名喬，字玄齡），濟州臨淄（今屬山東）人。貞觀元年，遷中書令。貞觀三年，拜尚書左僕射，封梁國公。居相位十多年，政績出色。❻天地草昧　指天下混亂、秩序未定之時。草，雜亂。昧，冥晦。❼覆彼昏狡　消滅那些昏庸狡險之徒。❽趣　同「趨」。❾侈務不息　奢侈的事務不絕。❿恆　常。⓫端　開始。⓬踐　踏。⓭往　過去。

【語譯】貞觀十年，唐太宗對侍臣們說：「帝王的事業，開創難還是守成難呢？」尚書左僕射房玄齡回答說：「天下喪亂之時，群雄競相起兵，定要攻克才能降服他們，定要戰勝才會制伏他們。

由此說來，帝王的創業是較艱難的。」魏徵回答說：「帝業的興起，必定是趁著衰亡喪亂之時機。只要消滅那些昏庸狡惡的人，百姓就會樂於擁戴，天下就會人人歸心，這樣上天授命，眾人親附，帝王的創業也就不難了。然而既得天下之後，帝王的志意趨向變得驕奢淫逸，百姓希望清靜生息而徭役卻不休止，百姓生計凋敝而奢侈的事情卻不停歇，國家的衰敗，是常常從這裡開始的。以此而論，帝業的守成就較艱難了。」唐太宗說：「玄齡從前跟隨我打天下，歷盡艱苦，出萬死而遇一生，所以看到帝王創業的艱難。魏徵替我安定天下，考慮到驕奢淫逸的萌生，必然會踏上危亡的境地，所以看到帝業守成的艱難。如今創業的艱難，既然已經過去了，我應當考慮與你們一起慎重地面對守成這種艱難的事了。」

貞觀十一年，特進❶魏徵上疏曰：

臣觀自古受圖❷膺運❸，繼體守文❹，控御英雄❺，南面臨下❻，皆欲配厚德於天地❼，齊高明於日月❽，本支百世❾，傳祚❿無窮。然而克終者鮮⓫，敗亡相繼，其故何哉？所以求之，失其道也。殷鑒⓬不遠，可得而言。

昔在有隋⓭，統一寰宇⓮，甲兵彊銳⓯，三十餘年，風行萬里，威動殊俗⑯，一旦舉而棄之，盡為他人之有。彼煬帝豈惡天下之治安，不欲社稷⑰之長久，故行桀⑱虐，以就滅亡哉！恃其富強，不虞⑲後患。驅天下以從欲，罄⑳萬物而自奉，採域中之子女㉑，求遠方之奇異。宮苑是飾，臺榭㉒是崇，徭役無時，干戈不戢㉓。外示嚴重㉔，內多險忌，讒邪者必受其福，忠正者莫保其生。上下相蒙㉕，君臣道隔，民不堪命，率土㉖分崩。遂以四海之尊，殞㉗於匹夫㉘之手，子孫殄㉙絕，為天下笑，可不痛哉？

聖哲乘機，拯㉚其危溺㉛，八柱㉜傾而復正，四維㉝弛而更張。遠肅邇㉞安，不踰於期月㉟；勝殘去殺㊱，無待於百年。今宮觀臺榭，盡居之矣；奇珍異物，盡收之矣；姬姜淑媛㊲，盡侍於側矣。四海九州㊳，盡為臣妾矣。若能鑒彼之所以失，念我之所以得，日慎一日，雖休勿休㊴，焚鹿臺㊵之寶衣，毀阿房㊶之廣殿，懼危亡於峻宇㊷，思安處於卑宮㊸，則神化潛通，無為而治，德之上也。若成功不毀，即仍其舊，除其不急，損之又損。雜茅茨㊹於桂棟㊺，參玉砌㊻以土堦㊼，悅以使人，不竭其力，常念居之者逸，作之者勞，億兆㊽悅以子來，群生㊾仰而遂性㊿，德之次也。若惟聖罔念(51)，不慎厥(52)終，忘締搆(53)之艱難，謂天命之可恃，忽采椽(54)之恭儉，追雕牆(55)之靡麗，因其基以廣之，增其舊而飾之，觸類而長(56)，不知止足，人不見德，而勞役是聞，斯為下矣。譬之負薪救火，揚湯止沸，以暴易亂，與亂同道，莫可測也，後嗣(57)何觀！夫事無可觀則人怨，人怨則神怒，神怒則災害必生，災害既生，則禍亂必作，禍亂既作，而能以身名全者鮮矣。順天革命(58)之后(59)，將隆七百之祚(60)，貽厥子孫，傳之萬葉(61)，難得易失，可不念哉！

【章旨】此章載魏徵的〈論時政疏〉。此疏首先提出要探討自古以來帝王敗亡相繼的緣由，接著分析隋煬帝滅亡的原因，主要在於「傜役無時，干戈不戢」、「上下相蒙，君臣道隔」。最後論述治理國家的三種不同方法，強調聖王德治，日慎一日，雖休勿休，神化潛通，無為而治。

【注釋】❶特進　官名。西漢末期始置，以授列侯中有特異功德的人。唐制因之，為文散官，正第二品。貞觀十年（西元六三六年）六月，唐太宗賜魏徵為特進。❷受圖　接受河圖。傳說遠古有龍馬從黃河出現，背負河圖。❸膺運　承受世運。❹繼體守文　謂繼承皇位並守住文治。體，指帝位。文，指禮樂制度和法令條文等。❺控御英雄　控制和使用英雄豪傑。❻南面臨下　帝王朝南而坐，君臨天下，向明而治。❼配厚德於天地　謂君王的大功大德與天地相配。❽齊高明於日月　謂君王的大智大明與日月等同。❾本支百世　國本鞏固，可以支持百代。❿祚　國祚。指帝位、國統。⓫鮮　少。⓬殷鑒　言殷人應以夏的滅亡作為鑒戒。也泛稱可作借鑒的往事。⓭有隋　隋朝。歷隋文帝和煬帝，二世而亡。有，用作詞頭，無義。⓮寰宇　猶言宇內、天下。⓯甲兵彊銳　軍隊強大。彊，強。⓰殊俗　殊方異俗。指邊遠的異域。⓱社稷　本指古代帝王、諸侯所祭的土神和穀神，後多用作國家的代稱。⓲桀　夏朝末代君主，荒淫暴政，後為商湯所滅。⓳虞　預料。⓴罄　器皿中空，引申為盡、完之意。㉑子女　指美貌女子。㉒臺榭　亭臺樓榭。㉓干戈不戢　戰爭不休。戢，止息；停止。㉔外示嚴重　外表顯現出嚴正莊重的樣子。㉕蒙　蒙蔽。㉖率土　率土之濱，猶言四海之內。即全境。㉗殞　歿。㉘匹夫　平民男子。㉙殄　盡；滅絕。㉚拯　救。㉛危溺　指危難之中的國家及其人民。㉜八柱　指天柱或者地柱。古代傳說八柱支撐著天。另有傳說地下八柱，支拄著地。這裡指國家支柱。㉝四維　指禮、義、廉、恥。㉞邇　近。㉟期月　謂週一歲之月，即一整年。㊱勝殘去殺　使殘暴之人不再為惡，使民眾化於善而不再用刑殺。㊲姬姜淑媛　美女之稱。春秋時，姬為周姓，姜為齊國之姓，故以「姬姜」為大國之女的代稱，也用作婦女的美稱。淑，美好。媛，美女。㊳九州　泛指全國。㊴雖休勿休　謂雖有美德而謙虛不自恃。休，美。㊵鹿臺　商都朝歌境內大型建築物的名稱。據傳高千尺，占地三里，歷時七年才建成。後周武王滅商，紂王登鹿臺，自焚而死。㊶阿房　阿房宮，秦始皇時建造的華麗宮殿。秦亡，為項羽所燒燬。㊷峻宇　雄偉的殿宇。《尚書・五子之歌》曰：「甘酒嗜音，峻宇雕牆，有一於此，未或不亡。」㊸卑宮　低矮簡陋的宮屋。㊹茅茨　茅草蓋的屋頂。茨，屋蓋。㊺桂棟　桂樹做的棟梁，指華麗的房屋。㊻玉砌　玉石臺階。砌，臺階。㊼墀　階；臺階。

❹❽億兆　指民眾。❹❾群生　指百姓、民眾。❺⓿遂性　保全性命。❺❶罔念　一念之差。❺❷厥　其。❺❸締搆　締造。締，結。搆，成。❺❹采椽　採木做的椽子，指房子簡陋。采，通「採」。椽，即安在梁上支架屋面和瓦片的木條。❺❺雕牆　雕花繪畫的牆壁。❺❻觸類而長　類似地增長。❺❼後嗣　後代子孫。❺❽革命　指王者易姓，改朝換代。❺❾后　指君主。❻⓿祚　年。❻❶葉　世。

【語　譯】貞觀十一年，特進魏徵呈上了〈論時政疏〉，說：

我觀察自古以來的帝王，當他們得到河圖而承受天運，繼承帝位而守住文治，駕馭英雄豪傑，面南君臨天下的時候，都希望自己的厚德與天地相配，自己的高明與日月等同，而國本可以支撐百世，帝位可以傳之無窮。但是能夠善終的帝王卻很少，而敗亡相繼的卻很多。這是什麼原因呢？這是由於他們所要求的是長治久安，而結果卻喪失了治國之道的緣故。這種往事的教訓距今不遠，可以用來說明，引為鑒戒。

從前隋朝統一天下，軍隊強大，歷時三十多年，名揚萬里，威震異域，結果一旦舉朝覆滅，便盡為別人所占有。那隋煬帝難道厭惡天下的長治久安，不希望國家的長存，故意施行夏桀那樣的暴政，以造成滅亡的結局嗎？他是仗恃自己的國力富強，而不考慮到後患啊。他驅使天下百姓來滿足自己的欲望，耗盡無數的物資來供自己享用，挑選全國的美貌女子，搜求遠方的奇異珍寶。宮殿花苑修飾得廣大華麗，樓臺亭榭構造得高峻雄偉，傜役的徵發沒有時限，對外的戰爭接連不止。他在表面上顯得嚴正莊重的樣子，內心卻懷有很多險毒與猜忌的想法，使奸邪讒佞的人必定能獲得福祿，忠實正直的人卻無法保全自己的生命。他們上下之間，相互蒙蔽，君臣之道，日漸阻隔，百姓不能活命，天下分崩離析。於是隋煬帝以全國至尊的君主，竟死於平常人之手，子孫滅絕，被天下世人所恥笑，這難道不令人痛心嗎？

神聖明哲的君主趁此時機，拯救危難之中的國家與人民，將傾覆的國家支柱重新扶正，將廢弛了的禮義廉恥等綱紀重行整頓。遠方肅靜，內地平安，這種局面不超過一年就使它實現；使殘暴的人不再作惡，民眾遷善而不必用刑殺，這也不需要百年之久，便可達到。如今，宮殿樓臺全歸我君居住了，奇珍異物盡為我君所有了，美女佳人都侍候在我君身旁了。四海之內，都是我君的臣民了。如果能借鑒隋朝所以失敗的教訓，思考我朝所以擁有天下的原因，一天比一天地謹慎不已，雖有美德而謙虛不自恃，燒掉鹿臺寶衣之類的奢侈品，毀掉阿房宮之類的廣大殿堂，由雄偉壯麗的殿宇感到危亡的可怕，由低矮簡陋的宮屋領悟安全的可貴，那就會使百姓潛移默化，達到無為而治的境地，這是德治的最好情況。如果不去毀掉現成的東西，仍然保持原有的樣子，則要免除不急之務，盡量削減勞役。讓簡陋屋舍與華麗宮室相間雜，使玉石臺階與泥土臺階相混合，要役使民眾時讓他們樂意，卻不能竭盡民力，而且要經常想到居住者的安逸和勞作者的辛苦，這樣民眾就會高興地來服役，而百姓也能仰賴君主而保全性命，這是德治的次等情況。如果聖君有一念之差，不能做到慎終，忘記了締造王朝的艱難，認為天命可以依靠，忽略了居住陋室的節儉美德，卻去追求宮殿的華麗，在原有的基礎上加以擴大，增修舊的，並裝飾一新，以此類推下去，不知道滿足，民眾既得不到恩德，而勞役徵發卻又不斷地傳來，這是治國的最差情況。這種情況就好比是背著柴草去救火，揚起湯水來阻止水的沸騰，這可說是用暴政來代替喪亂，與亂世毫無二致，後果是不可預測的，而子孫後代又能盼望什麼呢？事情既沒有可以盼望的，就會使民眾怨恨，民眾怨恨就會使神靈發怒，神靈發怒則災害必定發生，災害既然發生，則禍亂必定興起，禍亂既然興起，而能保全自身與名譽的君主就很少了。所以，順應天命而改朝換代的君主，要延續七百年之久的國運，把帝業遺留給子孫，並傳之萬世，對於這種帝業難得而易失的道理，怎能不深深思考啊！

是月❶，徵又上疏曰：

臣聞求木之長者，必固其根本；欲流之遠者，必浚其泉源；思國之安者，必積其德義。源不深而望流之遠，根不固而求木之長，德不厚而思國之理，臣雖下愚，知其不可，而況於明哲乎！人君當神器❷之重，居域中之大，將崇極天之峻，永保無疆之休❸。不念居安思危，戒奢以儉，德不處其厚，情不勝其欲，斯亦伐根以求木茂，塞源而欲流長者也。

凡百元首❹，承天景命❺，莫不殷憂❻而道著，功成而德衰。有善始者實繁，能克終者蓋寡，豈取之易而守之難乎？昔取之而有餘，今守之而不足，何也？夫在殷憂，必竭誠以待下；既得志，則縱情以傲物。竭誠則胡越❼為一體，傲物則骨肉為行路❽。雖董❾之以嚴刑，震之以威怒，終苟免而不懷仁，貌恭而不心服。怨不在大，可畏惟人，載舟覆舟❿，所宜深慎。奔車朽索⓫，其可忽乎！

君⓬人者，誠能見可欲則思知足以自戒，將有作⓭則思知止以安人，念高危則思謙沖⓮而自牧⓯，懼滿溢則思江海下百川，樂盤遊⓰則思三驅⓱以為度，憂懈怠則思慎始而敬終，慮壅蔽則思虛心以納下，想讒邪則思正身以黜惡，恩所加則思無因喜以謬賞，罰所及則思無因怒而濫刑。總此十思，弘茲九德⓲，簡能⓳而任之，擇善而從之。則智者盡其謀，勇者竭其力，仁者播其惠，信者效其忠。文武⓴爭馳，君臣無事，可以盡豫遊㉑之樂，可以養松㉒、喬㉓之壽，鳴琴垂拱㉔，不言而化。何必勞神苦思，代下司職，役聰明之耳目，虧無為之大道哉！

【章旨】此章載著名的〈諫十思疏〉。魏徵在此首先指出德義是治理國家的根本，帝王必須累積德義、居安思危。接著鑒於帝王往往功成而德衰，指出帝王當以「載舟覆舟」的古訓為戒。末了，魏徵提出十個問題，希望唐太宗深思，從而選賢任能，達到無為而治的理想境地。

【注　釋】❶是月　指貞觀十一年（西元六三七年）四月，魏徵上「諫太宗十思疏」。❷神器　帝位。❸休　福祿。❹元首　指帝王。❺景命　大命；天命。❻殷憂　深憂。❼胡越　北方胡人和南方越族，指相隔遙遠。❽骨肉為行路　骨肉至親之人反而疏遠，如同走在路上的陌生人。❾董　督。❿載舟覆舟　語本《荀子・王制》。荀子引述古訓云：「君者，舟也；庶人者，水也。水則載舟，水則覆舟。」他把君民關係比作舟水關係。⓫奔車朽索　用腐朽的繩索去駕馭奔馳的馬車，比喻危懼可畏之甚。⓬君　統治。⓭作　勞作；營繕。⓮沖　謙和；淡泊。⓯牧　養。⓰盤遊　指畋獵。⓱三驅　帝王打獵時，圍合其三面，前開一路，使一些禽獸可以逃脫，不忍打盡。⓲九德　九種德行：寬而栗，柔而立，愿而恭，亂而敬，擾而毅，直而溫，簡而廉，剛而塞，彊而義。見《尚書・皋陶謨》。⓳簡能　挑選賢能之人。⓴文武　指文武百官。㉑豫遊　遊樂巡幸。㉒松　赤松子，神話中的仙人，事見《列仙傳》卷上。㉓喬　王喬，一作「王子喬」，神話中的仙人，事見《列仙傳》卷上。㉔鳴琴垂拱　傳說舜彈五絃之琴，造〈南風〉之詩，垂衣拱手，無為而治。

【語　譯】貞觀十一年四月，魏徵又上疏說：

我聽說要使樹木生長茂盛，必須把樹根栽植牢固；要使河水流得遙遠，必須把源泉疏通深邃；要想使國家安定太平，必須積聚仁義道德。源泉不深邃而希望河流流得遙遠，樹根不牢固而企求樹木生長茂盛，德義不多積而想國家治理妥當，我雖屬於下愚之人，也知道那是不可能的，更何況洞明事理之人呢？做人君主的人，承擔帝位的重任，高居天下之大位，就該尊崇至高無上的威嚴，永遠保持無邊的福祿。如果不念及居安思危，不以節儉來戒除奢侈，德行不能廣為積聚，情理不能勝過欲望，這就像砍掉樹根而企求樹木茂盛，堵塞源泉而要想河水長流一樣。

大凡做帝王的，承受上天大命的時候，沒有一個不是深懷憂慮，兢兢業業，弘道卓著的，而在功名成就之後，他的德行卻開始衰微了。有好開端的帝王確實很多，而能夠保持善終的可說很少，難道是由於奪取天下容易而帝業守成困難的緣故嗎？從前奪取天下時，力量是有餘的，如今卻不足以守住帝業，為什麼呢？這是因為：在深重的憂慮之中創業，必然竭誠地對待下屬臣民；而一旦功成志得了，就縱情安逸，傲視眾人。竭誠地待人，則像北胡、南越相隔那樣遙遠的人也會結成整體的力量；而傲視眾人，則骨肉至親之人也會疏遠，如同走在路上的陌生人。這樣，即使用嚴刑來監督，用威怒來震懾，民眾終究苟且求免，卻不能心懷仁義，只在表面上裝成恭敬，而在內心裡卻不服氣。怨恨不在於大小，可怕的只是民眾的心理，民眾就像河水一樣，能夠載舟，也能夠翻船，所以應當很謹慎小心。用腐朽的繮繩去駕馭奔馳的馬車，那種危險怎麼可以忽視呢？

統治民眾的帝王，當真正看見可以企求的東西時，就要想到知足，並以此警戒自己；將要興造營作時，就要想到適可而止，並以此安撫民眾；念及居於高位會有危險，就該想到要謙虛淡泊，並注意自我修養；懼怕自滿驕恣，就該想到要有江海容納百川的度量；遊樂打獵，就要想到「三驅」的古訓，而有所節制；擔心鬆懈怠惰，就該想到要慎始敬終；憂慮受到蒙蔽，就該想到要虛心採納臣下的意見；考慮到讒邪小人的禍害，就該想到要端正自身，並罷黜邪惡之人；對臣下恩賜，就要想到不因為自己一時的高興而胡亂賞賜；對臣下懲罰，就要想到不因為自己一時的怨怒而濫施刑罰。總之，做到上述的「十思」，以弘揚「九德」，選拔並任用賢能之士，擇善採納臣下的意見。那麼，智術之士就會竭盡他們的謀略，勇力之士就會獻出全部的力量，仁義之士就會把仁慈傳播於天下，忠信之士就會效忠於國家。文官武將，競相效力，君臣之間，相安無事，這樣，帝王就可以享盡遊獵巡幸的歡樂，可以像仙人赤松子、王喬一樣長生不老，可以效法舜帝彈琴唱歌，垂衣拱手，不必說什麼，卻能化民於無為。又何必親自勞神苦思，代替臣下處理政事，役使自己聰明的耳目，虧損無為而治的大道呢？

太宗手詔❶答曰：

「省❷頻❸抗表❹，誠極忠款❺，言窮切至。披覽忘倦，每達宵分❻。非公❼體國情深，啟沃❽義重，豈能示以良圖，匡其不及❾？朕聞晉武帝❿自平吳已後，務在驕奢，不復留心治政。何曾⓫退朝謂其子劭⓬曰：『吾每見主上不論經國遠圖，但說平生常語，此非貽厥子孫者，爾身猶可以免。』指諸孫曰：『此等必遇亂死。』及孫綏⓭，果為淫刑所戮。前史美之，以為明於先見。朕意不然，謂曾之不忠其罪大矣。夫為人臣，當進思盡忠，退思補過，將順其美，匡救其惡，所以共為治也。曾位極臺司⓮，名器⓯崇重，當直辭正諫，論道佐時。今乃退有後言，進無廷諍⓰，以為明智，不亦謬乎！危而不持，焉用彼相？公之所陳，朕聞過矣。當置之几案，事等弦、韋⑰。必望收彼桑榆⑱，期之歲暮，不使康哉良哉⑲，獨美於往日，若魚若水⑳，遂爽於當今。遲復嘉謀，犯而無隱。朕將虛襟靜志，敬佇㉑德音㉒。」

【章　旨】此章載唐太宗回答魏徵諸疏的手詔，論君臣宜「共治」天下，臣下既應「直辭正諫，論道佐時」，而君主也要「虛襟靜志」，加以採納。

【注　釋】❶手詔　帝王親手寫的詔書。此詔頒於貞觀十一年（西元六三七年）七月魏徵多次上疏之後。❷省　察看；審視。❸頻　連續多次。魏徵於貞觀十一年正月、四月、五月、七月，連續四次上疏。❹抗表　抗疏。上疏極諫，直陳帝王之過錯。❺款　誠懇。❻宵分　夜半。❼公　指魏徵。❽啟沃　開誠忠告。舊指以治國之道開導帝王。❾匡其不及　糾正其失誤之處。❿晉武帝　即司馬炎，西晉王朝之創立者。咸寧六年（西元二八〇年），滅孫吳政權、統一全國。⓫何曾　字穎考，西晉初官至丞相、太傅。⓬劭　何劭，何曾之子，曾任司徒。⓭綏　何綏，何曾之孫，曾任尚書，後被東海王司馬越所殺。⓮臺司　這裡按唐制而言，指丞相、三公等高位。⓯名器　爵號與車服。⓰廷諍　在廷殿上當面直諫。⓱弦韋　弓弦、柔皮帶。傳說西門豹性急，佩韋以自緩；董安于性緩，佩弦以自急。後以「韋弦」指有益的規勸。典出《韓非子・觀行》。⓲桑榆　《後漢書・馮異傳》云：「失之東隅，收之桑榆。」東隅指日出處，謂初。桑榆指日落處，謂晚。兩句意謂：初有所失，晚有所得。⓳康哉良哉　傳說舜時天下昇平，臣子皋陶讚云：「股肱良哉，庶事康哉！」參見《尚書・益稷》。⓴若魚若水蜀先主劉備云：「孤之有孔明，猶魚之有水也。」見《三國志・蜀書・諸葛亮傳》。㉑佇　等待。㉒德音　善言。

【語譯】唐太宗親自寫了詔書給魏徵，說：

「閱讀了你多次批評政事的疏文，知道你是極其忠誠的，所提意見都很詳實，懇切得當。使我披閱時忘記了疲倦，常常看到半夜時分。要不是你對國家懷著深厚的感情，開誠忠告，以大義為重，怎麼能展現這些治國的良謀，糾正我的失誤之處呢？我聽說，晉武帝平定孫吳政權以後，追求驕奢荒淫的生活，不再對治理政事留心。大臣何曾有一天退朝後，對兒子何劭說：『我每次上朝拜見皇上（晉武帝），他都不議論治國的長遠謀略，只說些平常話，這樣做是不能保證把皇位遺留給子孫的，你或許還可以免除殺身之禍吧！』何曾又指著幾個孫子說：『這一輩人必定會遇到禍亂而死了。』到了他的孫子何綏，果然被東海王司馬越用苛刑殺死。而前代的史書居然讚美何曾，以為他有先見之明。我認為這是不對的，何曾的不忠之罪，可說大了。他作為人臣，應當在上朝時思考如何為國盡忠，退朝後又思考如何為君補過，以順勢助成國家的美政，糾正挽救人君的過錯，這樣才能使君臣共同治好天下。何曾官位高至丞相三公，名器崇重，理應直言不諱，當面勸諫，申論治道，輔佐時政。而今他竟在退朝之後發表議論，到上朝之時卻不當面直諫，如果以為這樣是明智的，不是很荒謬嗎？國家危險時，竟不去扶救，那還用得著這個宰相嗎？你所陳述的意見，使我知道了過錯。應當把你的書疏放在几案上，視同『韋弦』的古訓，作為有益的規勸，時時提醒自己。必定可以從中獲得補益，希望在晚暮之年把國家治好，不讓美好的昇平政治僅僅出現在從前舜的時代，而使君臣魚水之情能明顯地出現在當今之世。對於你所提美好意見的回答遲了些，仍望你犯顏直諫，不必隱諱。我將虛懷靜志，恭敬地等候你的善言。」

貞觀十五年，太宗謂侍臣曰：「守天下難易？」侍中❶魏徵對曰：「甚難。」太宗曰：「任賢能，受諫諍，即可，何謂為難？」徵曰：「觀自古帝王，在於憂危之間，則任賢受諫。及至安樂，必懷寬怠，言事者惟令兢懼，日陵月替❷，以至危亡。聖人所以居安思危，正為此也。安而能懼，豈不為難？」

【章旨】此章論守天下甚難之原因在於帝王貪圖安樂。

【注釋】❶侍中　唐初門下省的最高長官，為宰相之一，職掌出納帝命，顯判國事。按魏徵當時官為特進。

❷日陵月替　逐漸衰頹。陵替，衰落。

【語譯】貞觀十五年，唐太宗對侍從的大臣說：「要守住天下帝業，是困難呢？還是容易呢？」侍中魏徵回答說：「很難。」唐太宗說：「任用賢能之士，接納臣下規諫，就可以守住天下了，怎麼還說困難呢？」魏徵說：「考察自古以來的帝王，處於憂患危難的時候，就能任賢納諫。到了天下安定可以享樂的時候，必然會鬆弛怠惰，使得言事的大臣畏懼小心，不敢諫諍，這樣，朝政逐漸衰頹，以至於國家滅亡。聖人所以居安思危，正是由於這種原因。天下安樂而能為危亡而戒懼，難道不是困難的嗎？」

政體第二

貞觀初❶，太宗謂蕭瑀❷曰：「朕少好弓矢，自謂能盡其妙。近得良弓十數，以示弓工。乃曰：『皆非良材也。』朕問其故，工曰：『木心不正，則脈理❸皆邪，弓雖剛勁而遣箭不直，非良弓也。』朕始悟焉。朕以弧矢❹定四方，用弓多矣，而猶不得其理。況朕有天下之日淺，得為理之意，固未及於弓，弓猶失之，而況於理乎？」自是詔京官❺五品以上，更宿中書內省❻。每召見，皆賜坐與語，詢訪外事，務知百姓利害，政教得失焉。

【章　旨】此章言帝王未能盡知天下事，故要詢訪民間疾苦與政教得失。

【注　釋】❶貞觀初　指貞觀元年（西元六二七年）閏三月。❷蕭瑀　字時文，南朝梁明帝之子。武德九年（西元六二六年）太宗即位初，拜尚書左僕射，不久免職。貞觀元年，官太子少師。❸脈理　木材的紋理。❹弧矢　弓和箭。❺京官　在京城的職事官。唐制，五品以上皆以名聽制授。❻中書內省　中書省設在禁中，故名。其長官為中書令，宰相之一。

【語譯】貞觀元年，唐太宗對蕭瑀說：「我從小就愛好弓箭，自以為能盡知弓箭的奧妙。最近得到了十多張好弓，拿給製造弓的工匠看。工匠竟說：『這些弓都不是好的木料做的。』我問其中的緣故，工匠說：『木料中心不正，則它的紋理都是歪的，這樣，弓的質地即使剛勁，但射出的箭卻不會直，所以不是好弓。』我才開始懂得其中的道理。我以弓箭平定天下，使用過很多弓，卻還不知道它的原理。何況我即位的時間還不長，懂得治理天下的方略，原本比不上對弓的瞭解，對弓的認識，尚且失誤，更何況理政的方略呢？」從此以後，唐太宗詔令五品以上的京城職事官，夜晚輪流在中書內省值班。唐太宗每次召見他們，都賜給座位，和他們交談，詢問外面的情況，務必瞭解百姓的疾苦以及政治教化的得失。

貞觀元年，太宗謂黃門侍郎❶王珪❷曰：「中書❸所出詔敕❹，頗有意見不同，或兼錯失而相正以否。元置中書門下❺，本擬相防過誤。人之意見，每或不同，有所是非，本為公事。或有護己之短，忌聞其失，有是有非，銜❻以為怨。或有苟避私隙，相惜顏面，知非政事，遂即施行。難違一官之小情，頓為萬人之大弊。此實亡國之政，卿輩特須在意防也。隋❼日內外庶官❽，政以依違❾，而致禍亂，人多不能深思此理。當時皆謂禍不及身，面從背言❿，不以為患。後至大亂一起，家國俱喪，雖有脫身之人，縱不遭刑戮，皆辛苦僅免，甚為時論所貶黜。卿等特須滅私徇公，堅守直道，庶事相啟沃，勿上下雷同也。」

【章　旨】此章載唐太宗勉勵大臣之詞，要他們「堅守直道」，勇於對政令之是非提出意見，以防止過誤。

【注　釋】❶黃門侍郎　門下省副長官，位次於侍中。❷王珪　字叔玠，太原祁縣人。貞觀元年，官為黃門侍郎，兼太子右庶子。❸中書　中書省。唐初實行三省制度，即由中書省制定軍國政令，經由門下省審核駁議，最後交由尚書省執行。❹敕　皇帝的命令。按唐制，凡詔旨制敕及璽書冊命，皆中書舍人起草，進呈皇帝畫「敕」，既下，則署行而過門下省，有不便者，塗竄而奏還。❺門下　門下省。唐初實置侍中一人，黃門侍郎二人。其屬則有諫議大夫等等。❻銜　含。❼隋　指隋煬帝時代。❽庶官　眾官。❾依違　依順和違背。表示猶豫難定、遲疑不決。❿面從背言　意謂面諛以為是，背毀以為非。

【語　譯】貞觀元年，唐太宗對黃門侍郎王珪說：「中書省所起草的詔書敕令，門下省頗有些不同的意見，有時雙方都有錯誤過失，要互相加以糾正。原先設置中書省、門下省，本來就是想要互相防止過錯失誤的。人們的意見，常有不同，對是非會有所爭議，本來都是為了國家公事，無可厚非。但有的人庇護自己的短處，怕聽到自己的過失，不管別人說對還是說錯，就心懷怨恨。有的人則苟且行事，迴避私怨，互相照顧面子，明知是不對的政事，卻也立即執行。由於不敢違抗一個官員的情面，卻頓時給百姓萬民造成了大災禍。這樣做，實在是行亡國之政，你們必須特別地加以注意與防止。隋朝的時候，朝廷內外百官做事都遲疑不決，模稜兩可，因而導致禍亂，而人們大都不能深刻地思考這個道理。他們當時都認為災禍不會落到自己身上，就是面諛背毀也不會造成禍患。到後來大禍亂一爆發，便家破國亡了，雖然也有及時逃脫的人，但他們即使沒有遭到刑戮，也都歷盡了苦難而僅免一死，深為當時輿論所譴責。你們特別需要去除私心、服從公益，堅守正直的原則，對各種政事要互相開誠忠告，尤其意見不要上下雷同。」

貞觀二年，太宗問黃門侍郎王珪曰：「近代君臣治國，多劣於前古，何也？」對曰：「古之帝王為政，皆志尚清靜，以百姓之心為心。近代則唯損百姓以適其欲，所任用大臣，復非經術之士❶。漢家❷宰相，無不精通一經❸，朝廷若有疑事，皆引經決定，由是人識禮教，治致太平。近代重武輕儒，或參以法律，儒行既虧，淳風大壞。」太宗深然其言。

自此百官中有學業優長，兼識政體者，多進其階品❹，累加遷擢❺焉。

【章旨】此章論治國要任用經學儒術之士。

【注釋】❶經術之士　精通經學儒術的士人。❷漢家　漢朝。❸經　指儒家經典。❹階品　謂官員的級別等差。唐貞觀時，文散官品階計二十九等，武散官品階計四十五等。❺遷擢　晉升。

【語譯】貞觀二年，唐太宗問黃門侍郎王珪說：「近代的君臣治理國家，大都比古代差，為什麼呢？」王珪回答說：「古代的帝王治理政事，都崇尚清靜的原則，全以百姓的意向為意向。近代的帝王則只圖損害百姓的利益以滿足自己的欲望，所任用的大臣，又不是精通經學儒術之士。漢朝的宰相，沒有一個不是精通一部儒家經典的，朝廷上如遇有疑難的事，宰相都能引經據典，作出決定，因此人們都懂得禮教，治化大行，臻於天下太平的境地。近代則注重武力而輕視儒術，有時又參用法令刑律，儒教的德化既然虧損，淳樸的風尚也就大大地破壞了。」唐太宗非常贊同這些話。從此以後，百官中學博識廣，並懂得治理政事的人，大都提高了品級，連續地擢升重用。

貞觀三年，太宗謂侍臣曰：「中書、門下，機要之司。擢才而居，委任實重。詔敕如有不穩便，皆須執論❶。比來❷惟覺阿旨❸順情，唯唯苟過，遂無一言諫諍者，豈是道理？若惟署詔敕、行文書而已，人誰不堪？何煩簡擇，以相委付？自今詔敕疑有不穩便，必須執言，無得妄有畏懼，知而寢默❹。」

【章旨】此章論大臣要勇於諫諍，執言無隱，不可阿旨順情，唯唯諾諾。

【注釋】❶執論　堅持議論。❷比來　近來。❸阿旨　迎合皇帝的意旨。❹寢默　沉默。

【語譯】貞觀三年，唐太宗對侍從的大臣說：「中書省、門下省，都是機要的部門。選擇有賢才的人擔任兩省官員，委託給他們的責任實在重大。詔書敕令如有不穩妥便當的內容，都必須堅持己見，詳加議論。近來只覺得你們迎合意旨，順從上情，唯唯諾諾，草率通過，以致沒有一句諫諍之言，難道是合乎道理的嗎？如果只會簽署詔書敕令、頒行文書而已，哪一個人不可以做呢？又何必麻煩地選拔賢才，以重任相委託呢？自今天起，對詔書敕令的內容覺得有不穩妥便當的地方，必須堅持自己的意見，不得妄自懼怕，明明知道有錯卻沉默不說。」

貞觀四年，太宗問蕭瑀曰：「隋文帝❶何如主也？」對曰：「克己復禮❷，勤勞思政，每一坐朝，或至日昃❸，五品已上，引坐論事，宿衛之士❹，傳飧而食，雖性非仁明，亦是勵精之主。」太宗曰：「公知其一，未知其二。此人性至察而心不明。夫心暗則照有不通，至察則多疑於物❺。又欺孤兒寡婦❻以得天下，恆恐群臣內懷不服，不肯信任百司❼，每事皆自決斷，雖則勞神苦形，未能盡合於理。朝臣既知其意，亦不敢直言。宰相以下，惟即承順而已。朕意則不然，以天下之廣，四海之眾，千端萬緒，須合變通，皆委百司商量，宰相籌畫，於事穩便，方可奏行。豈得以一日萬機❽，獨斷一人之慮也！且日斷十事，五條不中❾，中者信善，其如不中者何？以日繼月，乃至累年，乖謬既多，不亡何待？豈如廣任賢良，高居深視，法令嚴肅，誰敢為非？」因令諸司，若詔敕頒下有未穩便者，必須執奏，不得順旨便即施行，務盡臣下之意。

【章旨】此章藉隋文帝治國的歷史教訓，論帝王不能「獨斷」，每事須與百官商量穩便之後，方可施行。

【注釋】❶隋文帝　姓楊，名堅，弘農華陰（今屬陝西）人，廢北周靜帝自立，創建隋王朝。❷克己復禮　語出《論語》，意謂約束自己的視聽言動，以回復、符合「禮」的要求。❸日昃　太陽西斜。❹宿衛之士　廷殿禁衛之士。❺物　人。❻孤兒寡婦　指北周年幼的靜帝及其母后。原先，楊堅的女兒為北周宣帝皇后，生靜帝。宣帝既喪，靜帝即位。後楊堅廢靜帝，得天下。❼百司　百官。❽萬機　指皇帝日常須處理的紛繁政務。❾中謂中於理。

【語　譯】貞觀四年，唐太宗問蕭瑀說：「隋文帝是怎麼樣的一位君主呢？」蕭瑀回答說：「隋文帝能克制自己、符合禮儀，勤勞地思考政務，每次在朝廷上理政，往往坐到太陽西斜的時候還不下朝，他召見五品以上的官員，賜予座位，和他們討論政事，使得禁衛之士只好站著傳餐而食，這樣看來，雖然隋文帝的天性不算仁慈聖明，但也是勵精圖治的君主。」唐太宗說：「你只知其一，不知其二。隋文帝這個人，生性過於苛求細節，而內心並不夠明智。內心不夠明智就會看不清楚，過於苛求細節就會對別人多疑。他又欺侮年幼的周靜帝和他的母后，奪得了天下，常常害怕群臣心懷不滿，不肯信任百官，凡事都由自己決斷，即使費了精神、苦了形體，也未能把事情處理得完全合理。朝中大臣既然知道隋文帝的意向，也就不敢直言規諫。宰相以下的官員，也只是順承旨意而已。我的想法就不是如此，由於天下廣大，百姓眾多，政事千頭萬緒，必須變通處理，所以都要委給百官商議，再由宰相統一籌劃，等到把事情籌劃得穩妥便當之後，才可以奏准頒行。怎麼能將每天處理的紛繁政務，讓君主一個人來考慮並獨斷呢？況且一天處理十件事，有五件事處理得不合理，處理對的確實好，其他處理不妥的又怎麼辦呢？這樣日積月累，以至於好幾年，謬誤既已日多，國家還有不滅亡的嗎？不如廣任賢良之才，君主居高臨下，深察一切，嚴肅地執行法令，這樣誰還敢為非作歹呢？」於是命令各官署臣僚，如果詔書敕令頒布下來時，發現其中有不穩妥便當的內容，必須堅持呈奏上報，不得阿順旨意，便即施行，務必盡到臣下的職責。

貞觀五年，太宗謂侍臣曰：「治國與養病無異也。病人覺愈，彌❶須將❷護，若有觸犯，必至殞命❸。治國亦然，天下稍安，尤須兢慎，若便驕逸，必至喪敗。今天下安危，繫之於朕，故日慎一日，雖休❹勿休。然耳目股肱，寄於卿輩，既義均一體，宜協力同心，事有不安，可極言無隱。儻❺君臣相疑，不能備盡肝膈❻，實為國之大害也。」

【章旨】此章言治國猶如養病，需要君臣「協力同心」，兢慎治理。

【注釋】❶彌　越；更加。❷將　養。❸殞命　喪命；死亡。❹休　美德。❺儻　同「倘」。如果；假使。❻肝膈　肝臟與橫膈膜，比喻密切的關係或者真誠的心意。

【語譯】貞觀五年，唐太宗對侍從的大臣說：「治理國家與養病是沒有什麼兩樣的。病人感覺病好了，就更加需要調養護理，如果再次觸發生病，便必然導致死亡。治理國家也是如此，天下稍稍安定，尤其需要小心謹慎，如果就此驕奢淫逸起來，必然導致滅亡。如今天下的安危，全繫在我的身上，所以要一天比一天地謹慎，即使有美德也要謙虛不自恃。而我將自己的耳目股肱，寄託在你們大臣的身上，既然君臣之間，義均一體，就應當協力同心，發現政事有不穩妥的地方，就該極言規諫，不可隱諱不說。倘若君臣互相猜疑，不能盡力做到真誠相待的地步，那實在是國家的大禍害啊。」

貞觀六年，太宗謂侍臣曰：「看古之帝王，有興有衰，猶朝之有暮，皆為蔽其耳目，不知時政得失，忠正者不言，邪諂者日進，既不見過，所以至於滅亡。朕既在九重❶，不能盡見天下事，故布之卿等，以為朕之耳目。莫以天下無事，四海安寧，便不存意。可愛非君，可畏非民❷。天子者，有道則人推而為主，無道則人棄而不用，誠可畏也。」魏徵對曰：「自古失國之主，皆為居安忘危，處治忘亂，所以不能長久。今陛下富有四海，內外清晏❸，能留心治道，常臨深履薄❹，國家曆數❺，自然靈長❻。臣又聞古語云：『君，舟也；人，水也。水能載舟，亦能覆舟。』陛下以為可畏，誠如聖旨。」

【章旨】此章分析自古以來帝王興衰的原因，指出帝王「無道」就會被民眾所推翻。

【注釋】❶九重　君之門以九重，指帝王所居之城闕。❷可愛非君二句　出於《尚書．大禹謨》，言國君可愛，而民眾可畏。❸晏　平靜；安逸。❹臨深履薄　如臨深淵，如履（踩）薄冰，比喻可畏之甚。❺曆數　帝王相繼之次第，猶如歲月氣節之先後。這裡指國祚。❻靈長　綿延久長。

【語譯】貞觀六年，唐太宗對侍從的大臣說：「我看古代的帝王，有時興盛，有時衰敗，猶如早晨之後有夜晚，這都是因為帝王的耳目受到壅蔽，不知道當時政事的得失，忠誠正直的人沉默不言，邪惡諂媚的人日益進用，既然看不見過錯，也就一直步向滅亡了。我既然深居九重宮闕之內，不可能完全看到天下的事，所以設置了你們這些大臣，作為我的耳目。不要以為天下太平，四海安寧，便不存心留意了。國君是可愛的，而民眾則是可畏的。天子有道，民眾就會擁戴他為一國之主；天子無道，民眾就會拋棄他，這確實是可怕的。」魏徵回答說：「自古以來的亡國之君，都是因為居安而忘危，處於治世而忘記了亂亡的危險，致使帝業不能長久地保持下去。如今陛下擁有天下，內外清靜，能夠留心治國之道，常常如臨深淵，如踩薄冰，兢兢業業，國祚自然綿延久長。我又聽說有這樣的古語：『國君比如舟，民眾比如水。水能夠載舟，也能夠翻船。』陛下以為民眾可畏，事情確實如聖上所說的一樣。」

貞觀六年，太宗謂侍臣曰：「古人❶云：『危而不持，顛而不扶，焉用彼相？』君臣之義，得不盡忠匡救乎？朕嘗讀書，見桀殺關龍逢❷、漢誅鼂錯❸，未嘗不廢書歎息。公等但能正詞直諫，裨益政教，終不以犯顏忤旨，妄有誅責。朕比來臨朝斷決，亦有乖於律令者。公等以為小事，遂不執言。凡大事皆起於小事，小事不論，大事又將不可救，社稷傾危，莫不由此。隋主❹殘暴，身死匹夫之手，率土蒼生❺，罕聞嗟痛。公等為朕思隋氏滅亡之事，朕為公等思龍逢、鼂錯之誅，君臣保全，豈不美哉！」

【章　旨】此章論君臣保全之義在於君上不責「犯顏忤旨」，臣下竭力「盡忠匡救」。

【注　釋】❶古人　指孔子。《論語．季氏》載，孔子告冉求曰：「危而不持，顛而不扶，則將焉用彼相矣？」❷關龍逢　夏朝末年之賢大夫，曾多次向國君桀規諫，結果被桀囚禁殺死。❸鼂錯　西漢景帝時，任御史大夫等職，主張削弱諸侯王勢力。後吳、楚等七國諸侯王以誅鼂錯為名，發動叛亂。漢景帝只得依大臣袁盎的建議，斬鼂錯於長安東市。❹隋主　指隋煬帝。❺率土蒼生　天下百姓。

【語　譯】貞觀六年，唐太宗對侍從的大臣說：「古人說過：『國家危險時而不去支持，遇到傾覆時而不去扶救，哪還能用這種人來相輔佐呢？』按照君臣之間的義理，臣子怎麼不竭盡忠誠去匡救呢？我曾閱讀史書，看到有關夏桀殺關龍逄、漢景帝斬鼂錯的記載，未嘗不丟開書本，為之歎息。你們只要能以嚴正之詞直諫，對政事教化有所裨益，我終究不會因為你們觸犯龍顏，違背旨意，而妄自加以懲罰與責備。近來我臨朝處理政事，也有違背律令的情況。你們以為是小事，就不堅持提出意見。凡大事都是從小事開始的，小事不論，到了大事發生就將不可挽救，國家的危亡無不是這樣造成的。隋煬帝殘暴，結果被匹夫所殺死，全國百姓中很少有人為他嗟歎與悲痛的。你們為我思考隋朝滅亡的原因，我為你們思考關龍逄、鼂錯被殺的教訓，君臣之間互相保全，難道不是好事嗎？」

貞觀七年❶，太宗與祕書監❷魏徵從容❸論自古理政得失，因曰：「當今大亂之後，造次❹不可致化❺。」徵曰：「不然，凡人在危困，則憂死亡。憂死亡，則思化。思化，則易教。然則亂後易教，猶飢人易食也。」太宗曰：「善人❻為邦百年，然後勝殘去殺❼。大亂之後，將求致化，寧可造次而望乎？」徵曰：「此據常人，不在聖哲。若聖哲施化，上下同心，人應如響，不疾而速，朞月❽而可，信不為難，三年成功，猶謂其晚。」太宗以為然。封德彝❾等對曰：「三代❿以後，人漸澆訛⓫，故秦任法律⑫，漢雜霸道⑬，皆欲化而不能，豈能化而不欲？若信魏徵所說，恐敗亂國家。」徵曰：「五帝⑭、三王⑮，不易人而化。行帝道則帝，行王道則王，在於當時所理，化之而已。考之載籍⑯，可得而知。昔黃帝⑰與蚩尤⑱七十餘戰，其亂甚矣，既勝之後，便致太平。九黎⑲亂德，顓頊⑳征之，既克之後，不失其化。桀為亂虐，而湯㉑放之㉒，在湯之代，即致太平。紂㉓為無道，武王㉔伐之，成王㉕之代，亦致太平。若言人漸澆訛，不及純樸，至今應悉為鬼魅，寧可復得而教化耶？」德彝等無以難之，然咸以為不可。

太宗每力行不倦，數年間㉖，海內康寧，突厥㉗破滅，因謂群臣曰：「貞觀初，人皆異論，云當今必不可行帝道、王道，惟魏徵勸我。既從其言，不過數載，遂得華夏㉘安寧，遠戎賓服㉙。突厥自古以來，常為中國勍敵㉚，今酋長㉛並帶刀宿衛，部落皆襲衣冠㉜。使我遂至於此，皆魏徵之力也。」顧謂㉝徵曰：「玉雖有美質，在於石間，不值良工琢磨，與瓦礫不別。若遇良工，即為萬代之寶。朕雖無美質，為公所切磋㉞，勞公約朕以仁義，弘朕以道德，使朕功業至此，公亦足為良工爾。」

【章旨】此章記述了唐太宗即位初關於「自古理政得失」的辯論。魏徵認為，大亂之後，只要上下同心，就不難實現大治。而大臣封德彝等則不以為然，說若聽信魏徵的意見，恐怕會敗亂國家。最後，唐太宗採納了魏徵的建議，經過幾年的不倦努力，贏得了「華夏安寧，遠戎賓服」的局面。

【注釋】❶貞觀七年　當誤。據考證，辯論的時間是在唐太宗即位初，即武德九年（西元六二六年）冬。封德彝死於貞觀元年（西元六二七年）六月，辯論絕不可能在貞觀七年。❷祕書監　祕書省長官，職掌邦國經籍圖書。魏徵以貞觀三年遷祕書監，辯論時官為尚書右丞兼諫議大夫。❸從容　和緩貌。❹造次　急遽；匆忙。❺致化　致治；實現大治。❻善人　指賢明的帝王。❼勝殘去殺　使殘暴之人不再為惡，民眾化為善可以不用刑殺。❽朞月　週月，謂週一年之十二月，即一整年的意思。❾封德彝　名倫，初仕隋，後歸唐。武德九年唐太宗即位初，封倫官為尚書右僕射；貞觀元年六月逝世。❿三代　指夏朝、商朝、西周。⓫澆訛　風氣浮薄訛詐。⓬秦任法律　秦朝之治，專用刑法律令。⓭漢雜霸道　漢朝以王道、霸道雜施。漢宣帝云：「漢家自有制度，本以霸王道雜之。」見《漢書．元帝紀》。⓮五帝　指黃帝、顓頊、帝嚳、唐堯、虞舜。⓯三王　指夏禹、商湯、周武王。⓰載籍　經籍圖書。⓱黃帝　傳說為遠古部落聯盟首領，號軒轅氏或有熊氏。⓲蚩尤　傳說為遠古東方九黎族首領，曾在涿鹿（今屬河北）之野與黃帝諸部落發生大戰，失敗被殺。⓳九黎　遠古東方之部落。⑳顓頊　黃帝之孫，號高陽氏。㉑湯　名履，商朝的創立者。㉒放之　放逐他。㉓紂　殷紂王，商朝末代君主。㉔武王　周武王。㉕成王　周成王，周武王之子。㉖數年間　似指經過七年，其時當本章開頭所云「貞觀七年」。㉗突厥　中國北方古族名。西元六世紀時，游牧於金山（今阿爾泰山）一帶，首領姓阿史那。貞觀四年，唐太宗平定東突厥。㉘華夏　指中國。㉙賓服　服從；歸順。㉚勍敵　強勁之敵。㉛酋長　指部落首領。㉜襲衣冠　襲用唐人的穿著。㉝顧謂　回過頭來說。㉞切磋　本意是把骨角玉石加工製成器物，引申為商討研究。

【語　譯】貞觀七年，唐太宗與祕書監魏徵從容地討論自古以來理政得失的問題，就說：「如今是大亂之後，不可能匆忙地實現大治。」魏徵說：「不對，凡是人們處在危困之時，就會擔憂死亡。擔憂死亡，就會盼望大治。盼望大治，就會容易教化。既然如此，那麼大亂之後容易教化，就像飢餓的人搶吃東西是一樣的。」唐太宗說：「賢明的帝王治理國家一百年，然後才能使殘暴之人不再為惡，使民眾遷化為善，可以不再用刑殺。如今大亂之後，就想實現大治，難道可以倉促地盼望得到嗎？」魏徵說：「這是根據平常人的情況而言，不包括聖哲的君主在內。如果聖哲之君主施行教化，上下同心，民眾積極地響應，就是不想快也會快，如果說一年就可以了，確實是不會有困難的，要說三年取得成功，那還算是遲了。」唐太宗認為魏徵說的對。而大臣封德彝等卻對答說：「夏、商、周三代之後，人們逐漸地變得浮薄詭詐，所以秦朝用刑法律令來規範行為，漢朝以王道、霸道雜施來治理國家，都想大治而不能實現，難道是能夠大治卻不想要嗎？如果聽信魏徵所說的，恐怕會使國家步向敗亡與喪亂。」魏徵說：「五帝和三王，並不是靠更易民眾而治好天下的。實行帝道的就稱帝，實行王道的就稱王，都是根據當時所治理的情況，對民眾施行教化罷了。這點考察典籍上的記載，就可以知道。從前黃帝與蚩尤打了七十多次仗，戰亂可說是到了極點，而黃帝取得勝利之後，便實現了太平之治。九黎族叛亂，顓頊前往征討，而平定之後，也沒有喪失大治局面。夏桀為政亂虐，而商湯放逐了他，在商湯的時代，立即實現了太平之治。殷紂王為無道之君，周武王消滅了他，到了周成王時代，也實現了太平之治。如果說民眾漸漸地變得澆薄欺詐，不及從前淳樸，至今應該都成為鬼怪，又怎麼可再加以教化呢？」封德彝等人無法加以責難，然而都以為魏徵的話是不可以聽信的。

唐太宗卻採納了魏徵的意見，每每力行不倦，過了幾年，天下康寧，突厥也被平定了，就對大臣們說：「貞觀初年，人們都持不同的論調，說當今必定不可能實行帝道與王道，只有魏徵勸我實行它。聽從了魏徵的意見以後，不過幾年，就贏得了中原安寧、遠戎歸順的局面。自古以來，突厥常常是中國的勁敵，如今突厥酋長佩帶刀劍在朝廷充當禁衛，突厥部落都襲用中原人的穿著。使我終於達到這種境地的，都是魏徵的功勞啊。」唐太宗回過頭來對魏徵說：「玉雖然有美好的質地，卻存藏在璞石之中，如果沒有遇上好的工匠琢磨，就與瓦礫沒有區別。如果遇上好的工匠，立即成為流傳萬代的珍寶。我雖然沒有美好的品質，而要你來加以切磋，但煩勞你以仁義來約束我，以道德來弘揚我，使我的功業到達如此境地，你也稱得上是好的工匠呢！」

貞觀八年，太宗謂侍臣曰：「隋時百姓縱有財物，豈得保此？自朕有天下已來，存心撫養，無有所科差[1]，人人皆得營生，守其資財，即朕所賜。向使❷朕科喚❸不已，雖數資賞賜，亦不如不得。」魏徵對曰：「堯、舜在上，百姓亦云『耕田而食，鑿井而飲』，含哺鼓腹❹，而云『帝何力』於其間矣。今陛下如此含養，百姓可謂日用而不知。」又奏稱：「晉文公❺出田❻，逐獸於碭❼，入大澤，迷不知所出。其中有漁者，文公謂曰：『我，若君也，道將安出？我且厚賜若。』漁者曰：『臣願有獻。』文公曰❽：『出澤而受之。』於是送出澤。文公曰：『今子之所欲教寡人者，何也？願受之。』漁者曰：『鴻鵠❾保河海，厭而徙之小澤，則有矰❿丸⓫之憂。黿⓬鼉⓭保深淵，厭而出之淺渚⓮，必有釣射之憂。今君出獸碭，入至此，何行之太遠也？』文公曰：『善哉！』謂從者記漁者名。漁者曰：『君何以名？君尊天事地，敬社稷⓯，保四國⓰，慈愛萬民，薄賦斂，輕租稅，臣亦與焉。君不尊天，不事地，不敬社稷，不固四海，外失禮於諸侯，內逆民心，一國流亡，漁者雖有厚賜，不得保也。』遂辭不受。」太宗曰：「卿言是也。」

【章　旨】此章通過晉文公的故事，說明輕徭薄賦是「撫養」百姓的重要措施。

【注　釋】❶科差　政府對百姓財物或勞役的徵發。❷向使　假使當初。❸科喚　下令徵發財物或勞役。❹含哺鼓腹　口含食，手拍腹。形容太平盛世無憂無慮的生活。❺晉文公　名重耳，春秋五霸之一，晉國國君。❻田　畋獵；打獵。❼碭　古地名，在今河南永城東北。❽曰　原脫「曰」字，據劉向《新序》卷二補。❾鴻鵠　天鵝。❿矰　矢，一種射鳥用的短箭。⓫丸　彈丸。⓬黿　俗稱癩頭黿，爬行動物。⓭鼉　即揚子鱷，爬行動物。⓮渚　水中的小塊陸地。⓯社稷　土地神和穀神。⓰四國　四方的屬國。

【語　譯】貞觀八年，唐太宗對侍從的大臣說：「隋朝時，百姓即使擁有財產，又怎麼能保得住呢？自從我即位以來，存心撫養百姓，停止對百姓財物或勞役的徵發，使每個人都能謀生，守住自己的財產，那就是我給他們的賞賜。假如當初我不斷地下令徵發雜稅徭役，即使後來又多次地給予賞賜，他們還不如不要這些賞賜呢！」魏徵回答說：「堯、舜在位時，百姓也說自己『耕田而食，穿井而飲』，口含飯食，手拍肚皮，卻說堯、舜為他們的生活出了什麼力氣呢？現在陛下如此包容、撫養百姓，百姓可以說是每天都在享用，卻不瞭解原委。」魏徵又奏稱：「春秋時，晉文公外出打獵，追逐野獸，到了碭這個地方，進入一大片沼澤地裡，迷了路，不曉得怎樣走出去。那裡有一個打漁的人，晉文公對他說：『我是你的國君，從哪兒才能走出去？請你告訴我，我將重重賞賜你。』漁夫說：『我有事想向您稟奏。』晉文公說：『出了沼澤再領教吧。』於是，漁夫把晉文公送出了沼澤。晉文公說：『現在你想指教我什麼呢？我願意接受。』漁夫說：『天鵝生養於大河大海，如果厭煩了而遷徙到小沼澤，就有被短箭彈丸射死的危險。黿鼉生養於深淵，如果厭煩了而出現在淺灘上，必定有被釣捕的危險。如今君上到碭打獵，進入這片沼澤地，為什麼要走得如此遙遠呢？』晉文公說：『你說得好啊！』叫侍從人員記下漁夫的名字。漁夫說：『君上記下我的名字做什麼？君上尊崇上天，事奉大地，敬祭社稷之神，保護四方之國，慈愛百姓萬民，薄賦斂，輕租稅，我也就受到好處了。如果君上不尊崇上天，不事奉大地，不敬祭社稷之神，不鞏固天下，對外失禮於諸侯，對內違背民心，使整個國家陷於敗亡，我這個漁夫即使有了厚賜，也是保不住的。』因此堅決辭謝，不肯接受。」唐太宗聽了，說：「你說的對。」

貞觀九年，太宗謂侍臣曰：「往昔初平京師❶，宮中美女珍玩，無院不滿。煬帝意猶不足，徵❷求無已，兼東西征討❸，窮兵黷武，百姓不堪，遂致亡滅。此皆朕所目見。故夙夜孜孜❹，惟欲清靜，使天下無事。遂得徭役不興，年穀豐稔❺，百姓安樂。夫治國猶如栽樹，本根不搖，則枝葉茂榮。君能清靜，百姓何得不安樂乎？」

【章　旨】此章言唐太宗惟欲清靜，使天下無事、百姓安樂。

【注　釋】❶京師　指隋之都長安（今西安）。❷徵　召。❸東西征討　指東征高麗，西討突厥。❹夙夜孜孜　從早到晚，努力不怠。❺稔　莊稼成熟。

【語　譯】貞觀九年，唐太宗對侍從的大臣說：「從前，剛剛平定隋朝京師時，發現隋宮之中美女和珍寶玩物，沒有一個庭院不是充塞得滿滿的。隋煬帝還覺得不滿足，仍無休止地索求，加上東征高麗和西討突厥，對外窮兵黷武，百姓不堪負擔，於是導致滅亡。這都是我親眼看見的。所以，我從早到晚，努力不怠，只想清靜圖治，使天下太平無事。於是就不再徵發徭役，年穀豐登，百姓安樂。治理國家好像栽樹一樣，根部牢固不動搖，枝葉就會茂盛。君王能夠清靜圖治，百姓哪兒不會安居樂業呢？」

貞觀十六年，太宗謂侍臣曰：「或君亂於上，臣治於下；或臣亂於下，君治於上。二者苟逢，何者為甚？」特進魏徵對曰：「君心治，則照見下非。誅一勸百，誰敢不畏威盡力？若昏暴於上，忠諫不從，雖百里奚❶、伍子胥❷之在虞、吳，不救其禍，敗亡亦繼。」太宗曰：「必如此，齊文宣❸昏暴，楊遵彥❹以正道扶之得治，何也？」徵曰：「遵彥彌縫❺暴主，救治蒼生❻，纔得免亂，亦甚危苦。與人主嚴明，臣下畏法，直言正諫，皆見信用，不可同年而語也。」

【章　旨】此章言治亂興亡首先取決於君主。如果君主昏暴，忠諫不從，臣下也無法挽救其敗亡的局面。

【注　釋】❶百里奚　春秋時楚國宛（今河南南陽）人，曾為虞國（今山西平陸）大夫。知虞公之不可諫，故不直言。虞亡於晉後，被貶作奴僕入秦，旋又逃回原籍，為楚人俘獲。秦穆公聞其賢，巧用五張黑羊皮贖買去秦，授以國政，人稱「五羖大夫」。❷伍子胥　名員，春秋時吳國大夫。吳王夫差時，反對允許越國求和，夫差不納，漸被疏遠，終為夫差賜劍自殺。子胥死時，曾預言越必滅吳。後來果然如此。❸齊文宣　即北齊文宣帝高洋，以功業自矜，遂嗜酒淫逸，肆行強暴。❹楊遵彥　即楊愔，仕北齊為尚書令，總攝朝政，百度修飭。時人皆言主昏於上，政清於下。❺彌縫　遮掩或補救缺點、過錯，不使別人發覺。❻蒼生　百姓；民眾。

【語　譯】貞觀十六年，唐太宗對侍從的大臣說：「有時國君在上昏亂，而大臣卻在下治理得好；有時大臣在下作亂，而國君在上卻治理得好。兩種情況如果相遇，哪一種危害更嚴重些？」特進魏徵回答說：「國君留心圖治，就能明察臣下的過錯。殺一儆百，誰還敢不畏怕君威而盡力效勞呢？如果國君在上，昏庸暴虐，不聽從大臣的忠諫，即使有像百里奚、伍子胥這樣的賢臣在虞國、吳國，也不能挽救禍亂，而國家的敗亡也就相繼而來了。」唐太宗說：「必定如此的話，那麼北齊文宣皇帝昏庸暴虐，大臣楊遵彥卻用清政之道匡扶他，達到治平之境，這又是什麼道理呢？」魏徵說：「遵彥補救暴君的過錯，救治百姓，才得以避免了禍亂，情況也是很危險艱苦的。這與君主嚴明，臣下畏懼法令，直言正諫，並都得到信用的情況，是不可同年而語的。」

貞觀十九年，太宗謂侍臣曰：「朕觀古來帝王，驕矜❶而取敗者，不可勝數。不能遠述古昔，至如晉武平吳❷、隋文伐陳❸已後，心逾驕奢，自矜諸己，臣下不復敢言，政道因茲弛紊❹。朕自平定突厥❺、破高麗❻已後，兼并鐵勒❼，席卷沙漠以為州縣，夷狄遠服，聲教❽益廣。朕恐懷驕矜，恆自抑折❾，日旰❿而食，坐以待晨。每思臣下有讜言⓫直諫，可以施於政教者，當拭目以師友待之。如此，庶幾於時康道泰爾。」

【章旨】此章言唐太宗吸取驕矜而敗亡的歷史教訓，積極倡導臣下讜言直諫。

【注釋】❶矜　自誇；自大。❷晉武平吳　晉武帝於西元二八〇年平定孫吳政權，統一全國。❸隋文伐陳　隋文帝於西元五八九年平定南朝陳，統一全國。❹弛紊　鬆弛、混亂。❺平定突厥　唐太宗於貞觀四年（西元六三〇年）平定東突厥。❻破高麗　貞觀十八年出兵征高麗，次年唐太宗親至遼東城下，不克班師。高麗，即高句麗，位於朝鮮半島北部。❼鐵勒　亦稱敕勒，古族名，匈奴苗裔，其部落分布於東至圖拉河以北、西至裏海的廣大地區。貞觀二十年，鐵勒各部酋長內附，次年設燕然都護府加以統轄。❽聲教　聲威教化。❾抑折　抑制約束。❿旰　晚上。⓫讜言　正直的言詞。

【語譯】貞觀十九年，唐太宗對侍從的大臣說：「我觀察自古以來的帝王，因驕傲自大而遭到敗亡的，真是不可勝數。不必遠說古代的，近的如晉武帝平定吳國、隋文帝討伐陳朝以後，他們心裡越發驕傲奢侈，自以為了不起，臣下也不敢再說話了，理政之道因此鬆弛混亂。而我自平定突厥、攻破高麗以後，又兼併了鐵勒部落，席捲沙漠之地，以設置州縣，夷狄自遠方來臣服，我的聲威教化日益擴大。我擔心會因而驕矜起來，常常自我抑制約束，每天忙到晚上才吃飯，坐著等待天亮。每想到臣下有正詞直諫，可以用來進行政治教化的，就應當像對師友一樣拭目相待。這樣，也許可以使國家時局康泰平安吧！」

太宗自即位之始，霜旱為災，米穀踴貴，突厥侵擾❶，州縣騷然。帝志在憂人，銳精為政，崇尚節儉，大布恩德。是時，自京師及河東❷、河南❸、隴右❹，饑饉尤甚，一匹絹纔得一斗米。百姓雖東西逐食❺，未嘗嗟怨，莫不自安。至貞觀三年，關中❻豐熟，咸自歸鄉，竟無一人逃散。其得人心如此。加以從諫如流，雅好儒術，孜孜求士，務在擇官，改革舊弊，興復制度，每因一事，觸類為善。初，息隱❼、海陵❽之黨，同謀害太宗者數百千人，事寧，復引居左右近侍，心術豁然，不有疑阻。時論以為能斷決大事，得帝王之體。深惡官吏貪濁，有枉法受財者，必無赦免。在京流外⑨有犯贓者，皆遣執奏，隨其所犯，置以重法。由是官吏多自清謹。制馭王公、妃主之家，大姓⑩豪猾之伍，皆畏威屏跡，無敢侵欺細人⑪。商旅野次⑫，無復盜賊，囹圄⑬常空，馬牛布野，外戶不閉。又頻致豐稔，米斗三四錢，行旅自京師至於嶺表⑭，自山東⑮至於滄海⑯，皆不賷⑰糧，取給於路。入山東村落，行客經過者，必厚加供待，或發時有贈遺。此皆古昔未有也。

【章旨】此章描述「貞觀之治」的昇平景象，讚頌唐太宗「銳精為政」的業績。

【注釋】❶突厥侵擾　武德九年（西元六二六年）八月，唐太宗剛即位不久，突厥大軍直逼長安渭水便橋，京師騷然不安。❷河東　貞觀元年（西元六二七年）分全國為十道，其一為河東道，包括蒲、晉、絳、汾等十七州。❸河南　河南道，包括洛、陝、鄭、青等二十九州。❹隴右　隴右道，包括秦、蘭、甘、肅等十六州。❺逐食　遷徙他鄉求食。❻關中　指關內道，包括京兆以及同、華、涇、岐等二十二州。❼息隱　指原太子李建成，唐高祖長子，在玄武門事變中被殺。唐太宗即位後，追封建成為息王，諡曰隱。❽海陵　指李元吉，唐高祖第四子，在玄武門事變中被殺。唐太宗即位後，追封元吉為海陵王，諡曰刺。❾流外　指流外官，即不入九品的職官。京師官署吏員，多以流外官充任。❿大姓　士族豪門。⓫細人　小人；平民。⓬商旅野次　商販在野途中。商旅，商販。次，途次。⓭囹圄　牢獄。⓮嶺表　即嶺南，五嶺以南地區。⓯山東　太行山以東地區。⑯滄海　指東海。⑰賚　帶著。

【語　譯】在唐太宗剛即位的時候，曾發生霜災與旱災，米穀的價錢猛漲，突厥又侵擾內地，使得各州縣騷動不安。唐太宗一心為民眾解憂，勵精圖治，崇尚節儉，大力地布施恩德。這時，從京師長安到河東道、河南道、隴右道，饑荒尤其嚴重，一匹絹才能換得一斗米。百姓雖然四處遷移求食，但未曾嗟歎怨恨，無不各自相安。到了貞觀三年，關內道各地豐收了，百姓又都回到自己的家鄉，竟然沒有一個人逃亡。唐太宗得人心竟到這種地步。加上他從諫如流，雅好儒術，孜孜不倦地尋求賢士，務必選擇賢能之人做官，改革舊有弊端，復興各種制度，每碰到一件事，就觸類旁推，把事做好。當初，李建成、元吉的黨羽，聯手謀害唐太宗的有數百以至千人，事變平息後，唐太宗又把那些人引為自己的左右近臣，以豁然大度的心態對待他們，沒有懷疑與隔閡。當時輿論認為唐太宗能決斷國家大事，很有帝王的氣度。他深恨官吏的貪汙穢濁行為，只要發現有違反法令而接受財物的，必加懲處，不予赦免。在京城的流外官如有犯貪贓罪的，都要遣送執奏，根據犯罪的情節，從嚴處置。因此官吏大都清廉謹慎。唐太宗控制駕馭王公、妃主之家，使大姓豪門的奸猾之輩，都畏懼法令的威嚴而收斂劣跡，不敢侵犯、欺凌平民。商販在野途中，也不再遇到盜賊，牢獄常常空著，馬牛布滿郊野，連人家外面的門戶也不必關閉。又連續獲得豐收，每斗米僅三四錢，行人旅客從京師到嶺南，從太行山以東到東海邊，都用不著帶糧食，沿路可以得到供給。進入太行山以東地區，過往的行人旅客必定受到優厚的服務與招待，有的離開時還得到饋贈。這都是自古以來沒有過的景象。

卷二

任賢第三

房玄齡，齊州臨淄❶人也。初仕隋，為隰城❷尉❸。坐事❹，除名徙上郡❺。太宗徇地❻渭北❼，玄齡杖策❽謁於軍門，太宗一見，便如舊識，署渭北道❾行軍記室參軍❿。玄齡既遇知己，遂罄⓫竭心力。是時，賊寇每平，眾人競求金寶，玄齡獨先收人物，致之幕府⓬，及有謀臣猛將，與之潛相申結⓭，各致死力。累授秦王⓮府記室，兼陝東道大行臺⓯考功郎中⓰。玄齡在秦府十餘年，恆典管記⓱。隱太子⓲、巢剌王⓳以玄齡及杜如晦為太宗所親禮，甚惡之，譖⓴之高祖㉑，由是與如晦並遭驅斥。

及隱太子將有變也，太宗召玄齡、如晦，令衣道士服，潛引入閤㉒謀議。及事平㉓，太宗入春宮㉔，擢拜太子左庶子㉕。貞觀元年，遷中書令。三年，拜尚書左僕射，監脩國史㉖，封梁國公，實封㉗一千三百戶。既總任百司，虔恭夙夜，盡心竭節，不欲一物失所。聞人有善，若己有之。明達吏事，飾以文學，審定法令，意在寬平。不以求備取人，不以己長格物㉘，隨能收敘㉙，無隔疏賤。論者稱為良相焉。十三年，加太子少師㉚。玄齡自以一居端揆㉛十有五年，頻抗表辭位，優詔不許。十六年，進拜司空㉜，仍總朝政，依舊監脩國史。玄齡復以年老請致仕㉝，太宗遣使謂曰：「國家久相任使，一朝忽無良相，如失兩手。公若筋力不衰，無煩此讓。自知衰謝，當更奏聞。」玄齡遂止。太宗又嘗追思王業之艱難，佐命之匡弼㉞，乃作〈威鳳賦〉以自喻，因賜玄齡㉟，其見稱類如此。

【章　旨】此章記述貞觀「良相」房玄齡的生平事跡，指出他能收羅人物、明達吏事、總管朝政，為唐太宗「貞觀之治」作出重大的貢獻。

【注　釋】❶齊州臨淄　今屬山東淄博。❷隰城　在今山西西部。❸尉　縣尉；縣令之佐屬。❹坐事　因犯法而獲罪。❺上郡　郡名，隋朝大業時改鄜城郡為上郡，位於北方邊區。❻徇地　攻取土地。❼渭北　渭水之北地區。❽杖策　亦作「策杖」。拄著拐杖。❾渭北道　指渭水以北軍事管轄區，與貞觀元年設置的唐朝十道無涉。❿記室參軍　軍府之屬官，掌表啟書疏之職。⓫罄　盡。⓬幕府　古代將帥的府署。這裡指李世民秦王府。⓭潛相申結　暗中同申情好，互相結約。⓮秦王　即李世民。唐高祖武德元年（西元六一八年）六月，李世民為秦王。⓯陝東道大行臺　陝東地區軍事管轄機構。武德元年十二月，加秦王太尉、陝東道大行臺尚書令。⓰考功郎中　此指大行臺之屬官，掌官員功過善惡之職。⓱管記　指記室等事務。⓲隱太子　即李建成。⓳巢剌王　即齊王李元吉。原先追封為海陵王，後又追封為巢王，諡依舊曰剌。⓴譖　說壞話誣陷別人。㉑高祖　唐高祖李淵。㉒閤　閣。㉓及事平　指武德九年六月玄武門事變平息以後。㉔春宮　東宮；太子宮。㉕太子左庶子　東宮屬官。據史傳，應為「右庶子」。㉖監脩國史　唐初史館有監管修撰國史（本朝史），皆由宰相兼領。㉗實封　唐封爵分九等，各享有一定的食邑戶數。下言「一千三百戶」，即食邑實封數字。㉘格物　量度人物。㉙收敘　收錄任用。㉚太子少師　輔導太子的顯官。㉛端揆　指宰相。㉜司空　唐代三公之一，輔佐天子治國。㉝致仕　辭官；退休。㉞匡弼　輔佐。㉟賜玄齡　據史傳，唐太宗作〈威鳳賦〉以賜長孫無忌。此云「賜玄齡」，未詳孰是。

【語　譯】房玄齡，是齊州臨淄人。早年在隋朝做官，曾任隰城縣尉。後因犯法而獲罪，被除名並遷徙到上郡。李世民在渭北攻城略地時，玄齡拄著拐杖到軍門拜見，李世民一看，便如同故舊一樣，委任他為渭北道行軍記室參軍。玄齡既然遇到了知己，就盡心竭力地效勞。當時，每次平定賊寇，很多人都爭相搜求金玉珠寶，唯獨玄齡先收羅人才，送到秦王李世民幕府，如果遇有謀臣猛將，就暗中同申情好，互相交結，大家都拼死效力秦王。後來玄齡連續晉升，任秦王府記室，兼陝東道大行臺考功郎中。玄齡在秦王府十餘年，長期掌管記室事務。當時太子李建成、齊王李元吉因玄齡和杜如晦是秦王李世民的親信，非常厭惡他們，便在唐高祖面前說他們的壞話，因此玄齡與如晦都遭到貶斥。到了太子李建成將要作亂時，秦王李世民召回玄齡、如晦，叫他們穿上道士服，暗中進入秦府商謀對策。玄武門事變平息後，李世民被立為皇太子，提拔玄齡為太子左庶子。貞觀元年，玄齡升任中書令。貞觀三年，拜為尚書左僕射，兼監修國史，封梁國公，享有食邑一千三百戶。既已任為宰相，總管百官，玄齡就從早到晚虔誠地奉職，盡心竭節，不使一人一事處置失當。聽到別人有好的地方，就像自己也有一樣而高興。他明達吏事，並有學問文采來潤飾，審定法令，總是留心做到寬緩公平的地步。用人不求全責備，也不以自己的長處去量度別人，能根據才能加以收錄任用，不拒用關係淺、出身低的人。因此當時輿論稱他是良相。貞觀十三年，加封為太子少師。玄齡自以為居於相位已達十五年，就多次上表要求辭職，唐太宗特地下詔不予同意。貞觀十六年，進拜為司空，仍總管朝政，依舊兼領監修國史。後來玄齡又以自己年老請求退休，唐太宗派使者去轉告他說：「國家長久地任用你為宰相，一旦突然失去良相，就像喪失了左右手一樣。如果你精力不衰，就不要如此辭讓了。你自己確實感到精力衰竭時，便再另行奏報。」玄齡於是終止了退休的請求。唐太宗又曾追思開創王業的艱難，想到佐命大臣的輔助之功，就作了〈威鳳賦〉以自喻，並賜給玄齡，由此可見他被稱頌、推重之一斑。

杜如晦，京兆萬年❶人也。武德初，為秦王府兵曹參軍❷，俄遷陝州總管府❸長史❹。時府中多英俊，被外遷者眾，太宗患之。記室房玄齡曰：「府僚去者雖多，蓋不足惜。杜如晦聰明識達，王佐才也。若大王守藩❺端拱❻，無所用之；必欲經營四方，非此人莫可。」太宗自此彌加禮重，寄以心腹，遂奏為府屬，常參謀帷幄❼。時軍國多事，剖斷如流，深為時輩所服。累除❽天策府❾從事中郎❿，兼文學館⓫學士。隱太子之敗，如晦與玄齡功第一，遷拜太子右庶子⓬。俄遷兵部尚書⓭，進封蔡國公，實封一千三百戶。貞觀二年，以本官檢校⓮侍中。三年，拜尚書右僕射，兼知⓯吏部⓰選事，仍與房玄齡共掌朝政。至於臺閣⓱規模，典章文物，皆二人所定，甚獲當時之譽，時稱房、杜焉。

【章　旨】此章記述貞觀名相杜如晦的生平事跡，指出他善於剖斷軍國大事，與房玄齡「共掌朝政」，甚獲當時之譽。

【注　釋】❶京兆萬年　在今西安偏東郊。史傳稱「京兆杜陵人」。❷兵曹參軍　掌王府武官簿書、考課、儀衛、假使等事。❸總管府　唐初曾在戰略要地設置總管府，統率軍隊。❹長史　指總管府次官。❺守藩　保守藩王之地位。❻端拱　端坐拱手。❼帷幄　軍隊裡用的帳幕。❽除　指封官授職。❾天策府　天策上將府。武德四年（西元六二一年）冬，唐高祖以秦王李世民功大，古官號皆不足以稱，特加號天策上將，開府置官屬。❿從事中郎　天策府屬官。⓫文學館　武德四年冬由秦王李世民開設，學士有杜如晦、房玄齡、孔穎達、虞世南等十八人，號「十八學士」。⓬右庶子　據史傳應為左庶子。⓭兵部尚書　尚書省兵部長官，職掌軍事。⓮檢校　唐制，檢校某官者，皆詔除而非正命。檢校某官，則高於原本官。⓯知　主持。⓰吏部　尚書省六部之一，掌文選、勳封、考課之政。⓱臺閣　即尚書省。這裡泛指中央政府機構。

【語　譯】杜如晦，是京兆府萬年縣人。唐高祖武德初年，曾任秦王府兵曹參軍，不久調任陝州總管府長史。當時秦王府中有很多才俊之士，而被唐高祖調出去的不少，秦王李世民對此感到憂慮。記室房玄齡說：「秦王府臣僚調離的雖多，但大致說來，還不值得可惜。杜如晦聰明而有識，是輔佐王業的人才。如果大王只打算守住藩位，端坐拱手，不想大有作為，就沒有用得著他的；如果一定要經營天下，就非用此人不可。」從此秦王李世民對杜如晦更加敬重，看成是心腹，於是向唐高祖奏請，將他調回來擔任秦府屬官，常常讓他在帷幄之中參與謀議。當時軍國大事很多，杜如晦剖析斷決，暢利如流，深受同輩人的佩服。後來接連地升為天策府從事中郎，兼文學館學士。在太子李建成被殺的事變中，如晦與玄齡居功第一，因而升任太子右庶子。不久又升任兵部尚書，加封蔡國公，享有食邑一千三百戶。貞觀二年，以本官檢校侍中。貞觀三年，拜為尚書右僕射，兼管吏部選事，仍與房玄齡共同執掌朝政。至於中央政府機構的規模、典章文物制度，都由他們兩人所商定，深受當時輿論的讚譽，人們稱之為良相「房、杜」。

魏徵，鉅鹿人也，近徙家相州之內黃❶。武德末，為太子洗馬❷。見太宗與隱太子陰相傾奪，每勸建成早為之謀。太宗既誅隱太子，召徵責之曰：「汝離間我兄弟，何也？」眾皆為之危懼。徵慷慨自若，從容對曰：「皇太子若從臣言，必無今日之禍。」太宗為之斂容❸，厚加禮異，擢拜諫議大夫。數引之臥內，訪以政術。徵雅有經國之才，性又抗直，無所屈撓。太宗每與之言，未嘗不悅。徵亦喜逢知己之主，竭其力用。又勞❹之曰：「卿所諫前後二百餘事，皆稱朕意，非卿忠誠奉國，何能若是？」三年，累遷祕書監，參預朝政❺，深謀遠算，多所弘益。太宗嘗謂曰：「卿罪重於中鉤，我任卿逾於管仲❻，近代君臣相得，寧有似我於卿者乎？」

六年，太宗幸九成宮❼，宴近臣，長孫無忌❽曰：「王珪、魏徵，往事息隱，臣見之若讎，不謂今者又同此宴。」太宗曰：「魏徵往者實我所讎，但其盡心所事，有足嘉者。朕能擢而用之，何慚古烈❾？徵每犯顏切諫，不許我為非，我所以重之也。」徵再拜曰：「陛下導臣使言，臣所以敢言。若陛下不受臣言，臣亦何敢犯龍鱗⑩，觸忌諱也。」太宗大悅，各賜錢十五萬。

七年，代王珪為侍中，累封鄭國公。尋以疾乞辭所職，請為散官⑪。太宗曰：「朕拔卿於讎虜之中，任卿以樞要之職，見朕之非，未嘗不諫。公獨不見金之在鑛，何足貴哉？良冶⑫鍛而為器，便為人所寶。朕方自比於金，以卿為良工。雖有疾，未為衰老，豈得便爾耶？」徵乃止。後復固辭，聽解侍中，授以特進，仍知門下省事。

十二年，太宗以誕皇孫，詔宴公卿，帝極歡，謂侍臣曰：「貞觀以前，從我平定天下，周旋艱險，玄齡之功無所與讓。貞觀之後，盡心於我，獻納忠讜，安國利人，成我今日功業，為天下所稱者，惟魏徵而已。古之名臣，何以加也？」於是親解佩刀以賜二人。

庶人承乾⑬在春宮，不修德業。魏王泰⑭寵愛日隆，內外庶寮⑮，咸有疑議。太宗聞而惡之，謂侍臣曰：「當今朝臣，忠謇[16]無如魏徵，我遣傅皇太子，用絕天下之望。」十七年，遂授太子太師[17]，知門下事如故。徵自陳有疾，太宗謂曰：「太子宗社之本，須有師傅，故選中正，以為輔弼。知公疹病，可臥護之。」徵乃就職。尋遇疾。徵宅內先無正堂，太宗時欲營小殿，乃輟[18]其材為造，五日而就。遣中使[19]賜以布被素褥[20]，遂其所尚。後數日，薨[21]。太宗親臨慟哭，贈司空，諡[22]曰文貞。太宗親為製碑文，復自書於石。特賜其家食實封九百戶。

太宗後嘗謂侍臣曰：「夫以銅為鏡，可以正衣冠；以古為鏡，可以知興替；以人為鏡，可以明得失。朕常保此三鏡，以防己過。今魏徵殂[23]逝，遂亡一鏡矣！」因泣下久之。乃詔曰：「昔惟魏徵，每顯予過。自其逝也，雖過莫彰。朕豈獨有非於往時，而皆是於茲日？故亦庶僚苟順，難觸龍鱗者歟！所以虛己外求，披迷內省。言而不用，朕所甘心。用而不言，誰之責也？自斯已後，各悉乃誠。若有是非，直言無隱。」

【章　旨】此章記述著名諫臣魏徵的生平事跡。一方面突出了魏徵敢犯龍鱗、忠誠奉國的事實，另一方面表現了唐太宗善於任用反對過自己的人。文中所謂「三鏡」之說，尤其精彩，深為後世史家所讚頌。

【注　釋】❶相州之內黃　內黃，縣名，相州之下屬縣，在今河南北部，鄰近河北。相州，唐轄境相當今河北成安、廣平和魏縣西南部，河南安陽、湯陰、林縣、內黃及濮陽西南部地。❷太子洗馬　東宮官屬，職掌四庫圖籍刊輯之事。❸斂容　猶正容，表示肅敬。❹勞　慰諭。❺參預朝政　唐太宗往往讓一些職位稍低的官員以「參預朝政」的名義，與宰相們一道議政決策。❻管仲　名夷吾，春秋初期齊國人。齊襄公被殺後，公子小白與公子糾爭奪王位。管仲事糾，曾以箭射中小白的帶鉤。後小白立，是為齊桓公。管仲請囚，而齊桓公則任之為卿。管仲實行改革，遂使齊桓公成為春秋時代第一個霸主。❼九成宮　即隋朝的仁壽宮，皇帝避暑的離宮，在陝西麟游西。貞觀五年（西元六三一年），更名九成宮。❽長孫無忌　唐太宗皇后長孫氏之兄。策劃玄武門事變，有佐命之功，深受太宗的禮遇。❾古烈　指古代的英明君主。❿犯龍鱗　批評皇帝。傳說，龍喉下「有逆鱗徑尺，人有嬰之，則必殺人」（《史記・老子韓非列傳》）。⓫散官　與職事官不同的官員，也有相對應的等級稱號。⓬良冶　優秀的陶鑄工匠。⓭庶人承乾　指太子李承乾，唐太宗長子。貞觀十七年四月，因罪廢為庶人。庶人，平民。⓮魏王泰　唐太宗第四子李泰，長孫皇后的次子，承乾之胞弟，貞觀十年封魏王。⓯庶寮　眾官。寮，同「僚」。⓰謇　正直。⓱太子太師　輔導太子的顯官。據史傳，授此官號在十六年九月。十七年正月，魏徵逝世。⓲輟　停止。⓳中使　帝王宮廷中派出的使者，指宦官。⓴素褥　白色的褥墊。㉑薨　唐代稱二品以上官員之死。㉒謚　古代帝王或大官貴族在死後作為對其生前事跡評價的稱號。㉓殂　死亡。

【語　譯】魏徵，是鉅鹿人，後來遷居到相州的內黃縣。武德末年，曾為太子洗馬。當時他目睹秦王李世民與太子李建成暗中互相傾軋，爭奪權力，常常勸李建成早作圖謀。唐太宗誅殺李建成以後，召見魏徵，責備他說：「你挑撥離間我們兄弟的關係，為什麼呢？」眾人都為魏徵感到危險與害怕。魏徵卻慷慨自如，從容地回答說：「皇太子如果聽從我的話，必定不會有今天的禍事。」唐太宗聽了，對他肅然起敬，厚加禮遇，提拔他為諫議大夫。多次召他到內宮臥室，詢問理政的策略。魏徵素有治國的才能，性格又剛正直爽，不屈不撓。唐太宗每次與他談話，沒有不滿心喜悅的。魏徵也高興遇到知己的君主，便竭盡全力效勞。唐太宗因而又撫慰他說：「你先後勸諫了二百多件事，都符合我的心意，要不是你忠誠地事奉國家，哪兒能如此呢？」貞觀三年，接連地升遷，升為祕書監，參預議政決策，他的深謀遠慮，大都對國家有巨大的助益。唐太宗曾對他說：「你的罪比管仲射中齊桓公衣帶鉤之罪還重，而我信任你卻超過了齊桓公信任管仲的程度，近代君臣之間互相投合，難道有像我與你這樣的嗎？」

貞觀六年，唐太宗駕臨九成宮，宴請親近的大臣，長孫無忌說：「王珪和魏徵，從前都事奉過隱太子李建成，我看見他們如同仇敵一般，不料今天又一道參加了這個宴會。」唐太宗說：「魏徵從前確實是我所仇恨的，但他盡心於自己所做的事，很有值得讚美的地方。我能提拔而任用他，哪兒比古代的英明君主來得遜色？魏徵常常犯顏切諫，不許我做錯事，這是我重用他的緣故。」魏徵再拜說：「陛下引導我說話，所以我敢直說。如果陛下不接受我說的話，我又怎麼敢批評皇帝，觸犯忌諱呢？」唐太宗聽了非常高興，各人賜錢十五萬。

貞觀七年，魏徵替代王珪任侍中，加封鄭國公。不久因病而請求辭去職事官，改為散官。唐太宗說：「我從仇敵之中提拔你，以樞要之職委任給你，你看到我的過錯，沒有不勸諫的。你難道沒見到金子在鑛石之中，哪兒值得珍貴呢？好的工匠將它鍛煉成器物，然後為人們所寶重。我正好自比為金子，把你當作好的工匠。你雖然有病，還未衰老，怎麼可以這樣就辭職呢？」魏徵於是停止了辭職的請求。後來又堅決提出辭職，唐太宗只好同意解除他侍中之職，授以特進，仍然主管門下省的事務。

貞觀十二年，因為皇孫誕生，唐太宗下詔宴請公卿大臣，感到非常高興，對侍臣說：「貞觀以前，跟從我平定天下，周旋於艱險的戰鬥之中的，以房玄齡的功勞最大，是沒有人可相比的。貞觀之後，盡心於我，呈獻忠誠正直之言論，安國利人，成就我今天的功業，被天下人所稱讚的，只有魏徵而已。古代的名臣，怎麼能超過他們呢？」於是唐太宗親自解下佩刀，賜給他們二人。

太子李承乾在春宮裡，不修養德行。魏王李泰日益受到唐太宗的寵愛，內外百官都有了一些疑慮與議論。唐太宗聽了很不高興，對侍臣說：「當今朝廷大臣中，是沒有誰比魏徵更忠誠正直的，我要派他去輔導皇太子，由此斷絕天下非分之想。」貞觀十七年，就授魏徵為太子太師，仍舊主管門下省的事務。魏徵陳述說自己有病，唐太宗說：「太子是宗廟社稷的根本，必須設有師傅，所以選擇中正的大臣，來輔佐太子。我知道你有病，你可以躺在家裡教導太子。」魏徵於是就職。不久魏徵發病了。他的住宅內原先是沒有正堂的，唐太宗當時想營建小殿，就把工停下來，將材料運去替魏徵家蓋正堂，五天就建成了。還派宮中使者賜以布被素褥，以迎合魏徵的愛好。過後幾天，魏徵便逝世了。唐太宗親自到他家悲傷痛哭，追贈司空，謚號稱「文貞」。此外，唐太宗還親自撰碑文，又親手書寫在石碑上。並且特地賜予魏徵家享有食邑九百戶。

唐太宗後來曾對侍臣說：「以銅為鏡，可以端正衣冠；以古代為鏡，可以知道王朝的興衰更替；以別人為鏡，可以明白自己的言行得失。我時常保有這三面鏡子，用來防止自己的過錯。如今魏徵逝世，就喪失了一面鏡子啊！」因此哭了很久。於是下詔說：「從前只有魏徵，常常指出我的過錯。自他逝世後，我即使有過錯也沒有人指明了。我難道只在從前有過錯，而現在卻都正確了嗎？這是由於百官都苟且順從，不敢批評皇帝的緣故吧！所以，我要虛心徵求他人的意見，揭開迷誤，使我從內心加以反省。就是大家進言了，卻沒有用處，我還是很高興的。如果有用，而大家卻不進言，這是誰的責任呢？從此以後，各位要竭盡你們的誠意。如果我有對或錯的地方，都要直言指陳，不要有所隱瞞。」

王珪，太原祁縣❶人也。武德中，為隱太子中允❷，甚為建成所禮。後以連其陰謀事，流於嶲州❸。建成誅後，太宗即位❹，召拜諫議大夫。每推誠盡節，多所獻納。珪嘗上封事❺切諫，太宗謂曰：「卿所論皆中朕之失，自古人君莫不欲社稷永安，然而不得者，只為不聞己過，或聞而不能改故也。今朕有所失，卿能直言，朕復聞過能改，何慮社稷之不安乎？」太宗又嘗謂珪曰：「卿若常居諫官，朕必永無過失。」顧待益厚。貞觀元年，遷黃門侍郎，參預政事，兼太子右庶子。二年，進拜侍中。時❻房玄齡、魏徵、李靖❼、溫彥博❽、戴胄❾與珪同知國政，嘗因侍宴，太宗謂珪曰：「卿識鑒精通，尤善談論，自玄齡等，咸宜品藻❿。又可自量孰與諸子賢？」對曰：「孜孜奉國，知無不為，臣不如玄齡。每以諫諍為心，恥君不及堯舜，臣不如魏徵。才兼文武，出將入相，臣不如李靖。敷奏詳明，出納⓫惟允，臣不如溫彥博。處繁理劇，眾務必舉，臣不如戴胄。至如激濁揚清⓬，嫉惡好善，臣於數子，亦有一日之長。」太宗深然其言，群公亦各以為盡己所懷，謂之確論⓭。

【章旨】此章記述著名諫臣王珪的生平事跡。指出他以激濁揚清、嫉惡好善見長，深得唐太宗的賞識。

【注釋】❶祁縣　在今山西中部。❷中允　東宮官屬，職掌侍從贊相，駁正啟奏，總司經典、膳藥。❸巂州　唐時轄境相當於今四川越西、美姑以南，金沙江以西、以北，錦屏山、鹽井河以東地區，治所在越巂（今西昌）。❹太宗即位　四字疑為衍文。武德九年（西元六二六年）六月，王珪為諫議大夫，當時唐太宗尚未即位。❺封事　臣下上書奏事，為了防止泄漏，用袋封緘，稱為封事。❻時　據史傳，當時是貞觀四年（西元六三〇年）。❼李靖　詳見下章。當時已從兵部尚書升為尚書右僕射。❽溫彥博　唐初名臣，時官中書令。❾戴胄　貞觀名臣。時官戶部尚書，參預朝政。⑩品藻　品評優缺點。⑪出納　古指承天子意旨宣布於下為出，轉達下情於上為納。⑫激濁揚清　抨擊壞的，讚揚好的。⑬確論　確切的論斷。

【語　譯】王珪，是太原祁縣人。武德年間，任太子李建成的屬官中允，深得建成的禮遇。後來因為與建成陰謀作亂之事有所牽連，被唐高祖流放到嶲州。建成被殺後，（唐太宗即位）召拜為諫議大夫。他常常真誠地竭盡臣節，呈獻了不少建議。王珪曾上封事懇切地勸諫，唐太宗對他說：「你所論述的都切中我的過失，自古以來的君王沒有不想國家長治久安的，然而往往不得實現，這不過是由於聽不到有關自己的過錯，或者聽到了卻不能改正的緣故。現在我有過錯，你能直言勸諫，我又聞過能改，哪兒還擔心國家不能安定呢？」唐太宗又曾對王珪說：「你如果常居於諫官之位，我必定是永遠沒有過錯的。」於是待他更加優厚。貞觀元年，升為黃門侍郎，參預議政決策，兼太子右庶子。貞觀二年，加官為侍中。貞觀四年時，房玄齡、魏徵、李靖、溫彥博、戴胄和王珪等共同主持朝廷政務，曾在一次侍宴的當兒，唐太宗對王珪說：「你精於識別評鑒，尤其善於談論，你不妨從玄齡等人起，都一一可以作些品評。而你又可以自我估量，在哪些方面比他們賢明？」王珪回答說：「孜孜不倦地奉公為國，知道了的事沒有不盡力去做的，在這方面我不如玄齡。常常留心於諫諍，以君上趕不上堯舜為恥辱，在這方面我不如魏徵。文武全才，出為將帥，入為宰相，在這方面我不如李靖。陳情奏事，詳細明白，宣布王命或轉達下情，能做到公允，在這方面我不如溫彥博。處理繁重的事務，件件都必定做好，在這方面我不如戴胄。至於激濁揚清，嫉惡好善，我比他們諸位來，也稍有一些長處。」唐太宗非常贊同他的話，而大臣們也各以為王珪完全道出了他們心裡的話，都說這些評論是確切的。

李靖，京兆三原❶人也。大業❷末，為馬邑郡❸丞❹。會高祖為太原留守❺，靖觀察高祖，知有四方之志，因自鎖上變❻，詣江都❼。至長安，道塞不通而止。高祖克京城，執靖，將斬之，靖大呼曰：「公❽起義兵除暴亂，不欲就大事，而以私怨斬壯士乎？」太宗亦加救靖，高祖遂捨之。武德中，以平蕭銑❾、輔公祏❿功，歷遷揚州大都督⓫府長史。太宗嗣位，召拜刑部尚書。貞觀二年，以本官檢校中書令。三年轉兵部尚書，為代州⓬行軍總管⓭，進擊突厥定襄城⓮，破之。突厥諸部落俱走磧北⓯，北擒隋齊王暕⓰之子楊道政⓱，及煬帝蕭后⓲，送於長安，突利可汗⓳來降，頡利可汗⓴僅以身遁。太宗謂曰：「昔李陵㉑提步卒五千，不免身降匈奴，尚得名書竹帛㉒。卿以三千輕騎，深入虜庭㉓，尅復定襄，威振北狄，實古今未有，足報往年渭水之役㉔矣。」以功進封代國公。

此後，頡利可汗大懼，四年，退保鐵山㉕，遣使入朝謝罪，請舉國內附。又以靖為定襄道行軍總管，往迎頡利。頡利雖外請降，而心懷疑貳。詔遣鴻臚卿㉖唐儉㉗、攝㉘戶部尚書將軍安修仁㉙慰諭之。靖謂副將張公謹㉚曰：「詔使到彼，虜必自寬，乃選精騎賷二十日糧，引兵自白道㉛襲之。」公謹曰：「既許其降，詔使在彼，未宜討擊。」靖曰：「此兵機也，時不可失。」遂督軍疾進。行至陰山㉜遇其斥候㉝千餘帳，皆俘以隨軍。頡利見使者甚悅，不虞官兵至也。靖前鋒乘霧而行，去其牙帳㉞七里，頡利始覺，列兵未及成陣，單馬輕走，虜眾因而潰散。斬萬餘級，殺其妻隋義成公主㉟，俘男女十餘萬，斥土㊱界自陰山至於大漠，遂滅其國。尋獲頡利可汗於別部落，餘眾悉降。太宗大悅，顧謂侍臣曰：「朕聞主憂臣辱，主辱臣死。往者國家草創，突厥強梁㊲，太上皇㊳以百姓之故，稱臣於頡利，朕未嘗不痛心疾首，志滅匈奴，坐不安席，食不甘味。今者暫動偏師㊴，無往不捷，單于㊵稽顙㊶，恥其雪乎！」群臣皆稱萬歲。尋拜靖光祿大夫㊷、尚書右僕射，賜實封五百戶。又為西海道㊸行軍大總管，征吐谷渾㊹，大破其國。改封衛國公。及靖身亡㊺，有詔許墳塋㊻制度依漢衛、霍㊼故事，築闕象突厥內燕然山㊽、吐谷渾內磧石㊾二山，以旌殊績。

【章　旨】此章記述唐初名將李靖的生平事跡，指出他善於掌握戰機，出奇制勝，建立了平定突厥的殊功。

【注　釋】❶三原　縣名，在今陝西三原東北。❷大業　隋煬帝年號。❸馬邑郡　隋時轄境約當今山西寧武和恆山以北，黑陀山、洪濤山、左雲以東地區。❹丞　次於郡守的地方官。❺留守　官名。隋時在太原設此職，負責地方軍事。❻自鎖上變　自己帶上枷鎖，進京向皇帝報告別人叛變的情報。❼江都　即揚州，隋煬帝的行都。當時煬帝正在江都。❽公　指唐國公李淵。❾蕭銑　南朝梁宣帝曾孫。隋末，起兵稱帝，割據江陵。李靖佐親王李孝恭予以討平，遂降。❿輔公祏　隋末曾從杜伏威起義，後降唐。武德六年（西元六二三年），起兵稱帝，割據江南。次年，李靖佐李孝恭予以討平。⓫大都督　唐制，總管十州者為大都督。⓬代州　轄境相當今山西代縣、繁峙、五臺、原平四縣地。⓭行軍總管　武德初始置，用以統領軍隊。⓮定襄城　在今內蒙古清水河縣。據史傳，李靖擊破突厥定襄城，是在貞觀四年（西元六三〇年）正月。⓯磧北　磧口（今內蒙古二連浩特西南）以北。⓰齊王暕　隋煬帝之子。⓱楊道政　煬帝之孫，一作「政道」或「正道」。武德三年，突厥迎楊道政，立為隋王。⓲蕭后　隋煬帝皇后。武德二年，先沒於竇建德義軍，後被迎入突厥。⓳突利可汗　突厥首領之一。可汗，突厥最高統治者的稱號。據史傳，突利已於貞觀二年奉表乞降，貞觀三年十二月入朝。⑳頡利可汗　突厥首領之一，曾排擠突利可汗，堅持與唐朝對立。㉑李陵　漢武帝時名將，將兵伐匈奴，失敗而投降。㉒竹帛　竹簡帛書，這裡指史書。㉓虜庭　指突厥王庭所在地，即突厥可汗設帳立朝的地方。㉔渭水之役　武德九年八月，唐太宗即位不久，頡利可汗率軍直逼渭水北岸，唐太宗在渭橋上和他歃血結盟，突厥軍才退回。㉕鐵山　在今內蒙古陰山北。㉖鴻臚卿　官名，職掌賓客及凶儀之事。㉗唐儉　字茂約，并州人，唐初大臣。㉘攝　代理。㉙安修仁　姓安，名修仁，《唐書》中無傳。㉚張公謹　字弘慎，魏州人。貞觀初，為代州都督，謀破頡利有功，封鄒國公。㉛白道　地名，在今內蒙古呼和浩特西北。㉜陰山　在今內蒙古中部，東西走向，屬古老斷塊山。㉝斥候　偵察；候望。這裡指偵察士卒。㉞牙帳　可汗宿營的大帳幕。㉟義成公主　隋文帝以宗室女義成公主為啟民可汗妻。唐初武德三年，頡利可汗又納義成公主為妻。㊱斥土　開拓土地。㊲強梁　強橫；凶暴。㊳太上皇　唐太宗即位後，唐高祖退位為太上皇。㊴偏師　指非主力的部隊。㊵單于　匈奴最高首領的稱號。這裡指突厥首領。㊶稽顙　稽首；跪拜時以額碰地。顙，前額。㊷光祿大夫　文職階官，從二品。㊸西海道　西北軍事管轄區，西海即青海。㊹吐谷渾　原屬鮮卑族的一支，後西遷青海一帶。貞觀八年十二月，李靖等奉命出征；次年平定吐谷渾。㊺靖身亡　據史傳，李靖病逝於貞觀二十三年四月。㊻塋　墓。㊼衛霍　衛青、霍去病，漢武帝時抗擊匈奴的著名將領。㊽燕然山　即今蒙古杭愛山。此云「突厥內」燕然山，疑指鐵山。㊾磧石　積石山，在今青海東南部。

【語　譯】李靖，是京兆府三原縣人。隋煬帝大業末年，曾為馬邑郡丞。當時恰好李淵任太原留守，李靖觀察李淵的動態，知道他有奪取天下的志向，於是自己帶上枷鎖，前往隋煬帝所在的江都，上奏李淵叛變的情況。走到長安，由於道路阻塞不通，而停了下來。等到李淵起兵攻克長安後，抓住李靖，將要斬他，李靖大聲呼叫：「唐公興兵起義，除滅暴亂，不是想要成就稱帝大業，為什麼要以私怨斬殺壯士呢？」李世民也加以挽救，李淵就把他放了。唐高祖武德年間，李靖因平定蕭銑、輔公祏有功，歷任揚州大都督府長史。唐太宗繼位後，召拜他為刑部尚書。貞觀二年，以本官檢校中書令。貞觀三年，轉任兵部尚書，並為代州行軍總管，率軍進擊突厥的定襄城，結果攻下了它。突厥諸部落都逃到磧口以北，李靖就在北疆捉住了原隋朝齊王暕的兒子楊道政以及隋煬帝的蕭皇后，將他們押送到長安，並且使得突利可汗前來投降，而僅僅讓頡利可汗隻身逃走。唐太宗對李靖說：「從前李陵率領步卒五千攻伐匈奴，不免於身降匈奴，結果還可以在史冊上留名。你以三千輕騎，深入突厥王庭，收復定襄城，威震北狄，這實在是古往今來所沒有過的，足以報往年突厥兵逼渭水之仇了。」於是因功加封為代國公。

從此以後，頡利可汗大感恐懼，貞觀四年，退守鐵山，派遣使者入朝謝罪，請求舉國歸附唐朝。唐太宗又命李靖為定襄道行軍總管，前去迎接頡利可汗。頡利可汗雖然公開請求歸降，而內心卻猶豫不決，懷有疑慮。唐太宗下詔派遣鴻臚卿唐儉、代理戶部尚書將軍安修仁前往撫慰。李靖對副將張公謹說：「奉詔撫慰的使臣到了那裡，突厥必定會自己放鬆警惕，我們就挑選精騎，帶上二十天糧食，引兵通過白道去襲擊他們。」張公謹說：「既然允許突厥歸降，奉詔撫慰的使臣又在那裡，是不應該去討伐襲擊的。」李靖說：「這是用兵的好機會，時機不可坐失。」於是督領軍隊快速前進。行軍至陰山，遇上突厥的偵察兵，他們共設一千多個營帳，便把他們全都俘獲，並隨軍前進。頡利可汗先是見到唐朝使臣，甚為喜悅，萬萬沒想到唐朝官兵也跟著到了。李靖的先鋒部隊乘霧而行，到了距離可汗營帳只有七里時，頡利可汗才發覺，但已來不及把士兵列成戰陣，於是單身騎馬逃走了，突厥部眾也因而潰敗逃散。唐軍在這次戰役裡共斬殺了突厥一萬多人，殺死了頡利可汗的妻子，即隋朝義成公主，俘獲了突厥男女十多萬人，把疆土從陰山開拓到大沙漠，突厥就這樣滅亡了。不久又從別的部落處俘獲頡利可汗，而他的餘部也都投降了。唐太宗十分喜悅，顧盼侍臣們說：「我聽說君主有了憂患，臣子就會覺得屈辱，君主受了屈辱，臣子就會以死盡節。從前國家草創之時，突厥強橫凶暴，太上皇為了百姓的緣故，向頡利可汗稱臣，我未嘗不為此而痛心疾首，立志要滅亡突厥，以致坐不安席，食不甘味。今天不過是出動非主力部隊而已，就無往而不勝，使得突厥的首領跪拜歸降，可以說洗雪了從前的恥辱了！」群臣都稱頌萬歲。不久封李靖為光祿大夫、尚書右僕射，賜給他食邑五百戶。又任李靖為西海道行軍大總管，征討吐谷渾，大敗了這個國家。於是改封李靖為衛國公。等到李靖死後，唐太宗下詔允許他的墳墓依照漢朝衛青、霍去病的墓葬舊規來建造，並在墓前修築左右各一的高臺樓觀，象徵突厥境內的燕然山和吐谷渾境內的積石山，以表彰李靖特殊的功勳。

虞世南，會稽餘姚❶人也。貞觀初❷，太宗引為上客，因開文館❸，館中號為多士❹，咸推世南為文學之宗。授以記室，與房玄齡對掌文翰❺。嘗命寫《列女傳》❻以裝屏風，於時無本，世南暗書之，一無遺失。貞觀七年，累遷祕書監，太宗每機務之隙，引之談論，共觀經史。世南雖容貌懦弱，如不勝衣，而志性抗烈，每論及古先帝王為政得失，必存規諷，多所補益。及高祖晏駕❼，太宗執喪過禮，哀容毀頓❽，久替❾萬機，文武百寮，計無所出，世南每入進諫，太宗甚嘉納之，益所親禮。嘗謂侍臣曰：「朕因暇日，每與虞世南商榷古今。朕有一言之善，世南未嘗不悅；有一言之失，未嘗不悵恨。其懇誠若此，朕用嘉焉。群臣皆若世南，天下何憂不治？」太宗嘗稱世南有五絕：一曰德行，二曰忠直，三曰博學，四曰詞藻，五曰書翰。及卒，太宗舉哀於別次❿，哭之甚慟。喪事官給，仍賜以東園祕器⓫，贈禮部尚書，謚曰文懿。太宗手敕⓬魏王泰曰：「虞世南於我，猶一體也。拾遺補闕⓭，無日暫忘，實當代名臣，人倫準的⓮。吾有小善，必將順而成之；吾有小失，必犯顏而諫之。今其云亡，石渠⓯、東觀⓰之中，無復人矣，痛惜豈可言耶！」未幾，太宗為詩一篇，追思往古理亂之道，既而嘆曰：「鍾子期⓱死，伯牙不復鼓琴。朕之此篇，將何所示？」因令起居⓲褚遂良⓳詣其靈帳讀訖焚之，其悲悼也若此。又今與房玄齡、長孫無忌、杜如晦、李靖等二十四人，圖形於凌煙閣⑳。

【章旨】此章記述唐初「文學之宗」虞世南的生平事跡，藉唐太宗之口，說他有五絕：一為德行，二為忠直，三為博學，四為詞藻，五為書翰；並讚美他「實當代名臣，人倫準的」。

【注釋】❶餘姚　今屬浙江。❷貞觀初　當誤，應為唐高祖武德年間。據史傳，秦王李世民平定竇建德後，得虞世南，引為秦府參軍，尋轉記室，與房玄齡對掌文翰。武德四年（西元六二一年）冬，開文學館，記室房、虞兩人並兼學士，即所謂「十八學士」。武德九年九月，唐太宗即位不久，置弘文館於殿側，以虞世南等為學士。❸文館　文學館。❹多士　疑為「學士」之誤。多士，眾多之士，指百官。語出《書．多士》。❺文翰　文章，指公文信札。❻列女傳　西漢劉向撰，七篇七卷，記述古代婦女事跡。❼晏駕　稱帝王死亡的諱詞。太上皇唐高祖死於貞觀九年五月。❽顇　同「悴」。❾替　廢棄。❿別次　別的停留處所。⓫東園祕器　即葬具。漢朝由東園主管陵墓內器物。⓬手敕　親手寫的命令。敕，敕令。⓭拾遺補闕　補錄缺漏。⓮準的　標準。⓯石渠　西漢宮中藏書閣名。宣帝時在閣中召集著名學者論定五經。⓰東觀　東漢宮中藏書的地方。安帝時曾在此召集學者校定五經等圖書。⓱鍾子期　春秋時楚人，善聽琴音。伯牙鼓琴，意在高山或流水，鍾子期都聽得出來。子期死，伯牙痛惜世間再無知音，遂終身不再鼓琴。見《呂氏春秋．本味》。⓲起居　起居郎，職兼撰起居注，即專門記錄皇帝每天言行。⓳褚遂良　唐初名臣褚亮之子，博涉文史，尤工隸書。貞觀十年（西元六三六年），自祕書郎遷起居郎。⑳凌煙閣　在西內皇宮三清殿側。貞觀十七年二月，命圖畫功臣二十四人於凌煙閣。

【語譯】虞世南，是會稽郡餘姚縣人。貞觀初，秦王李世民將虞世南引為上賓，接著開設文學館，館中號稱「多士」，大家都推世南為文學之宗。秦王李世民任他為記室，與房玄齡一道掌管文書事務。有一次命他書寫《列女傳》以裝飾屏風，由於當時沒有書本，世南便憑記憶默寫出來，竟無一字錯失。貞觀七年，接連地擢升，升為祕書監，在這個期間，唐太宗常在處理政務之後的空隙，召他談論學問，一起研讀經典史書。世南雖然容貌瘦弱，好像體不勝衣，但他心性剛烈，每談論到古代帝王理政的得失，必定心存規諫，對治國有許多的補益。到了唐高祖逝世時，唐太宗守喪，由於哀毀過度，形貌憔悴，並長久不處理政務，文武百官都想不出辦法，而虞世南每次入內進諫，唐太宗很讚美他的意見，並加以採納，因而待他更加親密禮遇。曾對侍臣們說：「我藉閒暇之時，常與虞世南商討古今史事。我有一言之善，世南沒有不感喜悅的；我有一言之失，他也沒有不感遺憾的。他如此地懇切忠誠，我因而讚賞他。所有的大臣如果都像世南一樣，天下何愁治理不好？」唐太宗曾稱世南有「五絕」：一是德行，二是忠直，三是博學，四是詞藻，五是書翰。虞世南死後，唐太宗由於不能親自送葬，便在別的地方對他致哀悼念，哭得很悲痛。而喪事費用也全由官府供給，還賜給特製的葬具，追封他為禮部尚書，謚號叫「文懿」。唐太宗又親自寫敕令給魏王李泰說：「虞世南與我，好像是一個人一般。他為我拾遺補闕，沒有一天忘記一下，實在是當代的名臣，人與人關係的楷模。我有小善，他必定順導而發揚它；我有小過，他必定犯顏而勸諫它。現在他已逝世了，石渠閣和東觀之中，再也沒有這樣的人了，我的痛惜之情，難道可以用語言來表達嗎？」不久，唐太宗寫了一首詩，追思往古治亂的道理，寫了以後又歎息說：「鍾子期死了，伯牙不再彈琴了。我的這首詩，要拿給什麼人看呢？」於是令起居郎褚遂良到虞世南的靈帳前，讀完這首詩後燒燬，唐太宗悲痛追悼之情竟是如此之深厚啊！後來，又詔令將虞世南與房玄齡、長孫無忌、杜如晦、李靖等二十四人的圖像，畫在凌煙閣內。

李勣，曹州離狐❶人也。本姓徐，初仕李密❷，為左武候大將軍❸。密後為王世充❹所破，擁眾歸國❺，勣猶據密舊境十郡之地❻。武德二年，謂長史郭孝恪❼曰：「魏公既歸大唐，今此人眾土地，魏公所有也。吾若上表獻之，則是利主之敗，自為己功，以邀富貴，是吾所恥。今宜具錄州縣及軍人戶口，總啟❽魏公，聽公自獻，此則魏公之功也，不亦可乎？」乃遣使啟密。使人初至，高祖聞無表，惟有啟與密，甚怪之。使者以勣意聞奏，高祖方大喜曰：「徐勣感德推功，實純臣❾也。」拜黎州❿總管，賜姓李氏，附屬籍於宗正⓫。封其父蓋為濟陰王，固辭王爵，乃封舒國公，授散騎常侍⓬。尋加勣右武候大將軍⓭。及李密反叛伏誅，勣發喪行服⓮，備君臣之禮，表請收葬。高祖遂歸其屍。於是大具威儀，三軍縞素⓯，葬於黎陽山⓰。禮成，釋服而散，朝野義之。尋為竇建德⓱

所攻，陷於建德，又自拔歸京師。從太宗征王世充、竇建德，平之。貞觀元年，拜并州都督⑱，令行禁止，號為稱職，突厥甚加畏憚。太宗謂侍臣曰：「隋煬帝不解精選賢良，鎮撫邊境，惟遠築長城⑲，廣屯將士，以備突厥，而情識之惑，一至於此。朕今委任李勣於并州，遂得突厥畏威遠遁，塞垣安靜，豈不勝數千里長城耶？」其後并州改置大都督府，又以勣為長史，累封英國公。在并州凡十六年。召拜兵部尚書，兼知政事。勣時遇暴疾，驗方云鬚灰可以療之，太宗自剪鬚為其和藥。勣頓首見血，泣以陳謝。太宗曰：「吾為社稷計耳，不煩深謝。」十七年，高宗⑳居春宮，轉太子詹事㉑，加特進，仍知政事。太宗又嘗宴，顧勣曰：「朕將屬以孤幼，思之無越卿者。公往不遺於李密，今豈負於朕哉！」勣雪涕㉒致辭，因噬㉓指流血。俄㉔沉醉，御服覆之，其見委信如此。勣每行軍，用師籌算，臨敵應變，動合事機。自貞觀以來，討擊突厥、頡利及薛延陀㉕、高麗等，並大破之。太宗嘗曰：「李靖、李勣二人，古之韓、白㉖，衛、霍㉗豈能及也。」

【章旨】此章記述唐初名將李勣的生平事跡。突出李勣的忠君思想，並讚頌他鎮撫邊疆的功績，以為可與李靖齊名。

【注釋】❶曹州離狐　今山東東明東南。❷李密　貴族出身。大業末，投奔瓦崗軍，後取得起義軍領導權，號為「魏公」。❸左武候大將軍　據史傳，當為右武候大將軍。左武候大將軍係單雄信。均為瓦崗軍中的高級將領。❹王世充　原為隋朝地方官。煬帝死後，他在東都洛陽奉越王楊侗為帝，並擊敗李密的瓦崗軍。次年四月，自稱皇帝，國號鄭。武德四年（西元六二一年），秦王李世民瓦解了王世充勢力。❺國　指唐朝。武德元年十月，瓦崗軍為王世充擊潰，李密率軍降唐。後又想再起，被唐將盛彥師所殺。❻十郡之地　指李密瓦崗軍的區域。東至於海，南至於江，西至汝州，北至魏郡。❼郭孝恪　許州（今屬河南）人，時為瓦崗軍長史。❽啟　陳述。❾純臣　純厚正直之臣。❿黎州　指黎陽。隋朝以黎陽屬汲郡，武德初復置黎州（治所在今河南浚縣東）。⓫宗正　官名，皇室親屬事務機關的長官。⓬散騎常侍　官名，掌規諷過失、侍從顧問之職。⓭右武候大將軍　唐初武衛之職，屬高級將領。⓮服　喪服，服衰絰。⓯縞素　白色的衣服，指喪服。⓰黎陽山　在今河南。⓱竇建德　隋末河北起義軍首領。武德二年十月，建德攻陷黎陽，李勣屈從。次年正月，李勣又歸於唐朝，奔至長安。⓲都督　武德七年，改總管曰都督。⓳遠築長城　隋煬帝曾徵發丁男百餘萬築長城，西距榆林，東至紫河。⓴高宗　指太子李治。貞觀十七年（西元六四三年），原太子李承乾被廢，詔立晉王李治為太子。㉑太子詹事　東宮屬官，統東宮三寺十率府之政令。㉒雪涕　擦拭涕淚。㉓噬　咬。㉔俄　不久。㉕薛延陀　鐵勒之別部。⑳韓白　韓信、白起，分別為西漢初、戰國末秦國的名將。㉗衛霍　衛青、霍去病。

【語譯】李勣，是曹州離狐人。原本姓徐，起初在李密屬下任職，曾為瓦崗軍的左武候大將軍。後來李密被王世充打敗，率眾歸降唐朝，而徐勣則依然占據著李密原先的地域十郡。武德二年，徐勣對長史郭孝恪說：「魏公（即李密）既已歸降大唐，現在這裡的民眾與土地，都是屬於魏公所有的。我如果上表把這些呈獻給唐朝，就是利用了魏公的失敗，而為自己來貪圖功勞，謀取富貴，這是我所引以為恥的。現在應該把州縣及軍人戶口都登錄起來，統統向魏公陳報，由魏公自己呈獻上去，這樣做就是魏公的功勞了，不也是很合適的嗎？」於是派使者向李密啟奏。使者剛到長安，唐高祖聽說沒有給朝廷上表，只有向李密啟奏，對此甚有責怪的意思。等到使者把徐勣的意圖奏明，唐高祖才大為喜悅，說：「徐勣有感恩之德，推功於人，實在是純厚正直的臣子。」就任徐勣為黎州總管，賜姓李氏，將他的家族戶籍歸於宗正來掌管。並封他的父親李蓋為濟陰王，李蓋堅決推辭王爵，於是改封為舒國公，授以散騎常侍的官職。不久加封李勣為右武候大將軍。到了李密反叛唐朝而被殺，李勣為他發喪並穿喪服，盡到了臣下對君王的禮儀，並上表朝廷收葬李密。唐高祖就准許把李密屍首送歸黎陽。於是李勣舉辦隆重的葬禮，三軍將士都穿上白色的喪服，將李密葬於黎陽山。在葬禮完畢後，隊伍才脫掉喪服而解散，朝野都認為李勣很講情義。不久竇建德攻陷黎陽，李勣只得屈降，後來又乘機獨自逃離黎陽，回到京城長安。（武德四年）跟隨秦王李世民去征討王世充、竇建德，結果平定了他們。貞觀元年，李勣被任為并州都督，所令必行，所禁必止，可謂稱職，而突厥也非常怕他。唐太宗對侍臣們說：「隋煬帝不懂得精選賢良之將，以鎮守和安撫邊境，只是遠築長城，大量地用軍隊將士駐守，以防備突厥，他識見之淺短、處事之糊塗，竟到了這種地步呢。我現在委任李勣守并州，就使得突厥感到畏懼而遠逃，邊塞城垣因而安靜無事，這難道不是勝過了數千里長城嗎？」後來并州改置大都督府，又任李勣為長史，加封英國公。李勣在并州共十六年。後來召拜為兵部尚書，並參預議政決策。李勣有次得了暴疾。藥方上說鬍鬚灰可以治療這種病，唐太宗便剪下自己的鬍鬚為他配調藥劑。李勣感動得磕頭出血，哭著表達謝意。唐太宗說：「我是為了國家考慮罷了，你用不著深謝。」貞觀十七年，李治被立為皇太子，李勣轉任太子詹事，加封特進，仍然參預議政決策。唐太宗又曾宴請侍臣，望著李勣說：「我打算把太子託付給大臣，考慮結果沒有比你更合適的人了。你從前不遺忘李密，如今難道會辜負我嗎？」李勣擦著眼淚答謝，接著咬破手指，鮮血直流，以表示忠誠。一會兒，李勣酒醉沉睡，唐太宗把自己的衣服給他蓋上，他被太宗託付與信賴竟然到了如此程度。李勣每次率軍征戰，用兵策劃，遇敵時隨機應變，行動都合乎事機。自貞觀以來，一連討擊突厥、頡利可汗以及薛延陀、高麗等，都大敗敵人。唐太宗曾說：「李靖、李勣二人，即如古代的韓信、白起，衛青、霍去病哪能比得上呢？」

馬周，博州茌平❶人也。貞觀五年❷，至京師，舍於中郎將❸常何❹之家。時太宗令百官上書言得失，周為何陳便宜二十餘事，令奏之，事皆合旨。太宗怪其能，問何，何對曰：「此非臣所發意，乃臣家客馬周也。」太宗即日召之，未至間，凡四度遣使催促。及謁見，與語甚悅。

今直門下省，授監察御史❺，累除中書舍人❻。周有機辯❼，能敷奏，深識事端，故動無不中。太宗嘗曰：「我於馬周，暫時不見，則便思之。」十八年，歷遷中書令，兼太子左庶子。周既職兼兩宮❽，處事平允，甚獲當時之譽。又以本官攝吏部尚書。太宗嘗謂侍臣曰：「周見事敏速，性甚慎至。至於論量人物，直道而言，朕比任使之，多稱朕意。既寫❾忠誠，親附於朕，實藉此人，共康時政也。」

【章　旨】此章簡述貞觀名臣馬周的生平事跡，指出唐太宗能慧眼識英才，遂使一代奇士不至於湮沒無聞。

【注　釋】❶博州茌平　今屬山東。❷貞觀五年　疑誤，應為貞觀三年（西元六二九年）。參見《舊唐書・太宗本紀上》及《資治通鑑・卷一九三・考異》。❸中郎將　低級的武衛之職。❹常何　姓常，名何，舊史無專傳。❺監察御史　職掌監察百僚，巡按郡縣，糾視刑獄，肅整朝儀等。❻中書舍人　職掌侍奉進奏，草擬詔敕等。❼機辯　機智善辯。❽兩宮　指帝宮和太子東宮。❾寫　通作「瀉」。傾注；盡獻。

【語　譯】馬周，是博州茌平人。貞觀五年，他到了京師長安，住在中郎將常何的家裡。當時唐太宗詔令文武百官上書指陳政事的得失，馬周便替常何起草上書，陳述便國宜民之事二十多條，要常何奏報給唐太宗，結果事事都符合唐太宗的心意。唐太宗對常何的才能感到驚異，詢問常何，常何回答說：「這不是我所提出的意見，而是我家裡客人馬周寫的。」唐太宗當天就召見馬周，在馬周未到達時，一連四次派遣使者去催促。等到馬周進見後，唐太宗和他交談，十分喜悅。便令馬周在門下省值班，授他為監察御史，後來又接連地升遷，升為中書舍人。馬周機智善辯，善於陳情奏事，能夠深刻地洞識事情的原由，所以每一動議是沒有不切中要旨的。唐太宗曾說：「我對於馬周，如片刻不見，就會思念他。」貞觀十八年，歷任中書令，兼太子左庶子。馬周既然兼職於帝宮和太子宮，處理政事尤其公平允當，很受當時人的讚譽。後來他又以本官兼代吏部尚書。唐太宗曾對侍臣們說：「馬周處事敏捷，性情又特別謹慎。至於評論人物，也能夠直言不諱，我一連任用他所舉薦的人才，大都能合乎我的心意。他既然奉獻出忠誠之心，親密地依附於我，而我也確實要依靠他，共同使政治局勢邁向安康之境。」

求諫第四

太宗威容儼肅❶，百僚進見者，皆失其舉措❷。太宗知其若此，每見人奏事，必假顏色❸，冀聞諫諍，知政教得失。貞觀初❹，嘗謂公卿曰：「人欲自照，必須明鏡；主欲知過，必藉忠臣。主若自賢，臣不匡正，欲不危敗，豈可得乎？故君失其國，臣亦不能獨全其家。至於隋煬帝暴虐，臣下鉗口❺，卒❻令不聞其過，遂至滅亡，虞世基❼等，尋亦誅死。前事不遠，公等每看事有不利於人，必須極言規諫。」

【章旨】此章記唐太宗的言論，論述「主欲知過，必藉忠臣」的道理，以勉勵公卿大臣極言規諫。

【注釋】❶儼肅　莊重嚴肅。❷舉措　舉止；舉動。❸顏色　臉色，這裡指和氣欣悅。❹貞觀初　據史傳，指貞觀元年（西元六二七年）。❺鉗口　亦作「拑口」、「箝口」，閉口不言。❻卒　終於；最後。❼虞世基　見本書〈君道〉篇注釋。

【語譯】唐太宗容貌威武，顯得莊重嚴肅，百官中前來進見的，都會舉止失常。唐太宗知道了如此的情況後，每次看到有人奏事，必定表現出和氣欣悅的樣子，希望聽到諫諍之言論，藉以瞭解政治教化的得失。貞觀初年，曾對公卿大臣們說：「一個人要看清自己的面容，必須借助於明亮的鏡子；君主要知道自己的過錯，必須借助於忠臣的規諫。君主如果自以為賢明，臣下又不能糾正他的過錯，那麼要想不陷於危亡失敗，怎麼可以做得到呢？這樣君主喪失了國家，臣子也不能單獨地保全自己的家庭了。至如隋煬帝殘暴肆虐，使得臣子都閉口不敢言，終於使自己聽不到過錯，因而導致滅亡，而虞世基等大臣，不久也都被殺死。前事的教訓還距今不遠，希望你們每次看到政事有不利於民眾的地方，一定要極言規諫。」

貞觀元年，太宗謂侍臣曰：「正主任邪臣，不能致理❶；正臣事邪主，亦不能致理。惟君臣相遇，有同魚水，則海內可安。朕雖不明，幸諸公數相匡救，冀憑直言鯁議❷，致天下太平。」諫議大夫王珪對曰：「臣聞木從繩❸則正，后❹從諫則聖。是故古者聖主必有爭臣❺七人，言而不用，則相繼以死。陛下開聖慮，納芻蕘❻，愚臣處不諱之朝，實願罄其狂瞽❼。」太宗稱善，詔令自是宰相入內平章國計❽，必使諫官隨入，預聞政事。有所開說，必虛己納之。

【章旨】此章記述唐太宗在與王珪論治後，決定今後宰相們入閣議事，皆命諫官隨從，有失輒諫。

【注釋】❶致理　致治。避唐高宗李治之諱，改「治」為「理」。❷鯁議　直言。❸繩　繩墨；木工畫直線用的工具。❹后　指古代的君王。❺爭臣　諍臣；諫官。《孝經》曰：「昔者天子有爭臣七人，雖無道，不失其天下。」❻芻蕘　指草野鄙陋之人。❼狂瞽　指狂妄無知的言論，這裡是自謙之詞。❽平章國計　共同商議國家大事。平章，商議處理。

【語　譯】貞觀元年，唐太宗對侍臣說：「正直的君主任用奸邪的臣子，是不能把國家治理好的；正直的臣子事奉邪惡的君主，也是不能把國家治理好的。只有君臣之間，如同魚水之情，那麼天下就可以平安了。我雖然並不賢明，但幸虧有你們諸位多次匡正補救，希望依靠你們的直言鯁議，達到天下太平的境地。」諫議大夫王珪回答說：「我聽說木料經由繩墨量過後就會鋸直，君王聽從臣子的規諫後就會聖明。所以古代的聖君必須有諫官七人，他們進言如果不被採用，就相繼以死相諫。陛下廣開聖明的謀思，採納草野小人的言論，愚臣處在這樣不必避諱的朝代，確實願意竭盡地提出自己狂妄無知的意見。」唐太宗稱讚王珪說的對，便下詔令規定：從今以後，在宰相們入閣共同商議國家大事時，必須讓諫官隨入，參加並聽取議政的情況。諫官如果有所陳說，一定要虛心地採納。

貞觀二年，太宗謂侍臣曰：「明主思短而益善，暗主護短而永愚。隋煬帝好自矜誇，護短拒諫，誠亦實難犯忤。虞世基不敢直言，或恐未為深罪。昔箕子❶佯狂自全，孔子亦稱其仁。及煬帝被殺，世基合同死否？」杜如晦對曰：「天子有諍臣，雖無道不失其天下。仲尼❷稱：『直哉史魚❸！邦有道如矢❹，邦無道如矢。』世基豈得以煬帝無道，不納諫諍，遂杜口無言？偷安重位，又不能辭職請退，則與箕子佯狂而去，事理不同。昔晉惠帝賈后❺，將廢愍懷太子❻，司空張華❼竟不能苦爭，阿意❽苟免。及趙王倫❾舉兵廢后，遣使收❿華，華曰：『將廢太子日，非是無言，當時不被納用。』其使曰：『公為三公，太子無罪被廢，言既不從，何不引身而退？』華無辭以答，遂斬之，夷其三族⓫。古人⓬有云：『危而不持，顛而不扶，則將焉用彼相？』故『君子臨大節而不可奪也。』張華既抗直不能成節，遜言不足全身，王臣之節固已墜矣。虞世基位居宰輔，在得言之地，竟無一言諫諍，誠亦合死。」太宗曰：「公言是也。人君必須忠良輔弼，乃得身安國寧。煬帝豈不以下無忠臣，身不聞過，惡積禍盈，滅亡斯及。若人主所行不當，臣下又無匡諫，苟在阿順，事皆稱美，則君為暗主，臣為諛臣，君暗臣諛，危亡不遠。朕今志在君臣上下，各盡至公，共相切磋，以成治道。公等各宜務盡忠讜⓭，匡救朕惡，終不以直言忤意，輒相責怒。」

【章　旨】此章總結隋朝和西晉的歷史教訓，認為「明主」與「暗主」的區別在於如何對待自己的短處。唐太宗表示：「今志在君臣上下，各盡至公，共相切磋，以成治道。」這是實現「貞觀之治」的重要原因之一。

【注　釋】❶箕子　殷紂王的叔父，因直諫而不被採納，便披髮裝瘋並受辱為奴。周武王滅殷後，才被釋放。孔子曾將箕子、微子、比干稱為殷之「三仁」（見《論語・微子》）。❷仲尼　孔子的字。以下三句引自《論語・衛靈公》。❸史魚　春秋時衛國大夫，名鰌，自以不能進賢退不肖，既死，猶以尸諫。❹如矢　謂直言如箭。❺晉惠帝賈后　當指晉惠帝的皇后賈南風。如果理解為「晉惠帝和賈后」，則欠妥。因為晉惠帝是白痴，賈后專權，並一手製造了廢殺太子事件。❻愍懷太子　即太子司馬遹，晉惠帝後宮謝氏所生。死後謚曰愍懷。❼張華　西晉名臣。字茂先，范陽方城（今河北固安南）人。歷任侍中、中書監、司空等職。❽阿意　曲從旨意。❾趙王倫　即司馬倫，司馬懿第九子。掌握宿衛禁兵，殺死了賈后。❿收　收捕。⓫三族　說法不一，晉時似以父母、兄弟、妻子為三族。⓬古人　指周任。見《論語・季氏》。⓭讜　正直；正直的言論。

【語　譯】貞觀二年，唐太宗對侍臣說：「賢明的君主反思自己的短處就會更加善美，昏暗的君主庇護自己的短處就會永遠愚昧。隋煬帝愛好自我誇耀，庇護自己的缺點，拒絕諫諍，使得臣下也真的難以觸犯他。因此虞世基不敢直言勸諫，或許不算是深重的罪過。看看從前在殷末時候，箕子裝瘋才保全自己，孔子也稱讚他是仁人。這樣說來，到了隋煬帝被殺，虞世基是否該一道死呢？」

杜如晦回答說：「天子身邊有諫臣，雖然無道，也不會喪失自己的天下。孔子說過：『多麼正直的史魚啊！邦國有道，他就直言如箭；邦國無道，他也直言如箭。』虞世基怎麼能因為隋煬帝無道，不納諫諍，就閉口不言呢？居於顯位而苟且偷安，又不能自動地辭職退位，那麼與箕子裝瘋而離開，其事理情況是不相同的。從前晉惠帝的皇后賈氏將要廢掉太子司馬遹時，司空張華竟不能盡力地諫諍，而曲從賈后的心意，只求免於禍患。等到趙王司馬倫起兵廢了賈后，並派使者收捕了張華，張華說：『將要廢太子的時候，我並不是沒有勸諫，當時說了卻沒有被採納啊。』那個使者說：『你身為三公，太子無罪而被廢掉，你既然說了而不被採用，為什麼不自動請求退職呢？』張華無言以對，於是將張華殺死，並滅掉他的三族。古人說過：『國家危險時而不去支持，遇到傾覆時而不去扶救，那麼還能用這種人來相輔佐嗎？』所以，『君子面臨存亡安危的大事時，他的節操是不可改變的。』張華即使剛直，卻不能保持節操；言詞恭順，卻不足以保全自身，他作為臣子的節操本來就已經喪失了。虞世基官居宰相，處於可以說話的地位，竟然沒有一句諫諍之言，確實也是該死的。」唐太宗說：「你說的對。國君必須有忠良的臣子來輔佐，才可以使自身安全、國家太平。隋煬帝難道不是因為下無忠臣，使自己聽不到過錯，惡行堆積，災禍盈貫，以導致滅亡的結局嗎？如果國君所做的事不妥當，臣子又不糾正勸諫，只是曲意迎合，事事都加以讚美，那麼國君就成昏闇之主，臣子就成諂諛之臣，國君昏闇而臣子諂諛，那麼國家的危亡也就不遠了。我現在希望的是君臣上下各自盡守最公正的原則，共同商討國家大事，以實現天下大治的局面。你們各位應該竭盡忠誠，直言諫諍，以匡正補救我的過失，我永遠不會由於直言觸犯旨意，就責備、怒罵你們。」

貞觀三年❶，太宗謂司空裴寂❷曰：「比❸有上書奏事，條數甚多，朕總黏之屋壁，出入觀省。所以孜孜不倦者，欲盡臣下之情。每一思政理，或三更❹方寢。亦望公輩用心不倦，以副❺朕懷也。」

【章旨】此章言唐太宗能認真地處理臣下的上書奏事。

【注釋】❶貞觀三年　當誤。據《冊府元龜》卷五八及《資治通鑑》卷一九二均作武德九年（西元六二六年）十二月。檢閱史實，武德九年冊拜裴寂為司空，至貞觀三年（西元六二九年）正月因前罪已被免官，遣返鄉里。❷裴寂　字玄真，蒲州桑泉（今山西臨猗東南）人。隋末任晉陽宮副監，參預李淵策劃的「晉陽起兵」。唐朝初建，官為宰相。後改封司空（三公之一）。因支持過原太子李建成，與唐太宗之間存有矛盾，被免官回鄉。後又流放靜州（今屬廣西）而死。❸比　近來。❹三更　半夜。❺副　符合。

【語譯】貞觀三年，唐太宗對司空裴寂說：「近來臣下上書奏事，條數甚多，我總是把它們都貼在內殿牆壁上，走出或走進時都觀看自省。我這樣孜孜不倦的緣由，是想盡力瞭解臣下的情況啊。我每次思考治國的道理，有時到半夜三更才睡覺。我也希望諸位不倦地用心理政，以符合我的心意。」

貞觀五年，太宗謂房玄齡等曰：「自古帝王多任情喜怒，喜則濫賞無功，怒則濫殺無罪。是以天下喪亂，莫不由此。朕今夙夜❶未嘗不以此為心，恆欲公等盡情極諫。公等亦須受人諫語❷，豈得以人言不同己意，便即護短不納？若不能受諫，安能諫人？」

【章旨】此章言唐太宗不僅勉勵大臣們盡情極諫，而且要大臣們各自聽取下屬的意見。

【注釋】❶夙夜　從早晨到夜晚。❷諫語　指下屬向大臣們所提出的意見。

【語譯】貞觀五年，唐太宗對房玄齡等大臣說：「自古以來的帝王，大都放任自己的喜怒之情，高興時就濫賞無功之人，憤怒時就濫殺無罪之人。因此天下喪亂，沒有不是由此造成的。我現在從早到晚都留心此事，常常要你們盡力勸諫。你們也須接受下屬提出的意見，難道能因為別人的話與自己意見不同，便即庇護自己的短處而不採納嗎？如果不能接受別人的規勸，哪兒能對上諫諍呢？」

貞觀六年，太宗以御史大夫❶韋挺❷、中書侍郎❸杜正倫❹、祕書少監❺虞世南、著作郎❻姚思廉❼等上封事稱旨，召而謂曰：「朕歷觀自古人臣立忠之事，若值明主，便宜盡誠規諫，至如龍逢❽、比干❾，不免孥戮⑩。為君不易，為臣極難。朕又聞龍可擾⑪而馴，然喉下有逆鱗。卿等遂不避犯觸，各進封事。常能如此，朕豈慮宗社之傾敗！每思卿等此意，不能暫忘，故設宴為樂。」仍賜絹有差。

【章　旨】此章記唐太宗要臣下敢於「犯逆鱗」，盡誠規諫。

【注　釋】❶御史大夫　御史臺之長官，職掌刑法典章，糾正百官之罪惡。❷韋挺　唐初名臣。原先為太子李建成東宮之屬官，後事唐太宗。❸中書侍郎　中書省之副長官，次於中書令。❹杜正倫　唐初名臣。貞觀初由魏徵表薦，擢授兵部員外郎、給事中並知起居注。貞觀四年（西元六三〇年）起，任中書侍郎。❺祕書少監　祕書監之副職。❻著作郎　祕書省屬官。❼姚思廉　唐初名臣。曾為文學館「十八學士」、弘文館學士。❽龍逢　即關龍逢，夏桀時賢人。見本書〈政體〉篇注釋。❾比干　殷紂王的叔父，相傳因多次苦諫，被剖腹挖心而死。❿孥戮　連同妻、兒都被殺戮。孥，指妻及兒女。⓫擾　馴服。

【語　譯】貞觀六年，唐太宗因為御史大夫韋挺、中書侍郎杜正倫、祕書少監虞世南、著作郎姚思廉等所上封事的內容符合旨意，就召見他們，說：「我逐一觀察自古以來的臣子樹忠立德的事跡，如果遇到英明的君主，就適合於竭盡忠誠，進行規諫，至於如關龍逢、比干，卻不免連妻兒都一道被殺戮。可見當國君既不容易，做臣子也是極難的。我又聽說龍是可以馴服的，然而龍喉下卻有逆鱗。你們居然不避觸犯逆鱗的危險，各自呈上封事。如果常常都能如此，我哪裡會為國家的傾覆敗亡而擔心呢！每次想到你們這番誠意，我就不能片刻忘記，所以設宴招待你們，共享歡樂。」

宴後，還賞賜給各人數量不等的絹帛。

太常卿❶韋挺嘗上疏陳得失，太宗賜書曰：「所上意見，極是讜言，辭理可觀，甚以為慰。昔齊❷境之難，夷吾❸有射鉤之罪；蒲城❹之役，勃鞮❺為斬袂之仇。而小白❻不以為疑，重耳❼待之若舊。豈非各吠非主❽，志在無二。卿之深誠，見於斯矣。若能克全此節，則永保令名❾。如其怠之，可不惜也。勉勵終始，垂範❿將來，當使後之視今，亦猶今之視古，不亦美乎？朕比不聞其過，未睹其闕⓫，賴竭忠懇，數進嘉言⓬，用⓭沃朕懷，一何⓮可道！」

【章旨】此章載唐太宗給韋挺的書信，勉勵他要以管仲等為榜樣，竭盡忠懇，極言規諫。

【注釋】❶太常卿　太常寺長官，掌禮樂郊廟社稷之事。❷齊　指春秋時代齊國。❸夷吾　即管仲。射鉤之事，詳見本書〈任賢〉篇注釋。❹蒲城　春秋時晉地，即蒲，古邑名，在今山西隰縣西北。❺勃鞮　即晉寺人披。《史記・晉世家》「披」作「勃鞮」。晉國內亂，公子重耳奔蒲，晉獻公派勃鞮去刺殺，只斬斷了重耳的衣袖。後重耳歸晉，即位為晉文公，不念舊惡，待勃鞮如故舊。❻小白　即齊桓公。❼重耳　即晉文公。❽各吠非主謂狗對主人以外的人叫、咬。❾令名　美名。❿垂範　把榜樣流傳下去。⓫闕　過錯。⓬嘉言　好的意見。嘉，美。⓭用　以，也用作發語詞。⓮一何　何等；多麼。

【語譯】太常卿韋挺曾經上疏陳述政事的得失，唐太宗賜予一封書信，說：「你所上的陳述意見的奏疏裡，盡是正直的話，文詞義理都值得欣賞，我甚感欣慰。從前春秋時齊國內亂，管仲犯有射中齊桓公衣帶鉤的罪過；在晉國蒲邑也發生刺殺公子重耳的事件，勃鞮結下了斬斷重耳衣袖的仇恨。但是齊桓公小白卻不因而對管仲猜疑，晉文公重耳也對待勃鞮如同故舊。難道不是各自為非其主而吠，而對主人卻心存忠貞嗎？你的深厚的誠意，也表現在奏疏之上了。如果能保全這種氣節，就能永遠享有美好的名聲。如果怠忽了，豈不是很可惜的事嗎？勉勵自己，始終如一，把榜樣流傳到將來，於是使後代的人把今人視為榜樣，也好像現代的人把古人視為楷模一樣，這不也是好事嗎？我近來沒有聽到有人指出我的過錯，沒有看見有人指出我的缺點，單單靠你們竭盡誠懇的心意，經常呈上美好的意見，以啟迪我的心懷，這是多麼值得稱述的事啊！」

貞觀八年，太宗謂侍臣曰：「朕每閒居靜坐，則自內省，恆恐上不稱天心，下為百姓所怨。但思正人❶匡諫，欲令耳目外通，下無怨滯。又比見人來奏事者，多有怖慴❷，言語致失次第。尋常奏事，情猶如此，況欲諫諍，必當畏犯逆鱗。所以每有諫者，縱不合朕心，朕亦不以為忤。

若即嗔責❸，深恐人懷戰懼，豈肯更言！」

【章旨】此章言唐太宗注意自我反省，以寬和的態度對待臣下的奏事與諫諍。

【注釋】❶正人　正直之人。❷怖慴　害怕。❸嗔責　生氣責怪。

【語譯】貞觀八年，唐太宗對侍從的大臣們說：「我每次閒居靜坐時，就自我反省，常常擔心上不符合天意，下被百姓所怨恨。只一味想著有正直的人來匡謬規過，要使自己的耳目瞭解到外面的情況，使百姓沒有怨恨與不順的心理。我近來又看見前來奏事的人，大多有害怕的心理，以致說話也沒有次第。平常奏事，情況尚且如此，何況要向皇帝規諫，那就必定會更害怕冒犯了皇帝。由於這個緣故，每有諫諍的，即使不符合我的心意，我也不以為是違背了旨意。如果這樣就生氣責怪，深怕諫諍的人心懷戰懼，哪裡還肯再說話呢？」

貞觀十五年，太宗問魏徵曰：「比來朝臣都不論事，何也？」徵對曰：「陛下虛心採納，誠宜有言者。然古人云：『未信而諫，則以為謗己❶；信而不諫，則謂之尸祿❷。』但人之才器，各有不同。懦弱之人，懷忠直而不能言；疏遠之人，恐不信而不得言；懷祿之人，慮不便身而不敢言。所以相與緘默，俛仰❸過日。」太宗曰：「誠如卿言。朕每思之，人臣欲諫，輒懼死亡之禍，與夫赴鼎鑊❹、冒白刃，亦何異哉？故忠貞之臣，非不欲竭誠。竭誠者，乃是極難。所以禹拜昌言❺，豈不為此也！朕今開懷抱，納諫諍。卿等無勞怖懼，遂不極言。」

【章　旨】此章探討朝臣不評議政事的原因。魏徵分析了三類人的不同情況；唐太宗深表贊同，強調要「開懷抱，納諫諍」，以打消臣下的怖懼。

【注　釋】❶謗己　誹謗自己。以上二句，見《論語・子張》。❷尸祿　猶言尸位素餐，受祿而不盡職。以上二句，見《禮記・表記》。❸俛仰　同「俯仰」。隨宜應付。❹鼎鑊　古代烹飪器。也指一種酷刑，用鼎鑊烹人。❺禹拜昌言　夏禹聽到正直之言，就向人拜謝。語見《尚書・皋陶謨》。

【語　譯】貞觀十五年，唐太宗問魏徵說：「近來朝廷大臣都不評議政事，為什麼呢？」魏徵回答說：「陛下虛心採納意見，真應該是有進言的人才對。然而古人說過：『不是親信之人而諫諍，就會以為他們是在誹謗自己；親信的人而不諫諍，就會把他們認作是受祿而不盡職。』但人的才能器度，是各不相同的。懦弱的人，懷著忠誠正直的心意卻不能說出來；疏遠的人，擔心不被信任而不願說話；懷念祿位的人，考慮對自身不利而不敢說話。由於這種緣故，大家互相沉默不言，隨宜應付，苟且度日。」唐太宗說：「當真是如你所說的那樣。我每次思考這個問題，臣子要想諫諍，就害怕有殺身之禍，這與那種赴鼎鑊、冒白刃的情況，又有什麼不同呢？所以忠貞的臣子，並不是不想竭誠規諫。而是因為竭誠規諫實在是件極難的事啊。夏禹聽到正直的好意見，就向人拜謝，難道不是為了這種緣故嗎？我現在敞開胸懷，採納諫諍。大臣們用不著因為害怕就不極言勸諫。」

貞觀十六年，太宗謂房玄齡等曰：「自知者明，信為難矣。如屬文❶之士，伎巧❷之徒，皆自謂己長，他人不及。若名工文匠，商略詆訶❸，蕪詞拙跡，於是乃見。由是言之，人君須得匡諫之臣，舉其愆❹過。一日萬機，一人聽斷，雖復憂勞，安能盡善？常念魏徵隨事諫正，多中朕失，如明鏡鑒形，美惡必見。」因舉觴❺賜玄齡等數人勗❻之。

【章旨】此章論帝王要有自知之明，政事不能獨自聽斷，須得有諫臣匡扶。

【注釋】❶屬文　撰著文詞。❷伎巧　方伎與巧藝。❸商略詆訶　商量討論，詆毀責罵。這裡有品評的意思。❹愆　過失。❺觴　指盛滿酒的酒杯。❻勗　勉勵。

【語譯】貞觀十六年，唐太宗對房玄齡等大臣說：「能瞭解自己，是明智的，但要做到卻實在很難啊。如文學之士、方伎之士以及巧匠之徒，都以為自己有特殊的長處，是別人所比不上的。但假若經過著名的工匠或文士，加以一一品評，那麼他們蕪雜的文詞或拙劣的形跡，也就可以顯現出來了。由此說來，國君必須有匡扶規諫的臣子，來指出他的過錯。國君日理萬機，如果由國君一人來聽斷一切，即使再憂思勞苦，又哪能都處理得完善呢？我常常想到魏徵每遇事情都隨時能勸諫匡正我，而大都切中我的過失，如同明鏡照映形貌一般，美醜都必定顯現出來。」於是唐太宗舉杯賜酒給房玄齡等幾位大臣，以示勉勵。

貞觀十七年，太宗問諫議大夫褚遂良曰：「昔舜造漆器❶，禹雕其俎❷，當時諫者十有餘人。食器之間，何須苦諫？」遂良對曰：「雕琢害農事，纂組❸傷女工❹。首創奢淫，危亡之漸。漆器不已，必金❺為之。金器不已，必玉為之。所以諍臣必諫其漸，及其滿盈，無所復諫。」太宗曰：「卿言是矣，朕所為事，若有不當，或在其漸，或已將終，皆宜進諫。比見前史，或有人臣諫事，遂答云『業已為之』，或道『業已許之』，竟不為停改。此則危亡之禍，可反手而待也。」

【章　旨】此章言君臣要注意防微杜漸，如果等到過失多了，又不改正，就會造成危亡之禍。

【注　釋】❶舜造漆器　傳說舜斬木為飲器，並把它漆黑，國中不服者十有三。參見西漢劉向《說苑》。❷俎　盛放祭品的器具。❸纂組　指編織纂組。纂，五彩的絛帶。組，用絲織成的闊帶子。❹女工　女紅；女功。指婦女所作的紡織、刺繡、縫紉等事。❺金　指銅。

【語　譯】貞觀十七年，唐太宗問諫議大夫褚遂良說：「從前舜造作漆器，禹鏤飾祭器，當時進諫的有十多個人。對飲食器具這些小事，哪兒要苦苦勸諫呢？」褚遂良回答說：「雕琢器物會妨害農夫的耕種，編織纂組會傷害婦女的勞作。首先開啟了奢侈淫逸的風氣，這是國家危亡的開端啊。使用漆器不止，必定還會用銅來造器具。又使用銅器不止，也必定還會用玉來造器具。由於這種緣故，諫臣必須在事情剛開始時加以勸諫，等到過錯已至滿盈時，就沒有再勸諫的餘地了。」唐太宗說：「你說對了，我所做的事，如果有不妥當的，或者在事情開端時，或者已近結束時，都應該進行諫諍。近來讀到前代史書所載的事，有的臣子對某件事提出規勸，國君就回答說『已經做這件事了』，或者回答說『已經答應做這件事了』，竟然不停止下來加以改正。這樣，國家危亡的災禍，就會在反手之瞬間到來了。」

納諫第五

貞觀初❶，太宗與黃門侍郎王珪宴語❷，時有美人❸侍側，本廬江王瑗❹之姬也，瑗敗，籍沒❺入宮。太宗指示珪曰：「廬江不道，賊殺其夫而納其室。暴虐之甚，何有不亡者乎！」珪避席曰：「陛下以廬江取之為是邪，為非邪？」太宗曰：「安有殺人而取其妻！卿乃問朕是非，何也？」珪對曰：「臣聞於《管子》❻曰：齊桓公之郭國❼，問其父老曰：『郭何故亡？』父老曰：『以其善善而惡惡也。』桓公曰：『若子之言，乃賢君也，何至於亡？』父老曰：『不然，郭君善善而不能用，惡惡而不能去，所以亡也。』今此婦人尚在左右，臣竊以為聖心是之，陛下若以為非，所謂知惡而不去也。」太宗大悅，稱為至善，遽令以美人還其親族。

【章　旨】此章言唐太宗能知惡即改，採納王珪的規諫，將「美人」遣返給她的親族。

【注　釋】❶貞觀初　據史傳作貞觀二年（西元六二八年）。❷宴語　在宴席上談話。❸美人　內宮女官名稱，置九人，正四品。❹瑗　李瑗，唐高祖從父兄子。武德年間，封為廬江王，任幽州大都督，支持太子李建成。玄武門事變後，擁眾謀反，被殺。❺籍沒　登記並沒收所有財產包括人員。❻管子　書名，相傳春秋時管仲撰，實係後人託名於他的著作。❼之郭國　前往郭國。郭，小國，今地不詳。

【語　譯】貞觀二年，唐太宗與黃門侍郎王珪在宴席上交談，當時有一位女官（美人）在旁邊侍候，她本來是廬江王李瑗的美妾，李瑗謀反被殺後，她也被沒收入內宮。唐太宗指著她對王珪說：「廬江王不仁道，殺害了她的丈夫並納她為妾室。殘暴淫虐可說到了極點，哪兒有不滅亡的道理呢！」王珪離開座位，站著說：「陛下把廬江王強取他人妻子的做法看成是對的，還是錯的呢？」唐太宗說：「哪兒有殺了人而收納他妻子的道理呢？你竟要我回答是對還是錯，為什麼？」王珪回答說：「我從《管子》一書中知道，齊桓公曾前往郭地，問那裡的父老說：『郭國滅亡是什麼緣故呢？』父老說：『因為國君喜歡美好的東西而厭惡醜惡的東西。』桓公說：『如果像你說的，那是賢明的國君了，怎麼會滅亡呢？』父老說：『不對，郭國國君喜歡美好的東西，卻不能利用；厭惡醜惡的東西，卻不能除掉。這就是郭國滅亡的緣故。』現在這個婦人還在陛下的左右，我私下以為陛下在心裡贊同廬江王的做法，陛下如果以為那是錯的，那就是說陛下知惡而不除掉它了。」唐太宗大為喜悅，稱讚王珪說得很好，立即下令把這個「美人」歸還她的親族。

貞觀四年，詔發卒修洛陽之乾元殿❶，以備巡狩❷。給事中❸張玄素❹上書諫曰：

陛下智周萬物，囊括四海。今之所行，何往不應？志之所欲，何事不從？微臣竊思秦始皇之為君也，藉周室之餘，因六國❺之盛，將貽之萬葉❻，及其子而亡，諒由逞嗜奔慾，逆天害人者也。是知天下不可以力勝，神祇❼不可以親恃。惟當弘儉約，薄賦斂，慎終始，可以永固。

方今承百王之末，屬凋弊之餘，必欲節之以禮制，陛下宜以身為先。東都❽未有幸期❾，即令補葺❿；諸王⓫今並出藩⓬，又須營構。興發數多，豈疲人之所望？其不可一也。陛下初平東都之始，層樓廣殿，皆令撤毀，天下翕然⓭，同心欣仰。豈有初則惡其侈靡，今乃襲其雕麗？其不可二也。每承音旨，未即巡幸，此乃事不急之務，成虛費之勞。國無兼年之積，何用兩都⓮之好？勞役過度，怨讟將起。其不可三也。百姓承亂離之後，財力凋盡，天恩含育，粗見存立，飢寒猶切，生計未安，三五年間，未能復舊。奈何營未幸之都，而奪疲人之力？其不可四也。昔漢高祖將都洛陽，婁敬⓯一言，即日西駕⓰。豈不知地惟土中，貢賦所均，但以形勝不如關內⓱也。伏惟陛下化凋弊之人，革澆漓⓲之俗，為日尚淺，未甚淳和，斟酌事宜，詎⑲可東幸？其不可五也。

臣嘗見隋室初造此殿，楹棟宏壯，大木非近道所有，多自豫章⑳採來，二千人拽㉑一柱，其下施轂㉒，皆以生鐵為之，中間若用木輪，動即火出。略計一柱，已用數十萬，則餘費又過倍於此。臣聞阿房成，秦人散；章華㉓就，楚眾離；乾元畢工，隋人解體。且以陛下今時功力，何如隋日？承凋殘之後，役瘡痍㉔之人，費億萬之功，襲百王之弊，以此言之，恐甚於煬帝遠矣。深願陛下思之，無為由余㉕所笑，則天下幸甚矣。

【章旨】此章載張玄素的書疏，指出唐太宗修造乾元殿有五點不對的地方，建議應當「弘儉約，薄賦斂，慎終始」，以求永固國本。

【注釋】❶乾元殿　即洛陽宮，隋時所建。❷巡狩　古代帝王巡視諸侯所守之地。❸給事中　官名，唐代門下省屬官，職掌駁正政令之得失。❹張玄素　蒲州（今屬山西）人。隋時曾任景城縣戶曹。貞觀初，擢拜侍御史，不久任給事中。❺六國　指戰國時的齊、楚、燕、韓、趙、魏。❻葉　世。❼神祇　天神地祇，泛指神靈。❽東都　即洛陽。❾幸期　巡幸的日期。幸，稱帝王出行或到達某地。❿葺　修理。⓫諸王　指皇太子以外諸皇子親王。⑫出藩　出就封藩之地。⑬翕然　統一、協調的樣子。⑭兩都　西京長安與東都洛陽。⑮婁敬　漢初齊人。漢高祖五年（西元前二〇二年），以戍卒求見劉邦，建議入關中而都，因功而賜姓劉氏。⑯西駕　起駕西行。⑰關內　即關中，稱函谷關或潼關以西王畿附近地區。⑱澆漓　澆薄。⑲詎　豈；哪兒。⑳豫章　指今江西。㉑拽　拉；拖。㉒轂　車輪。㉓章華　章華臺，離宮名。春秋時楚靈王大興土木，造就章華臺。後楚國內亂，公子比立為王，楚眾皆叛離靈王而歸附公子比。事見《史記・楚世家》。㉔瘡痍　同「創痍」。創傷。比喻戰爭後民生之凋弊現象。㉕由余　春秋時西戎人，西戎王派他出使秦國，秦穆公示以宮室等。由余笑云：「此乃中國所以亂也。」事見《史記・秦本紀》。

【語　譯】貞觀四年，唐太宗下令徵發差役整修洛陽的乾元殿，用來作巡行視察的行宮。給事中張玄素上書規諫說：

陛下的智慧遍及萬物，牢籠天下。詔令所施，到哪裡不會響應？欲念所向，有何事不能順遂？小臣私下思考，秦始皇能成為君王，是依靠周朝的餘業，因襲六國的盛勢，打算把皇位流傳萬世，但傳到了他的兒子身上便滅亡了，這實在是由於他放縱嗜慾，違背天意，傷害民眾的緣故。由此可見，天下是不能用武力來取勝的，神靈是不能以親近來依仗的。只有弘揚儉約，減輕賦稅，慎始慎終，才可以永保帝業的鞏固。

當今陛下承繼百代帝王之末，適逢凋弊之餘，一定要用禮儀制度來節制自己，並應該率先以身作則。巡幸東都的日期尚未排定，就下令整修宮殿；而諸皇子親王現在一起出就封藩之地，又必須營造宮室。徵發的人數這麼多，難道是疲憊的民眾所期望的？這是不可以整修乾元殿的理由之一。陛下當初平定東都洛陽的時候，那些高樓廣殿，都下令拆毀，使得天下一致稱好，百姓同心欣仰。豈有當初厭惡它的奢侈靡麗，如今竟沿襲它的雕巧華美呢？這是不可以整修乾元殿的理由之二。每次接到聖旨就營造興作，而陛下並未立即前往巡視，這就是做不急需的事務，形成了浪費，卻勞而無功。國家沒有連年的積儲，拿什麼來滿足長安與洛陽兩都營作的奢麗希求呢？勞役過度，就會使民怨四起。這是不可以整修乾元殿的理由之三。百姓遭受戰亂流離以後，財力凋殘殆盡，全賴陛下天恩養育，百姓才稍稍得以生存，而飢寒還很急迫，生計還不安定，三五年之間，還不能恢復到原先的狀況。怎麼去營建尚不去巡幸的東都，而奪用疲憊的民眾的勞力？這是不可以整修乾元殿的理由之四。從前漢高祖將要定都於洛陽時，經婁敬一勸說，當天便起駕西行。他難道不知道洛陽地處國土之中央，各地貢賦的遠近較平均嗎？只不過是因為洛陽的地理形勢比不上關內險要啊。陛下化育凋弊的民眾，革除澆薄的風俗，為時尚短，未能出現很淳樸和悅的景象，斟酌這種情況，怎麼可以東遊洛陽？這是不可以整修乾元殿的理由之五。

我曾看見隋朝初造乾元殿時，殿堂的柱子與棟梁宏偉粗壯，大木料都非附近地方所出產，多是豫章採伐運來的，二千人拉一根大柱，柱木下邊安置輪子，輪子都是用生鐵做的，中間如果使用木輪，一滾動立即發出火花。略計一根柱子的費用，已達數十萬錢，而其他的費用又成倍地超過這個數字。我聽說阿房宮一建成，秦朝的民眾也就叛散了；章華臺一造就，楚國的民眾也就叛離了；乾元殿一完工，隋朝的民眾也就解體了。而且以陛下今天的國力，哪兒比得上隋朝時候呢？承繼凋殘之後的天下，奴役遭受戰爭創傷的民眾，耗費億萬錢財的工程，重複百代帝王的弊端，由此說來，艱困的程度恐怕要遠遠超過隋煬帝了。深切地希望陛下思考這一點，不要被由余所笑，那天下也就是幸運的了。

太宗謂玄素曰：「卿以我不如煬帝，何如桀、紂？」對曰：「若此殿卒❶興，所謂同歸於亂。」太宗歎曰：「我不思量，遂至於此。」顧謂房玄齡曰：「今玄素上表，洛陽實亦未宜修造，後必事理須行，露坐❷亦復何苦？所有作役，宜即停之。然以卑干❸尊，古來不易，非其忠直，安能如此？且眾人之唯唯❹，不如一士之諤諤❺。可賜絹二百匹。」魏徵歎曰：「張公遂有回天❻之力，可謂仁人之言，其利博哉！」

【章　旨】此章記貞觀君臣對張玄素上書的反應：唐太宗以為「眾人之唯唯，不如一士之諤諤」，而魏徵則讚揚張公有回天之力。

【注　釋】❶卒　終；終於。❷露坐　露宿。❸干　冒犯。❹唯唯　應諾聲，引申為謙卑的應答。❺諤諤　直言爭辯貌。❻回天　比喻力能移轉極難挽回的情勢。

【語　譯】唐太宗對張玄素說：「你以為我不如隋煬帝，那麼與夏桀、殷紂王比較又怎麼樣？」張玄素回答說：「如果乾元殿終於修造了，結果可說是同樣歸於喪亂。」唐太宗歎息道：「我沒有仔細考慮，以至於弄成這種地步。」回過頭來對房玄齡說：「今天玄素上書勸諫，洛陽宮實在也不應當修造了，以後有事按理必須去巡幸，即使露宿又有什麼辛苦？所有的勞作差役，應該立即停止。然而以卑下冒犯尊貴，自古以來就不容易，要不是玄素忠誠正直，哪兒能這樣呢？而且大家都謙卑地應答，還不如有一士能直言爭辯。可以賜給他絹二百匹。」魏徵感歎地說：「張公竟有回天之力，可說是仁人之言，它所帶來的好處是很多的啊！」

太宗有一駿馬，特愛之，恆於宮中養飼，無病而暴死。太宗怒養馬宮人，將殺之。皇后❶諫曰：「昔齊景公❷以馬死殺人，晏子❸請數❹其罪云：『爾養馬而死，爾罪一也。使公以馬殺人，百姓聞之，必怨吾君，爾罪二也。諸侯聞之，必輕吾國，爾罪三也。』公乃釋罪。陛下嘗讀書見此事，豈忘之邪？」太宗意乃解。又謂房玄齡曰：「皇后庶事相啟沃，極有利益爾。」

【章　旨】此章言唐太宗接受了皇后的勸諫，不怒殺養馬宮人。

【注　釋】❶皇后　即長孫皇后。少好讀書，動循禮則。年十三，為李世民妻。貞觀十年（西元六三六年）逝世，僅三十六歲。❷齊景公　名杵臼，春秋時齊國國君。❸晏子　即晏嬰，春秋時齊國大夫。❹數　責備；列舉錯誤。

【語　譯】唐太宗有一匹駿馬，特別喜愛牠，常在皇宮中飼養，後來那匹駿馬沒有生病卻突然地死了。唐太宗對養馬的宮人發起怒來，打算殺死他。皇后長孫氏勸諫說：「從前齊景公因為馬死了要殺養馬的人，晏嬰請求列舉養馬之人的罪過說：『你養馬而馬死了，這是你的罪過之一。你使國君因馬死而殺人，百姓聽到後，必定埋怨我們的君主，這是你的罪過之二。各個諸侯國聽到了此事，必定輕視我們齊國，這是你的罪過之三。』齊景公於是免除了養馬人的罪。陛下曾在讀書時讀過這則故事，難道忘了嗎？」唐太宗這才消解了怒氣。事後又對房玄齡說：「皇后在許多事情上給我啟發開導，極有好處呢！」

貞觀七年，太宗將幸九成宮，散騎常侍姚思廉進諫曰：「陛下高居紫極❶，寧濟蒼生❷，應須以欲從人，不可以人從欲。然則離宮遊幸，此秦皇、漢武之事，故非堯、舜、禹、湯之所為也。」言甚切至。太宗諭之曰：「朕有氣疾❸，熱便頓劇，故非情好遊幸，甚嘉卿意。」因賜帛五十段。

【章　旨】此章論帝王「應須以欲從人，不可以人從欲」。

【注　釋】❶紫極　指皇位或者皇宮。古人以紫微星垣比喻皇帝的居處，因稱皇宮為紫禁宮。紫極，即紫禁宮之極。❷寧濟蒼生　使百姓得到安寧與救濟。蒼生，指百姓。❸氣疾　氣病。

【語譯】貞觀七年，唐太宗將要遊幸九成宮，散騎常侍姚思廉進諫說：「陛下高居帝位，使百姓得到安寧與救濟，應該把自己的欲望服從民眾的利益，不可以拿民眾的利益來順從自己的欲望。既然如此，那麼遊幸離宮，這是秦始皇、漢武帝所做的事，原不是堯、舜、禹、湯等所做的。」言詞十分懇切。唐太宗告訴他說：「我患有氣病，天熱便立即加劇，我的生性原本不是愛好遊幸的，我非常讚賞你的意見。」因而賜給姚思廉帛五十段。

貞觀三年，李大亮❶為涼州❷都督，嘗有臺使❸至州境，見有名鷹，諷❹大亮獻之。大亮密表曰：「陛下久絕畋獵，而使者求鷹。若是陛下之意，深乖昔旨；如其自擅，便是使非其人。」太宗下書曰：「以卿兼資文武，志懷貞確❺，故委藩牧❻，當茲重寄。比在州鎮，聲績遠彰，念此忠勤，豈忘寤寐？使遣獻鷹，遂不曲順，論今引古，遠獻直言。披露腹心，非常懇到，覽用嘉歎，不能已已。有臣若此，朕復何憂！宜守此誠，終始若一。《詩》❼云：『靖共爾位❽，好是正直。神之聽之，介爾景福❾。』古人稱一言之重，侔❿於千金，卿之所言，深足貴矣。今賜卿金壺缾⓫、金碗各一枚，雖無千鎰⓬之重，是朕自用之物。卿立志方直，竭節至公，處職當官，每副所委，方大任使，以申重寄。公事之閑，宜觀典籍。兼賜卿荀悅⓭《漢紀》一部，此書敘致簡要，論議深博，極為政之體，盡君臣之義，今以賜卿，宜加尋⓮閱。」

【章旨】此章記述李大亮就獻鷹之事進行規諫，而唐太宗則表彰他「立志方直，竭節至公」，並賜以《漢紀》一部書，希望從中探得為政之體、君臣之義。

【注釋】❶李大亮　雍州涇陽（今屬陝西）人，有文武才幹。貞觀初，召拜太府卿，出為涼州都督，以惠政聞。❷涼州　轄境相當於今甘肅永昌以東、天祝以西一帶。❸臺使　中央官署派出的使臣。❹諷　用含蓄的話暗示或勸說。❺貞確　堅貞不移。❻藩牧　指邊鎮防守長官。❼詩　即《詩經》。以下四句，見《詩經・小雅・小明》。❽靖共爾位　安於你的職位。❾介爾景福　助你以大福。介，助。景福，大福。❿侔　相等。⓫缾　瓶。⓬鎰　古代以二十四兩或者二十兩為一鎰。⓭荀悅　東漢末年的政論家、史學家，撰有《漢紀》三十卷。該書仿照《左傳》的體例，將《漢書》加以改編。⓮尋　探求。

【語譯】貞觀三年，李大亮任涼州都督時，曾有一位朝廷使者來到州境內，看見當地產名鷹，就用含蓄的話暗示李大亮進獻。李大亮祕密地向皇帝上表說：「陛下久已不打獵了，而使者卻在搜求名鷹。如果這是陛下的意思，就深深地違背了陛下以前的旨意；如果是使者擅自提出的，就是派遣了不適當的人。」唐太宗下了一道詔書說：「因為你兼有文武才幹，懷著堅貞不移的心志，所以委任你為邊鎮防守長官，來擔負如此的重任。近來你在涼州鎮守，名聲政績，遠播四方，我想著你的忠誠勤奮，日日夜夜豈曾忘記？使者差你進獻獵鷹，你偏不肯曲意順從，還引古論今，從遠方進獻直言規諫。所披露的真心誠意，非常懇切周到，讀後不禁令人讚美、感歎，久久不能停止。有這樣的臣子，我還有什麼可擔憂的呢！你應該堅持這種忠誠，始終如一。《詩經》上說：『安於你的職位，愛好這種正直的品德。神靈知道後，會賜給你大福。』古人稱一句善言，等於千金之重，而你所提出的意見，是非常寶貴的。現在賜給你金壺瓶、金碗各一枚，雖然沒有千鎰之重，卻都是我自己使用過的器物。你樹立了正直的志向，竭盡臣節，一心為公，你擔任官職，做事總跟委託的職責相符合，如今更加信任你、重用你，以表明我對你的重託。在公務的空閒時，你應該讀些書籍。所以又賜給你荀悅撰的一部《漢紀》，這部書敘事簡明扼要，議論深刻廣博，窮極治理政事的根本，究盡君臣之間的大義，現在把它賜給你，你應該加以閱讀、探研。」

貞觀八年，陝縣❶丞皇甫德參❷上書忤旨，太宗以為訕謗❸。侍中魏徵進言曰：「昔賈誼❹當漢文帝❺上書云云『可為痛哭者一，可為長歎息者六。』自古上書，率多激切❻。若不激切，則不能起人主之心。激切即似訕謗，惟陛下詳其可否。」太宗曰：「非公無能道此者。」令賜德參帛二十段。

【章　旨】此章論上書激切與訕謗是不同的，人君宜「詳其可否」。

【注　釋】❶陝縣　今屬河南。❷皇甫德參　複姓皇甫，名德參。按《資治通鑑》作中牟縣丞。上書批評修洛陽宮、收地租以及宮中好高髻等事，觸犯了唐太宗。❸訕謗　譏諷誹謗。❹賈誼　西漢初期政論家、文學家。在〈陳政事疏〉中，列舉了「可為痛哭者一，可為流涕者二，可為長太息者六」。❺漢文帝　即劉恒。在位期間，實行與民休息和輕徭薄賦政策。❻激切　激烈而急切。

【語　譯】貞觀八年，陝縣丞皇甫德參上書批評政事，違背了旨意，唐太宗認為他是在譏諷誹謗。侍中魏徵進言勸諫說：「從前賈誼向漢文帝上書奏事，說：『可以為之痛哭的事有一件，可以為之長久歎息的事有六件。』自古以來上書奏事，大概多是激烈而急切的。如果不是激烈而急切，就不能打動君主的心了。激烈而急切，就會跟譏諷誹謗相類似，希望陛下弄清楚他所提的意見究竟對不對。」唐太宗說：「除了你，沒有人能夠說出這道理的。」於是下令賜給皇甫德參帛二十段。

貞觀十五年，遣使詣西域❶立葉護可汗❷，未還，又令人多賷金帛，歷諸國❸市馬❹。魏徵諫曰：「今發使以立可汗為名，可汗未定立，即詣諸國市馬，彼必以為意在市馬，不為專立可汗。可汗得立，則不甚懷恩；不得立，則生深怨。諸蕃❺聞之，且不重中國。但使彼國安寧，則諸國之馬，不求自至。昔漢文帝有獻千里馬者，曰：『吾吉行❻日三十❼，凶行❽日五十，鑾輿❾在前，屬車❿在後，吾獨乘千里馬，將安之⓫乎？』乃償其道里所費而返之。又光武⓬有獻千里馬及寶劍者，馬以駕鼓車⓭，劍以賜騎士。今陛下凡所施為，皆邈過⓮三王⓯之上，奈何至此欲為孝文、光武之下乎？又魏文帝⓰求市西域大珠，蘇則⓱曰：『若陛下惠及四海，則不求自至，求而得之，不足貴也。』陛下縱不能慕漢文之高行，可不畏蘇則之正言耶？」太宗遽令止之。

【章旨】此章記述魏徵勸阻到西域諸國買馬，強調「懷恩」政策的重要性，認為「但使彼國安寧，則諸國之馬，不求自至」。

【注釋】❶西域　指玉門關（今甘肅敦煌西北）以西地區。❷葉護可汗　西突厥首領。貞觀十五年（西元六四一年）七月，唐太宗命左領軍將軍張大師持節前往西突厥，即其所號，立為可汗。❸諸國　指西域諸國。❹市馬　購買馬匹。❺諸蕃　指西域諸國。❻吉行　巡幸祭祀。❼三十　三十里。下句「五十」，即五十里。❽凶行　出兵行軍。❾鑾輿　載有鑾旗的車。鑾旗，即皇帝儀仗中的旗。大駕出，鑾輿先行。❿屬車　帝王出行時的隨從車。漢因秦制，大駕屬車八十一乘相屬。⓫之　往。⓬光武　即漢光武帝劉秀，東漢王朝的創立者。⓭鼓車　載鼓之車。皇帝出外時的儀仗之一。⓮邈過　遠遠地超過。⓯三王　夏、商、周三代創業之王，即夏禹、商湯、周武王。⓰魏文帝　即曹丕，曹操次子。曹操死後，曹丕稱帝，國號曰魏。⓱蘇則　曹魏時大臣，曾任侍中。

【語譯】貞觀十五年，唐太宗派遣使臣到西域，賜立葉護可汗，使臣尚未返回，又派人攜帶許多金與帛，到西域諸國去購買馬匹。魏徵進諫說：「現在派出使臣是以立可汗為名義的，可汗還未立定，就派人到西域諸國購買馬匹，他們必定以為陛下之意在於買馬，而不是專門立可汗。可汗立成了，就對唐王朝也不會心懷感恩；如果可汗立不成，就會心生深深的怨恨。而西域諸番國聽到此事，也將會不敬重唐王朝。只要使他們的國家安寧，那麼西域諸國的馬，不去求取也會自動送來。從前漢文帝時，有人進獻千里馬，漢文帝說：『我巡幸祭祀時，每天行三十里，我出兵行軍時，每天行五十里，鑾輿在前面開道，屬車跟隨在後面，我獨自乘坐千里馬，將往何處去呢？』於是補還給獻馬人的路費，讓他帶馬回去。還有漢光武帝時，有人進獻千里馬以及寶劍，漢光武帝把馬用來拉鼓車，把劍賜給騎士。如今陛下所有的措施行為，都遠遠地超過夏禹、商湯、周武王，怎麼遇到此事卻想居於漢文帝、漢光武帝之下呢？另外，魏文帝搜購西域的大寶珠，蘇則說：『如果陛下的恩惠遍及天下，則大寶珠不求自至，如果是由搜求而取得，是不值得珍貴的。』陛下即使不能仰慕漢文帝的高尚德行，難道也不畏怕蘇則的正直言論嗎？」於是唐太宗立即下令停止買馬。

貞觀十七年，太子右庶子高季輔❶上疏陳得失。特賜鍾乳❷一劑❸，謂曰：「卿進藥石之言，故以藥石相報。」

【章旨】此章記唐太宗將臣下批評視作藥石之言。

【注釋】❶高季輔　名馮，德州（今屬山東）人。歷任監察御史、中書舍人等職，貞觀十七年（西元六四三年）授太子右庶子。❷鍾乳　即鐘乳石，溶洞中自洞頂下垂的一種碳酸鈣澱積物，狀如鐘乳，故名。可作藥用，通氣健胃。❸劑　藥的計量單位。

【語譯】貞觀十七年，太子右庶子高季輔上疏奏事，陳述政事上的得失。唐太宗特地賜給他鐘乳藥一劑，對他說：「你進獻藥石一樣的意見，所以我拿藥石來報答你。」

貞觀十八年，太宗謂長孫無忌等曰：「夫人臣之對帝王，多順從而不逆❶，甘言以取容❷。朕今發問，不得有隱，宜以次言朕過失。」長孫無忌、唐儉❸等皆曰：「陛下聖化，道致太平，以臣觀之，不見其失。」黃門侍郎劉洎❹對曰：「陛下撥亂創業，實功高萬古，誠如無忌等言。然頃有人上書，辭理不稱者，或對面窮詰❺，無不慚退。恐非獎進言者。」太宗曰：「此言是也，當為卿改之。」

【章旨】此章言唐太宗晚年仍主動徵求臣下的批評意見。

【注釋】❶逆　違背；抵觸。❷取容　取悅。❸唐儉　唐初大臣。按《資治通鑑》記載，無唐儉名。❹劉洎　貞觀名臣。字思道，荊州江陵（今屬湖北）人。❺窮詰　追問到底。

【語譯】貞觀十八年，唐太宗對長孫無忌等說：「臣子對於帝王，大多只順從而不違背，用些美好的話來取悅。我現在提些問題，你們不得有所隱瞞，應當依次地指出我的過失。」長孫無忌、唐儉等都說：「陛下以英明的教化，導致天下太平，依臣等看來，沒有發現什麼過失。」黃門侍郎劉洎回答說：「陛下撥亂世、創大業，實在是功高萬古，真如無忌等所說的那樣。然而近來有人上書奏事，言詞道理不符合心意的，陛下有時就當面追問到底，上書的人沒有不羞愧地退下去的。這恐怕不是獎勵進言規諫的辦法。」唐太宗說：「這話說對了，我應當為你加以改正。」

太宗嘗怒苑西監❶穆裕❷，命於朝堂斬之，時高宗❸為皇太子，遽犯顏進諫，太宗意乃解。司徒❹長孫無忌曰：「自古太子之諫，或乘間從容而言。今陛下發天威之怒，太子申犯顏之諫，誠古今未有。」太宗曰：「夫人久相與處，自然染習。自朕御天下，虛心正直，即有魏徵朝夕進諫。自徵云亡，劉洎、岑文本❺、馬周、褚遂良等繼之。皇太子幼在朕膝前，每見朕心說❻諫者，因染以成性，故有今日之諫。」

【章旨】此章記述唐太宗在接受皇太子的犯顏進諫後，說明皇太子能這樣，是由於「久相與處，自然染習」的緣故。

【注釋】❶苑西監　京都苑四面監之一，從六品下，掌所管面苑內宮館園池以及種植修葺之事。❷穆裕　姓穆，名裕。❸高宗　指皇太子李治。❹司徒　三公之一。❺岑文本　貞觀名臣。字景仁，鄧州棘陽（今河南新野）人。❻說　通「悅」。

【語譯】唐太宗曾對苑西監穆裕發怒，命令在朝堂上將他斬殺，當時唐高宗李治為皇太子，就犯顏進諫，唐太宗的怒氣才消解。司徒長孫無忌說：「自古以來太子的進諫，往往是趁空閒之時從容地提出的。今天陛下正發天威之怒，太子卻提出犯顏之諫，確實是古今所沒有過的。」唐太宗說：「人們長久相處，自然會互相染上習性。自從我治理天下以來，虛心採納正直的意見，於是有魏徵朝夕來進諫。自魏徵死後，又有劉洎、岑文本、馬周、褚遂良等繼續朝夕進諫。皇太子年幼時在我的膝前，常常看見我內心是喜歡進諫的，因而受到感染，養成了習性，所以才有今天進諫的事。」

直諫

貞觀二年❶，隋通事舍人❷鄭仁基女年十六七，容色絕姝❸，當時莫及。文德皇后❹訪求得之，請備嬪御❺。太宗乃聘為充華❻。詔書已出，策使❼未發。魏徵聞其已許嫁陸氏，方遽進而言曰：「陛下為人父母，撫愛百姓，當憂其所憂，樂其所樂。自古有道之主，以百姓之心為心，故君處臺榭，則欲民有棟宇❽之安；食膏粱❾，則欲民無飢寒之患；顧嬪御，則欲民有室家之歡。此人主之常道也。今鄭氏之女，久已許人，陛下取之不疑，無所顧問，播之四海，豈為民父母之道乎？臣傳聞雖或未的❿，然恐虧損聖德，情不敢隱。君舉必書，所願特留神慮。」太宗聞之大驚，手詔答之，深自克責，遂停策使，乃令女還舊夫。左僕射房玄齡、中書令溫彥博、禮部尚書王珪、御史大夫韋挺等云：「女適⑪陸氏，無顯然之狀，大禮⑫既行，不可中止。」又陸氏抗表云：「某父康⑬在日，與鄭家往還，時相贈遺資財，初無婚姻交涉親戚。」並云：「外人不知，妄有此說。」大臣又勸進。太宗於是頗以為疑，問徵曰：「群臣或順旨，陸氏何為過爾分疏⑭？」徵曰：「以臣度之，其意可識，將以陛下同於太上皇⑮。」太宗曰：「何也？」徵曰：「太上皇初平京城，得辛處儉⑯婦，稍蒙寵遇。處儉時為太子舍人⑰，太上皇聞之不悅，遂令出東宮為萬年縣⑱，每懷戰懼，常恐不全首領⑲。陸爽⑳以為陛下今雖容之，恐後陰加譴謫㉑，所以反覆自陳，意在於此，不足為怪。」太宗笑曰：「外人意見，或當如此。然朕之所言，未能使人必信。」乃出敕曰：「今聞鄭氏之女，先已受人禮聘，前出文書之日，事不詳審，此乃朕之不是，亦為有司之過。授充華者宜停。」時莫不稱歎！

【章　旨】此章記述唐太宗接受魏徵「恐虧損聖德」的勸諫，取消了禮聘鄭氏女為後宮嬪妃的決定。

【注　釋】❶貞觀二年　經考證，當作貞觀八年（西元六三四年），「二」乃「八」之譌。房玄齡於貞觀三年為尚書左僕射，溫彥博於貞觀四年為中書令，王珪於貞觀八年為禮部尚書。若在二年，則與史實不合，《資治通鑑》作八年得之。❷通事舍人　中書省屬官，職掌引納通奏。唐初改稱中書舍人。❸姝　美好。❹文德皇后　即皇后長孫氏。唐高宗時，追上尊號曰文德順聖皇后。❺嬪御　指內宮的嬪妃。❻充華　內宮的女官，皇帝的九嬪之一，正二品。❼策使　指派去宣讀冊封嬪妃之詔書的使者。❽棟宇　謂房屋。❾膏粱　泛指精美的食品。❿未的　不確實。⓫適　女子出嫁。⓬大禮　指隆重的聘禮。⓭康　陸氏父名。⓮分疏　分別奏疏。⓯太上皇　指唐高祖李淵。⓰辛處儉　姓辛，名處儉。⓱太子舍人　東宮屬官，職掌行令書表啟。⓲萬年縣　在今西安偏東郊。⓳首領　頭頸。⓴爽　陸氏名。㉑譴謫　譴責。

【語　譯】貞觀二年，原隋朝通事舍人鄭仁基的女兒，年方十六七歲，姿色絕美，在當時是沒有人比得上的。皇后長孫氏訪尋到她，便請把她納作內宮的嬪妃。唐太宗就聘她為女官充華。聘納的詔書已經發出，而冊封的使者卻尚未出發。就在此時，魏徵聽說她已經許嫁給陸氏，就立即進宮勸說：「陛下作為民眾的父母，撫愛百姓，是應當憂其所憂、樂其所樂的。自古以來有道的君主，把百姓的心意作為自己的心意，所以君主住著樓臺亭榭，就要使民眾有房屋可安居；君主吃著精美的食品，就要使民眾沒有飢寒的憂患；君主眷戀著嬪妃，就要使民眾有妻室的歡樂。這就是君主常守的準則。如今鄭氏的女兒，久已許嫁於人，而陛下卻聘了她，沒有懷疑，也沒有詢問，此事如傳播到天下，難道算是為民父母之道嗎？我聽到的傳說即使有不確實的地方，但恐怕會損害陛下的聖德，因此不敢隱瞞情況。君王的舉動必定是要記錄下來的，希望陛下要特別留神思考。」唐太宗聽了大驚，親自寫了詔書以回答魏徵，深深自責，於是停派冊封的使者，並下令把鄭氏女兒送還給原先的丈夫。左僕射房玄齡、中書令溫彥博、禮部尚書王珪、御史大夫韋挺等說：「鄭氏女兒許嫁陸氏，既沒有明顯的證據，而隆重的聘禮又已經頒行，是不可以中途停止的。」另外，陸氏也上表說：「我的父親陸康在世之時，與鄭家有所往來，時常互相贈送資財，但當初沒有婚姻交涉成為親戚的事。」並且說：「外人不知道情況，亂編了婚姻的傳說。」大臣們也勸說繼續進行聘納的事情。唐太宗於是對此頗感疑惑，便向魏徵問道：「諸位大臣也許是順從旨意，而陸氏為什麼過分地這樣分辯陳述呢？」魏徵回答說：「依我猜想，陸氏的意思是可以知道的，他是把陛下看成為太上皇一樣的人了。」唐太宗說：「為什麼呢？」魏徵說：「太上皇當初平定京城長安時，獲得了辛處儉的妻子，逐漸蒙受寵遇。辛處儉當時的官職是太子舍人，太上皇知道後不高興，就下令把他從東宮調到了萬年縣，他每每心懷恐懼，常常擔心不能保全頭頸。陸爽以為陛下現在雖然容忍他，恐怕以後會暗中加以譴責，這是他反覆自我陳述的緣故，他的意思就在於此，不值得奇怪。」唐太宗笑著說：「外人的意見，也許該是這樣。然而我所說的話，卻未能使人必定相信。」於是發出敕令說：「現在聽說鄭氏的女兒，原先已經接受了別人的禮聘，先前頒發詔書的時候，事情沒有詳細審核，這是我的不對，也是有關部門的過失。現在聘納女官充華的事應該停止了。」當時沒有人不讚歎的！

貞觀三年❶，詔關中免二年租稅，關東❷給復❸一年。尋有敕：已役已納，並遣輸納，明年總為準折❹。給事中❺魏徵上書曰：「伏見八月九日❻詔書，率土❼皆給復一年。老幼相歡，或歌且舞。又聞有敕，丁已配役❽，即令役滿折造❾，餘物亦遣輸了，待明年總為準折。道路之人，咸失所望。此誠❿平分百姓，均同七子⓫。但下民⓬難與圖始，日用不足，皆以國家追悔前言，二三其德⓭。臣竊聞之，天之所輔者仁，人之所助者信。今陛下初膺大寶⓮，億兆⓯觀德。始發大號⓰，便有二言。生八表⓱之疑心，失四時⓲之大信。縱國家有倒懸⓳之急，猶必不可。況以泰山之安，而輒行此事！為陛下為此計者，於財利小益，於德義大損。臣誠智識淺短，竊為陛下惜之。伏願少覽臣言，詳擇利益。冒昧之罪，臣所甘心。」

簡點使⓴，右僕射封德彝等，並欲中男㉑十八已上，簡點入軍。敕三四出，徵執奏以為不可。德彝重奏：「今見簡點者云，次男㉒內大有壯者。」太宗怒，乃出敕：「中男已上，雖未十八，身形壯大，亦取。」徵又不從，不肯署敕。太宗召徵及王珪，作色㉓而待之，曰：「中男若實小，自不點入軍。若實大，亦可簡取。於君何嫌？過作如此固執，朕不解公意！」徵正色曰：「臣聞竭澤取魚，非不得魚，明年無魚。焚林而畋㉔，非不獲獸，明年無獸。若次男已上，盡點入軍，租賦雜徭，將何取給？且比年國家衛士，不堪攻戰。豈為其少，但為禮遇失所，遂使人無鬥心。若多點取人，還充雜使，其數雖眾，終是無用。若精簡壯健，遇之以禮，人百其勇㉕，何必在多？陛下每云，我之為君，以誠信待物，欲使官人百姓，並無矯偽之心。自登極㉖已來，大事三數件，皆是不信，復何以取信於人？」太宗愕然曰：「所云不信，是何等也？」徵曰：「陛下初即位，詔書曰：『逋租宿債㉗，欠負官物，並悉原免。』即令所司，列為事條，秦府國司，亦非官物。陛下自秦王為天子，國司不為官物，其餘物復何所有？又關中免二年租調㉘，關外給復一年。百姓蒙恩，無不歡悅。更有敕旨：『今年白丁㉙多已役訖，若從此放免，並是虛荷國恩。若已折已輸，令總納取了，所免者皆以來年為始。』散還之後，方更徵收，百姓之心，不能無怪。已徵得物，便點入軍，來年為始，何以取信？又共理所寄，在於刺史㉚、縣令，常年貌稅㉛，並悉委之。至於簡點，即疑其詐偽。望下誠信，不亦難乎？」太宗曰：「我見君固執不已，疑君蔽此事。今論國家不信，乃人情不通。我不尋思，過亦深矣。行事往往如此錯失，若為致理？」乃停中男，賜金甕㉜一口，賜珪絹五十匹。

【章　旨】此章記述魏徵的兩件事：一是反對朝令夕改，認為國家只圖「財利小益」，就會「德義大損」，失掉民心。二是反對簡點中男入軍，指出這是「竭澤取魚」的辦法，也無助於國家衛士的戰鬥力。魏徵因而特別強調帝王要「取信於人」，否則「望下誠信，不亦難乎」。

【注　釋】❶貞觀三年　誤。各種史傳均繫此事於武德九年（西元六二六年）八月。魏徵上書云「初膺大寶」、「始發大號」，當指唐太宗初即位。❷關東　指潼關以東地區。❸給復　免除賦役。❹準折　按標準折算。❺給事中　三字疑衍。魏徵一生未曾官給事中。當時，魏徵以諫議大夫的身分在關東做安撫局勢的工作。❻八月九

日　武德九年八月九日，即唐太宗即位之日，同日詔免關內及蒲、芮、虞、泰、陝、鼎六州二年租，給復天下一年。❼率土　率土之濱，指天下或全國。❽配役　調派服役。❾折造　折算租稅。❿誠　真；確實。據《魏鄭公諫錄》卷一「誠」下有「非」字。⓫七子　別本作「已子」，較妥。⓬下民　下愚之民，指民眾。⓭二三其德　多次地改變德行或主意。⓮初膺大寶　初登皇位。膺，受。大寶，指帝位。⓯億兆　指百姓。⓰大號　指詔書敕令。⓱八表　八方極遠之地，指全國各地。⓲四時　春夏秋冬。⓳倒懸　比喻處境的危急，像人被倒掛著一樣。⓴簡點使　官名，負責選拔與徵集軍士的使臣。據《魏鄭公諫錄》卷一「使」下應有「出」字。又及，此事發生在武德九年冬，魏徵已從山東回到長安。封德彝死於貞觀元年（西元六二七年）六月，此章作「貞觀三年」，誤。㉑中男　尚未成丁的男子。唐初稱十六歲至二十歲的男子為中男。㉒次男　即中男。㉓作色　板起臉色。㉔畋　打獵。㉕人百其勇　謂一人之勇可當百夫。㉖登極　指皇帝即位。㉗逋租宿債　拖欠的租稅與債務。㉘租調　田租（繳穀物）與戶調（繳紡織品）。㉙白丁　白徒，指本無軍籍、臨時徵集起來的壯丁。㉚刺史　州一級地方行政長官。武德初，改郡為州，改太守曰刺史。㉛貌稅　核查戶口相貌而徵收稅役。㉜罋　甕；瓮。一種口小腹大的器皿。

【語譯】貞觀三年，唐太宗下詔免除關中地區的二年租稅，免除關東地區的一年賦役。不久又頒下敕令說：已經服役的和已經交納租稅的，都要他們繼續輸納完畢，待明年總結起來按標準加以折算。給事中魏徵上書說：「我看見八月九日的詔書，天下都免除賦役一年。老老小小都互相歡慶，且歌且舞。後來又聽說有敕令規定，丁男已經調派服役的，就令他們服役期滿後折算為租稅，而其他租稅也要繳納完畢，待明年總結起來按標準加以折算。這樣，使沿路的人們都感到失望。這即使真的是把恩惠平分給百姓，把他們都視同為自己兒子的做法。但是下愚之民是難與圖始的，日常費用是不夠的，都會以為朝廷追悔前言，多次地改變主意。我私下聽說，上天所輔佐的是仁愛之君，民眾所幫助的是誠信之人。如今陛下初登皇位，億萬民眾都觀望著陛下的德行。開始發布詔書敕令，就有前後不一的言詞。這就會使全國各地百姓產生疑心，喪失了相信四季時秩那樣的大信心。即使國家有倒懸之危，還是必定不可以這樣做的。更何況如今國家安如泰山，又怎麼能夠動輒做出這種事！有人為陛下出這種主意，在財利上雖可獲得小益，但在德義上卻將大大損害了。我的確智識淺短，私下卻為陛下感到惋惜。希望陛下稍稍看一下我的奏章，周密地抉擇有利益的事來做。冒昧之罪，我甘心承擔。」

（武德九年冬）派出簡點使時，右僕射封德彝等大臣，都主張把中男內十八歲以上的人，選入軍隊。敕令起草了三四次，魏徵上奏，堅決地認為不可以這樣做。封德彝重又上奏：「現在聽簡點使說，中男內有大又健壯的人。」唐太宗因而惱怒了，就發出敕令：「中男以上，雖然未到十八歲，而身體壯大的，也要徵召。」魏徵依然不贊成，不肯在敕令上簽署同意。唐太宗召來魏徵和王珪，板起臉孔對待他倆，說：「中男內如果確實是矮小的，自然不能選拔入軍。如果確實是壯大的，便可以也選拔入軍。這對於你們有什麼妨礙的？過分地擺出如此固執的姿態，我實在不理解你們的用意。」魏徵嚴正地說：「我聽說竭澤而漁，並非得不到魚，而是明年就沒有魚可捉了。焚林而獵，並非獵取不到野獸，而是明年就沒有野獸可捕了。如果中男以上的人，統統徵入軍隊，租賦和各種雜傜，將從哪兒取得，以供需要？而且近年來國家的衛士，不能夠進攻打仗。難道是由於人數少的緣故嗎？只是因為他們得不到應有的禮遇，就使他們喪失鬥志罷了。如果大量地徵集士卒，還是要他們充當雜役，人數雖多，終究是無用的。如果精選壯健的人，用禮來對待他們，那麼一人之勇可當百夫，何必在於人多？陛下常說，我作為一個君王，以誠信待人，要使官員與百姓都沒有矯詐虛偽之心。自從陛下即位以來，有過三四件大事，都是不守信用的，又拿什麼來取信於民？」唐太宗愕然一驚，說：「你所說的不守信用，是些什麼事呢？」魏徵說：「陛下初即位時，頒布詔書說：『拖欠的租稅債務，以及欠負於官府的物資，全都免除。』隨即命令有關部門，列出處理事情的條款，規定欠負於原秦王府國司的，不算是屬於蠲免的官府物資。陛下自秦王而升為天子，秦王府國司之物資不算是官府物資，那麼其餘物資又算是哪兒所有的？另外，下詔免除關中二年租稅，免除關東一年賦役。百姓都蒙受恩惠，沒有人不是歡欣喜悅的。而後又有敕令：『今年白丁大都已服役完畢，如果從現在起免除徭役，等於是使百姓虛受國家的恩惠。如果已經以物折役或者已經繳納租稅的，仍令全部收取上繳，所應蠲免的都從明年開始。』宣布放免之後，接著又要徵收賦役，這樣百姓心裡不能不感到奇怪。既已徵取了財物，卻又選拔中男入軍，再加上有明年開始蠲免的規定，如此一來，拿什麼取信於民？此外，陛下共治天下所寄託的，在於州刺史和縣令，每年核查戶口而徵收稅役，全部委託他們去進行。至於選拔軍士，就懷疑他們弄虛作假。這樣，希望臣下摯誠守信，不也是困難的嗎？」唐太宗說：「我看見你固執不已，本來懷疑你是不懂這種政事的。如今你論述了國家不守信用的情形，才發現是我不瞭解民間的狀況。我不去尋思，過錯是很大的。做事往往如此錯誤疏忽，怎麼能使國家治理好呢？」於是停止選拔中男入軍，並賜給魏徵金甕一只，賜給王珪絹五十匹。

貞觀五年，治書侍御史❶權萬紀❷、侍御史❸李仁發，俱以告訐❹譖毀❺，數蒙引見，任心彈射❻，肆其欺罔❼，今在上震怒，臣下無以自安。內外知其不可，而莫能論諍。給事中❽魏徵正色而奏之曰：「權萬紀、李仁發並是小人，不識大體，以譖毀為是，告訐為直，凡所彈射，皆非有罪。陛下掩其所短，收其一切。乃騁❾其姦計，附下罔上，多行無禮，以取強直之名。誣房玄齡❿，斥退張亮⓫，無所肅厲⓬，徒損聖明。道路之人，皆興謗議。臣伏度聖心，必不以為謀慮深長，可委以棟梁之任，將以其無所避忌，欲以警厲群臣。若信狎回邪⓭，猶不可以小謀大，群臣素無矯偽，空使臣下離心。以玄齡、亮之徒，猶不可得伸其枉直，其餘疏賤，孰能免其欺罔？伏願陛下留意再思。自驅使二人以來，有一弘益，臣即甘心斧鉞⓮，受不忠之罪。陛下縱未能舉善以崇德，豈可進姦而自損乎？」太宗欣然納之，賜徵絹五百匹。其萬紀又姦狀漸露，仁發亦解黜，萬紀貶連州⓯司馬⓰。朝廷咸相慶賀焉。

【章　旨】此章揭露奸邪小人的惡行罪狀，特別指出：如果帝王輕信小人，放任其奸計，就會使臣下離心，徒損聖明。

【注　釋】❶治書侍御史　御史臺副長官，職掌邦國刑憲典章，以肅正朝廷。貞觀末，改稱御史中丞。❷權萬紀　姓權，名萬紀，京兆萬年人。❸侍御史　御史臺官員，職掌糾舉百僚，推鞫獄訟。❹告訐　揭發或攻擊別人的短處。❺譖毀　說別人的壞話。❻彈射　彈劾；指責。❼欺罔　欺騙蒙蔽。❽給事中　誤。魏徵當時官為祕書監，參預朝政。❾騁　放縱；放任。❿誣房玄齡　史載，貞觀三年（西元六二九年），宰相房玄齡掌內外官考核，權萬紀指責他考核不公平。⓫斥退張亮　史實未詳。張亮，貞觀時大臣，鄭州滎陽（今屬河南）人。⓬肅厲　整肅激勵。⓭回邪　指枉曲不正之人。⓮斧鉞　用以殺人的斧頭，泛指刑戮。鉞，大斧。⓯連州　在今廣東省內。⓰司馬　州郡佐官。

【語　譯】貞觀五年，治書侍御史權萬紀、侍御史李仁發，都因揭發陰私、讒害別人，多次受到唐太宗引見，他倆任意地彈劾別人，放肆地蒙騙天子，致使皇上震怒，臣下各自惶惶不安。朝廷內外都知道他倆這樣下去是不行的，卻沒有人能向皇帝提出意見。就在這時，給事中魏徵嚴正地上奏說：「權萬紀、李仁發都是小人，不識大體，以讒害別人視為正確，以揭發別人視為剛直，凡是被他倆所彈劾的，都不是有罪的人。陛下掩護他倆的短處，接受他倆的一切毀謗。於是他倆放縱自己，以逞姦計，附下欺上，做了許多無禮之事，以博取剛強正直的名聲。他倆誣陷房玄齡，斥退張亮，不但沒有什麼整肅激勵的作用，反而白白地損害了陛下的聖明。這樣使路上行人都發出了不滿的議論。我私下猜測聖心，必定不以為他倆謀慮深遠，可以委給重任，而是打算用他倆無所避忌的舉動，來警戒、激勵群臣罷了。假如陛下要信任並親近這枉曲不正之人，也不能以小人來圖謀大臣，而群臣向來是沒有虛偽行為的，這樣做徒然使群臣離心而已。拿房玄齡、張亮這樣大臣來說，尚且不能申明自己的曲直是非，其他疏遠卑賤的臣僚，哪一個能避免他們的欺誑？希望陛下留意，再三思考。自從任用這二人以來，如有一件大益的事，我就甘願被殺戮，接受不忠的罪名。陛下即使未能舉用善良之人以崇尚德行，難道可以進用姦惡小人而自損聖德嗎？」唐太宗欣然採納了魏徵的意見，賜給魏徵絹五百匹。後來那權萬紀的姦惡情狀既漸漸暴露，李仁發也被解職罷免，而權萬紀還被貶為連州司馬。朝廷上群臣都為此互相慶賀。

貞觀六年❶，有人告尚書右丞魏徵，言其阿黨❷親戚。太宗使御史大夫溫彥博案驗其事，乃言者不直。彥博奏稱，徵既為人所道，雖在無私，亦有可責。遂令彥博謂徵曰：「爾諫正我數百條，豈以此小事，便損眾美。自今已後，不得不存形迹❸。」居數日，太宗問徵曰：「昨來在外，聞有何不是事？」徵曰：「前日令彥博宣敕語臣云：『因何不存形迹？』此言大不是。臣聞君臣同氣❹，義均一體。未聞不存公道，惟事形迹。若君臣上下，同遵此路，則邦國之興喪，或未可知！」太宗瞿然❺改容曰：「前發此語，尋已悔之。實大不是，公亦不得遂懷隱避。」魏乃拜而言曰：「臣以身許國，直道而行，必不敢有所欺負。但願陛下使臣為良臣，勿使臣為忠臣。」太宗曰：「忠良有異乎？」徵曰：「良臣使身獲美名，君受顯號❻。子孫傳世，福祿無疆。忠臣身受誅夷❼，君陷大惡。家國並喪，獨有其名。以此而言，相去遠矣。」太宗曰：「君但莫違此言，我必不忘社稷之計。」乃賜絹二百匹。

【章旨】此章論忠臣與良臣的區別。認為忠臣雖然「獨有其名」，而家與國卻都喪亡了；良臣則不僅使自身獲得美名，而且保障了國家的安全。

【注釋】❶貞觀六年　據史傳，當作貞觀元年（西元六二七年）。「六」與「元」，似形近致誤。文中提及「尚書右丞」魏徵和「御史大夫」溫彥博，則絕非六年之事。❷阿黨　阿私；偏袒；包庇。❸不存形迹　不檢點自己的行為。存，思念。❹同氣　氣質相同。❺瞿然　驚訝的樣子。❻顯號　顯赫的稱號。❼夷　殺。

【語譯】貞觀六年，有人告發尚書右丞魏徵，說他包庇自己的親戚。唐太宗便派御史大夫溫彥博查明此事，發現原來是告發的人本身不正。溫彥博奏稱，魏徵既然被別人所告發，雖然沒有偏私的事，但也有可責備的地方。唐太宗就令溫彥博把旨意傳給魏徵說：「你規諫匡正我的共有數百條，怎麼因為這小事就損害了許多的優點呢？從今以後，你得檢點自己的行為。」過了幾天，唐太宗問魏徵說：「近來你在外面，聽到有什麼我做不對的事？」魏徵回答說：「前天陛下派溫彥博傳達旨意對我說：『為什麼不檢點自己的行為？』這話太不對了。我聽說君與臣之間，氣質是相同的，情誼上是共為一體的。不曾聽說不心存公道，只是注意形跡，遠避嫌疑的。如果君臣上下之間，都依循這種做法來做，則國家的興衰敗亡，也就不可預料了！」唐太宗驚訝地改換了態度，說：「前天說了這句話，不久便覺得後悔了。實在太不對，你也不要因此就懷著退避的心理，不提意見了。」魏徵就拜謝道：「我以身許國，遵照正道行事，必定不敢有什麼欺瞞。但願陛下使我成為良臣，不要使我成為忠臣。」唐太宗說：「忠臣與良臣有差異嗎？」魏徵說：「良臣使自身獲得美名，也使君王得到顯赫的稱號。子孫世代相傳，福祿永無止境。忠臣則自身遭受誅殺，又使君王蒙上大惡之名。家與國都喪亡了，獨留有忠臣的名聲。由此說來，良臣與忠臣是相差得太遠了。」唐太宗說：「你只要不違背這些話，我必定不會忘記國家的大計。」於是賜給魏徵絹二百匹。

貞觀六年，匈奴❶克平，遠夷入貢，符瑞❷日至，年穀頻登❸。岳牧❹等屢請封禪❺，群臣等又稱述功德，以為「時不可失，天不可違，今行之，臣等猶謂其晚」。惟魏徵以為不可。太宗曰：「朕欲得卿直言之，勿有所隱。朕功不高耶？」曰：「高矣。」「德未厚耶？」曰：「厚矣。」「華夏未安耶？」曰：「安矣。」「遠夷未慕耶？」曰：「慕矣。」「符瑞未至耶？」曰：「至矣。」「年穀未登耶？」曰：「登矣。」「然則何為不可？」對曰：「陛下功高矣，民未懷惠。德厚矣，澤未旁流。華夏安矣，未足以供事。遠夷慕矣，無以供其求。符瑞雖臻❻，而罻羅❼猶密。積歲豐稔，而倉廩❽尚虛。此臣所以竊謂未可。臣未能遠譬，且借近喻於人。有人長患疼痛，不能任持，療理且愈，皮骨僅存，便欲負一石米，日行百里，必不可得。隋氏之亂，非止十年。陛下為之良醫，除其疾苦，雖已乂安❾，未甚充實，告成天地，臣竊有疑。且陛下東封❿，萬國咸萃，要荒⓫之外，莫不奔馳。今自伊、洛⓬之東，暨乎海、岱⓭，萑莽⓮臣澤，茫茫千里，人煙斷絕，雞犬不聞，道路蕭條，進退艱阻。寧可引彼戎狄⓯，示以虛弱？竭財以賞，未厭⓰遠人之望；加年給復，不償百姓之勞。或遇水旱之災，風雨之變，庸夫邪議，悔不可追。豈獨臣之誠懇，亦有輿人⑰之論。」太宗稱善，於是乃止。

【章　旨】此章記述魏徵反對舉行封禪大典的言論。他認為，雖然唐太宗功高德厚，天下安寧，但是百姓尚未懷惠，倉廩尚未充實，因此不能舉行這種勞民傷財的典禮。

【注　釋】❶匈奴　指突厥。貞觀四年（西元六三〇年），平定東突厥。❷符瑞　符命祥瑞之類，所謂吉祥的徵兆。❸頻登　連年豐收。❹岳牧　傳說中的四岳和十二州牧的合稱，後來泛指州府大吏。❺封禪　古代帝王祭天地、告成功的大典。登泰山築壇祭天叫「封」，在泰山東南梁父山辟基祭地叫「禪」。按唐朝「禪」於社首山，即泰山下西南的一座小山，在今山東泰安西南。❻臻　至；出現。❼罻羅　捕鳥網，引申為法網刑獄。❽倉廩　糧倉。❾乂安　太平無事。❿東封　東封泰山，即東至泰山舉行封禪大典。⓫要荒　要服、荒服，指王畿外極遠的地方。古代王畿外圍的地方，以五百里為率，視距離的遠近分為五等：甸服、侯服、綏服、要服、荒服。⓬伊洛　伊水、洛水。⓭海岱　東海、泰山。⓮萑莽　蘆葦叢草。⓯戎狄　指邊疆少數民族。⓰厭　滿足。⓱輿人　眾人。

【語　譯】貞觀六年，匈奴已被平定，遠方的夷人都入朝進貢，符命祥瑞既每天出現，五穀也連年豐收。各地方的大吏便多次請求舉行封禪大典，朝廷群臣等又稱頌皇上的功德，以為「時機不可以丟，天命不可違背，就是現在舉行封禪典禮，我們都還以為晚了呢！」惟獨魏徵認為不可。唐太宗說：「我想聽到你直言的回答，不要有所隱瞞。難道我的功勞不高嗎？」魏徵答道：「功勞是高的。」唐太宗問：「德行不厚嗎？」魏徵答道：「德行是厚的。」唐太宗問：「中國不安定嗎？」魏徵答道：「是安定的。」唐太宗問：「遠方夷族未仰慕臣服嗎？」魏徵答道：「是仰慕臣服的。」唐太宗問：「符命祥瑞未出現嗎？」魏徵答道：「已出現了。」唐太宗問：「穀物未豐收嗎？」魏徵答道：「已豐收了。」唐太宗說：「既然如此，那為什麼不可以舉行封禪大典？」魏徵回答說：「陛下的功勞是高的，而民眾卻尚未獲得恩惠。德行是厚的，而恩澤卻尚未遍施於人。中國是安定的，卻不足以供給典禮的費用。遠方夷族是仰慕臣服的，卻無法滿足他們的要求。符命祥瑞雖已出現，而刑獄法網卻還是嚴密的。雖然連年豐收，而糧倉卻還是空的。這就是我私下認為不可以舉行封禪大典的緣由。我不能用深遠的譬喻，姑且借用人作淺近的比方。有個人長期患病，疼痛得不能支持，經過治療，病快好了，只剩下一身皮包骨，就要他背一石米，一天走一百里路，必定是不可能做到的。隋朝的禍亂，不止十年。陛下作為良醫，解除了民間疾苦，天下雖已太平無事，但還是不很富庶充實的，就在這個時候向天地告成功，我私下認為還有讓人疑慮的地方。而且陛下東至泰山封禪，四方各國使者都會集一起，無不從極邊遠的地方，奔馳而來。如今從伊水、洛水以東，直到東海、泰山，荒草叢生，大澤遍布，茫茫千里，人煙斷絕，雞犬不聞，道路蕭條，來往進退都十分艱難。難道可以引進那些戎狄之人，把虛弱的狀況暴露給他們看嗎？即使竭盡財力用來賞賜，也不能滿足遠夷之人的欲望；就是連年免除賦役，也不能償還百姓的勞苦。如果再遇上水災旱災，以及風雨災變，就會招來庸俗之人惡意的批評與責難，到那時後悔也來不及了。這難道只是我一個人的誠懇意見嗎？其實是還有許多人持有這種議論的。」唐太宗稱讚魏徵說得好，於是就決定停止封禪。

貞觀七年，蜀王❶妃父楊譽，在省競婢❷，都官郎中❸薛仁方留身勘問❹，未及予奪。其子為千牛❺，於殿庭陳訴，云：「五品以上非反逆❻不合留身，以是國親，故生節目❼，不肯決斷，淹留歲月。」太宗聞之，怒曰：「知是我親戚，故作如此艱難。」即令杖仁方一百，解所任官。魏徵進曰：「城狐社鼠❽皆微物，為其有所憑恃，故除之猶不易。況世家貴戚，舊號難理，漢晉以來，不能禁禦，武德之中，以多驕縱，陛下登極，方始蕭條。仁方既是職司，能為國家守法，豈可枉加刑罰，以成外戚之私乎！此源一開，萬端爭起，後必悔之，將無所及。自古能禁斷此事，惟陛下一人。備豫不虞❾，為國常道。豈可以水未橫流，便欲自毀隄防？臣竊思度，未見其可。」太宗曰：「誠如公言，嚮❿者不思。然仁方輒禁不言，頗是專權，雖不合重罪，宜少加懲肅。」乃令杖二十而赦之。

【章　旨】此章論國親外戚猶如「城狐社鼠」，憑恃皇權，驕奢縱欲，是歷來所難以治理的。魏徵希望唐太宗禁斷此事，以免禍水橫流，危害國家。

【注　釋】❶蜀王　舊注都說是李愔，即唐太宗第六子。檢閱史實，李愔於貞觀五年（西元六三一年）封為梁王，七年授襄州刺史，十年才封為蜀王。貞觀七年時「蜀王」，當指李恪，即唐太宗第三子；李恪於貞觀二年封為蜀王，直至十年徙封吳王。參見《魏鄭公諫錄》卷二王先恭校注。❷在省競婢　在府第裡爭奪官奴婢。省，指公主王妃居住的府第。競，爭。❸都官郎中　刑部屬官，職掌配役徒隸、簿錄俘囚等。凡反逆相坐，沒其家為官奴婢。❹留身勘問　拘留查問。❺千牛　官名。執掌御刀，侍衛皇帝。❻反逆　反叛逆亂之罪。❼節目　枝節。❽城狐社鼠　棲穴城牆下的狐狸和社廟中的老鼠。比喻皇帝左右的奸邪近親。❾虞　預料。❿嚮　從前。

【語　譯】貞觀七年，蜀王妃子的父親楊譽，在府第裡爭奪官奴婢，都官郎中薛仁方把他拘留起來查問，但沒有來得及處理。當時楊譽的兒子做千牛的官，在殿庭上陳訴說：「五品以上的高官，如果不是犯有反叛之罪，是不應該拘留的，因為我的父親是國戚，所以薛仁方便節外生枝，不肯決斷，故意拖延時間。」唐太宗聽了，發怒說：「知道是我的親戚，還故意作出如此刁難的事情。」當即下令打薛仁方一百杖，並解除他所任的官職。魏徵進諫說：「城狐社鼠都是微小之物，只因牠們有所憑恃，要除掉牠們便已不容易。更何況是世家貴戚呢？那就難怪自古會以難治出名了，漢朝、晉朝以來既不能加以禁止控制，在武德年間更多有驕縱之事，一直到陛下即位後才開始收斂。薛仁方既然是掌管的官員，能夠為國家守法，怎麼可以對他枉加刑罰，以促成外戚的私利呢？這個源頭一開，千萬種的事端就會爭相發生，這樣，以後必定會追悔，但到了那時才追悔已來不及了。自古以來能禁斷這種事的，只有陛下一人。防備不測之事，是治國的不變原理。難道可以因為河水尚未泛濫橫流，就要自行拆毀堤防嗎？我私下思量，不認為這樣是可以的。」唐太宗說：「確實如你說的那樣，以前我卻沒有想到。然而薛仁方動輒囚禁人而不報告，相當專權，即使不算是重罪，也應該稍加懲罰。」於是下令打薛仁方二十杖，然後赦免了他。

貞觀八年❶，左僕射房玄齡、右僕射高士廉❷於路逢少府監❸竇德素，問北門❹近來更何營造。德素以聞❺。太宗乃謂玄齡曰：「君但知南衙❻事，我北門少有營造，何預君事？」玄齡等拜謝。魏徵進曰：「臣不解陛下責，亦不解玄齡、士廉拜謝。玄齡既任大臣，即陛下股肱耳目，有所營造，何容不知？責其訪問官司，臣所不解。且所為❼有利害，役工有❽多少，陛下所為善，當助陛下成之，所為不是，雖營造，當奏陛下罷之。此乃君使臣、臣事君之道。玄齡等問既無罪，而陛下責之，臣所不解。玄齡等不識所守，但知拜謝，臣亦不解。」太宗深愧之。

【章　旨】此章論「君使臣、臣事君之道」。強調君王做了不對的事，大臣當奏請罷止。

【注　釋】❶貞觀八年　據史傳當作貞觀十五年（西元六四一年）。文中云「右僕射高士廉」，而高士廉以貞觀十二年始為尚書右僕射，故決非八年事。參見《魏鄭公諫錄》卷二王先恭校注。❷高士廉　唐初重臣，皇后長孫氏之舅父。❸少府監　據史傳當作少府少監，職掌百工營作之事。❹北門　即玄武門，唐太極宮的北門，禁軍駐地。❺聞　達；傳報。❻南衙　指地居宮城之南的中央政府機構。❼所為　原脫「所為」二字，據《魏鄭公諫錄》卷二補。❽有　原脫「有」字，據《魏鄭公諫錄》卷二補。

【語　譯】貞觀八年，左僕射房玄齡、右僕射高士廉在路上遇到少府少監竇德素，詢問北門近來又建造些什麼。竇德素把這件事向唐太宗報告。唐太宗就對房玄齡說：「你只管南衙政事，我在北門稍有建造，干你何事？」房玄齡等伏拜謝罪。魏徵進諫說：「我不理解陛下的指責，也不理解玄齡、士廉為什麼要伏拜謝罪。玄齡既然職任大臣，就是陛下的股肱耳目，北門有所營造，為什麼不容許知道？陛下責備他向有關官員詢問，這是我所不理解的。而且所建造的既有利與害之分，役用的工匠也有多與少之別，如果陛下所做的是對的，就應當幫助陛下完成它，如果所做的是不對的，雖已建造，也應當奏請陛下停工。這就是君王使用臣子、臣子事奉君王的道理。玄齡等加以詢問既然無罪，而陛下卻責備他們，這是我所不理解的。玄齡等不知道所守的職責，只知道伏拜謝罪，這也是我所不理解的。」唐太宗對此深感慚愧。

貞觀十年，越王❶，長孫皇后所生，太子❷介弟❸，聰敏絕倫，太宗特所寵異。或言三品以上，皆輕蔑王者，意在譖侍中魏徵等，以激上怒。

上御齊政殿，引三品已上入坐定，大怒作色而言曰：「我有一言，向公等道。往前天子，即是天子。今時天子，非天子耶？往年天子兒，是天子兒。今日天子兒，非天子兒耶？我見隋家諸王，達官已下，皆不免被其躓頓❹。我之兒子，自不許其縱橫，公等所容易過，得相共輕蔑。我若縱之，豈不能躓頓公等！」玄齡等戰慄，皆拜謝。徵正色而諫曰：「當今群臣，必無輕蔑越王者。然在禮，臣、子一例。《傳》❺稱：王人❻雖微，列於諸侯之上。諸侯用之為公，即是公；用之為卿，即是卿。若不為公卿，即下士於諸侯也。今三品已上，列為公卿，並天子大臣，陛下所加敬異。縱其小有不是，越王何得輒加折辱❼？若國家紀綱❽廢壞，臣所不知。以當今聖明之時，越王豈得如此？且隋高祖❾不知禮義，寵樹諸王，使行無禮，尋以罪黜，不可為法，亦何足道？」太宗聞其言，喜形於色，謂群臣曰：「凡人言語理到❿，不可不伏⓫。朕之所言，當身私愛。魏徵所論，國家大法。朕嚮者忿怒，自謂理在不疑。及見魏徵所論，始覺大非道理。為人君言，何可容易！」召玄齡等而切責⑫之，賜徵絹一千匹。

【章旨】此章記述唐太宗偏愛魏王李泰，遭到魏徵勸阻的經過。魏徵認為，公卿大臣理應受到禮敬，即使有小錯，也不允許皇子親王隨便地加以折辱。

【注釋】❶越王　據史傳當指魏王李泰，唐太宗第四子。貞觀二年（西元六二八年），封為越王。貞觀十年，已徙封魏王。❷太子　指太子李承乾。❸介弟　對別人弟弟的敬稱。介，大。❹躓頓　指打擾困辱。躓，被絆倒。頓，困頓。❺傳　指《春秋公羊傳》。以下引文見「僖公七年」條。❻王人　王臣；帝王所命的使臣。❼折辱　屈辱；挫辱。❽紀綱　綱紀；法制。❾隋高祖　隋文帝楊堅。❿理到　道理周到。⓫伏　通「服」。⓬切責　嚴詞責備。

【語譯】貞觀十年，魏王李泰是長孫皇后所生，是太子李承乾的弟弟，他聰明絕倫，唐太宗特別寵愛他。有人看準這一點，便放出話說三品以上大臣都輕蔑魏王，用意在於誣陷侍中魏徵等人，以激怒唐太宗。果然唐太宗駕臨齊政殿，召集三品以上大臣入內坐好，臉色大怒，說：「我有一句話，向諸位講。從前天子，就是天子。現在的天子，就不是天子嗎？往昔天子的兒子，是天子的兒子。現在天子的兒子，就不是天子的兒子嗎？我看見隋朝的皇子諸王，達官顯要以下的人都不免被皇子諸王所打擾困辱。我的兒子，自然不允許他們驕縱橫行，但你們因為他們容易過從，就互相一起去輕蔑他們。我如果放縱他們，難道不會打擾困辱你們嗎？」房玄齡等嚇得發抖，都伏拜謝罪。魏徵嚴正地進諫說：「當今群臣，必定是沒有輕蔑魏王的。然而在禮制上，臣與子是同等的。《春秋公羊傳》上說：帝王的使臣雖然卑微，而序列於諸侯之上。諸侯任用他們為公，就是公；任用他們為卿，就是卿。如果他們不為公卿，就做諸侯下面的士。現在三品以上的官，列為公卿，都是天子的大臣，是陛下所特別敬重的。即使他們小有不對，魏王怎麼能隨便加以屈辱？如果國家法制廢弛破壞了，那我就不知道了。但是在當今聖明之時，魏王難道可以這樣做嗎？而且隋文帝是不懂得禮義的，他寵愛並封立諸王，使他們做出無禮之事，不久因而獲罪被廢黜，這是不可以作為準則的，又哪兒值得稱道呢？」唐太宗聽了魏徵的話，喜形於色，對群臣說：「凡是人們說的話，道理周到，就不可不服。我所說的話，是出於自己的私愛。魏徵所論述的，才是國家的大法。我先前發怒，自己認為很有道理，無可懷疑。等到聽了魏徵所論述的，才開始覺得自己太沒有道理了。當國君的人說話，哪兒容易！」於是召見房玄齡等人，對他們嚴加責備，並賜給魏徵絹一千匹。

貞觀十一年，所司奏凌敬❶乞貸❷之狀。太宗責侍中魏徵等濫進人。徵曰：「臣等每蒙顧問，常具言其長短。有學識，強諫諍，是其所長。愛生活❸，好經營，是其所短。今凌敬為人作碑文❹，教人讀《漢書》❺，因茲附托，回易求利，與臣等所說不同。陛下未用其長，惟見其短，以為臣等欺罔，實不敢心伏。」太宗納之。

【章旨】此章論用人要發揮其長處，不能只見其短處。

【注釋】❶凌敬　初仕竇建德為祭酒。❷乞貸　乞求借貸。❸生活　生計；謀生。❹碑文　鐫刻在石碑上的文字，用以紀念頌德。❺漢書　中國第一部紀傳體斷代史，包括西漢一代的歷史，東漢班固撰。

【語譯】貞觀十一年，有關部門奏報凌敬乞求借貸的事情。唐太宗責備侍中魏徵等大臣濫薦人員。魏徵說：「我們每次承蒙陛下詢問，都說了所薦舉人員的長處與短處。有學識，敢諫諍，是他們的長處。愛好生活享受，喜歡經營財利，是他們的短處。現在凌敬替別人撰寫碑文，教別人讀《漢書》，藉此附帶請託，彼此交換條件來謀求利益，這與我們所說的有不同的。陛下沒有用他的長處，只看見他的短處，以為我們欺瞞陛下，實在不能使我們心服。」唐太宗採納了魏徵的意見。

貞觀十二年，太宗謂魏徵曰：「比來所行得失政化，何如往前？」對曰：「若恩威所加，遠夷朝貢，比於貞觀之始，不可等級而言。若德義潛通，民心悅服，比於貞觀之初，相去又甚遠。」太宗曰：「遠夷來服，應由德義所加。往前功業，何因益大？」徵曰：「昔者四方未定，常以德義為心，旋❶以海內無虞❷，漸加驕奢自溢。所以功業雖盛，終不如往初。」太宗又曰：「所行比往前何為異？」徵曰：「貞觀之初，恐人不言，導之使諫。三年已後，見人諫，悅而從之。一二年來，不悅人諫，雖黽勉❸聽受，而意終不平，諒有難色。」太宗曰：「於何事如此？」對曰：「即位之初，處元律師❹死罪，孫伏伽❺諫曰：『法不至死，無容濫加酷罰。』遂賜以蘭陵公主❻園，直錢百萬。人或曰：『所言乃常事，而所賞太厚。』答曰：『我即位來，未有諫者，所以賞之。』此導之使言也。徐州❼司戶❽柳雄於隋資❾妄加階級❿。人有告之者，陛下令其自首，不首與罪。遂固言是實，竟不肯首。大理⓫推得其偽，將處雄死罪。少卿⓬戴胄奏法止合徒⓭。陛下曰：『我已與其斷當訖，但當與死罪。』胄曰：『陛下既不然，即付臣法司⓮。罪不合死，不可酷濫。』陛下作色遣殺，胄執之不已，至於四五，然後赦之。乃謂法司曰：

『但能為我如此守法，豈畏濫有誅夷。』此則悅以從諫也。往年⑮陝縣丞皇甫德參上書大忤聖旨，陛下以為訕謗。臣奏稱上書不激切，不能起人主意，激切即似訕謗。於時雖從臣言，賞物⑯二十段，意甚不平，難於受諫也。」太宗曰：「誠如公言，非公無能道此者。人皆苦不自覺，公向未道時，都自謂所行不變。及見公論說，過失堪驚。公但存此心，朕終不違公語。」

【章旨】此章論唐太宗對待諫諍在態度上的變化：貞觀之初，「恐人不言，導之使諫」；幾年之後，「見人諫，悅而從之」；近一、二年，則「不悅人諫」。這反映了「貞觀之治」後期不如前期的情況。

【注釋】❶旋　不久；很快地。❷虞　憂慮。❸黽勉　勤勉；努力。❹元律師　姓元，名律師。❺孫伏伽　貝州（今屬河北）人。武德中，上言諫事，被稱為「誼臣」。貞觀中，曾任大理少卿。❻蘭陵公主　唐太宗的女兒，下嫁竇懷悊。❼徐州　在今江蘇北部和山東東南部的地區。❽司戶　州屬戶曹。❾隋資　隋朝所授官資。❿階級　官階的級別。⓫大理　大理寺，中央審判機關。⓬少卿　大理少卿，大理寺的副長官。⓭徒　徒刑，即判服勞役的刑罰。⓮法司　司法機構。⓯往年　指貞觀八年（西元六三四年）。⓰物　指帛。

【語譯】貞觀十二年，唐太宗對魏徵說：「近來在政事教化方面的得失情況，比往前怎麼樣？」魏徵回答說：「如果論遍施恩德聲威，使遠夷入朝進貢，跟貞觀初年相比，不可相提並論。如果論德義的潛移默化，民眾的心悅誠服，跟貞觀初年比較，相差又很遠了。」唐太宗說：「遠夷前來歸服，應該是由於德義遍施的結果。往前的功業，為什麼反而更大呢？」魏徵說：「從前天下未安定，陛下常把德義掛在心裡，不久因為全國太平無憂，便逐漸地增長了驕奢自滿的情緒。由於這種緣故，功業雖然興盛，德義卻終究不如當初。」唐太宗又說：「所做的事比以前有什麼不同？」魏徵說：「貞觀初年，恐怕別人不說話，就誘導大家進諫。三年以後，看見有人進諫，還愉悅地加以採納。近一、二年來，則不高興別人規諫了，雖然勉強地聽取接受，但在心意上終究憤憤不平，露出真正為難的神色。」唐太宗說：「在什麼事上是這樣？」魏徵回答說：「陛下即位之初，判處元律師死罪，孫伏伽勸諫說：『按照法律不至於判死罪，不應該濫用嚴酷的刑罰。』陛下就把價值百萬錢的蘭陵公主園莊賜給了孫伏伽。有人說：『所勸諫的是平常之事，而所賞賜的太優厚了。』陛下回答說：『我即位以來，沒有這樣諫諍的人，所以就厚賞了他。』這就是誘導大家進言規諫的事例。徐州司戶柳雄，對於隋朝時所授的官資妄自增加官階的級別。有人告發他，陛下便令他自首，不自首就給他判罪。柳雄一直堅持說是事實，竟然不肯自首。大理寺查到了他作偽的證據，打算判處柳雄死罪。大理少卿戴胄上奏，說按照法律只應判處徒刑。陛下說：『我已給他斷案好了，認為只應給他判死罪。』戴胄說：『陛下既然不答應，就把我交付司法機構處理。柳雄的罪，罪不該死，不可濫用酷刑。』陛下生氣地派人去殺柳雄，戴胄堅持上奏不已，這樣反覆達四五次，然後赦免了柳雄。陛下於是對司法官員說：『只要能為我如此守法，難道怕有濫用死刑的事嗎？』這就是以喜悅的心情聽從規諫的事例。貞觀八年，陝縣丞皇甫德參上書，大大地觸犯了聖旨，陛下認為是誹謗。當時我上奏說，上書的言詞不激烈急切，便不能引起君主的注意，而激烈急切就好像是在誹謗了。陛下當時雖然聽從我的話，賞賜帛二十段，但陛下內心卻很憤憤不平，這是難以接受規諫的事例。」唐太宗說：「確實如你說的那樣，要不是你，沒有人能說出這番話。人們都苦於不能自己覺察到缺點，你剛才未說時，我都認為自己所做的事前後沒有什麼變化。等到聽了你的論說，才發現我的過失竟如此驚人。你只要保存此心，我終究不會不聽你的竟見。」

卷三

君臣鑒戒第六

貞觀三年，太宗謂侍臣曰：「君臣本同治亂，共安危，若主納忠諫，臣進直言，斯故君臣合契❶，古來所重。若君自賢，臣不匡正，欲不危亡，不可得也。君失其國，臣亦不能獨全其家。至如隋煬帝暴虐，臣下鉗口，卒令不聞其過，遂至滅亡，虞世基❷等尋亦誅死。前事不遠，朕與卿等可得不慎，無為後所嗤❸！」

【章旨】此章論君臣本應同治亂，共安危。

【注釋】❶合契　融洽投合。❷虞世基　見本書〈君道〉篇注釋。❸嗤　譏笑。

【語譯】貞觀三年，唐太宗對侍臣說：「君主與臣子本應同治亂，共安危，如果君主採納忠誠的諫諍，臣子進獻正直的意見，那就使得君臣之間融洽投合，這是自古以來所推重的。如果君主自以為賢明，臣子又不能糾正過錯，這樣要想不陷於危亡，是不可能的。而君主喪失了國家，臣子也不能單獨地保全自己的家室。至於隋煬帝殘暴肆虐，臣子閉口不言，結果使自己聽不到過錯，終於導致滅亡，而虞世基等大臣不久也被殺死。前事的教訓距今不遠，我與你們怎能不謹慎，千萬不要被後世所譏笑啊！」

貞觀四年❶，太宗論隋日❷。魏徵對曰：「臣往在隋朝，曾聞有盜發，煬帝令於士澄❸捕逐。但有疑似，苦加拷掠❹，枉承賊者二千餘人，並令同日斬決。大理丞❺張元濟怪之，試尋其狀，乃有六七人，盜發之日，先禁他所，被放纔❻出，亦遭推勘❼，不勝苦痛，自誣行盜。元濟因此更事究尋，二千人內惟九人逗遛不明。官人有諳識者，就九人內四人非賊。有司以煬帝已令斬決，遂不執奏，並殺之。」太宗曰：「非是煬帝無道，臣下亦不盡心，須相匡諫，不避誅戮，豈得惟行諂佞，苟求悅譽。君臣如此，何得不敗？朕賴公等共相輔佐，遂令囹圄❽空虛，願公等善始克終，恆如今日！」

【章旨】此章論述隋朝因禁與枉殺無辜的教訓，強調臣子必須盡心匡諫、共相輔佐。

【注釋】❶貞觀四年　《資治通鑑》及《魏文貞公年譜》並作貞觀五年（西元六三一年），較妥。❷隋日　其意似未盡。據《魏鄭公諫錄》卷三作「隋日禁囚」。疑《貞觀政要》「隋日」下脫「禁囚」兩字。❸於士澄　姓於，名士澄。原為隋將，後降唐。❹拷掠　拷打。❺大理丞　大理寺屬官，隋朝獄官之貳職。❻纔　才。❼推勘　追究查問。❽囹圄　牢獄。

【語譯】貞觀四年，唐太宗談論隋朝時監獄的情況。魏徵回答說：「我往前在隋朝時，曾聽說有盜賊出現，隋煬帝下令派於士澄去追捕。只要有懷疑的，就嚴加拷打，結果冤枉地承認是盜賊的達二千多人，隋煬帝就下令將他們同日斬殺。大理丞張元濟覺得奇怪，試圖尋找真象，於是發現有六七個人，在盜賊案發的那天，先已監禁在別的地方，案發後才被釋放出來，但也遭到追究查問，由於忍受不了拷打的痛苦，終於被迫自認是盜賊。張元濟因此更進一步地追究查問，結果二千人中只有九個人是行蹤不明的。官吏中有認識這九人的，知道其中有四個人不是盜賊。不過，有關主管部門以為隋煬帝已下令斬殺，就不堅持奏明實情，居然把二千多人都殺掉了。」唐太宗說：「這不僅是隋煬帝殘暴無道而已，做人臣子的也沒有盡心做事，做人臣子的必須匡正規諫，不怕被誅殺，怎麼可以只做一些諂諛奉迎的事，苟且地博得君主的喜悅與讚譽呢？君臣之間是這種情況，國家哪能不敗亡呢？我依賴你們共相輔佐，才使牢獄空虛，希望你們能善始善終，永遠像今天一樣！」

貞觀六年，太宗謂侍臣曰：「朕聞周、秦初得天下，其事不異。然周則惟善是務，積功累德，所以能保八百之基。秦乃恣其奢淫，好行刑罰，不過二世而滅。豈非為善者福祚❶延長，為惡者降年❷不永？朕又聞桀、紂，帝王也，以匹夫比之，則以為辱。顏❸、閔❹，匹夫也，以帝王比之，則以為榮。此亦帝王深恥也。朕每將此事以為鑒戒，常恐不逮，為人所笑。」魏徵對曰：「臣聞魯哀公❺謂孔子曰：『有人好忘者，移宅乃忘其妻。』孔子曰：『又有好忘甚於此者，丘見桀、紂之君乃忘其身。』願陛下每以此為慮，庶免後人笑爾！」

【章　旨】此章論周、秦歷史的同與異，強調「為善者福祚延長，為惡者降年不永」。

【注　釋】❶福祚　指帝位。❷降年　傳承的年歲。❸顏　顏回，字子淵，孔子的弟子，以德行稱著。❹閔　閔損，字子騫，孔子的弟子，以德行稱著。❺魯哀公　春秋末期魯國國君，姓姬，名蔣。

【語譯】貞觀六年，唐太宗對侍臣說：「我聽說周朝和秦朝初得天下的情況，是沒有什麼差異的。只不過周朝盡做善事，積累功德，這是周朝能保持八百年基業的緣故。而秦朝就縱情驕奢淫逸，喜好濫施刑罰，所以沒超過二代就滅亡了。這難道不是告訴我們：行善者的帝位可以永保，作惡者的國運難長嗎？我又聽說，夏桀和殷紂都是帝王，拿平民和他們相比，平民就以為這是恥辱的。顏回和閔損都是平民，拿帝王和他們相比，帝王就以為這是榮耀的。這就是帝王所深覺恥辱的事。我每把此事作為鑒戒，常常擔心自己趕不上顏、閔，而被人所譏笑。」魏徵回答說：「我聽說魯哀公對孔子說：『有個健忘的人，搬家後竟忘記了自己的妻子。』孔子說：『還有比此人更健忘的人，我看夏桀和殷紂王之類的君主竟把自身也給忘記了。』願陛下常常思考這些事，幸免被後人所恥笑！」

貞觀十四年❶，太宗以高昌❷平，召侍臣賜宴於兩儀殿❸，謂房玄齡曰：「高昌若不失臣禮，豈至滅亡？朕平此一國，甚懷危懼，惟當戒驕逸以自防，納忠謇❹以自正。黜邪佞，用賢良，不以小人之言而議君子，以此慎守，庶幾於獲安也。」魏徵進曰：「臣觀古來帝王撥亂創業，必自戒慎，採芻蕘之議，從忠讜之言。天下既安，則恣情肆欲，甘樂諂諛，惡聞正諫。張子房❺，漢王❻計畫之臣，及高祖為天子，將廢嫡立庶❼，子房曰：『今日之事，非口舌所能爭也。』終不敢復有開說。況陛下功德之盛，以漢祖方之，彼不足準。即位十有五年，聖德光被，今又平殄高昌。屢以安危繫意，方欲納用忠良，開直言之路，天下幸甚。昔齊桓公與管仲、鮑叔牙❽、寧戚❾四人飲，桓公謂叔牙曰：『盍起為寡人❿壽乎？』叔牙奉觴而起曰：『願公無忘出在莒⓫時，使管仲無忘束縛於魯時，使寧戚無忘飯牛車下時。』桓公避席而謝曰：『寡人與二大夫能無忘夫子⓬之言，則社稷不危矣！』」太宗謂徵曰：「朕必不敢忘布衣時，公不得忘叔牙之為人也。」

【章　旨】此章以張子房和鮑叔牙的勸諫為例，說明帝王不能忘記創業的艱難，應當納用忠良之臣，廣開直言之路。

【注　釋】❶貞觀十四年　檢閱史實，唐太宗賜宴祝捷，當在貞觀十五年（西元六四一年）初。參見《魏鄭公諫錄》卷二王先恭校注。❷高昌　西域國名，轄境相當於今新疆吐魯番地區。貞觀四年，高昌王麴文泰至長安，與唐和好。後依附西突厥，與唐交惡。貞觀十四年八、九月，唐朝大軍平定高昌。同年十二月，獻俘於觀德殿。次年初，賜宴祝捷。❸兩儀殿　在太極宮內。❹忠謇　忠誠正直的言論。❺張子房　即張良，漢初謀臣。❻漢王　即漢高祖劉邦。❼廢嫡立庶　指漢高祖打算廢太子劉盈，另立趙王劉如意。呂后要張良出謀劃策，張良認為「此難以口舌爭也」，建議太子迎商山四賢人輔佐。後來漢高祖打消了廢太子的念頭。❽鮑叔牙　春秋時齊國大夫。初，管仲於魯國請囚，叔牙迎受之。❾寧戚　春秋時衛國人，家貧。至齊，於車下餵牛，扣牛角而歌。齊桓公聞而異之，迎拜為上卿。❿寡人　寡德之人，國君或諸侯之自稱。⓫莒　今屬山東。齊桓公初出奔於莒，鮑叔牙為之傅。⓬夫子　指鮑叔牙。夫子，春秋時代為卿大夫的尊稱，到春秋戰國之際始為對老師的尊稱。

【語　譯】貞觀十四年，唐太宗因平定高昌，召集侍臣在兩儀殿設宴祝捷，在宴會上對房玄齡說：「高昌王如果不是拋棄了臣下之禮，怎麼會弄到滅亡的地步？我平定這個高昌國，心裡甚感危懼，惟應力戒驕逸，以自我提防，採納忠誠正直的言論，以匡正自己。罷黜邪佞之人，進用賢良之才，不拿小人之言來評論君子，由此謹慎地守業，以期獲得安寧的局面。」魏徵進諫說：「我觀察自古以來的帝王，在撥亂創業時，必定自我警惕戒慎，採納草野小民的意見，聽從忠誠正直的言論。到了天下安定，就恣情肆欲，喜歡諂諛之言，厭惡正直的諫諍。從前張子房是漢王劉邦的謀劃之臣，等到劉邦做了天子，打算廢太子劉盈而另立庶子趙王劉如意，這時子房說：『今天廢立之事，不是靠口舌所能爭辯的。』終於不敢再去勸說。何況陛下功德的隆盛，與漢高祖相比，他是不足以一比的。陛下即位已十五年，聖德像陽光普照天下，現在又滅掉了高昌。每每把國家的安危繫在心上，正想納用忠良之臣，廣開直言之路，這是天下人最大的幸運。從前齊桓公與管仲、鮑叔牙、寧戚等四人在一起宴飲，桓公對叔牙說：『為何不起來向我祝福？』叔牙舉著酒杯站起來說：

『願公（指桓公）不要忘記當初出奔至莒時的情形，願管仲不要忘記在魯國被捆縛的遭遇，願寧戚不要忘記餵牛於車下時的境況。』齊桓公離開座席來答謝說：『寡人與二位大夫能不忘你老夫子的話，國家就不會危亡了！』」唐太宗對魏徵說：「我一定不敢忘記當平民時的情況，你也不得忘記鮑叔牙的為人啊！」

貞觀十四年，特進魏徵上疏❶曰：

臣聞君為元首，臣作股肱，齊契同心，合而成體。體或不備，未有成人。然則首雖尊高，必資手足以成體，君雖明哲，必藉股肱以致治。《禮》❷云：「民以君為心，君以民為體，心莊❸則體舒，心肅則容敬❹。」《書》❺云：「元首明哉，股肱良哉，庶事康哉。」「元首叢脞❻哉，股肱惰哉，萬事墮哉。」然則委棄股肱，獨任胸臆，具體成理，非所聞也。

夫君臣相遇，自古為難。以石投水❼，千載一合；以水投石❽，無時不有。其能開至公之道，申天下之用❾，內盡心膂❿，外竭股肱，和若鹽梅⓫，固同金石者，非惟高位厚秩⓬，在於禮之而已。昔周文王遊於鳳凰之墟⑬，韈⑭系解，顧左右莫可使者，乃自結之。豈周文之朝盡為俊乂⑮，聖明之代獨無君子者哉？但知與不知，禮與不禮耳！是以伊尹⑯，有莘之媵臣，韓信⑰，項氏之亡命。殷湯致禮，定王業於南巢⑱；漢祖登壇⑲，成帝功於垓下⑳。若夏桀不棄於伊尹，項羽垂恩於韓信，寧肯敗已成之國為滅亡之虜乎？又微子㉑，骨肉也，受茅土㉒於宋。箕子㉓，良臣也，陳〈洪範〉㉔於周。仲尼稱其仁，莫有非之者。《禮記》㉕稱「魯穆公㉖問於子思㉗曰：『為舊君反服㉘，古歟？』子思曰：『古之君子，進人以禮，退人以禮，故有舊君反服之禮也。今之君子，進人若將加諸膝㉙，退人若將隊諸淵㉚。毋為戎首㉛，不亦善乎，又何反服之禮之有？』」齊景公問於晏子曰：「忠臣之事君如之何？」晏子對曰：「有難不死，出亡不送。」公曰：「裂地㉜以封之，疏爵㉝而待之，有難不死，出亡不送，何也？」晏子曰：「言而見用，終身無難，臣何死焉？諫而見納，終身不亡，臣何送焉？若言不見用，有難而死，是妄死也。

諫不見納，出亡而送，是詐忠也。」《春秋左氏傳》㉞曰：「崔杼㉟弒齊莊公，晏子立於崔氏之門外，其人曰：『死乎？』曰：『獨吾君也乎哉！吾死也？』曰：『行乎？』曰：『吾罪也乎哉！吾亡也？故君為社稷死，則死之，為社稷亡，則亡之。若為己死，為己亡，非其親暱，誰敢任之。』門啟而入，枕尸股而哭，興㊱，三踊而出。」孟子㊲曰：「君視臣如手足，臣視君如腹心；君視臣如犬馬，臣視君如國人㊳；君視臣如糞土，臣視君如寇讎。」雖臣之事君無二志，至於去就之節，當緣恩之厚薄。然則為人主者，安可以無禮於下哉！

竊觀在朝群臣，當主樞機㊴之寄者，或地鄰秦、晉㊵，或業與經綸㊶，並立事立功，皆一時之選，處之衡軸㊷，為任重矣。任之雖重，信之未篤，則人或自疑。人或自疑，則心懷苟且。心懷苟且，則節義不立。節義不立，則名教㊸不興。名教不興，而可與固太平之基，保七百之祚，未之有也。又聞國家重惜功臣，不念舊惡，方之前聖，一無所間。然但寬於大事，急於小罪，臨時責怒，未免愛憎之心，不可以為政。君嚴其禁，臣或犯之，況上啟其源，下必有甚，川壅而潰，其傷必多，欲使凡百黎元[44]，何所措其手足！此則君開一源，下生百端之變，無不亂者也。《禮記》[45]曰：「愛而知其惡，憎而知其善。」若憎而不知其善，則為善者必懼。愛而不知其惡，則為惡者實繁。《詩》[46]曰：「君子如怒，亂庶遄沮[47]。」然則古人之震怒，將以懲惡，當今之威罰，所以長姦，此非唐、虞之心也，非禹、湯之事也。《書》[48]曰：「撫我則后[49]，虐我則讎。」荀卿子[50]曰：「君，舟也。民，水也。水所以載舟，亦所以覆舟。」故孔子曰：「魚失水則死，水失魚猶為水也。」故唐、虞戰戰慄慄，日慎一日。安可不深思之乎？安可不熟慮之乎？

夫委大臣以大體[51]，責小臣以小事，為國之常也，為治之道也。今委之以職，則重大臣而輕小臣；至於有事，則信小臣而疑大臣。信其所輕，疑其所重，將求至治豈可得乎？又政貴有恆，不求屢易。今或責小臣以大體，或責大臣以小事，小臣乘非所據，大臣失其所守，大臣或以小過獲罪，小臣或以大體受罰。職非其位，罰非其辜，欲其無私，求其盡力，不亦難乎？小臣不可委以大事，大臣不可責以小罪。任以大官，求其細過，刀筆之吏，順旨承風，舞文弄法，曲成其罪。自陳也，則以為心不伏辜；不言也，則以為所犯皆實。進退惟谷，莫能自明，則苟求免禍。大臣苟免，則譎詐[52]萌生。譎詐萌生，則矯偽成俗。矯偽成俗，則不可以臻至治矣！

又委任大臣，欲其盡力，每官有所避忌不言，則為不盡。若舉得其人，何嫌於故舊。若舉非其任，何貴於疏遠。待之不盡誠信，何以責其忠恕哉！臣雖或有失之，君亦未為得也。夫上之不信於下，必以為下無可信矣。若必下無可信，則上亦有可疑矣！《禮》[53]曰：「上人疑，則百姓惑，下難知，則君長勞。」上下相疑，則不可以言至治矣。當今群臣之內，遠在一方，流言三至而不投杼者[54]，臣竊思度，未見其人。夫以四海之廣，士庶之眾，豈無一二可信之人哉？蓋信之則無不可；疑之則無可信者，豈獨臣之過乎？夫以一介庸夫結為交友，以身相許，死且不渝，況君臣契合，寄同魚水。若君為堯、舜，臣為稷[55]、契[56]，豈有遇小事則變志，見小利則易心哉！此雖下之立忠未有明著，亦由上懷不信，待之過薄之所致也。豈君使臣以禮，臣事君以忠乎？以陛下之聖明，以當今之功業，誠能博求時俊，上下同心，則三皇[57]可追而四，五帝[58]可俯而六矣。夏、殷、周、漢，夫何足數。

太宗深嘉納也。

【章旨】此章載魏徵著名的〈論治道疏〉。魏徵在此首先指出，明哲的君王，必須依靠股肱大臣才能治好天下。接著，說明「君臣相遇，自古為難」。由於君王不善於知人，或者不能禮待臣子，或者不能信任臣子，結果產生許多矛盾與傷害，造成譎詐矯偽的風習。最後強調誠信忠恕的原則，認為「上下相疑，則不可以言至治矣」；而「博求時俊，上下同心」，其功業就可以與三皇五帝相媲美。

【注釋】❶疏　即著名的〈論治道疏〉。❷禮　指《禮記・緇衣》。❸莊　端重。❹容敬　容儀敬慎。❺書　指《尚書・益稷》。❻叢脞　細碎無大略。❼以石投水　以石頭來順從流水。投，迎合；順從。❽以水投石　以流水迎合石頭。❾用　任用人才。❿心膂　猶言股肱，比喻親信得力的人。膂，脊骨。⓫和若鹽梅　語出《尚書・說命下》。謂用鹽與梅來和羹，比喻君臣之間互相協調，充分發揮作用。⓬秩　官吏的俸祿。⓭墟　土丘。⓮韈　襪。⓯俊乂　有才德的人。⓰伊尹　商初大臣。一說名摯。相傳原為有莘氏的媵臣（陪嫁之臣），後輔佐湯滅夏桀，建立商朝。有莘氏，古國名，在今山東曹縣西北。⓱韓信　漢初名將。原為項羽的部屬，後因不受重用，遂逃離項羽，投奔劉邦。⓲南巢　地名，在今安徽巢縣西南。商湯曾放逐夏桀於此。⓳漢祖登壇　漢高祖用蕭何的建議，擇日齋戒，設置壇場，拜韓信為大將。⓴垓下　地名，在今安徽靈璧南沱河北岸。項羽軍垓下，為漢軍所圍。後項羽突圍逃至烏江（今安徽和縣東北）自殺，劉邦贏得了勝利。㉑微子　殷紂王之庶兄。㉒茅土　古代帝王社祭的壇，用五色土建成。分封諸侯時，把一種顏色的泥土用茅草包好授給受封的人，作為分得土地的象徵。後因稱封諸侯為授茅土。㉓箕子　殷紂王的諸父，官太師，曾被囚禁。周武王滅商後被釋放。㉔洪範　《尚書》中的一篇，傳說為商末箕子所撰，周滅商，箕子陳之於周武王。按〈洪範〉實係戰國時期的作品。㉕禮記　指《禮記・檀弓》。㉖魯穆公　戰國初期魯國國君，姓姬名顯。㉗子思　孔子之孫，名伋。㉘反服　為服屬關係已斷的死者服喪，後亦指尊長為卑幼親屬服喪。㉙加諸膝　放之於膝上。㉚隊諸淵　墜之於深淵。隊，同「墜」。落。㉛戎首　指叛亂的謀主。㉜裂地　分封土地。㉝疏爵　分予官爵。㉞春秋左氏傳　即《左傳》，相傳春秋末魯國史官左丘明所撰。㉟崔杼　春秋時齊國大夫。魯襄公二十五年（西元前五四七年）時，崔杼殺了齊莊公。㊱興　起身；起立。㊲孟子　戰國時期的學者。名軻，鄒（今山東鄒縣東南）人。㊳國人　對居住於國都的人的通稱。㊴樞機　機要部門。㊵地鄰秦晉　謂地近秦、晉，作戰立功。春秋時近秦晉兩國，多戰事。㊶經綸　整理絲縷，引申為處理國家大事。㊷衡軸　謂中樞地位。衡，衡星，即北斗七星之中星。軸，車軸。衡星在七星中不變遷其處，有如車軸不轉而輪動。㊸名教　指以正名定分為主的禮教。㊹黎元　百姓。

㊺禮記　指《禮記・曲禮》。㊻詩　指《詩經・小雅・巧言》。㊼亂庶遄沮　叛亂大概可以很快被阻止。遄沮，疾止。㊽書　指《尚書・秦誓下》。㊾后　帝王或國君。㊿荀卿子　即荀子，名況，當時被人們尊稱荀卿。戰國時期的學者。(51)大體　儒家稱「心」為「大體」，心思禮義，故引申為大任或重任。(52)譎詐　欺詐。(53)禮　指《禮記・緇衣》。(54)流言三至而不投杼者　指流言再三傳揚而不會相信的人。傳說，魯人有與曾參同姓名者殺人，別人誤以為曾參殺人，便去告訴曾參母親，母親不信，坐織自若。後來第三次來人告訴，母親就投杼下機，踰牆而走。杼，梭子。事見《史記・樗里子甘茂列傳》。(55)稷　后稷，名棄，傳說是周族的始祖，堯舜時擔任農官。(56)契　傳說是商族的始祖，曾助禹治水有功，被舜任為司徒，掌教化。(57)三皇　或指天皇、地皇、人皇，或指伏羲氏、女媧、神農氏。(58)五帝　通常指黃帝、顓頊、帝嚳、唐堯、虞舜。

【語　譯】貞觀十四年，特進魏徵上疏說：

我聽說國君像是人的腦袋，臣子如同人的四肢，兩者協調同心，才能合成人的整體。人體如果不完整，就不會成為一個人。既然如此，那麼，腦袋雖然尊高，必須依靠手足的配合才能成為一個整體；國君雖然明哲，必須依靠大臣的輔佐才能達到治世的境地。《禮記》上說：「民眾把國君作為自己的心，國君把民眾作為自己的體，心端重則身體舒暢，心肅靜則容儀敬慎。」《尚書》上說：「國君明哲有遠見，大臣賢良，萬事就安康。」又說：「國君細碎無大略，大臣懶惰，萬事就毀壞。」因此不重視股肱大臣，獨憑自己胸臆來獨斷事情，就想使整個國家治理好，這是沒有聽說過的事。

君與臣之間相遇協調，自古以來就是難得的。拿石頭去順從流水，千年之間才能遇上一次；讓流水去順從石頭，是什麼時候都會有的。國君能夠開啟至正至公之準則，暢通天下人才任用的渠道，內外大臣竭力盡職，互相協調，使國家固若金石，這種局面不只是靠高官厚祿的賞賜，而是在於以禮對待罷了。從前周文王遊於鳳凰之丘，襪帶子鬆了，看了看左右沒有一個可以使喚的人，就自己將帶子結上。難道周文王的朝代全是有才德的人，而如今聖明之時偏偏沒有君子嗎？只是瞭解與不瞭解，禮遇與不禮遇罷了。因此，伊尹原是有莘氏的陪嫁之臣，韓信原是項羽的亡命之臣。商湯以禮對待伊尹，將夏桀放逐到南巢，奠定了帝王之業；漢高祖登壇拜韓信為大將，軍圍項羽於垓下，成就了帝王之功。如果夏桀不拋棄伊尹，項羽施恩於韓信，難道他們肯使已建成的國家敗亡而成為亡國之虜嗎？還有微子，他是殷紂王的骨肉兄弟，西周初卻受封於宋國。箕子是殷朝的賢臣，後來卻向周武王陳獻〈洪範〉。孔子稱讚微子、箕子是殷之仁人，沒有人對此加以非議。《禮記》上說：「魯穆公向子思問道：『被放逐的臣子仍為原來的君主服喪，古來有這種禮節嗎？』子思說：『古代的君子，進用人時以禮相待，黜退人時也以禮相待，所以有被放逐的臣子為原來的君主服喪的禮節。如今的君子，進用人時把他放在膝上，黜退人時卻把他丟入深淵。被放逐的人不成為叛亂的謀主就不錯了，哪兒還有為原來的君主服喪的禮節？』」齊景公曾向晏子問道：「忠臣是如何侍奉國君的？」晏子回答說：「國君有難而不以身殉，國君逃亡而不去送行。」齊景公說：「把土地分封給他，把官爵分授給他，而國君有難卻不以身殉，國君逃亡卻不去送行，為什麼呢？」晏子說：「臣子進言而被採用，國君就會終身沒有災難，臣子怎麼去死呢？臣子規諫而被採納，國君就將終身免於逃亡，臣子怎麼去送行呢？如果進言不被採用，國君遇難而以身殉，這是白死。規諫不被採納，國君逃亡而去送行，這是假忠。」《春秋左氏傳》說：「崔杼殺死齊莊公，晏子站在崔杼的家門外，門人問道：『要陪莊公死嗎？』晏子說：『只是我一人的國君嗎？我為什麼要死呢？』門人說：『你要逃嗎？』晏子說：『是我犯了罪嗎？我為什麼要逃呢？已故的國君是為了國家而死，那我就為他而死；國君為了國家而逃亡，那我就陪他逃亡。如果國君為了自己而死，為了自己而逃亡，要不是他的親信，誰敢分擔那樣的禍難？』崔家的門開了，晏子入內，把齊莊公的屍首放在自己的大腿上，伏屍痛哭，然後起來，頓足三次就出去了。」孟子說：「國君把臣子看成自己的手足，臣子就把國君當作自己的心腹；國君把臣子看成犬馬，臣子就把國君當作國人；國君把臣子看成糞土，臣子就把國君當作仇敵。」雖然臣子侍奉國君應該沒有二心，但是到了或去或就的關頭，應當依據君恩的多少來決定。這樣說來，作為一個國君，怎麼可以對臣下無禮呢？

我私下觀察當朝群臣之中，掌管機要部門的大臣，有的奉命在外打仗，有的在內參預朝政，處理政事，他們都建立了功業，都是當代出類拔萃的人才，處於中樞地位，擔負的責任十分重大。委託的責任雖重，但對他們信賴卻不深，這樣就會使他們自己產生疑慮。他們自己產生疑慮，就會心懷苟且偷安的念頭。心懷苟且偷安的念頭，就不可能樹立節操道義。不樹立節操道義，名教就不可能興起。名教不能興起，卻要鞏固天下太平的基業，保持七百年的帝位，這是未曾有過的事。又聽說國家很珍惜功臣，不去計較他們從前的過錯，這跟從前的聖君相比，沒有什麼差別。然而只對大事寬恕，對小罪卻嚴急，隨時發怒責備，免不了有愛恨的偏頗心理，那是不可能治理好政事的。國君嚴申禁令，臣下還有人犯法，何況國君開了違法的頭，那麼臣下一定有更多人去犯法，就好像河流壅塞，只要一旦潰決，則所造成的傷害一定是眾多的，於黎民百姓來說，可怎麼辦才好呢？這就是國君一開了頭，臣下便產生各種各樣的事變，結果天下是沒有不亂的。《禮記》

上說：「喜愛一個人，要知道他的缺點；憎惡一個人，要知道他的優點。」如果憎惡一個人卻不知道他的優點，那麼，為善者必定會懼怕。如果喜愛一個人卻不知道他的缺點，那麼，作惡者實在會越來越多。《詩經》上說：「君子如果發怒，禍亂也許就可以很快地停止下來。」既然如此，那麼，古人的震怒，是用來懲罰惡人的，而當今的威嚴懲罰，卻是用來助長姦惡的，這不是唐堯、虞舜的本意，也不是夏禹、商湯所做的事。《尚書》上說：「撫養我的就是國君，虐待我的就是仇敵。」荀子說：「國君，比如是船。民眾，比如是水。水可以用來載舟，也可以用來覆舟。」所以孔子說：「魚失掉水就會死，水失掉魚仍然是水。」所以唐堯、虞舜戰戰慄慄，一天比一天謹慎。哪兒可以對此不加以深思呢？哪兒可以對此不加以熟慮呢？

把重任委託給大臣，將小事責成小臣去做，這是執掌國政的不變方法，也是治理天下的根本準則。現在把官職委給他們時，則重視大臣而輕視小臣；但到了有事情發生時，又輕信小臣而懷疑大臣。聽信自己所輕視的小臣，懷疑自己所重視的大臣，想實現天下大治的理想又怎麼可能呢？此外，施政貴在有恆，不要希求多變。現在有時責成小臣擔負重任，有時責成大臣去做小事，小臣坐著不該占據的位置，大臣喪失了應擔任的職守，大臣或因小的過錯而獲罪，小臣或因承擔不了重任而受罰。職責與地位不相稱，懲罰也不符合過錯，要想他們公正無私，希望他們竭盡力量，不就困難了嗎？對小臣不可委以大事，對大臣不得責以小罪。委給了大官，又追究他細小的過錯，這樣，一些刀筆小吏就會順承旨意，舞文弄法，歪曲事實，虛構罪名。這時由他們去自己陳述吧，就被認為是內心不服罪；不說吧，就被認為所指控的都是事實。這樣進退維谷，不能由自己申辯明白，就只好苟求免禍。大臣苟求免禍，就會萌生欺詐之心。萌生欺詐之心，就會使矯偽成為風氣。矯偽成為風氣，就不可能達到天下大治的境地了！

再說，委任大臣，要他們竭盡力量，但他們每當在職時卻有所避忌，不敢說話，那就不能盡職了。如果薦舉的是合適的人選，即使是故人舊友又有什麼好避嫌的。如果推舉的是不稱職的人，即使是疏遠之人又有什麼可貴的。對待大臣不能竭盡誠信之心，又拿什麼來責成他們做到忠恕呢？臣子即使有時失誤，國君這樣對待他們，也是不對的。國君不相信臣下，一定以為臣下沒有可相信的了。如果臣下真的沒有可相信的，那麼國君也有可懷疑的了！《禮記》上說：「國君多疑，則百姓迷惑。臣下難知，則國君憂勞。」君臣之間，上下互相猜疑，就不可能談到天下大治了。在當今群臣之中，如果有人遠在一方，流言再三地傳來而不像曾母投杼而逃的，我私下思量，是不會有這樣的人的。天下如此廣闊，士人如此眾多，難道沒有一、二個可以信賴的人嗎？要是相信一個臣下就以為他沒有不可信賴的地方，懷疑一個臣下就以為他沒有可以信賴的地方，難道只是臣下的過失嗎？一個平庸之人，與別人結交為朋友，還能以身相許，誓死不變心，何況君臣之間完全投合，情同魚水呢？如果國君像是堯、舜一樣，臣子像是稷、契一樣，難道會碰到小事就變志、見到小利就變心嗎？臣下所以變易心向，這不僅是他們所樹立的忠心還不明顯，也是由於國君心懷不信任，對待他們過於刻薄所造成的。這樣，怎麼能算是國君以禮使臣，臣下以忠事君呢？以陛下之聖明，以當今之功業，真的能廣泛地尋求當代的俊傑，上下同心，就可以追得上三皇，也可以躋身於五帝的行列。至於夏朝、殷朝、周朝、漢朝，哪兒還值得一提呢？

唐太宗非常讚賞這篇奏章，並採納了魏徵的意見。

貞觀十六年❶，太宗問特進魏徵曰：「朕克己為政，仰企❷前烈❸。至於積德、累仁、豐功、厚利❹，四者常以為稱首❺，朕皆庶幾自勉。人苦不能自見，不知朕之所行，何等優劣？」徵對曰：「德、仁、功、利，陛下兼而行之。然則內平禍亂，外除戎狄，是陛下之功。安諸黎元，各有生業，是陛下之利。由此言之，功利居多，惟德與仁，願陛下自強不息，必可致也。」

【章　旨】此章論唐太宗所行之優劣。魏徵認為他功利居多，惟德與仁，尚須努力。

【注　釋】❶貞觀十六年　《冊府元龜》卷三七及《魏文貞公年譜》作貞觀十五年（西元六四一年）十月，較妥。❷仰企　仰慕企及。❸前烈　指前代聖君。❹厚利　為民生計謀厚利。❺稱首　稱為首要之務。

【語　譯】貞觀十六年，唐太宗問特進魏徵說：「我克制自己，一心治理政事，仰慕前代的聖君，並想趕上他們。至於積聚德行、增加仁義、樹立豐功、謀取厚利，這四個方面我常當作首要的任務，我都希望用它們來勉勵自己。人苦於不能自己看見缺點，不知道我所做的事，好壞如何？」魏徵回答說：「德、仁、功、利，陛下都能兼而行之。既然如此，那麼，內平禍亂，外滅戎狄，這是陛下的豐功。安撫百姓，使他們各有生計，這是陛下為民謀取的厚利。由此說來，陛下的功與利居多，只是德與仁，希望陛下自強不息，這樣必定是可以做到的。」

貞觀十七年，太宗謂侍臣曰：「自古草創之主，至于子孫多亂，何也？」司空房玄齡曰：「此為幼主生長深宮，少居富貴，未嘗識人間情偽❶，治國安危，所以為政多亂。」太宗曰：「公意推過於主，朕則歸咎於臣。夫功臣子弟多無才行，藉祖父資蔭❷遂處大官，德義不修，奢縱是好。主既幼弱，臣又不才，顛而不扶，豈能無亂？隋煬帝錄宇文述❸在藩之功，擢化及❹於高位，不思報效，翻行弒逆。此非臣下之過歟？朕發此言，欲公等戒勗❺子弟，使無愆過❻，即家國之慶也。」太宗又曰：「化及與玄感❼，即隋大臣受恩深者子孫，皆反，其故何也？」岑文本對曰：「君子乃能懷德荷恩，玄感、化及之徒，并小人也。古人所以貴君子而賤小人。」太宗曰：「然。」

【章旨】此章言幼主生長深宮，不懂如何治國，加上功臣子弟多無才行，顛而不扶，於是往往發生亂難，以致亡國喪家。

【注　釋】❶情偽　實情與虛偽。❷資蔭　子孫以父、祖的功勳或閥閱而獲得官職封爵。❸宇文述　隋朝大將軍。字伯通，代郡武川（今屬內蒙古）人。隋煬帝時，任左衛大將軍，封許國公，勢傾朝廷。❹化及　宇文化及，宇文述之子。隋煬帝時，為右屯衛將軍。後弒煬帝於江都（揚州），自稱許帝。武德二年（西元六一九年），被竇建德義軍所殺。❺勗　勉勵。❻愆過　罪過；過錯。❼玄感　楊玄感，隋朝宰相楊素之子，襲封楚國公，官至禮部尚書。大業九年（西元六一三年），起兵反隋。煬帝命宇文述等去討伐，遂敗死。

【語　譯】貞觀十七年，唐太宗對侍臣說：「自古以來創業的君主，傳到了子孫時，國家大都發生禍亂，這是為什麼呢？」司空房玄齡說：「這是幼主生長在深宮之中，從小居於富貴的地位，未曾知道世間人情的真偽，也不懂得治理國家的安危之道，因此執政後大都發生禍亂。」唐太宗說：「你的意思是將過錯推給君主，我則認為應該歸咎於臣子。功臣的子弟大都沒有才能德行，只是依靠祖父、父親的功勳或門第的蔭庇才當上大官，完全不修行德義，只愛好奢侈放縱的生活。君主既然幼弱，大臣又沒有才能，國家傾危了而不去扶持，這樣怎麼能不發生禍亂呢？隋煬帝念及自己任藩王時宇文述的功勞，提拔他的兒子宇文化及做高官，而宇文化及卻不思報效，反而做出弒君叛逆的事。這不是臣下的罪過嗎？我說這些話，是要你們告誡勉勵自己的子弟，使他們不違法犯罪，那就是家國值得慶幸之事了。」唐太宗又說：「宇文化及與楊玄感，是隋朝受皇恩很深的大臣子孫，他們都反叛了，這原因是什麼呢？」岑文本回答說：「君子才能感恩戴德，玄感、化及之徒都是小人。這就是古人看重君子而輕視小人的緣由。」唐太宗說：「對。」

擇官第七

貞觀元年，太宗謂房玄齡等曰：「致治之本，惟在於審❶。量才授職，務省官員。故《書》❷稱：『任官惟賢才。』又云：『官不必備，惟其人。』若得其善者，雖少亦足矣。其不善者，縱多亦奚為？古人亦以官不得其才，比於畫地作餅，不可食也。《詩》❸曰：『謀夫孔多❹，是用不就。』又孔子曰：『官事不攝，焉得儉❺？』且『千羊之皮，不如一狐之腋❻。』此皆載在經典，不能具道。當須更併省官員，使得各當所任，則無為而治矣。卿宜詳思此理，量定庶官員位。」玄齡等由是所置文武總六百四十員❼。太宗從之，因謂玄齡曰：「自此儻有樂工雜類，假使術逾儕輩❽者，只可特賜錢帛以賞其能，必不可超授官爵，與夫朝賢君子比肩而立，同坐而食，遣諸衣冠❾以為恥累。」

【章　旨】此章論理政的根本在於審察官員。量才授職，務省官員；官惟賢才，不需人多。貞觀初文武官員編制為六百四十人，反映了唐太宗政治改革的決心。

【注　釋】❶審　審察。❷書　指《尚書・咸有一德》篇及《尚書・周官》篇。❸詩　指《詩經・小雅・小旻》篇。❹謀夫孔多　謂謀劃的人很多。孔，甚；很。❺官事不攝二句　出於《論語・八佾》篇。指管事的人不兼數事，哪兒能節儉？儉，節儉。❻千羊之皮二句　見於《史記・商君列傳》。腋，腋下的毛皮。❼六百四十員　指朝廷內官數字，不包括吏職。按《通典》作六百四十二員，《資治通鑑》作六百四十三員，《新唐書・百官志》作七百三十員。❽儕輩　同輩。❾衣冠　指士人官員。

【語　譯】貞觀元年，唐太宗對房玄齡等說：「治理政事的根本，僅在於對官員的審察罷了。衡量各人才能的高下，授予適當的職位，務必簡省官員的編制。所以《尚書》上說：『只用賢才任官。』又說：『官員不必齊備，只要人選合適。』如果選的是好的人，雖然數量少，也足夠了。如果選的是不好的人，即使多了又有什麼用？古人也把任官不得其人，比作在地上畫餅，那是不可以吃的。《詩經》上說：『謀劃的人很多，所以事情反而做不成。』孔子也說：『管事的人不兼數事，哪兒能節儉？』況且『一千張羊皮，不如一隻狐狸腋下的毛皮來得珍貴。』這些話都記載在經書典籍上，不能一一都列舉。因此必須合併機構，精減官員，使得各自擔當起所任的職責，那就可以無為而治了。你們應當仔細思考這道理，斟酌情形決定百官的人員與職位。」房玄齡等因此制定了文武官員的編制，總共六百四十人。唐太宗對此表示同意，就跟房玄齡說：「從此以後，倘若有樂工雜類人員，技術超過同類人的，只可特賜錢帛以獎賞他們的才能，一定不可以超越規定授予官爵，使他們與朝廷的賢君子並肩而立，同座而食，給諸位衣冠之士帶來恥辱的負累。」

貞觀二年❶，太宗謂房玄齡、杜如晦曰：「公為僕射，當助朕憂勞，廣開耳目，求訪賢哲。比聞公等聽受辭訟❷，日有數百。此則讀符牒❸不暇，安能助朕求賢哉？」因敕尚書省，細碎務皆付左右丞❹，惟冤滯大事合聞奏者，關於僕射。

【章旨】此章言宰相要管大事，特別要注意求訪賢哲，至於細碎事務，應交下屬去做。

【注釋】❶貞觀二年　「二年」乃「三年」之譌。貞觀三年（西元六二九年）二月，始以房玄齡為尚書左僕射、杜如晦為尚書右僕射。此章所謂「公為僕射」云云，當在此後。《冊府元龜》卷一五七及《資治通鑑》均作貞觀三年三月，是。❷辭訟　訴訟的狀文。❸符牒　泛指公文。❹左右丞　尚書左丞與尚書右丞，皆尚書省屬官。左丞分管吏、戶、禮三部事務，右丞分管兵、刑、工三部事務。

【語譯】貞觀二年，唐太宗對房玄齡、杜如晦說：「你們身為尚書左、右僕射，應當協助我分憂解勞，廣泛地開拓視聽，訪求賢哲之士。近來聽說你們聽取與受理的訴訟狀子，每天有數百件。這樣就是閱讀公文也已經來不及，哪兒能協助我訪求賢士呢？」於是敕令尚書省，將細碎事務都交付尚書左、右丞辦理，只有冤屈疑難的大事應該奏報的，才送交尚書左、右僕射處置。

貞觀二年，太宗謂侍臣曰：「朕每夜恆思百姓間事，或至夜半不寐。惟恐都督❶、刺史堪養百姓以否。故於屏風上錄其姓名，坐臥恆看，在官❷如有善事，亦具列於名下。朕居深宮之中，視聽不能及遠，所委者惟都督、刺史，此輩實治亂所繫，尤須得人。」

【章旨】此章言都督、刺史等實治亂之所繫，尤須得人。

【注釋】❶都督　唐武德七年（西元六二四年），改總管曰「都督」，掌督諸州兵、馬、甲、械、城隍、鎮戍、糧廩，總判府事。❷在官　居官。

【語譯】貞觀二年，唐太宗對侍臣說：「我每天夜裡常思考百姓民間的事情，有時到了半夜還不能入睡。唯恐都督、刺史等地方官不能撫養百姓。所以在屏風上寫著他們的姓名，坐著或躺下時都經常觀看，他們在任期間如果做了好事，也都寫在各人的名下。我居於深宮之中，見聞不能達到遠的地方，所委託的只有都督、刺史而已，他們實在關係著天下的治亂，尤其要選到合適的人才。」

貞觀二年❶，太宗謂右僕射封德彝曰：「致安之本，惟在得人。比來命卿舉賢，未嘗有所推薦。天下事重，卿宜分朕憂勞，卿既不言，朕將安寄？」對曰：「臣愚豈敢不盡情，但今未見有奇才異能。」太宗曰：「前代明王使人如器❷，皆取士於當時，不借才於異代。豈得待夢傅說❸逢呂尚❹，然後為政乎？且何代無賢，但患遺而不知耳！」德彝慚赧❺而退。

【章旨】此章論取賢士於當時，不借才於異代。代代都有賢才，關鍵在於要把他們推舉出來。

【注釋】❶貞觀二年　據《資治通鑑》當作貞觀元年（西元六二七年）正月。封德彝死於貞觀元年六月，此章云唐太宗命其舉賢，則絕非貞觀二年事。❷使人如器　用人如用器物一樣。❸傅說　商代名臣。相傳是奴隸出身，後被商王武丁所夢見，遂去訪求，任為大臣。❹呂尚　本姓姜，名望，又稱姜太公。早年垂釣於渭水，周文王去訪求，立為師。❺慚赧　羞愧而臉紅。

【語譯】貞觀二年，唐太宗對尚書右僕射封德彝說：「促成天下安定的根本，只在於選得合適的人才。近來命你選舉賢才，你卻未曾有所推薦。天下政事是如此繁重，你應該分擔我的憂勞，你既不薦舉賢才，我將從哪兒得到託付的人？」封德彝回答說：「我雖然愚昧，但怎麼敢不盡心去做呢？只是當今還不曾發現有奇才異能之士。」唐太宗說：「前代明哲的君王，使用人才如同使用器物一樣，都在當代選取人才，而不去向別的朝代借用人才。難道能等到夢見傅說、遇上呂尚，然後才去治理政事嗎？況且哪一個朝代沒有賢才，只怕是遺漏了而不知道罷了！」封德彝羞愧而臉紅，退了下去。

貞觀三年，太宗謂吏部尚書杜如晦❶曰：「比見吏部擇人，惟取其言詞刀筆❷，不悉其景行❸。數年之後，惡跡始彰，雖加刑戮，而百姓已受其弊。如何可獲善人？」如晦對曰：「兩漢取人，皆行著鄉閭❹，州郡貢之，然後入用，故當時號為多士❺。今每年選集❻，向數千人，厚貌❼飾詞，不可知悉，選司但配其階品❽而已。銓簡❾之理，實所未精，所以不能得才。」太宗乃將依漢時法令，本州辟召❿，會功臣等將行世封事⓫，遂止。

【章旨】此章言擇用人才要考察其德行，並批評貞觀初選舉只重言詞的弊端。

【注釋】❶杜如晦　已詳本書〈任賢〉篇。當時官為尚書右僕射，兼吏部尚書。❷刀筆　古代寫字的工具，這裡指文章。❸景行　崇高的德行。❹鄉閭　鄉里。❺多士　眾多人才。❻選集　隋朝選人，每年十一月集一次，至春而罷，人患其期短。貞觀初改為「四時聽選」，人以為便，並且人數不加限定，故每年進京師應舉者達數千人。❼厚貌　忠厚之貌。❽階品　區別官員的等級次序。唐初流內官自一品至九品，內缺正一品，凡二十九階。❾銓簡　銓選；選用官吏的制度。❿辟召　徵辟。漢朝地方或中央高級官員選拔僚屬，都可自行徵聘，然後向中央推薦任命。⓫世封事　指世襲分封之事。貞觀五年（西元六三一年）下詔，首次提出功臣擁有出鎮外藩和子孫世襲的特權。

【語譯】貞觀三年，唐太宗對吏部尚書杜如晦說：「近來看見吏部擇用官員，只根據他們的言詞文章，而不去瞭解他們有無崇高的德行。幾年之後，劣跡開始顯露出來，即使處以嚴刑死罪，而百姓已遭受到損害。你看，要如何才能獲得良才呢？」杜如晦回答說：「兩漢時選拔的人才，都是以德行稱著於鄉里的人，由州郡把他們貢舉上來，然後才加錄用，所以當時號稱人才濟濟。現在每年進行科舉考試，進京應舉者近數千人，他們外貌忠厚，以言詞修飾，不可能全面去瞭解他們，而吏部選舉機構只管授予一定品階的官職而已。銓選人才的制度，實在還不夠精細，這是不能獲得人才的緣由。」唐太宗於是打算依照漢朝選舉法令，由各州徵辟人才，後來湊巧發生功臣將世襲分封的事情，徵辟的方法也就中止了。

貞觀六年，太宗謂魏徵曰：「古人云，王者須為官擇人，不可造次❶即用。朕今行一事，則為天下所觀；出一言，則為天下所聽。用得正人，為善者皆勸；誤用惡人，不善者競進。賞當其勞，無功者自退；罰當其罪，為惡者戒懼。故知賞罰不可輕行，用人彌須❷慎擇。」徵對曰：「知人之事，自古為難，故考績黜陟❸，察其善惡。今欲求人，必須審訪其行。若知其善，然後用之，設令此人不能濟事❹，只是才力不及，不為大害。誤用惡人，假令強幹，為害極多。但亂世惟求其才，不顧其行。太平之時，必須才行俱兼，始可任用。」

【章旨】此章論用人要「慎擇」，特別是在太平之時，「必須才行俱兼，始可任用」。

【注釋】❶造次　輕率；匆忙。❷彌須　更加需要。❸考績黜陟　考核政績以決定升降。陟，升。❹濟事　把事情做成功。

【語譯】貞觀六年，唐太宗對魏徵說：「古人說過，君王必須因官職的需要選擇人員，不可以輕率地加以任用。我現在每做一件事，就為天下人所注目；每說一句話，就為天下人所傾聽。任用了好人，為善者就都得到勸勉；誤用了壞人，不善者便競相進用。賞賜如與其功勞相當，無功之人就會自動地退走；懲罰如與其罪行符合，作惡的人就有所警戒畏懼。所以，我知道賞罰不可輕率地施行，用人更加需要謹慎地選擇。」魏徵回答說：「知人之事，自古以來就是困難的，所以要考核其政績來決定升降，還要考察其行為的好壞，作為依據。現在想尋求人才，必須仔細瞭解他的品行。如果知道他品行好，然後任用他，即使此人不能把事情辦成功，只是才力不夠，是不會造成大害的。誤用了壞人，假使他才力強幹，造成的禍害便極大了。但是在亂世可以只求一個人的才幹，而不考慮他的品行。到了天下太平的時候，則必須是才行兼備的人，方才可以任用。」

貞觀十一年，侍御史馬周上疏曰：「治天下者以人為本。欲令百姓安樂，惟在刺史、縣令。縣令既眾，不可皆賢，若每州得良刺史，則合境蘇息❶。天下刺史悉稱聖意，則陛下可端拱❷巖廊❸之上，百姓不慮不安。自古郡守、縣令，皆妙選賢德。欲有遷擢為將相，必先試以臨人❹，或從二千石❺入為丞相及司徒❻、太尉❼者。朝廷必不可獨重內臣，外刺史、縣令，遂輕其選。所以百姓未安，殆由於此。」太宗因謂侍臣曰：「刺史朕當自簡擇；縣令詔京官五品已上，各舉一人。」

【章　旨】此章論選擇刺史、縣令等地方官的重要性，強調將相三公必須具有在地方上的從政經驗。

【注　釋】❶蘇息　安養生息。❷端拱　端坐拱手，無為而治。❸巖廊　指廷殿、殿堂。廊，也作「郎」。《漢書．董仲舒傳》云：「游於巖郎之上。」❹臨人　臨民，指在地方上從政。❺二千石　漢代郡太守俸祿二千石，故以此作為郡守的通稱。❻司徒　唐朝「三公」之一。❼太尉　唐朝「三公」之一，無實權。

【語譯】貞觀十一年，侍御史馬周上疏說：「治理天下要把民眾作為根本。想使百姓安居樂業，只在於選好刺史、縣令。縣令人數眾多，不可能都是賢才，如果每個州能有一個賢良的刺史，則全州境內都得到安養生息。天下各州刺史都符合聖意，則陛下可以在殿堂上端坐拱手，無為而治，百姓也不必擔憂不能安寧了。自古以來，郡守、縣令都是精選有賢良德行的人來擔任。要提拔為將相的人，必須先到地方上去做官，試試他們治理的經驗，再從郡太守提拔表現好的人為丞相以及司徒、太尉。朝廷一定不能只重視朝內的大臣，將不稱職的人外放到地方任刺史、縣令，那就輕視了他們的人選。百姓所以未能安寧，大概是由於這種緣故。」唐太宗因此對侍臣說：「刺史當由我親自選擇；至於縣令，則下詔叫五品以上的京官，每人推舉一位。」

貞觀十一年，治書侍御史劉洎以為左右丞宜特加精簡，上疏曰：「臣聞尚書萬機，實為政本，伏尋此選，授任誠難。是以八座❶比於文昌❷，二丞❸方於管轄❹，爰至曹郎❺，上應列宿❻，苟非稱職，竊位興譏。伏見比來尚書省詔敕稽停❼，文案壅滯，臣誠庸劣，請述其源。貞觀之初，未有令、僕❽，于時省務繁雜，倍多於今。而左丞戴胄、右丞魏徵，並曉達吏方，質性平直，事應彈舉，無所迴避，陛下又假以恩慈，自然肅物⑨。百司匪懈⑩，抑此之由。及杜正倫續任右丞，頗亦厲下。比者綱維⑪不舉，並為勳親在位，器非其任，功勢相傾。凡在官寮⑫，未循公道，雖欲自強，先懼囂謗⑬。所以郎中⑭予奪，惟事諮稟；尚書依違⑮，不能斷決。或糾彈⑯聞奏，故事稽延，案雖理窮，仍更盤下⑰。去無程限，來不責遲，一經出手，便涉年載。或希旨失情⑱，或避嫌抑理。勾司⑲以案成為事了⑳，不究是非；尚書用便僻㉑為奉公，莫論當否。互相姑息，惟事彌縫。且選眾授能，非才莫舉，天工人代㉒，焉可妄加？至於懿戚㉓元勳，但宜優其禮秩，或年高及耄㉔，或積病智昏，既無益於時宜，當置之以閒逸。久妨賢路㉕，殊為不可。將救茲弊，且宜精簡尚書左右丞及左右郎中。如並得人，自然綱維備舉，亦當矯正趨競，豈惟息其稽滯哉！」疏奏。尋以洎為尚書左丞㉖。

【章　旨】此章陳述貞觀中期尚書省辦事機構的種種弊端，並建議「選眾授能，非才莫舉」，以精選尚書左右丞及左右郎中。

【注　釋】❶八座　尚書左、右僕射及六部尚書，合稱八座。❷文昌　星官名，屬紫微垣，包含六顆星。見《史記・天官書》。❸二丞　指尚書左、右丞。❹管轄　掌管轄尚書省事。管，鑰匙。轄，大車軸頭上穿著的鐵條，可使車輪不掉下來。❺曹郎　尚書省所屬的郎官。❻列宿　二十八宿；二十八個星官。❼稽停　延遲停留。❽令僕　指尚書令、尚書左右僕射。因李世民曾任尚書令，後來臣下避居其位，遂空缺不置，以僕射為尚書省最高長官。此章云貞觀之初未有僕射，不符史實。疑指房玄齡、杜如晦任左、右僕射（貞觀三年）之前。❾肅物　使人或風氣整肅和順。❿匪懈　不懈怠。匪，同「非」。不。⓫綱維　指統治國家的重要法紀。⓬官寮　官僚。⓭囂謗　喧囂的毀謗。⓮郎中　尚書省屬官，從五品上。⓯依違　猶豫不決；模稜兩可。⓰糾彈　彈劾。⓱盤下　向下級盤問。⓲希旨失情　謂迎合旨意而不顧實情。⓳勾司　指辦理案件的官吏。⓴事了　原脫「事」字，據《舊唐書・劉洎傳》補。㉑便僻　善於逢迎諂媚。㉒天工人代　謂人君代天理物，官所治皆天事。語出《尚書・皐陶謨》。㉓懿戚　至親，指皇室的宗親或外戚。㉔耄　八十、九十曰耄。㉕賢路　進賢之路。㉖左丞　按諸史傳作「右丞」，未知何據。

【語　譯】貞觀十一年，治書侍御史劉洎認為尚書左右丞應當特別加以精選，上疏說：「我聽說尚書省日理萬機，實為處理政務的總機構，要尋求尚書省官員的人選，授予職責，確實是不容易的。因此，把左右僕射以及六部尚書等『八座』比作文昌天府的眾星，把左右丞比作管與轄，乃至各部郎官都與天上二十八宿相對應。如果他們不稱職，竊取了職位，就會引起譏議。我發現近來在尚書省，詔書敕令傳達緩慢，公文堆積滯留，雖然我實在是平庸拙劣的，但請允許我陳述這種情況的原委。貞觀初年，沒有設置尚書令和尚書僕射，那時尚書省事務繁雜，比現在多一倍以上。而左丞戴胄、右丞魏徵，都是通曉官吏事務的，他們性格公平正直，凡是應該彈劾檢舉的事，都不予迴避，陛下又施以恩惠與慈愛，這樣自然地使得風氣整肅起來。那時百官毫不懈怠，可以說就是這個原因。到了杜正倫繼任右丞，也很能整肅下屬。近來，國家法紀廢弛，都是因為元勳國戚居於高位，才器不能勝任他們的職位，並且依仗功勢互相傾軋。使得所有在職的官僚，都未能遵循公道，雖然也想自強不息，卻在事前就怕遭到喧囂的誹謗。由於這種緣故，屬官郎中可以定奪的，卻事事向上級請示稟報；各部尚書又模稜兩可，不能決斷。有的糾察彈劾的文書奏報上來，卻故意拖延，雖然案件的曲直之理已很詳盡，仍再向下級盤問。發出的公文既不規定期限，送回來遲了也不責備，公文一經出手，就得歷時一年多。有的迎合旨意而不顧實情，有的迴避嫌疑而抑制公理。於是辦案的官員把結案當作事情已了，而不追究是非曲直；各部尚書以逢迎諂媚為奉公，而不管是否辦得妥當。互相遷就姑息，只做些掩飾的事。況且從眾人中選拔有能力的人授予官職，凡是沒有才能的就不能舉任，舉任他們是為了代天理事，哪兒可以妄加官職？至於皇室的宗親、外戚及元勳功臣，只宜在禮儀俸祿上給予優待，他們有的年紀已高達八、九十歲，有的長期患病而神智不清，既然無益於現時的需要，就應當安置他們過清閒舒適的生活。聽任他們長久地妨礙進賢的途徑，是極不應該的。要補救這種弊病，就應該精選尚書左右丞以及左右郎中。如果這些官職都能選到合適的人，朝廷法紀自然地得以全面建立，也就能矯正追逐名利的風氣，難道只是可消除辦事拖延滯留的現象而已嗎？」這封奏章呈給了唐太宗。不久，劉洎被任命為尚書左丞。

貞觀十三年❶，太宗謂侍臣曰：「朕聞太平後必有大亂，大亂後必有太平。大亂之後，即是太平之運也。能安天下者，惟在用得賢才。公等既不知賢，朕又不可偏識❷。日復一日，無得人之理。今欲令人自舉❸，於事何如？」魏徵對曰：「知人者智，自知者明。知人既以為難，自知誠亦不易。且愚暗之人，皆矜能伐善❹，恐長澆競❺之風，不可令其自舉。」

【章旨】此章言知人既難，自知亦不易，所以不宜讓人才自我薦舉。

【注釋】❶貞觀十三年　《冊府元龜》卷六七及《魏文貞公年譜》作貞觀十五年（西元六四一年）六月，較妥。❷偏識　普遍認識。❸自舉　自我薦舉。❹矜能伐善　自以為賢能，誇耀自己的長處。❺澆競　追逐名利的浮薄風氣。

【語譯】貞觀十三年，唐太宗對侍臣說：「我聽說太平之後必有大亂，大亂之後必有太平。所以大亂之後，接著而來的就是太平的氣運。而這時能夠使天下安定的，只在於選用賢良之才罷了。你們既然不知道賢良之才在何處，我又不可能全都識得。這樣，一天又一天地過去，沒有獲得賢才的方法。現在想讓人們自我薦舉，對於這件事，你們看法怎樣？」魏徵回答說：「能夠瞭解別人的人是有智慧的，能夠瞭解自己的人是聰明的。瞭解別人既是困難的，瞭解自己確實也不容易。況且愚昧昏暗的人，都自以為賢能，而誇耀自己的長處，這樣恐怕會助長追逐名利的浮薄風氣，所以不可以讓人們自我薦舉。」

貞觀十四年，特進魏徵上疏曰：

臣聞知臣莫若君，知子莫若父。父不能知其子，則無以睦一家；君不能知其臣，則無以齊萬國。萬國咸寧，一人有慶❶，必藉忠良作弼❷。俊乂在官❸，則庶績其凝❹，無為而化矣。故堯、舜、文、武見稱前載，咸以知人則哲，多士❺盈朝，元、凱❻翼巍巍之功，周、召❼光煥乎之美。然則四岳❽、九官❾、五臣❿、十亂⓫，豈惟生之於曩代，而獨無於當今者哉？在乎求與不求，好與不好耳！何以言之？夫美玉明珠，孔翠犀象⓬，大宛⓭之馬，西旅⓮之獒⓯，或無足也，或無情也，生於八荒⓰之表，塗⓱遙萬里之外，重譯⓲入貢，道路不絕者，何哉？蓋由乎中國之所好也。況從仕者懷君之榮，食君之祿，率之以義，將何往而不至哉？臣以為與之為孝，則可使同乎曾參⑲、子騫⑳矣！與之為忠，則可使同乎龍逄㉑、比干㉒矣！與之為信，則可使同乎尾生㉓、展禽㉔矣！與之為廉，則可使同乎伯夷、叔齊㉕矣！

然而今之群臣，罕能貞白卓異者，蓋求之不切，勵之未精故也。若勗之以公忠，期之以遠大，各有職分，得行其道。貴則觀其所舉，富則觀其所養，居則觀其所好，習則觀其所言，窮則觀其所不受，賤則觀其所不為。因其材以取之，審其能以任之，用其所長，揜㉖其所短。進之以六正，戒之以六邪，則不嚴而自勵，不勸而自勉矣。故《說苑》㉗曰：「人臣之行，有六正六邪。行六正則榮，犯六邪則辱。何謂六正？一曰萌芽未動，形兆未見，昭然獨見存亡之機，得失之要，預禁乎未然之前，使主超然立乎顯榮之處，如此者，聖臣也。二曰虛心盡意，日進善道，勉主以禮義，諭主以長策，將順其美，匡救其惡，如此者，良臣也。三曰夙興夜寐，進賢不懈，數稱往古之行事，以厲主意，如此者，忠臣也。四曰明察成敗，早防而救之，塞其間[28]，絕其源，轉禍以為福，使君終以無憂，如此者，智臣也。五曰守文[29]奉法，任官職事，不受贈遺，辭祿讓賜，飲食節儉，如此者，貞臣也。六曰家國昏亂，所為不諛，敢犯主之嚴顏，面言主之過失，如此者，直臣也。是謂六正。何謂六邪？一曰安官貪祿，不務公事，與世浮沉，左右觀望，如此者，具臣[30]也。二曰主所言皆曰善，主所為皆曰可，隱而求主之所好而進之，以快主之耳目，偷合苟容，與主為樂，不顧其後害，如此者，諛臣也。三曰內實險詖[31]，外貌小謹，巧言令色，妒善嫉賢，所欲進，則明其美、隱其惡，所欲退，則明其過、匿其美，使主賞罰不當，號令不行，如此者，姦臣也。四曰智足以飾非，辯足以行說，內離骨肉之親，外構朝廷之亂，如此者，讒臣也。五曰專權擅勢，以輕為重，私門成黨，以富其家，擅矯主命，以自貴顯，如此者，賊臣也。六曰諂主以佞邪，陷主於不義，朋黨比周㉜，以蔽主明，使白黑無別，是非無間，使主惡布於境內，聞於四鄰，如此者，亡國之臣也。是謂六邪。賢臣處六正之道，不行六邪之術，故上安而下治。生則見樂，死則見思，此人臣之術也。」《禮記》㉝曰：「權衡㉞誠懸，不可欺以輕重。繩墨㉟誠陳，不可欺以曲直。規矩㊱誠設，不可欺以方圓。君子審禮，不可誣以姦詐。」然則臣之情偽，知之不難矣。又設禮以待之，執法以御之，為善者蒙賞，為惡者受罰，安敢不企及㊲乎？安敢不盡力乎？

國家思欲進忠良，退不肖，十有餘載矣，徒聞其語，不見其人，何哉？蓋言之是也，行之非也。言之是，則出乎公道，行之非，則涉乎邪徑。是非相亂，好惡相攻。所愛雖有罪，不及於刑。所惡雖無辜，不免於罰。此所謂愛之欲其生，惡之欲其死者也。或以小惡棄大善，或以小過忘大功。此所謂君之賞不可以無功求，君之罰不可以有罪免者也。賞不以勸善，罰不以懲惡，而望邪正不惑，其可得乎？若賞不遺疏遠，罰不阿親貴，以公平為規矩，以仁義為準繩，考事以正其名，循名以求其實，則邪正莫隱，善惡自分。然後取其實，不尚其華，處其厚，不居其薄，則不言而化，期月㊳而可知矣！若徒愛美錦，而不為民擇官，有至公之言，無至公之實，愛而不知其惡，憎而遂忘其善，徇私情以近邪佞，背公道而遠忠良，則雖夙夜不怠，勞神苦思，將求至理，不可得也。

書奏，甚嘉納之。

【章旨】此章載魏徵的奏疏，議論的是御臣之術。魏徵首先指出知人是用人的前提，而「忠良作弼，俊乂在官」，則是實現無為而治的根本條件。接著，魏徵引述《說苑》的說法，將臣子的行為區分為「六正」與「六邪」，認為「進之以六正，戒之以六邪，則不嚴而自勵，不勸而自勉矣」。最後強調，對於「進忠良，退不肖」，不能停留在言語上，應該付諸行動。

【注釋】❶慶　善。❷作弼　作為輔弼。❸俊乂在官　賢能的人居於官職。❹凝　成。❺多士　指百官。❻元凱　八元、八凱，傳說中遠古時十六位才德之士，詳見《左傳．文公十八年》。又《史記．五帝本紀》云舜之賢臣有八愷、八元。凱，同「愷」。❼周召　周公、召公。曾助周武王滅殷，後輔佐周成王，鞏固了周初政權。❽四岳　傳說為堯舜時的四方部落首領，曾推舉舜為堯的繼承人，後又推舉禹幫助舜。❾九官　傳說舜命禹作司空，稷播百穀，契為司徒，皋陶作士，垂為共工，益掌山澤，伯夷為秩宗，夔典樂，龍作納言，是為九官。❿五臣　指舜時五臣，即禹、稷、契、皋陶、伯益。見《論語・泰伯》。⓫十亂　周武王時十位治國賢臣，即周公、召公、太公、畢公、榮公、大顛、閎夭、散宜生、南宮适、文母。亂，治。⓬孔翠犀象　孔雀、翡翠、犀角、象牙。⓭大宛　西域國名，出產汗血馬。⓮西旅　西夷國。⓯獒　大犬，高八尺。⓰八荒　八方荒遠之地。⓱塗　途。⓲重譯　輾轉翻譯。⓳曾參　字子輿，孔子的弟子，以孝行著稱。⓴子騫　即閔損，孔子的弟子。㉑龍逄　即關龍逄，夏之賢大夫，諫桀，被殺。㉒比干　殷紂王的叔父，以忠諫被殺。㉓尾生　相傳尾生與一女子約會於橋下，女子不來，而大水湧至，尾生仍不離開，抱橋柱而死。見《莊子・盜跖》。㉔展禽　即柳下惠，又名展獲，春秋時魯國大夫，以守信用著稱。㉕伯夷叔齊　殷朝孤竹國君之二子，因讓位而逃至周。周武王興兵伐殷，二人叩馬而諫。及殷亡，二人恥於食周粟，餓死於首陽山。㉖揜　同「掩」。㉗說苑　書名，西漢劉向撰。㉘間　隙。㉙文　指典章制度。㉚具臣　指濫充其位的大臣。㉛險詖　奸險邪僻。㉜比周　指結黨營私，語出《論語・為政》。㉝禮記　指《禮記・經解》。㉞權衡　指秤。權，秤錘。衡，秤桿。㉟繩墨　木工用以畫直線的工具。㊱規矩　規和矩，校正圓形和方形的兩種工具。㊲企及　勉力達到。㊳期月　一整年。

【語譯】貞觀十四年，特進魏徵上疏說：

我聽說瞭解臣子的莫過於君王，瞭解兒子的莫過於父親。父親不能瞭解兒子，就無法使一家和睦；君王不能瞭解臣子，就無法使天下統一。而天下都安寧，君王有善行，必定是依靠忠良之臣輔佐的結果。賢能的人居於官職，就會成就各種政績，達到無為而治的境界了。所以堯、舜、周文王、周武王在前代被人稱頌，都以「知人」而成為聖哲，百官盈朝，八元、八凱等才德之士輔成了巍巍之功，周公、召公等輔佐之臣煥發出美麗的光彩。既然如此，那麼「四岳」、「九官」、「五臣」、「十亂」等賢臣，難道只產生於從前的時代，而唯獨當今便沒有嗎？關鍵在於君王求訪與不求訪，愛好與不愛好罷了！為什麼這樣說呢？美玉、明珠，孔雀、翡翠、犀角、象牙，大宛之馬、西夷之獒，有的沒有腳，有的沒有感情，它們生在八方荒遠的地方，路途迢迢，遠在萬里之外，使者經過輾轉翻譯，不絕於道路，把這些珍寶異獸貢獻給朝廷，這是為什麼呢？這是因為中國愛好這些東西啊。何況當官的人想著君王給予的榮耀，享受君王給予的俸祿，以仁義作為號召，還會有什麼地方的人不能到來呢？我以為導之以孝，就可以使他們像曾參、子騫一樣啊！導之以忠，就可以使他們像龍逄、比干一樣啊！導之以信，就可以使他們像尾生、展禽一樣啊！導之以廉，就可以使他們像伯夷、叔齊一樣啊！

然而，在當今的群臣中，極少有貞潔卓異的，這大概是對群臣求訪不嚴密、磨煉不精細的緣故。如果用公正忠誠來勉勵他們，用遠大志向來期許他們，他們就各有各的職分，能夠實踐他們的理想。尊貴時就考察他們所薦舉的人才，富裕時就考察他們所撫養的門客，閒居時就考察他們所愛好的東西，學習時就考察他們所說的話，窮困時就考察他們所不願接受的東西，卑賤時就考察他們所不去做的事情。依照他們的才幹而錄取，審察他們的能力而任用，用其所長，避其所短。依「六正」的標準進用他們，拿「六邪」的過失來告誡他們，那就不必嚴厲督察而他們自己會振奮起來，不必勸導而他們自己會勉勵自己。所以《說苑》上說：「臣子的行為，有六正與六邪之分。做到六正的就顯得榮耀，犯了六邪的就感到恥辱。什麼叫『六正』呢？第一，事端尚未萌生，形跡尚未出現，就獨自清楚地看見存亡得失的關鍵，預防禍患於未然，使君主超然地居於顯榮之位，這樣的臣子就是聖臣。第二，虛心盡意，每天進獻好的主張，拿禮義勉勵君主，用良策告知君主，以發揚其美政，匡正其過錯，這樣的臣子就是良臣。第三，早起晚睡，進用賢才不稍懈怠，常常稱頌古代聖哲的事跡，以激勵君主的心意，這樣的臣子就是忠臣。第四，明察事情的成敗，提早加以防備、補救，堵塞漏洞，杜絕禍源，轉禍為福，使君主始終沒有憂患，這樣的臣子就是智臣。第五，遵守典章法紀，當官做事，不接受饋贈，辭讓俸祿與賞賜，飲食節儉，這樣的臣子就是貞臣。第六，在國家朝政昏亂的時候，不做諂諛奉承的事，敢於觸犯君主的嚴正容顏，當面陳述君主的過失，這樣的臣子就是直臣。以上便是所謂的『六正』。什麼叫『六邪』呢？第一，安於官位，貪圖俸祿，不務公事，與世浮沉，左右觀望，這樣的臣子就是具臣。第二，凡是君主所說的話都認為是對的，凡是君主所做的事都認為是可以的，暗中搜求君主所愛好的東西，然後進獻給君主，以取悅君主的耳目，毫無原則地迎合附和，與君主作樂，不顧及以後的危害，這樣的臣子就是諛臣。第三，內心實在是奸險邪僻，外貌上卻是小心謹慎，巧言令色，妒嫉賢良，對要進用的人就讚揚他的優點而掩沒他的缺點，對要黜退的人就張揚他的過錯而隱瞞他的優點，結果使君主賞罰失當，號令不行，這樣的臣子就是奸臣。第四，智謀足以掩飾過錯，巧辯足以推行邪說，對內離間骨肉之親，對外構成朝廷之亂，這樣的臣子就是讒臣。第五，專擅權勢，以輕微之身而居於重位，私門結黨，使自己家業暴富起來，擅自假託君主之命，使自己顯貴起來，這樣的臣子就是賊臣。第六，用佞邪的手段諂媚君主，使君主陷於不義之地，結黨營私，使君主的心智受到蒙蔽，分不清黑白，辨不了是非，結果使君主的罪惡流播境內，傳聞到四方鄰國，這樣的臣子就是亡國之臣。以上便是所謂的『六邪』。賢臣遵循六正之道，不行六邪之術，所以能使朝廷安泰而天下大治。活著時則被人們所喜愛，死了以後則被人們所思念，這就是做臣子的方法。」《禮記》上說：「秤準確地懸掛在那裡，不可用輕重去欺騙它。繩墨準確地陳列在那裡，不可以拿曲直去欺騙它。規矩準確地放置在那裡，不可以拿方圓去欺騙它。君子審詳禮制，不可以用姦詐去誣陷他。」既然如此，那麼，臣子的真情與虛偽，也就不難瞭解的了。再加上設置禮儀來對待他們，按照法紀來控制他們，做善事的就蒙賞，做壞事的就受罰，這樣，哪兒敢不勉力上進呢？哪兒敢不竭盡力量呢？

朝廷要想進用忠良之臣，斥退不肖之徒，已有十多年了，但只聽到這樣的話，卻不見這樣進用或斥退的人，為什麼呢？這是因為說得正確，做得卻不對。說得正確，就是出於公道，做得不對，就是踏上邪路。是非混淆，好惡相攻。君主所喜愛的人即使有罪，也不會處以刑罰。君主所憎惡的人即使無辜，也不免於刑罰。這就是所謂「愛之欲其生，惡之欲其死」啊。有的因為人的小惡而忽略了他的大善，有的因為人的小過而忘記了他的大功。這就是說，君主的賞賜不能以無功而求得，君主的刑罰不能以有罪而免除。賞賜不用來勸善，刑罰不用來懲惡，卻希望邪惡與正義互相不惑亂，這是可能的嗎？如果賞賜不遺漏疏遠的人，刑罰不庇護親近尊貴的人，以公平作為規矩，以仁義作為準則，考核政績以確定其官職名分，按照官職名分去考察其實績，這樣邪惡與正義就不會被隱沒，善與惡自然就分清了。然後選取有實績的人，不崇尚浮華的人，厚實者居其位，浮薄者予以斥退，那就會達到不言而治的境界，過一年就可以知道結果了。如果只愛華麗的美錦，而不為民擇官，只有至公之言，而無至公之實，喜愛別人而不知道他的惡行，憎恨別人而就忘記了他的好處，徇私情以親近邪佞小人，背公道而疏遠忠良之臣，那麼，即使從早到晚不懈怠，勞神苦思，要求得天下大治，是不可能的。

魏徵的奏疏奏報上來後，唐太宗非常讚賞，並予以採納。

貞觀二十一年，太宗在翠微宮❶，授司農卿❷李緯戶部尚書❸。房玄齡是時留守京城。會有自京師來者，太宗問曰：「玄齡聞李緯拜尚書，如何？」對曰：「但云『李緯大好髭鬚』，更無他語。」由是改授洛州❹刺史。

【章旨】此章言擇官不能只看外貌。

【注釋】❶翠微宮　初名太和宮，避暑用的離宮，在終南山中。武德八年（西元六二五年）造，貞觀十年（西元六三六年）廢。貞觀二十一年夏重修，改名翠微宮。❷司農卿　司農寺長官，職掌倉儲委積之事。❸戶部尚書　戶部長官。❹洛州　今屬河南。

【語譯】貞觀二十一年，唐太宗在翠微宮，任命司農卿李緯為戶部尚書。當時房玄齡在京城長安留守。恰好有人從京城來，唐太宗問道：「玄齡聽到任命李緯為戶部尚書，意見怎麼樣？」那人回答說：「玄齡只說『李緯有很美的鬍鬚』，再沒有說別的。」因此唐太宗改任李緯為洛州刺史。

封建第八

貞觀元年❶，封中書令房玄齡為邘國公❷，兵部尚書杜如晦為蔡國公，吏部尚書長孫無忌為齊國公，並為第一等，食邑實封一千三百戶。皇從父淮安王神通❸上言：「義旗初起❹，臣率兵先至❺，今玄齡等刀筆之人，功居第一，臣竊不服。」太宗曰：「國家大事，惟賞與罰。賞當其勞，無功者自退。罰當其罪，為惡者咸懼。則知賞罰不可輕行也。今計勳行賞，玄齡等有籌謀帷幄，畫定社稷之功❻，所以漢之蕭何，雖無汗馬❼，指蹤推轂❽，故得功居第一。叔父於國至親，誠無愛惜，但以不可緣私濫與勳臣同賞矣！」由是諸功臣自相謂曰：「陛下以至公，賞不私其親，吾屬何可妄訴。」初，高祖舉宗正籍❾，弟姪、再從❿、三從⓫孩童已上封王者數十人。至是，太宗謂群臣曰：「自兩漢已降，惟封子及兄弟，其疏遠者，非有大功，如漢之賈⓬、澤⓭，並不得受封。若一切封王，多給力役，乃至勞苦萬姓，以養己之親屬。」於是宗室先封郡王⓮其間無功者，皆降為縣公⓯。

【章　旨】此章記述唐太宗即位初「計勳行賞」的情況，強調「賞當其勞」，而宗室至親不可以緣私濫與功臣同賞。

【注　釋】❶貞觀元年　據史傳，武德九年（西元六二六年）九月，唐太宗面定勳臣爵邑，淮安王李神通不服。十月，定功臣食邑之數。十一月，宗室郡王無功者皆降為縣公。《政要》作貞觀元年，當誤。❷邗國公　史傳作邢國公。❸神通　即李神通，唐高祖李淵的從父弟，封淮安王。❹義旗初起　指隋末李淵起兵太原。當時傳檄稱義師，故曰「義旗」。❺臣率兵先至　太原起兵時，李神通自長安至鄠縣（今戶縣）南山，舉兵響應，從平京師有功。❻畫定社稷之功　謀劃安定國家之功，指玄武門事變。❼汗馬　喻征戰的勞苦，因稱戰功為汗馬之勞。❽指蹤推轂　喻出謀劃策，推舉人才。指蹤，打獵時指示禽獸的蹤跡。推轂，推車前進，這裡喻推舉人才，協助劉邦攻打天下。❾宗正籍　宗正卿掌管的宗室名籍。❿再從　從系以外的遠親，如從父的子弟。⓫三從　再從系以外的遠親。⓬賈　劉賈，劉邦從父兄，以軍功封為荊王。⓭澤　劉澤，劉邦從祖昆弟，以軍功封為燕王。⓮郡王　唐初封爵九等，郡王屬二等，食邑五千戶。⓯縣公　屬五等，食邑千五百戶。

【語　譯】貞觀元年，封中書令房玄齡為邗國公，兵部尚書杜如晦為蔡國公，吏部尚書長孫無忌為齊國公，並列為第一等功臣，食邑實封一千三百戶。唐太宗的堂叔父淮安王李神通上奏說：「太原義師興起不久，我就率兵先來響應，而如今玄齡等刀筆之人，功居第一等，我私下感到不服氣。」唐太宗說：「國家大事，只在於賞與罰。賞賜與功勞相當，則無功之人會自動地退下去。刑罰與罪過相當，則作惡的人都會懼怕。這就可知賞賜與刑罰是不能輕易施行的。現在論功行賞，玄齡等人有運籌帷幄，出謀劃策，安定國家的功勞，因此漢代的蕭何，他雖然沒有征戰的汗馬之功，但出謀劃策，推舉人才，所以能功居第一。叔父是朝廷至親，我確實不應吝惜賞賜，但也不能因私情而胡亂給予跟功臣同樣的賞賜啊！」因此諸位功臣互相說：「陛下依據最公正的原則來處理事情，賞賜不偏顧自己的親屬，我們哪兒還有可以妄自申訴的。」當初，唐高祖列舉宗正卿登錄的宗室名籍，兄弟子姪、再從、三從遠親中孩童以上封王的人達數十位。至此（武德九年十一月），唐太宗對群臣說：「自兩漢以來，只封兒子及親兄弟為王，其他疏遠的親屬，要不是有大功的，如漢代的劉賈、劉澤，都不得受封。如果所有親屬都封為王，就會造成過多的力役負擔，以至於使百姓勞苦，來供養自己的親屬。」於是原先以宗室而封為郡王，卻沒有功勞的人，都降為縣公。

貞觀十一年，太宗以周封子弟，八百餘年，秦罷諸侯，二世而滅，呂后❶欲危劉氏，終賴宗室獲安，封建親賢，當是子孫長久之道。乃定制，以子弟荊州都督荊王元景❷、安州都督吳王恪❸等二十一人，又以功臣司空趙州刺史長孫無忌、尚書左僕射宋州刺史房玄齡等一十四人，並為世襲刺史。

禮部侍郎李百藥❹奏論駁世封事曰：

臣聞經國庇民，王者之常制；尊主安上，人情之大方❺。思闡治定之規，以弘長世之業，萬古不易，百慮同歸。然命曆❻有賒促❼之殊，邦家有治亂之異。遐觀載籍，論之詳矣。咸云周過其數❽，秦不及期❾，存亡之理，在於郡國。周氏以鑒夏、殷之長久，遵皇王❿之並建⓫，維城⓬磐石，深根固本，雖王綱弛廢，而枝幹相持，故使逆節⓭不生，宗祀不絕。秦氏背師古之訓，棄先王之道，踐華恃險⓮，罷侯置守⓯，子弟無尺土之邑，兆庶罕共治之憂，故一夫號呼⓰而七廟隳圮⓱。

臣以為自古皇王，君臨宇內，莫不受命上玄⓲，冊名帝錄⓳，締構遇興王之運，殷憂⓴屬啟聖㉑之期。雖魏武攜養之資㉒，漢高徒役之賤㉓，非止意有覬覦，推之亦不能去也。若其獄訟不歸㉔，菁華㉕已竭，雖帝堯之光被四表㉖，大舜之上齊七政㉗，非止情存揖讓㉘，守之亦不可焉！以放勛㉙、重華㉚之德，尚不能克昌厥後㉛。是知祚之長短，必在於天時，政或興衰，有關於人事。隆周卜世三十，卜年七百，雖淪胥㉜之道斯極，而文、武之器㉝尚存，斯龜鼎之祚㉞，已懸定於杳冥㉟也。至使南征不返㊱，東遷避逼㊲，禋祀㊳闕如，郊畿不守，此乃陵夷㊴之漸，有累於封建焉。暴秦運距閏餘㊵，數終百六㊶。受命之主，德異禹、湯；繼世之君，才非啟、誦㊷。借使李斯㊸、王綰㊹之輩盛開四履㊺，將閭㊻、子嬰㊼之徒俱啟千乘㊽，豈能逆帝子㊾之勃興，抗龍顏㊿之基命者也。

然則得失成敗，各有由焉。而著述之家，多守常轍(51)，莫不情忘今古，理蔽澆淳(52)，欲以百王之季，行三代之法，天下五服(53)之內，盡封諸侯，王畿千里之間，俱為采地(54)。是則以結繩之化(55)行虞、夏之朝，用象刑之典(56)治劉、曹(57)之末，紀綱弛紊，斷可知焉。鍥船求劍(58)，未見其可；膠柱成文(59)，彌多所惑。徒知問鼎請隧(60)，有懼霸王之師；白馬素車(61)，無復藩維(62)之援。不悟望夷(63)之釁(64)，未堪羿(65)、浞(66)之災；既罹高貴(67)之殃，寧異申(68)、繒(69)之酷。此乃欽明昏亂，自革安危，固非守宰公侯，以成興廢。且數世之後，王室浸微，始自藩屏(70)，化為仇敵。家殊俗，國異政，強陵弱，眾暴寡，疆埸彼此，干戈侵伐。狐駘之役，女子盡髽(71)；崤陵之師，隻輪不反(72)。斯蓋略舉一隅，其餘不可勝數。陸士衡(73)方規規然云：「嗣王委其九鼎(74)，凶族據其天邑(75)，天下晏然，以治待亂。」何斯言之謬也！而設官分職，任賢使能，以循良之才，膺共治之寄，刺舉分竹(76)，何世無人。至使地或呈祥，天不愛寶(77)，民稱父母，政比神明。曹元首(78)方區區然稱：「與人共其樂者，人必憂其憂；與人同其安者，人必拯其危。」豈容以為侯伯則同其安危，任之牧宰(79)則殊其憂樂？何斯言之妄也！

封君列國，藉其門資(80)，忘其先業之艱難，輕其自然之崇貴，莫不世增淫虐，代益驕侈。離宮別館，切漢(81)凌雲，或刑人力(82)而將盡，或召諸侯而共樂。陳靈(83)則君臣悖禮，共侮徵舒(84)，衛宣(85)則父子聚麀(86)，終誅壽、朔(87)。乃云為己思治，豈若是乎？內外群官，選自朝廷，擢士庶以任之，澄水鏡以鑒之，年勞(88)優其階品，考績明其黜陟。進取事切，砥礪情深，或俸祿不入私門(89)，妻子不之官舍(90)。班條(91)之貴，食不舉火[92]；剖符之重[93]，居惟飲水[94]。南陽太守[95]，弊布裹身；萊蕪縣長，凝塵生甑[96]。專云為利圖物，何其爽歟！總而言之，爵非世及，用賢之路斯廣；民無定主，附下之情不固。此乃愚智所辨，安可惑哉？至如滅國弒君，亂常干紀[97]，春秋二百年間[98]，略無寧歲。次睢咸秩[99]，遂用玉帛之君；魯道有蕩[100]，每等衣裳之會。縱使西漢哀、平[101]之際，東洛[102]桓、靈[103]之時，下吏淫暴，必不至此。為政之理，可以一言蔽焉。

伏惟陛下握紀御天[104]，膺期啟聖，救億兆之焚溺，掃氛祲[105]於寰區。創業垂統，配二儀[106]以立德；發號施令，妙萬物而為言。獨照神衷，永懷前古。將復五等[107]而修舊制，建萬國以親諸侯。竊以漢、魏以還，餘風之弊未盡，勛、華[108]既往，至公之道斯乖。況晉氏失馭，宇縣崩離；後魏[109]乘時，華夷雜處。重以關河分阻，吳、楚懸隔。習文者學長短從橫之術[110]，習武者盡干戈戰爭之心，畢為狙詐[111]之階，彌長澆浮之俗。開皇[112]在運，因藉外家。驅御群英，任雄猜[113]之數；坐移明運，非克定之功。年踰二紀[114]，民不見德。及大業[115]嗣立，世道交喪，一時人物[116]，掃地將盡。雖天縱[117]神武，削平寇虐，兵威不息，勞止未康[118]。

自陛下仰順聖慈[119]，嗣膺寶曆[120]情深致治，綜覈前王[121]。雖至道無名[122]，言象所紀[123]，略陳梗概，實所庶幾。愛敬烝烝[124]，勞而不倦，大舜之孝也。訪安內豎[125]，親嘗御膳，文王之德也。每憲司讞罪[126]，尚書奏獄，大小必察，枉直咸舉，以斷趾之法，易大辟[127]之刑，仁心隱惻，貫徹幽顯，大禹之泣辜也[128]。正色直言，虛心受納，不簡鄙訥[129]，無棄芻蕘[130]，帝堯之求諫也。弘獎名教，勸勵學徒，既擢明經[131]於青紫[132]，將升碩儒[133]於卿相，聖人之善誘也。群臣以宮中暑濕，寢膳或乖，請移御高明，營一小閣[134]。遂惜十家之產，竟抑子來[135]之願，不吝陰陽之感，以安卑陋之居。頃歲霜儉[130]，普天饑饉，喪亂甫[137]爾，倉廩空虛。聖情矜愍，勤加賑恤，竟無一人流離道路，猶且食惟藜藿[138]，樂徹簨簴[139]，言必悽動，貌成癯[140]瘦。公旦喜於重譯[141]，文命矜其即敘[142]。陛下每見四夷款附[143]，萬里歸仁，必退思進省，凝神動慮，恐妄勞中國，以求遠方，不藉萬古之英聲，以存一時之茂實。心切憂勞，志絕遊幸，每旦視朝，聽受無倦，智周於萬物，道濟於天下。罷朝之後，引進名臣，討論是非，備盡肝膈，惟及政事，更無異辭。纔日昃[144]，必命才學之士，賜以清閒，高談典籍，雜以文詠，間以玄言[145]，乙夜[146]忘疲，中宵不寐。此之四道，獨邁往初，斯實生民以來，一人而已。弘茲風化，昭示四方，信可以期月之間，彌綸[147]天壤。而淳粹尚阻，浮詭未移，此由習之久，難以卒變。請待斲[148]雕成器，以質代文[149]，刑措[150]之教一行，登封之禮[151]云畢，然後定疆理之制[152]，議山河之賞[153]，未為晚焉。《易》[154]稱：「天地盈虛，與時消息，況於人乎？」美哉斯言也。

【章旨】此章誤將李百藥〈封建論〉跟頌詔世襲刺史事編在一起。其實，〈封建論〉上奏於貞觀二年（西元六二八年）。當時唐太宗採納蕭瑀的建議，試圖封建王侯。而李百藥上疏指陳分封制的弊病，他以帝王受命於天、國祚長短取決於天意的觀點，駁斥蕭瑀封建諸侯可以享國久長的謬論，當然並無高明之處。但是他考察朝代更迭的得失成敗，又著重於人事的分析，具有合理的因素。他指出，推行分封制，只會造成種種弊病：「封君列國，藉其門資，忘其先業之艱難，輕其自然之崇貴，莫不世增淫虐，代益驕侈。」但時至貞觀十一年，唐太宗仍不忘於世封制，頒詔以親王及功臣三十五人為世襲刺史。

【注釋】❶呂后　名雉，漢高祖之皇后。惠帝死後，呂后臨朝，欲王諸呂。朱虛侯劉章因侍宴，以軍法斬諸呂一人，由是諸呂忌憚。呂后死後，太尉周勃依仗劉氏宗室，剪滅諸呂，擁立漢文帝。❷元景　李元景，唐高祖第六子，為莫嬪所生。❸恪　李恪，唐太宗第三子，為楊妃所生。❹李百藥　字重規，定州安平（今屬河北）人。貞觀二年，任禮部侍郎。朝廷議將封建諸侯，上奏〈封建論〉。貞觀四年，為太子右庶子。十年已為太子左庶子，不久又為宗正卿，十一年進爵為子。《政要》繫上〈封建論〉事於貞觀十一年，且稱「禮部侍郎李百藥」，不可通。細審上書內容，並非針對「世襲刺史」而言。❺大方　根本的原則。❻命曆　指王朝的享國年數。❼賒促　長遠與短促。❽周過其數　謂周朝超過了預計的享國年數。昔周成王定鼎，卜世三十，卜年七百。而後歷三十七主，八百六十七年，實過其數。參見《左傳・宣公三年》。❾秦不及期　謂秦朝沒有達到預計的享國年數。初，秦始皇云傳至萬世，而後僅二世而亡。❿皇王　指古代聖君。⓫建　制定國家法令，即治國之意。⓬維城　維繫城邑，指鞏固邦國。⓭逆節　指反叛作亂。⓮踐華恃險　依靠華山的險要地形。⓯罷侯置守　廢除諸侯封國，建置郡守。⓰一夫號呼　指陳勝起義，首倡天下反秦。⓱七廟隳圮　秦朝的祖廟毀壞坍塌，意即滅亡。七廟，天子的祖廟。以太祖廟居中，左右三昭三穆，共為「七廟」。⓲上玄　上天。⓳帝錄　當作「帝籙」。登記帝王受命的簿籍。⓴殷憂　深憂。㉑啟聖　開啟聖王的事業。㉒魏武攜養之資　謂曹操原是宦官的養子，門資低微。魏武，即魏武帝曹操。曹丕建魏後，追贈其父曹操為武帝。㉓漢高徒役之賤　謂漢高祖劉邦出身於卑賤的役徒。劉邦原為泗上亭長，送役徒至驪山，在途中乘機起兵。㉔獄訟不歸　訴訟之人不來歸附。傳說遠古時，獄訟者不到堯之子丹朱處，而到舜這裡來，說明人心歸舜。見《史記・五帝本紀》。㉕菁華　精華。㉖四表　四方極遠之地。㉗七政　日、月以及五星（金、木、火、水、土）。㉘揖讓　禪讓。㉙放勛　堯之名。㉚重華　舜之名。㉛克昌厥後　能夠使其後代昌盛。㉜淪胥　相率淪喪或陷溺。㉝文武之器　周文王、武王的器物。㉞龜鼎之祚　謂享國長久。龜鼎，龜形之鼎，用以象徵國運長久。㉟杳冥　指極其幽遠之處，即上天。㊱南征不返　周昭王德衰，南巡渡漢水，民眾厭惡他，給他乘用膠黏合的船，船至中流，沉沒而死。㊲東遷避逼　周平王東遷雒邑，以避戎寇。㊳禋祀　古代祭天神的一種禮儀。㊴陵夷　衰頹。㊵運距閏餘　國運到了非正常的閏餘阨數。距，到。閏餘，正常年歲的多餘時日，每隔數年設閏日或閏月加以調整。㊶百六　阨運之數。㊷啟誦　夏啟、周成王姬誦。㊸李斯　秦朝丞相。㊹王綰　秦朝丞相。㊺四履　指分封諸侯疆土的四至。履，所踐履之界。㊻將閭　秦公子，為秦二世所殺害。㊼子嬰　秦二世之子。趙高殺秦二世，立子嬰為王。子嬰又殺趙高，降漢，最後被項羽所殺。㊽千乘　兵車千乘，指諸侯之國。㊾帝子　指劉邦，起兵時曾應赤帝子之讖。㊿龍顏　指劉邦，史稱劉邦隆準而龍顏。(51)常轍　常規。(52)澆淳　澆薄與淳樸。(53)五服　甸服、侯服、綏服、要服、荒服。傳說虞、夏之制，王畿之外四面各五百里稱甸服，甸服外又各五百里稱侯服，侯服外又各五百里稱綏服，綏服外又各五百里稱要服，要服外又各五百里稱荒服。(54)采地　卿大夫的食邑之地。(55)結繩之化　傳說上古結繩而治，後世聖人易之以書契。(56)象刑之典　謂舜時效法天道以制定刑法的不變準則。象，法。典，常。(57)劉曹　言漢、魏之時。劉，漢之姓。曹，魏之姓。(58)鍥船求劍　即刻舟求劍，典出於《呂氏春秋・察今》。比喻方法不對頭，不知道情況已經發生變化。(59)膠柱成文　謂黏住瑟的絃柱而企圖奏出樂章。比喻拘泥不知變通。(60)問鼎請隧　指春秋時楚莊王問鼎和晉文公請隧。楚莊王曾在東周的疆土內舉行軍事演習，並向人詢問周朝宗廟裡九鼎的大小輕重，有覬覦周室之意。隧，地道。闕地通路，為王者之葬禮。晉文公朝見周襄王，請允許晉用隧葬，也有取代王室之心。(61)白馬素車　古時喪禮用的車馬。秦王子嬰曾以白馬素車，來到霸上，向劉邦的漢軍投降。

62藩維　指諸侯藩國。63望夷　望夷宮，趙高殺秦二世於此宮。64釁　事端。65羿　夏代后羿，取代夏王太康而自立。66浞　寒浞，后羿的臣子，殺羿而自立為王，後被夏王少康所殺。67高貴　即曹髦，曹丕的孫子，曾被封為高貴鄉公。後嗣位為帝，欲殺擅權的司馬昭，結果反而被司馬昭所殺。68中　中侯，曾與繒及犬戎聯合攻周，殺周幽王於驪山之下。69繒　古國名，在今河南方城一帶。70藩屏　捍衛。71狐駘之役二句　魯襄公四年（西元前五六九年），魯侵邾，敗於狐駘（在今山東滕縣東南），國人迎喪者皆髽。髽，古代婦女喪服的露髻，用麻束髮。72崤陵之師二句　魯僖公三十三年（西元前六二七年），晉人及姜戎敗秦師於崤陵（在今河南西部），匹馬隻輪無返者。反，同「返」。73陸士衡　即陸機，西晉文學家。著〈五等諸侯論〉，以聖王經國義在封建。74嗣王委其九鼎　謂周惠王、襄王、悼王等棄國出奔。委，丟棄。九鼎，傳國寶器。75凶族據其天邑　謂東周王子頹、王子帶、王子朝等據國僭位。凶族，指三子。天邑，東周天子之國。76刺舉分竹　指分任刺史、郡守。刺舉，謂刺探舉發別人的過惡，在此指刺史。分竹，義同「剖符」。漢文帝時賜銅虎符與郡守，作為調發軍隊的憑證。在此指郡守。77天不愛寶　謂上天不吝惜寶物，而將寶物賜給人間。78曹元首　三國時魏人，曾上〈六代論〉，以感悟大將軍曹爽。79牧宰　州郡地方長官。80門資　門第與資望。81切漢　逼近天河。漢，天河，亦稱雲漢、銀漢、天漢。82刑人力　使用人力，充服勞役。83陳靈　春秋時陳靈公。他與孔寧、儀行父等私通夏姬，淫亂悖禮。84徵舒　夏姬之子。陳靈公等在夏姬家飲酒，侮辱徵舒，徵舒憤而殺死陳靈公。85衛宣　春秋時衛宣公。86父子聚麀　指衛宣公納子伋之妻，是為宣姜。宣姜生壽及朔。後來，朔、宣姜慫恿衛宣公，以計殺死壽及伋。麀，雌性的鹿。87朔　當作「伋」。88年勞　年節慰勞。89俸祿不入私門　指東漢楊秉為豫章太守，清儉，計日受祿，餘祿不入私門。90妻子不之官舍　指東漢鉅鹿太守魏霸、潁川太守何並，每到任，妻子不入官舍。91班條　官位的排列等級。92食不舉火　指東漢左雄為冀州刺史，在任不舉煙火，常食乾糧。93剖符之重　委以重任。漢初與郡守為銅虎符，當發兵，遣使者至郡合符，乃聽受。94居惟飲水　指晉鄧攸為吳郡太守，載米居官，惟飲吳水而已。95南陽太守　指東漢南陽太守羊續。96萊蕪縣長二句　指東漢萊蕪縣令范丹，家貧，甑中生塵。甑，古代做飯的一種器皿。(97)亂常干紀　擾亂倫常，觸犯綱紀。(98)春秋二百年間　據《春秋》載，始於魯隱公元年（西元前七二二年），終於魯哀公十四年（西元前四八一年），共二百四十二年。云二百年，舉其整數。(99)次睢咸秩　謂到睢水祭祀。據《左傳》載，宋公派邾文公到睢水祭祀，殺了小國之君鄫子當作祭品。(100)魯道有蕩　語出《詩經．齊風．載驅》。謂魯國的道路平坦，便於男女幽會。諷刺魯莊公夫人姜氏與齊襄公私通。(101)哀平　哀帝、平帝。其時朝政腐敗。(102)東洛　指東漢。都洛陽，故曰東洛。(103)桓靈　桓帝、靈帝。其時朝政日益腐敗。(104)握紀御天　掌握綱紀，駕馭天下。(105)氛祲　凶氛妖氣。(106)二儀　指天與地。(107)五等　分封等爵有五：公、侯、伯、子、男。(108)勛華　放勛、重華，即堯、舜。(109)後魏　北魏，鮮卑族拓跋氏建立的王朝。(110)長短從横之術　縱横家遊說之術。長短，指遊說之術。從横，合縱連横的簡稱。(111)狙詐　狡猾奸詐。(112)開皇　隋文帝年號。隋文帝楊堅原是北周外戚，廢北周靜帝，建立隋朝。(113)雄猜　指隋文帝既有雄才又多猜疑。參見本書〈政體〉篇。(114)二紀　二十四年。十二年為一紀。隋文帝在位二十四年。(115)大業　隋煬帝年號。(116)一時人物　原作「一人一物」，據《舊唐書．李百藥傳》改。(117)天縱　天之所使。(118)勞止未康　民力疲勞而國家未能康盛。(119)聖慈　指太上皇李淵。貞觀九年逝世。(120)寶曆　帝位。(121)綜覈前王　綜合考察前代君王的經驗教訓。覈，核。(122)至道無名　至善之道，無以名狀。(123)言象所紀　指所記下之言談、表現。紀，通「記」。(124)烝烝　謂孝德之美。(125)內豎　古代宮中傳達王命的小吏，後作宦官的通稱。(126)讞罪　審判定罪。(127)大辟　五刑之一，死刑的通稱。(128)大禹之泣辜也　傳說禹出見罪人，下車，問而泣之。見《說苑》。(129)訥　當作「陋」。(130)芻蕘　草野小民。(131)明經　唐代科舉制度中科目之一，主要考試經義。(132)青紫　本為古代公卿服飾，因借指高官顯爵。(133)碩儒　大儒。(134)營一小閣　事見本書〈儉約〉篇。貞觀二年，公卿奏請營一閣以居住。唐太宗曰：「昔漢文（帝）將起露臺，而惜十家之產，朕德不逮于漢帝，而所費過之，豈為人父母之道也？」終不許。李百藥列舉此事，說明〈封建論〉上奏於貞觀二年。(135)子來　謂民心歸附，如子女趨事父母，不召自來。(136)霜儉　因霜災造成歉收。儉，貧乏；不豐足。(137)甫　開始；始初。(138)藜藿　指粗劣的飯菜。藿，豆葉。藜，似藿而表赤的一種草本植物。[139]簨簴　懸鐘鼓之架，皆以木做成，橫的稱簨，縱的稱簴。[140]癯　瘦。[141]公旦　周公旦居攝，天下和平，交趾之南越裳國以三象重譯而獻白雉。[142]文命矜其即敘　夏禹既平九土，西戎也依次序歸附。[143]款附　誠心歸附。[144]日昃　太陽西斜。[145]玄言　清新玄妙的言詞。但並非指魏晉「清談」。[146]乙夜　二更的時候，夜間十時左右。唐太宗嘗乙夜讀書。[147]彌綸　包括；統攝。[148]斲　斫；砍。[149]以質代文　以質樸代替浮飾。[150]刑措　刑法擱置不用，意即沒有人犯法。[151]登封之禮　封禪典禮。[152]疆理之制　封疆治理的制度。[153]山河之賞　指分封疆土。[154]易　指《易・豐卦・彖傳》。

【語　譯】貞觀十一年，唐太宗認為周朝分封子弟為諸侯，享國八百餘年，秦朝罷除諸侯王，結果二世而亡，呂后想危害劉氏王朝，最後還是依賴劉氏宗室的力量獲得安定，可見，分封皇親賢臣，應是子孫享國長久之道。於是規定制度，以諸皇弟與皇子如荊州都督荊王李元景、安州都督吳王李恪等二十一人，又以功臣司空趙州刺史長孫無忌、尚書左僕射宋州刺史房玄齡等一十四人，均封為世襲刺史。

（貞觀二年）禮部侍郎李百藥上奏了一篇〈封建論〉，駁斥世襲分封的建議，說：

我聽說治理國家而庇護百姓，是君王的日常大事；尊崇君主而安定朝廷，是民情的根本原則。設法闡明治理與安定天下的規章制度，用來弘揚享國長久的帝業，並使它萬古不變，這是大家共同考慮的問題。然而，各王朝的享國年數卻有長與短的不同，國家也有治與亂的差異。觀察久遠的史籍，論述這種事是很詳細的。都說周朝超過了預卜的年數，秦朝卻沒有達到原先預想的期限，其中存與亡的關鍵，就在於實行封國還是郡縣制度。周朝因為借鑑夏朝、殷朝享國長久的經驗，遵循古代聖君與封國並治的制度，使國家堅如磐石，根本鞏固，雖然後來周王綱紀廢弛，但由於諸侯王的維護，如枝幹相持，所以使叛亂無從發生，宗廟祭祀也因而沒有斷絕。秦朝違背了效法古代的原則，拋棄先王之道，依仗華山的險要地形，廢除諸侯而建置郡守，宗室子弟沒有尺土的封邑，廣大民眾很少有共治天下的憂患意識，所以一旦陳勝振臂號呼，秦朝的祖廟也就毀壞倒塌了。

我以為自古以來的聖君，統治天下，沒有不受命於上天，名字登記在帝王受命的簿籍上的，他們締造國家時，遇上王業振興的好運，深切的憂慮正產生在屬於這種開啟聖王事業的時期。雖然魏武帝曹操是宦官的養子，漢高祖劉邦出身於微賤的役徒，但他們稱王，並非只是他們本人對帝位有非分的企圖，也正是天意所在，是要推辭它也不能推掉的。如果訴訟的百姓不來歸附，精華已經枯竭，即使帝堯的德光遍照四海，大舜的政績如同日月五星，但他們還得讓位給別人，就算不是他們存心想禪讓，他們的子孫要守住帝位也是不可能的！以堯、舜的德行，尚且不能夠使他們的後代昌盛。由此可知，國祚的長短，必定在於天意，而政事的興衰，才與人事有關。隆盛的周朝，預卜傳三十代，享國七百年，即使後來陷溺的程度到了極點，而周文王、武王的禮樂制度猶存，這龜鼎所象徵的長久國祚，是早已由上天注定了的。至於周昭王南巡漢水而死，周平王避戎寇而東遷雒邑，祭祀禮儀殘缺，京郊也守不住了，這是衰頹的開始，這是受到封諸侯、建邦國牽累的結果。凶暴的秦朝，國運到了非正常的閏餘阨數，以致短命而終，即到了阨數。這是因為秦朝受命的君主，德行既不同於夏禹、商湯；繼位的君主，才能也不如夏啟、周成王。即使李斯、王綰之輩大行分封疆土的制度，將閭、子嬰之徒都成為擁有千乘兵車的諸侯，難道能擋住劉邦稱帝的勃興，抗拒劉邦開創基業的天命嗎？

既然如此，那麼，得失成敗，是各有原因的。而典籍撰述者，大都拘守常規，沒有人注意古今的不同，也分不清澆薄與淳樸的不同風氣，居然想在百王之末世，實行夏、商、周的法制，將天下五服之內的疆域，都分封給諸侯，將王畿千里之間的土地，都分作卿大夫的采邑。這就是把結繩記事的方法推行於虞舜、夏禹時代，用舜時的象刑之典來治理漢、魏之末世，結果將使綱紀紊亂廢弛，是斷然可知的了。刻舟求劍，是不可以得到劍的；膠柱鼓瑟，是更加彈不出音調的。只知道楚莊王問鼎和晉文公請隧，而有懼怕霸王興師的心理；看到子嬰白馬素車出降，而產生不再有諸侯王來援助的感歎。卻不瞭解秦二世在望夷宮被殺的事因，以致不斷發生像后羿推翻太康、寒浞殺害后羿的災難；當年高貴鄉公曹髦遭到殺身的殃禍，難道跟申侯、繒殺周幽王的殘酷行為有所差異嗎？這些都是由於帝王自己昏亂了，自己撤除了安全的措施，走向危亡，原就不是郡守縣宰或者封建公侯，促成了天下衰敗的局勢啊。況且立國幾代之後，王室逐漸衰微，當初作為藩屏的諸侯王，後來都變成了仇敵。家俗不同，國政差異，強大的欺陵弱小的，勢眾的侵暴人少的，在疆場上彼此爭奪，互相交戰攻伐。魯侵邾，敗於狐駘，魯國女子都用麻束髮哀悼；秦國軍隊在崤陵被晉國打敗，連一隻車輪也沒有返回秦國。這裡只大略地列舉一二事例，其餘的多得不可勝數。而陸士衡卻拘泥地說：「周惠王、襄王、悼王拋棄了傳國寶器，凶暴的三王子占據了王位，而天下卻晏然太平，仍以治待亂。」這話是何等的荒謬！而設官分職，任賢使能，用循良之才來承擔共治天下的責任，有的分任刺史，以刺舉過惡，有的分任太守，以掌管軍隊，哪一個時代沒有這樣的賢良之臣？這樣就會使大地呈現祥瑞，上天賜予寶物，民眾稱讚父母官，把主政的人奉為神明。而曹元首卻短視地說：「和別人（指諸侯）共享歡樂的人，別人必定為他（指君主）分憂；和別人同享安樂的人，別人必定為他排難。」難道只要封為列國侯伯就能共享安危，而任為州郡長官就不能與國君憂樂相共了嗎？曹元首稱讚分封制的話是何等的謬誤！

分封為列國的諸侯，憑藉他們的門第資望，忘記了先輩創業的艱難，對世襲得來的崇貴地位毫不珍惜，沒有不是一代比一代更加荒淫暴虐，更加驕橫奢侈的。離宮別館，修建得高聳雲霄，有的徵用勞役，使民力枯盡；有的召集諸侯，共同作樂。陳靈公就違背君臣之禮，與臣子一起侮辱徵舒；衛宣公淫亂，父子共妻，終於殺了兒子壽及伋。陛下還說自己立諸侯是為了想治理好國家，難道是像這樣的嗎？如果不是分封世襲，內外眾官都由朝廷選拔，提拔士和庶民來擔任官職，以明淨如水的鏡子來鑒定審查，按年資來提升官階品秩，照考績來明定官職升降。這樣，他們在做事上就會培養出旺盛的進取心，在品行上就會磨煉出高潔的情操，有的人俸祿不入私家，有的人不讓妻兒住進官舍。有的人官位顯貴，但只以乾糧為食；有的人居於重任，卻自帶糧食，只飲用當地之水而已。如南陽太守羊續，只穿粗布衣服；萊蕪縣令范丹，家裡的飯甑往往積滿灰塵。如果只是說做官是為私利、圖財物，他們為什麼就這樣清白呢！總而言之，官爵不是世襲的，任賢之路就會廣闊；百姓沒有固定的君主，依附的感情就不會牢固。這是愚笨與聰明的人都能辨明的道理，哪兒可以懷疑呢？至於如滅國弒君，擾亂倫常，觸犯綱紀，在春秋時代二百多年中，幾乎沒有安寧的時候。宋公派邾文公到睢水祭祀，殺了小國之君鄫子當作祭品；魯國道路平坦，常常等待著男女作亂倫的幽會。即使在西漢哀帝、平帝之際，在東漢桓帝、靈帝之時，下面官吏的荒淫殘暴，必定是不會到達這種程度的。所以治理國家的道理，可以用前面說過的一句話來概括它。

陛下執掌綱紀，駕馭天下，承受天意，開創聖王的事業，拯救水深火熱中的百姓，掃清宇宙之間的妖氛。創業垂統，所立德澤與天地媲美；發號施令，所定條文與萬物同妙。聖心獨照，永遠懷念前古聖王。於是陛下準備恢復五等封爵而重修舊制，建立眾多的封國來使諸侯互相親近。我私下以為，漢、魏以來，封建諸侯的流弊尚未除盡；堯、舜時代已經過去，至公之道也早已改變了。何況晉朝喪失了駕馭天下的能力，使國家分崩離析；北魏乘機入主中原，出現了華夷雜處的局面。加以山河阻絕，中原與南方吳、楚懸隔。習文者學的全是縱橫家遊說之術，習武者用的盡是戰爭的心思，這些都成為狡猾奸詐行為的憑藉，助長了澆薄浮誇的風俗。隋文帝應運建國，憑藉的是外戚地位。他驅使、任用眾多的英豪，卻又任意地猜忌別人；他坐享其成，轉移了北周國運，並非有平定天下的功業。他在位二十四年，百姓沒有得到任何恩德。等到隋煬帝繼位，世道淪喪，一時英才，都摧殘殆盡。即使上天賜予他神功武力，能削平寇亂，而兵威不息，民力疲勞，國家也不可能康盛起來。

陛下仰順太上皇的旨意，繼承帝位，專心致力於政事，綜合考察從前帝王的經驗教訓，以迎頭趕上。雖然陛下至善之道難以名狀，但就所記錄的言談表現，略陳梗概，這實在是我所希望的。敬愛尊長，孝德淳美，勞而不倦，這是大舜一樣的孝行。向宮中小吏詢問太上皇的健康情況，親自為太上皇試嘗食物，這是周文王一樣的美德。對司法機構的審判、定罪，以及尚書的奏獄，總是大小必察，曲直是非都辨得一清二楚，以斷趾之法代替死刑，仁心惻隱，使活著的人與因罪而死的人都深受感動，這跟大禹見到罪人便「問而泣之」是一樣的。對嚴厲的直言諫諍，總是虛心地接受、採納，不怠慢鄙陋之人，不拋棄草野小民的意見，這跟帝堯虛心求諫是一樣的。陛下弘揚禮教，勸勵學子，既把通過明經科舉考試的士人提拔為高官，又將大儒升為卿相，這跟聖人循循善誘是一樣的。群臣以為宮中炎熱潮濕，食宿有時不太合意，請陛下營造一座小閣，移居高爽明亮之處。陛下便愛惜十家資產的費用，竟制止了臣子們的建議，不顧身受天氣變化的痛苦，安居於卑陋的宮室。近年因霜災歉收，全國饑荒，喪亂的現象又開始出現了，倉庫裡也十分空虛。陛下憐憫百姓，勤加賑濟，竟然沒有一人流離於道路，而且陛下卻只吃粗劣飯菜，停止了歌舞作樂的活動，言談總是淒惋哀慟，身體也消瘦了。從前，周公旦為遠方小國幾經翻譯前來進獻貢品而感到喜悅，大禹為西戎依次歸附而感到驕傲。如今，陛下每看到四方遠夷誠心歸附，萬里之外，人心嚮往仁義，總是進退思考，一再反省，聚精會神地考慮問題，惟恐妄勞中國百姓，以求得遠夷的歸附，不依靠萬古的英明聲譽，以換取一時的眾多寶物。陛下治國心切，憂勞理政，立志斷絕遊玩巡幸的一切事情，每天早晨視朝聽政，毫不疲倦，智慧遍及萬物，道義普救天下。罷朝之後，引見名臣，討論是非得失，推心置腹，只談政事，再沒有別的話。到了下午，太陽剛西斜，一定叫才學之士入內，賜予清閒安逸的活動，高談典籍，加上有時作文吟詩，又有時清談玄理，直到二更時分也不知疲倦，到了夜半還不睡眠。在這四方面，只有陛下超過了以往朝代的君王，這實在是有人類以來，惟有陛下一人做到這樣罷了。弘揚這種風氣教化，將它昭示於四方，相信可以在一年之間，遍布於天下。但是，如今淳粹的風化還受到阻礙，浮薄詭詐的習俗尚未消除，這是由於積習已久，難以立刻改變的緣故。請等待雕玉成器，以質樸代替浮飾，刑措之教化推行，封禪之典禮完畢，然後再確定封疆治理的制度，商議賞賜封邑，那也不算是晚的。《易經》上說：「天地的盈虧，隨著時間的推移而變化，何況是人呢？」這話說得多好啊。

中書舍人馬周又上疏❶曰：

「伏見詔書令宗室勳賢作鎮藩部❷，貽厥子孫，嗣守其政，非有大故，無或黜免。臣竊惟陛下封植之者，誠愛之重之，欲其緒裔❸承守，與國無疆。何則？以堯、舜之父，猶有朱❹、均❺之子，況下此以還，而欲以父取兒❻，恐失之遠矣。儻有孩童嗣職，萬一驕逸，則兆庶被其殃，而國家受其敗。政欲絕之也，則子文❼之治猶在；政欲留之也，而欒黶❽之惡已彰。與其毒害於見存之百姓，則寧使割恩於已亡之一臣，明矣。然則嚮之所謂愛之者，乃適所以傷之也。臣謂宜賦以茅土❾，疇其戶邑❿，必有材行，隨器方授⓫，則翰翮⓬非強，亦可以獲免尤累⓭。昔漢光武⓮不任功臣以吏事，所以終全其世者，良由得其術也。願陛下深思其宜，使夫得奉大恩，而子孫終其福祿也。」

太宗並嘉納其言。於是竟罷子弟及功臣世襲刺史。

【章　旨】此章載馬周之奏疏，極力反對世襲刺史之制。認為宗室勳賢的後代未必是賢才，萬一驕逸，則百姓遭殃，國家喪敗。

【注　釋】❶上疏　此疏上於貞觀十一年（西元六三七年），馬周當時官為侍御史，次年始任中書舍人。除了馬周外，還有太子左庶子于志寧上疏抗爭。唐太宗並嘉納其言。及至貞觀十三年二月，頒詔停世襲刺史。❷作鎮藩部　鎮守封土，作為藩屏。❸緒裔　指後代。❹朱　丹朱，堯之子，不肖之子。❺均　商均，舜之子，不肖之子。❻以父取兒　因父親的才能而取用兒子。❼子文　春秋時楚國令尹。他的孫子因過失犯罪，楚莊王想到子文治國的功績，便說：「子文無後，何以勸善？」於是恢復了子文孫子的官職。事見《左傳》。❽欒黶　春秋時晉國大夫武子之子，驕縱暴虐。黶死後，晉士鞅曰：「黶死，武子所施沒矣，而黶之怨實章。」事見《左傳》。❾賦以茅土　指分封諸侯。分封時把封地所屬方向之壇土（東方青、南方赤、西方白、北方黑、中央黃）用茅草包好授給受封的人，作為分得土地的象徵。❿疇其戶邑　與其食邑戶數相等。疇，等。⓫隨器方授　根據才能授予官職。⓬翰翮　羽毛。這裡指能力。⓭尤累　過失、災難。尤，過失。⓮漢光武　東漢光武帝劉秀。

【語　譯】中書舍人馬周又上疏說：

「我恭謹地見到詔書，命令宗室勳臣鎮守封土，作為藩屏，並傳給子孫，使後嗣繼承世襲刺史的地位，如沒有重大的事故，就不得罷免。我私下認為陛下這樣分封、扶植他們，確實是對他們加以愛護與重視，是想讓他們的後代繼承下去，享國永久。但這樣做是為什麼呢？像堯、舜這樣的父親，還有丹朱、商均這樣的不肖兒子，何況堯、舜以下的人，卻想要根據父親的才能去取用他們的兒子，這恐怕相差得太遠了吧！倘若有後代的孩童承襲職位，萬一驕逸起來，則百姓將會遭受殃禍，國家也會陷於敗亡。到了那時，即使想罷黜他們，則子文之治的例子猶在，仍要考慮到他們父輩的功績；就是想保留他們，而又有像欒黶那種過惡昭彰的事實。與其讓他們危害現在的百姓，寧可對已故的一個臣子割恩，這是十分明白的道理。既然如此，那麼，從前所謂愛護他們的做法，恰好就因而傷害他們了。我認為應當照他們封戶的多少給予分封，使他們享有相等的食邑，以徵收租稅，對於他們之中肯定有才行的人，根據他們的才能授予官職，這樣，其中能力不強的人，也可以免去過失、災禍。從前，東漢光武帝不任命功臣去當職事官，從而使功臣終身得以保全，真的是由於他深得治國的方法的緣故。希望陛下深思如何恰當地處理這問題，使宗室勳臣獲得大恩，而且子孫也永遠能享有福祿。」

唐太宗十分稱讚馬周、于志寧等人的意見，並加以採納。到了貞觀十三年二月終於取消了以宗室子弟及功臣為世襲刺史的決定。

卷四

太子諸王定分第九

貞觀七年，授吳王❶恪齊州❷都督。太宗謂侍臣曰：「父子之情，豈不欲常相見耶！但家國事殊，須出作藩屏。且令其早有定分❸，絕覬覦之心，我百年❹後，使其兄弟無危亡之患也。」

【章旨】此章言要使諸王早有定分，以免發生爭奪皇位的禍患。

【注釋】❶吳王　李恪當時為蜀王，貞觀十年（西元六三六年）始封吳王。❷齊州　今山東濟南一帶。❸定分　確定的名分。❹百年　死的諱稱。

【語譯】貞觀七年，授吳王李恪為齊州都督。唐太宗對侍臣說：「就父子之情而言，難道有不想經常互相見面的嗎！只是家事與國事不同，諸王必須出外鎮守，作為國家的屏障，而且使他們早些有確定的名分，斷絕非分的企圖，到了我百年之後，也可使他們兄弟不致發生爭奪皇位的災禍。」

貞觀十一年，侍御史馬周上疏曰：「漢、晉以來，諸王皆為樹置失宜，不預立定分，以至於滅亡。人主熟知其然，但溺於私愛，故前車既覆而後車不改轍也。今諸王承寵遇之恩有過厚者❶，臣之愚慮，不惟慮其恃恩驕矜也。昔魏武帝寵樹陳思❷，及文帝即位，防守禁閉，有同獄囚。以先帝加恩太多，故嗣王❸從而畏之也。此則武帝之寵陳思，適所以苦之也。且帝子何患不富貴，身食大國❹，封戶❺不少，好衣美食之外，更何所須？而每年別加優賜，曾無紀極❻。俚語❼曰：『貧不學儉，富不學奢。』言自然也。今陛下以大聖創業，豈惟處置見在子弟而已，當須制長久之法，使萬代遵行。」疏奏，太宗甚嘉之，賜物❽百段。

【章旨】此章論諸王樹置失宜，不預立定分，將會導致國家的滅亡。

【注釋】❶有過厚者　指唐太宗特別寵愛魏王李泰，當時甚至有廢太子李承乾，別立李泰的意圖。❷陳思即陳思王曹植，曹操的第三子，因多藝能，深受曹操寵愛。及魏文帝曹丕即位，以悖慢貶安鄉侯，後進封東阿王。❸嗣王　指魏文帝。❹大國　指大的封邑。❺封戶　封邑戶數。唐朝食實封制度規定，封戶「皆三丁以上，一分入國」，即食實封的王公從封邑封戶那裡分割到三分之一的賦稅以及全部力役收入。❻紀極　終極；限度。❼俚語　俗諺。❽物　指絹、帛。

【語　譯】貞觀十一年，侍御史馬周上疏說：「漢、晉以來，諸王都因為分封建置失當，沒有預先確立一定的名分，以至於爭奪皇位，使國家滅亡。君主熟知這種情況，只是沉溺於私愛之中，所以前車雖已翻覆而後邊的車卻仍不改道，不肯吸取教訓。如今諸王受到寵遇，其中有過分厚愛的，我十分憂慮，不只是擔心諸王依恃皇恩而驕傲自大而已。從前，魏武帝曹操寵愛陳思王曹植，等到魏文帝曹丕即位，對曹植防守禁閉，如同獄中的囚犯一樣。因為先帝對他的寵愛太多，所以繼位的魏文帝也就畏怕、防範他了。這就是說，魏武帝之寵愛陳思王，恰好是因而傷害他了。況且帝王的子弟哪兒用得著擔憂不富貴，他們享有大的封邑，封戶不少，除了華麗衣服和精美飲食之外，還需要什麼呢？何況每年另加優厚的賞賜，從來沒有限度。俗語說：『貧者不學節儉，富者不學奢侈。』說的是自然會那樣做的。如今陛下以大聖創業，難道只處置好現在的子弟而已？還應當制定長久之法制，使子孫萬代都遵照實行。」此疏奏上以後，唐太宗很讚賞，賜給馬周帛一百段。

貞觀十三年❶，諫議大夫褚遂良以每日❷特給魏王泰府料物❸，有踰於皇太子❹，上疏諫曰：「昔聖人制禮，尊嫡卑庶。謂之儲君❺，道亞霄極❻，甚為崇重，用物不計，泉貨❼財帛，與王者共之。庶子體卑，不得為例，所以塞嫌疑之漸，除禍亂之源。而先王必本於人情，然後制法，知有國家，必有嫡庶。然庶子雖愛，不得超越嫡子，正體❽特須尊崇。如不能明立定分，遂使當親者疏，當尊者卑，則佞巧之徒，承機而動，私恩害公，惑志亂國❾。伏惟陛下功超萬古，道冠百王，發施號令，為世作法。一日萬機或未盡美，臣職諫諍，無容靜默。伏見儲君料物，翻❿少魏王，朝野見聞，不以為是。《傳》⓫曰：『臣聞愛子，教以義方⓬。』忠、孝、恭、儉，義方之謂。昔漢竇太后⓭及景帝並不識義方之理，遂驕恣梁孝王，封四十餘城，苑方三百里，大營宮室，複道⓮彌望，積財鏹⓯巨萬計，出警入蹕⓰，小不得意，發病而死。宣帝⓱亦驕恣淮陽王⓲，幾至於敗，賴其輔以退讓之臣⓳，僅乃獲免。且魏王既新出閤⓴，伏願恆存禮訓，妙擇師傅，示其成敗；既敦之以節儉，又勸之以文學。惟忠惟孝，因而獎之，道德齊禮㉑，乃為良器。此所謂聖人之教，不肅而成者也。」太宗深納其言。

【章　旨】此章論尊嫡卑庶的禮制原則，認為太子與諸王應該有尊卑之分，「庶子雖愛，不得超越嫡子」。希望唐太宗不要驕恣魏王李泰，而要妙擇師傅，加以教育。

【注　釋】❶貞觀十三年　《資治通鑑》繫此事於十六年（西元六四二年），是。貞觀十五年，褚遂良始為諫議大夫；此作十三年，當誤。❷每日　諸史傳均作「每月」。按月而不是按日供給料物。❸料物　指各種物資。❹皇太子　即李承乾，長孫皇后生，嫡長子。❺儲君　即太子。儲，副。太子，君之副，故謂之儲君。❻霄極　雲霄之極高處，比喻至尊的君王。❼泉貨　錢幣；貨幣。❽正體　國家的正宗，指皇太子。❾惑志亂國　原作「或至亂國」，據史傳改。❿翻　反而。⓫傳　指《左傳．隱公三年》。⓬義方　做人的正道。⓭竇太后　西漢文帝皇后，生景帝及梁孝王。梁王，名武，諡曰孝，漢景帝時，驕矜放縱，欲代為太子，未獲許可，後發病而死。⓮複道　宮苑建築群之間的通道。⓯鏹　錢串，引申為成串的錢。⓰出警入蹕　天子出稱警，入稱蹕。警，警戒。蹕，清道。謂皇帝出入經過的地方嚴加戒備，斷絕行人。⓱宣帝　西漢宣帝，名詢。⓲淮陽王　漢宣帝庶子，名欽，諡曰憲。漢宣帝一度想立淮陽王，後又不忍廢太子。為了感諭淮陽王，選擇「推讓之臣」作輔導，「由是太子遂安」。事見《漢書．宣元六王傳》。⓳退讓之臣　指故丞相韋賢之子玄成。玄成曾裝瘋讓侯兄，經明行高，稱於朝廷。漢宣帝選玄成輔導淮陽王。⓴出閤　本來指皇室諸王出就藩封，但唐朝前期均指在京師開府置官屬。如李泰魏王府。㉑道德齊禮　導之以德，齊之以禮。

【語　譯】貞觀十三年，諫議大夫褚遂良由於每日特別賜給李泰魏王府的各種物資，超過了給皇太子的，便上疏規諫說：「從前聖人制定禮儀，原則是尊重嫡子、卑抑庶子。所謂儲君，他的地位是僅次於至尊的君王的，甚為崇高貴重，所用物資都不加限制，錢幣財帛與君主共同享用。其他庶子則身分卑下，不得拿嫡子比照，以此杜絕嫌疑的萌生，消除禍亂的根源。而先王必定是根據人情，然後制定法令，曉得擁有國家，必定有嫡、庶之分。即使寵愛庶子，也不得超過嫡子，因為皇太子的正統地位必須特別受到尊崇。如果不能明白確立一定的名分，就會使得該親近的反而疏遠，該尊崇的反而卑微，那麼，佞巧之徒便趁機活動，以私恩損害公道，迷惑人心，擾亂國家。陛下功業超越萬古，德行列於百王之首，發號施令，為世人作出規範。但陛下日理萬機，有的事未能做得十分妥善，我以諫諍為職責，不容許沉默無言。我見到供給太子的物資，反而比給魏王的少，朝野士人知道後，都不以為然。《左傳》上說：『臣聽說愛護子女，要拿做人的規矩來教育他們。』忠、孝、恭、儉，就是所謂的做人的規矩。從前，西漢竇太后和漢景帝都不懂得這種『教以義方』的道理，於是驕縱梁孝王，封給他四十多座城邑，園苑方圓三百里，梁王大力營造宮室，到處都可望見連接宮室的通道，積聚的錢財數以萬計，出入警蹕，猶如帝王，後來由於被疏遠，稍不得意，便發病而死。漢宣帝也驕縱淮陽王，使他幾乎到了喪亡的地步，後來漢宣帝以退讓之臣韋玄成去輔導他，他才得以幸免於難。況且魏王李泰新近出閣，希望陛下經常用禮義訓導他，替他選好師傅，用成敗的道理啟示他；既用節儉敦促他，又用文章學問勸勉他。從而獎勵他盡忠盡孝，導之以德，齊之以禮，這樣才能成為良才。這就是所謂的聖人的教化，不嚴厲卻使人自然有所成就。」唐太宗完全採納了他的意見。

貞觀十六年，太宗謂侍臣曰：「當今國家何事最急？各為我言之。」尚書右僕射高士廉曰：「養百姓最急。」黃門侍郎劉洎曰：「撫四夷急。」中書侍郎岑文本曰：「《傳》稱：『道之以德，齊之以禮。』由斯而言，禮❶義為急。」諫議大夫褚遂良曰：「即日四方仰德，不敢為非，但太子、諸王，須有定分，陛下宜為萬代法以遺子孫，此最當今日之急。」太宗曰：「此言是也。朕年將五十❷，已覺衰怠。既以長子守器東宮❸，諸弟及庶子數將四十❹，心常憂慮在此耳。但自古嫡庶無良佐，何嘗不傾敗家國。公等為朕搜訪賢德，以輔儲宮❺，爰及諸王，咸求正士。且官人事王，不宜歲久。歲久則分義情深，非意闚窬❻，多由此作。其王府官寮，勿令過四考❼。」

【章旨】此章言唐太宗把皇位繼承問題當作國家最急之事，以為太子和諸王都要有賢德之士輔佐。

【注釋】❶由斯而言禮　五字原脫，據《舊唐書‧褚遂良傳》補。❷年將五十　按唐太宗當時四十五歲。❸守

器東宮　調立為太子。器，指傳國寶器。東宮，太子宮。❹數將四十　按唐太宗當年見存諸弟十五人，諸子（不含太子李承乾）十人，共計二十五人。❺儲宮　指太子。❻闚闟　窺伺。❼四考　四個考核期。每年一次考核官吏政績，四考即任期四年。

【語譯】貞觀十六年，唐太宗對侍臣們說：「當今國家什麼事情最緊急？各位都給我說說看。」尚書右僕射高士廉說：「撫養百姓最緊急。」黃門侍郎劉洎說：「安撫四夷最緊急。」中書侍郎岑文本說：「《傳》稱：『導之以德，齊之以禮。』由此說來，施行禮義是最緊急的。」諫議大夫褚遂良說：「現在天下四方都仰慕陛下的德行，不敢為非作歹，只是太子和諸王必須有確定的名分，陛下應該制定萬代可行的法制，以留給子孫，這是當今最緊急的事情。」唐太宗說：「這話是對的。我年近五十，已經覺得衰弱疲倦。既然立了長子為皇太子，諸位弟弟以及庶子也將近四十個，我心裡常常憂慮這件事啊。而自古以來，嫡子與庶子如沒有好的輔佐，哪有不使家傾國敗的。你們諸位要為我尋訪賢德之臣，用來輔佐太子，至於諸王，也都要尋找正直之士來輔導。而且官吏事奉諸王，不宜時間長久。年歲一久則情義趨於深厚，覬覦皇位的企圖，太多是由此產生的。因此那些王府的官員，不要使他們的任期超過四年。」

尊敬師傳第十

貞觀三年❶，太子少師❷李綱❸有腳疾，不堪踐履。太宗賜步輿❹，令三衛❺舉入東宮，詔皇太子引上殿，親拜之，大見崇重。綱為太子陳君臣父子之道，問寢視膳之方❻，理順辭直，聽者忘倦。太子嘗商略古來君臣名教，竭忠盡節之事。綱懍然❼曰：「託六尺之孤，寄百里之命❽，古人以為難，綱以為易。」每吐論發言，皆辭色❾慷慨，有不可奪之志，太子未嘗不聳然禮敬。

【章　旨】此章言李綱輔導太子有方，使太子禮敬有加。

【注　釋】❶貞觀三年　諸史傳均作貞觀四年（西元六三〇年），較妥。❷太子少師　唐東宮三少，即少師、少傅、少保，並正二品，掌教諭太子。❸李綱　字文紀，觀州蓨（今河北景縣）人。唐高祖時任禮部尚書、太子詹事，諫建成不聽，遂退休。貞觀四年七月，為太子少師。❹步輿　步挽輿，也叫板輿，為一木製便轎。輿，轎子。❺三衛　唐東宮六率府分上、中、下三等，掌宿衛之事，是為三衛。❻問寢視膳之方　兒子侍奉父母的禮節，每天早起至寢門外問安，每餐必在側，親嚐膳食。見《禮記．文王世子》。❼懍然　嚴毅貌。❽託六尺之孤二句　引自《論語．泰伯》。六尺之孤，年十五以下的孤兒，這裡指幼少之君。百里之命，指方圓百里的諸侯國的政令。❾辭色　言詞與臉色。

【語　譯】貞觀三年，太子少師李綱患有腳病，走路不甚方便。唐太宗賜給他步挽輿，令太子三衛之士抬入東宮，並詔令皇太子李承乾挽引上殿，親自拜見，顯得十分尊重。李綱為太子講述君臣父子之道，以及問安視膳的禮節，道理通順，言詞懇切，使聽講的人忘記了疲倦。太子曾參與討論自古以來的君臣禮教，以及竭盡忠誠與臣節的事情。李綱嚴肅地說：「託六尺之孤，寄百里之命，古人以為困難，我卻認為是容易的。」李綱每次談論發言，言詞態度都慷慨激動，有不可動搖之意志，太子李承乾沒有一個時候不是肅然起敬的。

貞觀六年，詔曰：「朕比尋討經史，明王聖帝，曷嘗無師傅哉？前所進令遂不覩三師❶之位，意將未可。何以然？黃帝學大顛❷，顓頊學錄圖❸，堯學尹壽❹，舜學務成昭❺，禹學西王國❻，湯學威子伯❼，文王學子期❽，武王學虢叔❾。前代聖王，未遭此師，則功業不著乎天下，名譽不傳乎載籍。況朕接百王之末，智不同聖人，其無師傅，安可以臨兆民❿者哉？《詩》⓫不云乎：『不愆不忘，率由舊章。』夫不學，則不明古道，而能政致太平者未之有也！可即著令，置三師之位。」

【章旨】此章載唐太宗的詔書，申明帝王要向師傅學習，於是下令恢復三師的建置。

【注釋】❶三師　指太師、太傅、太保，掌以輔導帝王。隋朝廢三師。貞觀六年（西元六三二年）二月，唐太宗建議恢復，至貞觀十一年復置三師。❷大顛　或作「大眞」。黃帝之師。❸錄圖　或作「綠圖」。顓頊之師。❹尹壽　一作「君疇」。堯之師。❺務成昭　或作「務成跗」。舜之師。❻西王國　當作「西王母」。傳說在舜時，西王母來獻寶，而禹因治水曾到西方荒遠之國求賢，故又傳說西王母為禹之師。❼威子伯　湯之師。❽子期　或作「鉸時子期」。周文王之師。❾虢叔　或作「郭叔」。周武王之師。以上均出自西漢劉向《新序》。❿兆民　百姓。⓫詩　指《詩經．大雅．假樂》。

【語　譯】貞觀六年，唐太宗下詔說：「我近來研探經典史籍，聖明的帝王，何嘗沒有師傅呢？前次進奏的法令中就不見有三師的職位，我以為是不對的。為什麼這樣說呢？黃帝向大顛學習，顓頊向錄圖學習，堯向尹壽學習，舜向務成昭學習，禹向西王母學習，商湯向威子伯學習，周文王向子期學習，周武王向虢叔學習。前代聖王如果沒有遇到這些師傅，那麼他們的功業就不會著稱於天下，名譽就不會流傳於史冊。何況我繼承皇位於百王之後，智慧不能跟聖人相比，如果沒有師傅，哪兒可以治理百姓呢？《詩經》上不是這樣說嗎：『不犯過錯，不要忘記，一概按照舊章程來辦理。』不學習，就不明白古代治國的道理，而這樣卻能使政治達到太平之境，是沒有過的事。可立即擬定法令，設置三師的職位。」

貞觀八年，太宗謂侍臣曰：「上智之人❶，自無所染，但中智之人無恆❷，從教而變。況太子師保❸，古難其選。成王幼小，周、召為保傅❹，左右皆賢，日聞雅訓，足以長仁益德，使為聖君。秦之胡亥❺，用趙高作傅，教以刑法，及其嗣位，誅功臣，殺親族，酷暴不已，旋踵❻而亡。故知人之善惡誠由近習。朕今為太子、諸王精選師傅，令其式瞻❼禮度，有所裨益。公等可訪正直忠信者，各舉三兩人。」

【章　旨】此章記唐太宗之言，令侍臣為太子、諸王精選師傅。

【注　釋】❶上智之人　天資最聰明的人。❷無恆　德行好壞不固定。❸太子師保　包括太子太師、太子太傅、太子太保，太子少師、太子少傅、太子少保等。❹周召為保傅　以周公為師，召公為保（太保）。見《史記·周本紀》。❺胡亥　即秦二世。❻旋踵　旋轉腳跟，謂隨後、立刻。❼式瞻　瞻仰效法。

【語　譯】貞觀八年，唐太宗對侍臣說：「天資最聰明的人，自然不會染上什麼惡習，但智慧中等的人則好壞不固定，將隨著教育的程度而改變。況且太子的師傅，自古以來就很難選擇。周成王幼小時，以周公、召公為師傅太保，左右都是賢臣，每天聽到良好的教導，足以增長仁義道德，使他成為聖君。秦朝的胡亥，用趙高作為師傅，拿嚴刑苛法來教他，等到胡亥繼位，誅功臣，殺親族，殘酷的暴行接連不斷，隨後很快就滅亡了。所以知道人的善惡，確實是由於左右親近影響的結果。我如今為太子、諸王精選師傅，使他們效法禮儀制度，而有所裨益。你們可以尋訪正直忠信的人，各推舉兩三個人。」

貞觀十一年，以禮部尚書王珪兼為魏王師❶。太宗謂尚書左僕射房玄齡曰：「古來帝子，生於深宮，及其成人，無不驕逸，是以傾覆相踵，少能自濟❷。我今嚴教子弟，欲皆得安全。王珪我久驅使，甚知剛直，志存忠孝，選為子師。卿宜語泰❸，每對王珪，如見我面，宜加尊敬，不得懈怠。」珪亦以師道自處，時議善之也。

【章旨】此章言唐太宗嚴教子弟，要求魏王尊敬師長。

【注釋】❶師　唐初因隋制，皇叔、昆弟、皇子為親王者，置師一人，掌傅相訓導，匡其過失。❷自濟　自救。❸泰　魏王李泰。

【語譯】貞觀十一年，命禮部尚書王珪兼任魏王之師。唐太宗對尚書左僕射房玄齡說：「自古以來帝王之子，生長在深宮之中，到了長大成人，沒有不驕縱淫逸的，所以一個接一個地傾敗覆亡，少有能夠自己救助自己的。我如今嚴教子弟，想讓他們都得到安全。王珪這個人，我長期地任用他，很瞭解他為人剛直，立志於忠孝，所以選他為我兒子的老師。你應當告訴魏王李泰，每次面對王珪，如同見到我一樣，應當加以尊敬，不得怠慢。」王珪也按照師道的原則要求自己，當時的輿論都很稱讚他。

貞觀十七年，太宗謂司徒長孫無忌、司空房玄齡曰：「三師❶以德道人者也。若師體卑，太子無所取則。」於是詔令撰太子接三師儀注❷。太子出殿門迎，先拜三師，三師答拜，每門讓三師。三師坐，太子乃坐。與三師書，前名❸惶恐❹，後名惶恐再拜。

【章　旨】此章記太子迎接三師的隆重禮儀。

【注　釋】❶三師　指太子三師，即太子太師、太子太傅、太子太保。❷儀注　禮儀制度。❸名　稱。❹惶恐　惶懼不安，書信前後的謙詞。

【語　譯】貞觀十七年，唐太宗對司徒長孫無忌、司空房玄齡說：「太子三師是以德行教導人的。如果三師身分卑微，太子就無法把他們當作效法的榜樣。」於是下詔撰定太子迎接三師的禮儀制度。規定：太子到東宮殿門外迎接，先拜三師，然後三師答拜，每經過一道門要讓三師先行。三師坐定，太子才可坐下。給三師的書信，前面要稱「惶恐」，後面要稱「惶恐再拜」。

貞觀十八年❶，高宗❷初立為皇太子，尚未尊賢重道，太宗又嘗令太子居寢殿❸之側，絕不往東宮。散騎常侍劉洎上書曰：

臣聞郊迎四方❹，孟侯❺所以成德；齒學三讓❻，元良❼由是作貞❽。斯皆屈主祀❾之尊，申下交❿之義。故得芻言⓫咸薦，睿問⓬旁通，不出軒庭⓭，坐知天壤，率由茲道，永固鴻基⓮者焉。至若生乎深宮之中，長乎婦人之手，未曾識憂懼，無由曉風雅⓯。雖復神機不測，天縱生知，而開物成務⓰，終由外獎。匪夫崇彼千篇⓱，聽茲謠頌⓲，何以辨章庶類⓳，甄覈彝倫⓴？歷考聖賢，咸資琢玉㉑。是故周儲㉒上哲，師望、奭㉓而加裕；漢嗣㉔深仁，引園、綺㉕而昭德。原夫太子，宗祧㉖是繫，善惡之際，興亡斯在，不勤于始，將悔于終。是以鼂錯上書㉗，令通政術；賈誼獻策㉘，務知禮教。竊惟皇太子玉裕挺生㉙，金聲夙振㉚，明允篤誠之美，孝友仁義之方，皆挺自天姿，非勞審論，固以華夷仰德，翔泳希風㉛矣。然則寢門視膳，已表於三朝㉜；藝宮㉝論道，宜弘於四術㉞。雖富於春秋，飭躬㉟有漸，實恐歲月易往，墮業興譏，取適晏安，言從此始。臣以愚短，幸參侍從，思廣儲明㊱，暫願聞徹，不敢曲陳故事，切請以聖德言之。

伏惟陛下誕叡膺圖[37]，登庸歷試[38]。多才多藝，道著於匡時；允文允武，功成於纂祀[39]。萬方即敍[40]，九圍[41]清晏。尚且雖休勿休，日慎一日，求異聞於振古，勞睿思於當年。乙夜觀書，事高漢帝[42]；馬上披卷，勤過魏王[43]。陛下自勵如此，而今太子優游棄日，不習圖書，臣所未諭一也。加以暫屏機務，即寓雕蟲[44]。紆寶思於天文[45]，則長河韜映[46]；摛玉華於仙札[47]，則流霞成彩。固以錙銖萬代[48]，冠冕百王，屈、宋[49]不足以升堂，鍾、張[50]何階於入室。陛下自好如此，而太子悠然靜處，不尋篇翰[51]，臣所未諭二也。陛下備該眾妙，獨秀寰中，猶晦天聰，俯詢凡識。聽朝之隙[52]，引見群官，降以溫顏，訪以今古。故得朝廷是非，閭里好惡，凡有巨細，必關聞聽。陛下自行如此，而今太子久趨入侍，不接正人，臣所未諭三也。陛下若謂無益，則何事勞神；若謂有成，則宜申貽厥[53]。蔑而不急，未見其可。伏願俯推睿範[54]，訓及儲君，授以良書，娛之嘉客。朝披經史，觀成敗於前蹤；晚接賓遊，訪得失於當代。間以書札，繼以篇章，則日聞所未聞，日見所未見。副德愈光，群生[55]之福也。

竊以良娣[56]之選，偏於中國。仰惟聖旨，本求典內[57]，冀防微，慎遠慮，臣下所知。曁乎徵簡人物，則與聘納相違，監撫二周[58]，未近一士。愚謂內既如彼，外亦宜然者。恐招物議[59]，謂陛下重內而輕外也。古之太子，問安而退，所以廣敬於君父；異宮而處，所以分別於嫌疑。今太子一侍天闈[60]，動移旬朔[61]，師傅已下，無由接見。假令供奉有隙，暫還東朝[62]，拜謁既疏，且事俯仰，規諫之道，固所未暇。陛下不可以親教，宮寀[63]無因以進言，雖有具寮[64]，竟將何補？

伏願俯循前躅[65]，稍抑下流[66]，弘遠大之規，展師友之義。則離徽克茂[67]，帝圖斯廣，凡在黎元，孰不慶賴。太子溫良恭儉，聰明睿哲，含靈[68]所悉，臣豈不知？而淺識勤勤，思效愚忠者，願滄溟[69]益潤，日月增華也。太宗乃令洎與岑文本、馬周遞日往東宮，與皇太子談論。

【章旨】此章載劉洎的奏疏，疏中對新立的皇太子李治未能尊賢重道提出批評。認為太子生於深宮之中，不懂得憂懼，不知道風雅。因此，太子應當勤習學問，觀成敗於前蹤；親近師友，訪得失於當代。希望唐太宗稍抑私愛，弘遠大之規，展師友之義，則天下幸甚。

【注釋】❶貞觀十八年　據史傳，此疏上於十七年（西元六四三年）五月。當時劉洎任黃門侍郎。❷高宗　即李治，唐太宗第九子，長孫皇后生。貞觀十七年四月，廢太子李承乾，立李治為皇太子。❸寢殿　皇帝居寢之殿，在大內宮。❹郊迎四方　謂到四郊就學。周制，東西南北之學在於四郊。❺孟侯　指世子。孟，排行居長。❻齒學三讓　與年齡相同的普通人一起學習長幼相讓的禮節。三讓，讓父、讓君、讓長。典出於《禮記・文王世子》。❼元良　太子的代稱。❽貞　正；正宗。❾主祀　君主的禮儀。❿下交　與卑下者交往。⓫芻言　芻蕘之言；草野小人的意見。⓬睿問　聖君之問。⓭軒庭　居室庭殿。⓮鴻基　隆盛的基業。⓯風雅　指詩文詞章。⓰開物成務　謂開發萬物之功能，成就天下之事務。語出《易・繫辭上》。⓱干籥　指禮樂。干，舞者所執之盾。籥，竹製的樂管。⓲謠頌　歌謠頌詩。⓳辨章庶類　分清萬物。章，通「彰」。庶類，眾多的事物。⓴彝倫　倫常；人與人之間的道德關係。㉑琢玉　雕琢玉器，比喻人通過學習而懂得道理。㉒周儲　周之太子，指周成王。㉓望奭　太公呂望、召公奭。周成王以二公為太師、太保。㉔漢嗣　漢之太子，指漢惠帝劉盈。㉕園綺　東園公、綺里季。漢高祖欲廢太子劉盈，張良教太子迎「四皓」作羽翼，卒不廢。四皓：東園公、綺里季、夏黃公、甪里先生。㉖宗祧　宗廟。㉗鼂錯上書　鼂錯為太子（後即漢景帝）舍人時，上書曰：「人主所以尊顯功名，揚於萬世之後者，以知術數也。」見《漢書・鼂錯傳》。㉘賈誼獻策　賈誼為梁懷王傅時，曾上書要求太子務知禮教。見《漢書・賈誼傳》。㉙玉裕挺生　謂才智出眾，姿容如玉。㉚金聲夙振　美好的名聲早已傳播。㉛翔泳希風　飛鳥游魚都傾慕其風節，比喻爭相效法。㉜三朝　每天早、中、晚三次朝見父親。㉝藝宮　傳習六藝的地方。㉞四術　指詩、書、禮、樂。周代貴族用四術進行教育。㉟飭躬　正身；修身。㊱儲明　使儲君（太子）賢明。㊲誕叡膺圖　謂天姿神明，承受天命。㊳登庸歷試　登上帝位，歷經考驗。㊴纂祀　繼承祖先的事業。纂，繼。祀，祭祀祖先。㊵即敘　按照次第給予獎勵，歸順的意思。㊶九圍　即九州，指全國。㊷漢帝　指東漢光武帝，講論經理，夜分乃寐。㊸魏王　指曹操，曾封為魏王，御軍三十餘年，手不捨書。㊹雕蟲　指詞章。㊺天文　指聖君的文詞。㊻長河韜映　將銀河的光輝掩蓋住。㊼仙札　指聖君的文書。㊽錙銖萬代　使萬代帝王顯得微小。錙銖，古代微小的重量單位。㊾屈宋　屈原、宋玉，戰國時著名的詞賦家。㊿鍾張　魏太尉鍾繇、東漢太尉張芝，均為傑出的書法家。(51)篇翰　文章與書法。(52)隟　隙。(53)貽厥　謂傳給其子孫。(54)睿範　神聖的榜樣。(55)群生　百姓。(56)良娣　太子妃妾的稱號。(57)典內　管理內務。(58)監撫二周　監國撫軍兩次。監國，太子代理國事。撫軍，太子隨軍撫慰士兵。二周，兩次。(59)物議　眾人的議論，多指非議。(60)天闈　皇帝的居處。(61)朔　一個月。(62)東朝　東宮；太子居處。(63)宮寀　宮內僚屬。(64)寮　通「僚」。官僚屬吏。(65)躡足跡。(66)下流　指對子孫（指太子）之私愛。(67)離徽克茂　彰明美德，使之茂盛。離，明。徽，美好。(68)含靈　指天下百姓。(69)滄溟　滄海。

【語　譯】貞觀十八年，唐高宗李治剛立為皇太子，還無暇體現尊賢重道的精神，唐太宗又下了命令，叫太子居住在寢殿旁邊的宮室，不讓他到東宮去。散騎常侍劉洎上書說：

我聽說到四郊去就讀求學，太子便能因而造就德行；跟年齡相同的人一起學習長幼相讓的禮節，太子便能因而成為國家的典範。這些都是委屈君主身分的尊嚴，擴大與卑下者交往的情義啊。

所以能使草野小民的意見上達，聖君的視聽旁通四方，不必走出宮殿居室，就可以坐著知道天地之間的事情，通常便經由這種辦法，才使鴻大的基業得以永久鞏固。至於太子生在深宮之中，長於婦人之手，既不知道憂懼，也無從懂得詩文詞章。即使神思奇妙莫測，有著天生的智慧，但要開發萬物之功能，成就天下之事務，終究是要依靠別人的輔助的。除非崇尚禮樂，聽取歌謠頌詩，又怎麼能分清萬物、驗明倫常？縱觀歷代聖賢，都是依靠學習與磨礪才成就德業的。所以周朝太子（成王）雖然天資聰穎，卻由於以太公呂望、召公奭為太師、太保，而增加了智慧；漢朝太子（惠帝）雖然深懷仁義，卻由於引東園公、綺里季等四皓作為羽翼，而使德行昭彰。原來，太子身繫宗廟之重，他的好壞關係著國家的興亡，如果開始不努力，最終將會後悔。因此鼂錯上書，要求太子通曉政治方略；賈誼獻策，要求太子務必懂得禮教。我私下以為皇太子才智出眾，美名早已遠播，那明允篤誠的美德，孝友仁義的德行，都來自天生的資質，不用反覆教諭，本來就使中原及四夷之人仰慕他的美德，連飛鳥游魚都嚮往他的風節。既然如此，那麼，寢問視膳的孝行，已經表現在每天三次朝見之中；而在藝宮裡討論學問，還應該深入地學習詩、書、禮、樂。皇太子雖然年華正茂，修身有所進展，但實在擔心歲月易逝，荒廢學業，而招來譏議，貪圖安逸，而閒言從此開始引起。我愚昧淺陋，有幸參與侍從的行列，希望擴大太子明智的視聽，暫願聽完愚臣所說的話，愚臣不敢曲陳故事，懇切地請以陛下的聖德來作說明。

陛下天姿神明，承受天命，即位以來，歷經考驗。不但多才多藝，使治國之道在匡救時弊之中益為顯著；更是能文能武，繼承了祖先的事業而獲得成功。萬方歸順，天下清平。功業雖然如此之大，尚且有美德卻謙虛不自恃，一天比一天謹慎，探求遠古的異聞，為當代的政事而勞費聖思。經常深夜裡讀書，事跡高於漢光武帝；又在馬背上閱讀，勤奮超過魏王曹操。陛下如此勉勵自己，卻使太子優游虛度，不去讀書學習，這是我所不理解的第一點。此外，陛下暫時放下繁雜的政務，便寄情於詞章。醞釀寶思而撰成詞章，就可以將銀河的光輝掩蓋住；舒展才華而寫成字跡，就像流霞形成光彩，璀燦無比。這原就可以使萬代的作品顯得微小，居於百王之首，屈原、宋玉既不足以並列，鍾繇、張芝又哪兒可以相比呢？陛下如此愛好詞章書法，而太子卻悠然閒居，不學習詞章書法，這是我所不理解的第二點。陛下博通眾妙，獨秀天下，這樣還覺得聖聰不明，向下詢問普通人的意見。在聽朝理政的餘閒時間，還引見百官，用溫和的態度對待他們，詢訪古今之事。所以能夠瞭解朝廷政事的是非，以及地方鄉里的好壞情況，凡有大小事，必定都關心過問。陛下自己這樣勤於辦事，卻使太子長久地侍奉在身邊，不去接近正直之士，這是我所不理解的第三點。陛下之所作所為，如果說是無益的，那何必勞神於這些事呢；如果說是有益的，那就應當擴及於子孫身上，讓子孫也這樣做。對此輕視而不著急，是自古以來就不可以的。希望向下推出陛下神明的榜樣，用來訓導太子，給他讀好書，讓他與賢德之士交往。早上閱讀經典史籍，觀察前代的成敗；晚上接待賓客，訪問當代政事的得失。間或練習書法，並且寫寫文章，那麼每天就可聽到從未聽過的東西，每天就可看到從未看過的東西。這樣太子具備了德行，日益發揚光大，便是天下百姓的幸福了。

　　我私下以為太子嬪妃的挑選，遍及全國。想來陛下的旨意，原本是要訪求管好內務的人，希望能防微杜漸，慎重地從長遠考慮，這是臣下所知道的。但至於選擇輔佐太子的人才，就與聘納嬪妃的做法不同，太子在兩次監國和撫軍的期間，沒有接近過一個賢士。我認為對內選妃既然那麼慎重，對外選拔人才也應當這樣做。否則，恐怕會招致非議，說陛下重內而輕外了。古代的太子，上朝向天子問安以後就退出去，以此增進對君父的尊敬；居住在另外的宮殿裡，以此避免嫌疑。如今太子一入寢殿侍奉，動不動就是十天或一個月，師傅以下的人都無法接見。假使太子只在侍奉陛下有空暇的時候，暫時回到東宮，臣下拜見太子的機會既已很少，而且遇事又隨便應付，這樣對太子的規諫一定是無暇顧及的。陛下不能親自教導太子，東宮僚屬又無法進言規諫，雖然東宮設置了各種職官僚屬，究竟會有什麼補益呢？

希望陛下遵循前人的經驗，稍稍抑制對太子的私愛，弘揚遠大的志向，擴展師友的情義。那麼，太子的美德便彰明茂盛，而帝業也將會發揚光大，使百姓無不慶賴了。太子溫良恭儉，聰明聖哲，天下之人都瞭解，臣下難道不知道嗎？我見識淺陋，勤勤懇懇地進言，思效愚忠，是希望為滄海增加滋潤，為日月增添光華啊。

唐太宗讀了奏章後，便命令劉洎和岑文本、馬周每天輪流去東宮，與皇太子談論學問。

教戒太子諸王第十一

貞觀七年，太宗謂太子左庶子于志寧❶、杜正倫❷曰：「卿等輔導太子，常須為說百姓間利害事。朕年十八，猶在民間，百姓艱難，無不諳練❸。及居帝位，每商量處置，或時有乖疏❹，得人諫諍，方始覺悟。若無忠諫者為說，何由行得好事？況太子生長深宮，百姓艱難，都不聞見乎？且人主安危所繫，不可輒為驕縱。但出敕云，有諫者即斬，必知天下士庶無敢更發直言。故克己勵精，容納諫諍，卿等常須以此意共其談說。每見有不是事，宜極言切諫，令有所裨益也。」

【章　旨】此章言輔導太子，常須為說百姓間利害事。

【注　釋】❶于志寧　貞觀名臣，字仲謐，雍州高陵（今陝西高陵）人。貞觀三年（西元六二九年）為中書侍郎，後遷太子左庶子。曾撰《諫苑》二十卷，匡救太子李承乾。及晉王李治為皇太子，復任太子左庶子，未幾遷侍中。❷杜正倫　疑「杜正倫」上脫「右庶子」三字。據諸史傳載，杜正倫當時任太子右庶子。❸諳練　熟練；熟悉。❹乖疏　錯誤疏漏。

【語　譯】貞觀七年，唐太宗對太子左庶子于志寧、杜正倫說：「你們輔導太子，應該經常給他說些民間疾苦的事。我十八歲時，尚在民間，對百姓的艱難情況，沒有不熟悉的。等到居於帝位，每每商量或處理政務，有時難免有錯誤疏漏之處，得到別人的規諫，方才有所覺悟。如果沒有忠諫的臣子給我提出，哪兒能做得出好事？何況太子生長於深宮之中，對百姓的艱難情況，都不曾聽見過呢？而且君主是國家安危之所繫，不可以妄自驕縱。只要發出敕令說規諫者立即處以斬刑，那就必然知道天下的士人庶民不敢再說真話了。所以要克制自己，勵精圖治，容納諫諍，你們應該經常拿這個道理去跟太子談論。每當看到不對的事，應該極言切諫，使他有所補益。」

貞觀十八年❶，太宗謂侍臣曰：「古有胎教世子❷，朕則不暇。但近自建立太子，遇物必有誨諭，見其臨食將飯，謂曰：『汝知飯乎？』對曰：『不知。』曰：『凡稼穡❸艱難，皆出人力，不奪其時❹，常有此飯。』見其乘馬，又謂曰：『汝知馬乎？』對曰：『不知。』曰：『能代人勞苦者也。以時消息❺，不盡其力，則可以常有馬也。』見其乘舟，又謂曰：『汝知舟乎？』對曰：『不知。』曰：『舟所以比人君，水所以比黎庶❻，水能載舟，亦能覆舟。爾方為人主❼，可不畏懼！』見其休於曲木❽之下，又謂曰：『汝知此樹乎？』對曰：『不知。』曰：『此木雖曲，得繩❾則正，為人君雖無道，受諫則聖。此傅說❿所言，可以自鑒。』」

【章　旨】此章言唐太宗以食飯、乘馬、乘舟、曲木等事，教諭新立的太子李治。特別強調「水能載舟，亦能覆舟」，希望太子引以為鑒。

【注　釋】❶貞觀十八年　《冊府元龜》及《資治通鑑》均繫此事於貞觀十七年（西元六四三年）閏六月。檢閱史實，是年四月，詔立晉王李治為皇太子。太宗云「近自建立太子」，似以十七年為確切。❷胎教世子　傳說周文王的母親懷孕時，謹守禮儀，惟德是行，給胎兒以良好的影響，故文王生而明聖。這就是所謂胎教。世子，古代天子、諸侯的嫡長子。❸稼穡　農作之事。❹不奪其時　不誤農時，即徵集傜役時不侵占農事季節。❺消息　消滅與增長，這裡指有勞有逸。❻黎庶　黎民百姓。❼人主　指太子。❽曲木　彎曲的樹木。❾繩　繩墨；木工畫直線的工具。❿傅說　商王武丁時的輔佐大臣。曾對武丁說過：「惟木從繩則正，后從諫則聖。」見《尚書．說命上》。

【語　譯】貞觀十八年，唐太宗對侍臣說：「古代有胎教世子的說法，我則沒有時間顧及此事。但近來自從立了太子後，遇事必定進行教導，看見他將要吃飯，就問道：『你懂得飯嗎？』他回答：『不懂。』我說：『凡是艱難的農事，都要付出人力，不奪農時，才常有飯吃。』看見他騎馬，又問道：『你懂得馬嗎？』他回答：『不懂。』我說：『馬是能夠代替人勞苦的，按時差使，有勞有逸，不要用盡牠的力氣，就可以常有馬騎。』看見他乘船，又問道：『你懂得船嗎？』他回答：『不懂。』我說：『船是用來比作君主的，水是用來比作百姓的，水能載舟，也能覆舟。你剛立為太子，能不畏懼嗎？』看見他在彎曲的樹下休息，又問道：『你懂得這樹嗎？』他回答：『不懂。』我說：『這樹雖然彎曲，經過繩墨的處理就可以加工成直材，做君主的雖然沒有很好的德行，而能接受別人的規諫就可以成為聖人。這是傅說所說的話，你可以作為自己的鑒戒。』

貞觀七年，太宗謂侍中魏徵曰：「自古侯王能自保全者甚少，皆由生長富貴，好尚驕逸，多不解親君子遠小人故爾。朕所有子弟欲使見前言往行，冀其以為規範。」因命徵錄古來帝王子弟成敗事，名為《自古諸侯王善惡錄》，以賜諸王。其序曰：

「觀夫膺期受命❶，握圖御宇❷，咸建懿親❸，藩屏王室，布在方策❹，可得而言。自軒分二十五子❺，舜舉一十六族❻，爰歷周、漢，以逮陳、隋，分裂山河，大啟磐石者❼眾矣。或保乂王家，與時升降；或失其土宇❽不祀忽諸❾。然考其隆替，察其興滅，功成名立，咸資始封之君，國喪身亡，多因繼體之后❿。其故何哉？始封之君，時逢草昧⓫，見王業之艱阻，知父兄之憂勤。是以在上不驕，夙夜匪懈，或設醴以求賢⓬，或吐飧而接士⓭。故甘忠言之逆耳，得百姓之懽心⓮。樹至德於生前，流遺愛於身後。暨夫子孫繼體，多屬隆平，生自深宮之中，長居婦人之手，不以高危為憂懼，豈知稼穡之艱難？昵近小人，疏遠君子，綢繆哲婦[15]，傲狠明德[16]。犯義悖禮，淫荒無度，不遵典憲[17]，僭差越等[18]。恃一顧之權寵，便懷匹嫡[19]之心；矜一事之微勞，遂有無厭之望；棄忠貞之正路，蹈姦宄[20]之迷塗[21]。愎諫違卜[22]，往而不返。雖梁孝[23]、齊冏[24]之勳庸，淮南[25]、東阿[26]之才俊，摧摩霄[27]之逸翮[28]，成窮轍之涸鱗[29]，棄桓、文[30]之大功，就梁[31]、董[32]之顯戮。垂為炯戒[33]，可不惜乎？皇帝以聖哲之資，拯傾危之運，耀七德[34]以清六合[35]，總萬國而朝百靈[36]，懷柔四荒[37]，親睦九族[38]。念華萼[39]於〈棠棣〉[40]，寄維城[41]於宗子[42]。心乎愛矣，靡日不思，爰命下臣，考覽載籍，博求鑑鏡，貽厥孫謀[43]。臣輒竭愚誠，稽諸前訓。凡為藩[44]為翰[45]，有國有家者，其興也必由於積善，其亡也皆在於積惡。故知善不積不足以成名，惡不積不足以滅身。然則禍福無門，吉凶由己，惟人所召，豈徒言哉！今錄自古諸王行事得失，分其善惡各為一篇，名曰：《諸王善惡錄》。欲使見善思齊，足以揚名不朽；聞惡能改，庶得免乎大過。從善則有譽，改過則無咎。興亡是繫，可不勉歟？」

太宗覽而稱善，謂諸王曰：「此宜置于座右，用為立身之本。」

【章旨】此章載魏徵編撰的《自古諸侯王善惡錄》序文，分析了歷代諸侯王興亡的原因。指出：始封諸侯王，見王業之艱難，知父兄之憂勤，所以不驕不怠，求賢納諫。到了繼體之子孫，則生長於昇平之時，不知憂懼與艱難，所以犯義悖禮，淫荒無度。總之，「其興也必由於積善，其亡也皆在於積惡」。

【注釋】❶膺期受命　承受上天的意願與使命。❷握圖御宇　統治天下。❸懿親　至親，這裡指子弟。❹方策　典籍。❺軒分二十五子　謂黃帝軒轅氏分封二十五子，事見《國語》。❻舜舉一十六族　謂舜舉用八元、八凱，共十六才子。見《左傳·文公十八年》。❼磐石者　指諸侯王。分封諸侯王，作為國家的磐石。❽土宇　指封國或者封邑。❾忽諸　滅亡。忽，滅絕。諸，代指前人未竟的功業。❿繼體之后　指繼承封國的諸侯王。⓫草昧　指喪亂之時。草，雜亂。昧，冥晦。⓬設醴以求賢　漢楚元王禮敬儒生，由於穆生不嗜酒，元王每置酒，便為穆生設醴。醴，甜酒。⓭吐飧而接士　史稱周公一餐飯三吐哺，起以待士，猶恐失天下之賢人。飧，口中所含之飯食。⓮懽心　歡心。⓯綢繆哲婦　迷戀美女。綢繆，纏綿；親密。哲婦，美婦。⓰傲狠明德　輕視美德。⓱典憲　典章法度。⓲僭差越等　超越等級、本分。僭，超越。⓳匹嫡　與嫡子相匹敵。⓴姦宄　犯法作亂。㉑塗　同「途」。㉒愎諫違卜　自以為是，不聽勸諫，違背天意。愎，放任。卜，預卜吉凶。㉓梁孝　即漢文帝之子梁孝王，平定七國之亂有功。㉔齊冏　晉朝齊王司馬冏，以功遷游擊將軍。㉕淮南　西漢淮南王劉安，好書鼓瑟，招賓客，喜文詞。後坐反謀，自殺。㉖東阿　東阿王曹植。參見本書〈太子諸王定分〉篇注。㉗摩霄　迫近於雲霄。㉘逸翮　指疾飛的鳥。翮，翅膀。㉙窮轍之涸鱗　涸轍之魚，比喻處於困境。㉚桓文　齊桓公、晉文公，春秋時代之兩霸主。㉛梁　梁冀，東漢順帝梁皇后兄。曾官至大將軍，權勢顯赫，貪暴恣肆。後被桓帝所誅。㉜董　董卓，東漢末獻帝時自為太尉、相國，因作亂被誅。㉝炯戒　顯著的警戒。㉞七德　謂周武王七德：禁暴、戢兵、保大、定功、安民、和眾、豐財。㉟六合　東、南、西、北四方和上、下。㊱百靈　百神。㊲四荒　四方荒遠之地。㉚九族　高祖至玄孫、曾孫之親屬。㊴華萼　花與萼，比喻兄弟友愛。㊵棠棣　即《詩經．小雅．棠棣》篇，是兄弟宴飲的樂歌。㊶維城　連城。㊷宗子　嫡長子。㊸貽厥孫謀　給自己子孫作謀劃。㊹藩　藩王。㊺翰　輔翼，指重臣。

【語　譯】貞觀七年，唐太宗對侍中魏徵說：「自古以來，諸侯王能夠自己保全的很少，都是因為生長在富貴之中，崇尚驕逸，大都不懂得親君子、遠小人的緣故。我想使所有的子弟知道前人的言行教訓，希望他們用來作為做人做事的規範。」於是命令魏徵撰錄自古以來帝王子弟的成敗事迹，名為《自古諸侯王善惡錄》，賜給諸王。該書的序言說：

「觀察那些承受天命、統治天下的帝王，都分封至親為藩王，以捍衛王室，這事都記在典籍上，可得而言。自從黃帝軒轅氏分封二十五子，舜舉用十六才子，經歷周朝、漢朝，以至於陳朝、隋朝，分封土地，大力地建置諸侯王的甚多。他們有的保衛王室，隨著時勢沉浮；有的喪失封邑，不得祭祀而滅亡了。然而考察他們隆替興亡的情況，能功成名立的都是開國時受封的侯王，國喪身亡的大都是後來繼承封爵的侯王。那是什麼原因呢？因為開國時受封的侯王，遇上喪亂時代，看見帝王事業的艱難險阻，知道父輩兄長的憂勞勤苦。因此，居高位而不驕逸，從早到晚不懈怠，有的像西漢楚元王那樣設甜酒招待賢士，有的像周公那樣吐哺而接見士人。所以喜歡逆耳的忠言，博得百姓的歡心。他們在生前建立了最崇高的德行，在死後有遺愛流傳於世。到了子孫們繼承封爵的時候，多是昇平年代，他們生自深宮之中，長於婦人之手，不以高位的危險而憂懼，哪裡知道農作之事的艱難？於是親近小人，疏遠君子，迷戀美色，輕視明德。違反禮義，荒淫無度，不遵守典章法度，超越本分等級。仗恃帝王一時的恩寵，便懷著與嫡子相匹敵的野心；自誇一事的小功勞，就產生無法滿足的欲望；拋棄忠貞的正路，踏上犯法作亂的迷途。自以為是，不聽勸諫，違背天意，執迷不悟。即使有梁孝王、晉齊王那樣的功勳，淮南王、東阿王那樣的才華，也要摧折凌霄疾飛的翅膀，成為涸轍之魚，丟棄齊桓公、晉文公那樣的大功，遭受梁冀、董卓那樣的大戮。對著這些留給後世的明顯警戒，能不痛惜嗎？當今皇帝以聖哲的天姿，拯救天下傾危的時局，光耀七德，以肅清六合，統領萬國，而朝拜百神，懷柔四夷，而親睦九族。思念兄弟之情，有如〈棠棣〉的詩篇，將維護帝室的使命寄託給宗子。對子弟的愛心，可說無日不有，於是命令下臣，考覽典籍，博求足資借鑒的歷代史實，留給子孫作為參考。我就竭盡愚誠，稽考前代的教訓。凡是藩王重臣，擁有邦國或封邑的，他們的興盛必定由於積善，他們的敗亡都是由於積惡。所以知道善不積不足以成名，惡不積不足以滅身。既然如此，那麼，禍福不定，吉凶全由自己所招致，這難道是空話嗎？如今撰錄自古以來諸王行為得失的事例，分別善惡各為一篇，名為《諸王善惡錄》。希望諸王見善思齊，足以揚名不朽；知惡能改，也許可以避免大過。從善就會有讚譽，改過就沒有罪咎。這是興亡之所繫，能不自勉嗎？」

唐太宗閱讀後稱讚寫得好，對諸王說：「這應當作為你們的座右銘，用作立身行事的根本原則。」

貞觀十年，太宗謂荊王元景、漢王元昌❶、吳王恪、魏王泰等曰：「自漢已來，帝弟帝子，受茅土、居榮貴者甚眾，惟東平❷及河間王❸最有令名❹，得保其祿位。如楚王瑋❺之徒，覆亡非一，並為生長富貴，好自驕逸所致。汝等鑒誡，宜熟思之。揀擇賢才，為汝師友，須受其諫諍，勿得自專。我聞以德服物，信非虛說。比嘗夢中見一人云虞舜，我不覺竦然敬異，豈不為仰其德也！向若夢見桀、紂，必應斫之。桀、紂雖是天子，今若相喚作桀、紂，人必大怒。顏回、閔子騫、郭林宗❻、黃叔度❼，雖是布衣，今若相稱贊道類此四賢，必當大喜。故知人之立身，所貴者惟在德行，何必要論榮貴。汝等位列藩王，家食實封，更能克修德行，豈不具美也？且君子小人本無常，行善事則為君子，行惡事則為小人，當須自剋勵❽，使善事日聞，勿縱欲肆情，自陷刑戮。」

【章旨】此章言唐太宗教戒諸王，要克修德行，使善事日聞，不要縱欲肆情，自陷刑戮。

【注釋】❶元昌　李元昌，唐高祖第七子。貞觀十年（西元六三六年），改封漢王。❷東平　東平王劉蒼，東漢光武帝之子。愛好經書，文稱典雅。❸河間王　名德，西漢景帝之子，博學有德行。❹令名　美名。❺楚王瑋　西晉武帝第五子，剛狠好殺，後被賈后所殺。❻郭林宗　即郭太，東漢名士。❼黃叔度　即黃憲，東漢名士。❽剋勵　克制自己，振奮向上。

【語譯】貞觀十年，唐太宗對荊王李元景、漢王李元昌、吳王李恪、魏王李泰等說：「自漢朝以來，帝王的弟弟和兒子，分封為王、居於榮貴地位的雖很多，卻只有東平王及河間王最有美好的名聲，能保持自己的祿位。至如楚王司馬瑋之徒，終於覆敗滅亡的不止一個，他們都是因為生長於富貴之中，愛好驕逸所造成的。你們要引以為鑒戒，應當深思才好。我選擇賢才，作為你們的師友，必須接受他們的諫諍，不得獨斷專行。我聽說用德行便能服眾人，確實不是空話。近來曾經夢見一人說是虞舜，我不禁聳然起敬，難道不是平日仰慕舜的德行才這樣嗎？如果夢見桀、紂，一定要去砍他們。桀、紂雖然是天子，現在若稱別人是桀、紂，人家必然大怒。顏回、閔子騫、郭林宗、黃叔度，雖是平民，現在若稱讚別人類似這四位賢士，人家肯定會大喜。所以知道，人的立身，可貴的只在於德行，何必要論榮耀顯貴呢？你們位列藩王，家裡享有封邑，如再能修養德行，難道不是更完美了嗎？況且君子與小人本來就不是固定的，做善事的就成為君子，做惡事的就成為小人，所以應當自我克制，振奮向上，使自己天天做善事，不要縱欲肆情，陷於犯罪被殺的地步。」

貞觀十年，太宗謂房玄齡曰：「朕歷觀前代撥亂創業之主，生長民間，皆識達情偽❶，罕至於敗亡。逮乎繼世守文之君，生而富貴，不知疾苦，動至夷滅❷。朕少小以來，經營多難，備知天下之事，猶恐有所不逮。至於荊王諸弟，生自深宮，識不及遠，安能念此哉？朕每一食，便念稼穡之艱難；每一衣，則思紡績之辛苦，諸弟何能學朕乎？選良佐以為藩弼❸，庶其習近善人，得免於愆過爾。」

【章旨】此章言荊王等生自深宮，見識淺短，應當為之選擇良佐，加以輔導。

【注釋】❶情偽　猶言真偽。❷夷滅　滅亡。❸藩弼　指藩王的輔弼之臣。

【語譯】貞觀十年，唐太宗對房玄齡說：「我遍觀前代撥亂世、創帝業的君主，生長在民間，都瞭解民情的真偽情況，很少有陷於敗亡的地步。到了繼位守業的君主，生來就在富貴之中，不知道民間疾苦，便往往遭到滅亡。我從小以來，經歷許多艱難，盡知天下之事，這樣還擔心有什麼考慮不周之處。至於荊王等諸位弟弟，生長在深宮，見識不遠，哪兒能考慮到這些呢？我每當吃飯時，便想到農事的艱難；每當穿衣時，就想到紡績的辛苦，諸位弟弟哪兒能學我的樣子呢？挑選良佐之才作為藩王的輔弼，希望他們經常親近好人，能夠不再犯過錯。」

貞觀十一年，太宗謂吳王恪曰：「父之愛子，人之常情，非待教訓而知也。子能忠孝則善矣！若不遵誨誘，忘棄禮法，必自致刑戮，父雖愛之，將如之何？昔漢武帝既崩❶，昭帝❷嗣立，燕王旦❸素驕縱，譸張❹不服，霍光❺遣一折簡❻誅之，則身死國除。夫為臣子不得不慎！」

【章　旨】此章論皇子要遵守忠孝之禮法。

【注　釋】❶崩　稱皇帝死為崩。❷昭帝　漢昭帝劉弗陵，漢武帝少子。❸燕王旦　漢武帝第三子，曾與上官桀等潛謀不軌，事敗自殺。❹譸張　欺誑貌。❺霍光　西漢名臣。受漢武帝遺詔，輔佐幼主昭帝，官至大將軍。平定燕王與上官桀的謀亂，以璽書責燕王，燕王以綬自絞。❻折簡　書簡，這裡指璽書，即皇帝詔書。

【語　譯】貞觀十一年，唐太宗對吳王李恪說：「父親疼愛兒子，是人之常情，不用教導就知道的。兒子能夠做到忠孝就是好樣的了！如果不聽從教誨，背棄禮制法度，必定使自己遭到刑罰或殺戮，這樣做父親的即使愛他，又能怎麼辦呢？從前，漢武帝死後，漢昭帝繼位，燕王劉旦向來驕橫放縱，欺誑不服，圖謀不軌，霍光發出一道詔書加以誅伐，燕王就身死國滅。做臣子的不得不謹慎啊。」

貞觀中❶，皇子年小者多授以都督刺史，諫議大夫褚遂良上疏諫曰：「昔兩漢以郡國❷治人，除郡以外，分立諸子，割土封疆，雜用周制。皇❸唐郡縣，粗依秦法。皇子幼年，或授刺史。陛下豈不以王之骨肉，鎮扞❹四方，聖人造制，道高前古？臣愚見有小未盡。何者？刺史師帥❺，人仰以安。得一善人，部內蘇息❻；遇一不善人，闔州❼勞弊。是以人君愛恤百姓，常為擇賢。或稱河潤九里，京師蒙福❽；或與❾人興詠，生為立祠❿。漢宣帝⓫云：『與我共理者，惟良二千石⓬乎！』如臣愚見，陛下子內年齒⓭尚幼，未堪臨民者，請且留京師，教以經學。一則畏天之威，不敢犯禁；二則觀見朝儀，自然成立。因此積習，自知為人，審堪臨州，然後遣出。臣謹按漢明、章、和三帝⓮，能友愛子弟，自茲以降，以為準的⓯。封立諸王，雖各有土，年尚幼小者，召留京師，訓以禮法，垂以恩惠。迄三帝世，諸王數十百人，惟二王⓰稍惡，自餘皆沖和深粹⓱。惟陛下詳察。」太宗嘉納其言。

【章　旨】此章論皇子年幼者不宜任為都督刺史，而應當留在京師，教以經學，待長大成人、取得從政經驗之後，才可以派遣外任。

【注　釋】❶貞觀中　據史傳當在貞觀十七年（西元六四三年）二月。❷郡國　指郡縣與封國並存的制度。❸皇　大。❹鎮扞　鎮守、捍衛。❺師帥　表率。❻部內蘇息　州內復蘇生息。❼闔州　全州。❽河潤九里二句　典出於《後漢書・郭伋傳》。據載，漢光武帝時潁川盜起，以郭伋為潁川太守，召見，帝勞曰：「賢能太守，去帝城（洛陽）不遠，河潤九里，冀京師並蒙福也。」❾與　原無「與」字，據《舊唐書・褚遂良傳》補。❿生為立祠　東漢明帝時，王堂為巴州太守，討平寇亂，州內清靜，吏民為之立祠。見《後漢書・王堂傳》。⓫漢宣帝　即劉詢，漢武帝曾孫。⓬二千石　指郡太守，其食祿二千石。⓭年齒　年齡。⓮明章和三帝　即東漢明帝、章帝、和帝。⓯準的　標準。⓰二王　指楚王劉英、廣陵思王劉荊，皆以謀逆自殺。⓱沖和深粹　謂品德謙和淳厚。沖，謙和；淡泊。粹，純正。

【語　譯】貞觀十七年二月，當時皇子年幼的大都授任為都督刺史，諫議大夫褚遂良上疏勸諫說：「從前，兩漢以郡縣與封國來治理百姓，除郡以外，分封諸位皇子為王，分割地域封邑，兼用周朝的制度。大唐郡縣制，大略依照秦朝的法規。皇子年幼的，或授以刺史。陛下難道不是想用帝王的子弟去鎮守四方嗎？這種聖人創立的制度，比前代其他辦法高明嗎？依我愚見，還有小小不盡完善的地方。為什麼呢？刺史是一州的表率，民眾依靠他而安寧。選到一位好的刺史，州內便復蘇生息；遇上一個不好的刺史，全州就將弄得勞疲不堪。因此，帝王愛恤百姓，常為他們挑選賢良的刺史。有的刺史被稱讚為『河潤九里，京師蒙福』；有的刺史受到民眾的歌詠，活著時民眾就為他建立祠堂。漢宣帝說：『與我共治天下的，只是賢良的郡太守啊！』依我愚見，陛下諸子中年齡尚幼小，不能勝任治理民眾的，請暫且留在京師，教以經學。一則使他們畏懼陛下的天威，不敢觸犯禁令；二則讓他們觀察朝廷的禮儀，自然地吸取從政經驗。靠這種辦法積累經驗，自己知道如何去為人處事，經審查能勝任治理一州的，然後派遣出去擔任刺史。據我考知，東漢明、章、和三帝，能夠友愛子弟，從此以後可以作為他們的榜樣。當時分封諸王，雖然各有封邑，而年紀還幼小的，召留京城，教以禮法，給予恩惠。在明帝、章帝、和帝居位期間，諸王達數十百人，只有楚王、廣陵思王二人稍為惡劣，其餘諸王都謙和淳厚。希望陛下詳加考察。」唐太宗稱讚並採納了他的意見。

規諫太子第十二

貞觀五年，李百藥為太子右庶子，時太子承乾頗留意《典》《墳》❶，然閑讌❷之後，嬉戲過度。百藥作〈贊道賦〉以諷❸焉，其詞曰：

下臣側聞先聖之格言，嘗覽載籍之遺則❹。伊❺天地之玄造❻，洎❼皇王之建國，曰人紀與人綱，資立言與立德。履之則率性成道，違之則罔念作忒❽。望興廢如從鈞❾，視吉凶如糾纆❿。至乃受圖膺籙，握鏡⓫

君臨，因萬物之思化，以百姓而為心。體大儀⑫之潛運，閱往古於來今。盡為善於乙夜，惜勤勞於寸陰。故能釋層冰於瀚海⑬，變寒谷於蹛林⑭。總人靈以胥悅⑮，極穹壤而懷音⑯。

赫矣聖唐，大哉靈命⑰；時維大始⑱，運鍾上聖⑲。天縱皇儲⑳，固本居正；機悟宏遠，神姿凝映。顧三善㉑而必弘，祗四德㉒而為行。每趨庭而聞禮㉓，常問寢而資敬。奉聖訓以周旋㉔，誕天文之明命㉕。邁觀喬而望梓㉖，即元龜㉗與明鏡。自大道云革，禮教斯起。以正君臣，以篤父子。君臣之禮，父子之親，盡情義以兼極，諒弘道之在人。豈夏啟與周誦㉘，亦丹朱與商均？既雕且琢，溫故知新。惟忠與敬，曰孝與仁。則可以下光四海，上燭三辰㉙。昔三王㉚之教子，兼四時以齒學㉛；將交發於中外，乃先之以禮樂。樂以移風易俗，禮以安上化人。非有悅於鐘鼓，將宣志以和神。寧有懷於玉帛，將克己而庇身。生於深宮之中，處於群后㉜之上；未深思於王業，不自珍於匕鬯㉝。謂富貴之自然，恃崇高以矜尚。必恣驕狠，動愆禮讓。輕師傅而慢禮儀，狎姦諂而縱淫放。前星[34]之耀遽隱，少陽[35]之道斯諒[36]。雖天下之為家，蹈夷儉[37]之非一。或以才而見升，或見讒而受黜。足可以省厥休咎[38]，觀其得失。請粗略而陳之，覬披文而相質[39]。

在宗周[40]之積德，乃執契[41]而膺期；賴昌、發[42]而作貳[43]，啟七百之鴻基。逮扶蘇[44]之副秦，非有虧於聞望；以長嫡之隆重，監偏師於亭障[45]。始禍則金以寒離[46]，厥妖則火不炎上[47]；既樹置之違道，見宗祀之遄喪[48]。伊漢氏之長世，固明兩之遞作[49]。高惑戚而寵趙[50]，以天下而為謔[51]。惠結皓而因良[52]，致羽翼於寥廓[53]。景有慚於鄧子[54]，成從理之淫虐；終生患於強吳[55]，由發怒於爭博。徹居儲兩[56]，時猶幼沖，防衰年之絕議，識亞夫[57]之矜功；故能恢弘祖業，紹三代之遺風[58]。據開博望[59]，其名未融。哀時命之奇舛[60]，遇讒賊於江充[61]；雖備兵以誅亂，竟背義而凶終。宣嗣[62]好儒，大猷行闡[63]，嗟被尤[64]於德教，美發言於忠謇。始聞道於匡、韋[65]，終獲戾於恭、顯[66]。太孫[67]雜藝，雖異定陶[68]，馳道不絕[69]，抑惟小善。猶見重於通人，當傳芳於前典。中興[70]上嗣，明、章[71]濟濟，俱達時政，咸通經禮。極至情於敬愛，惇友于[72]於兄弟；是以固東海[73]之遺堂，因西周之繼體。五官[74]在魏，無聞德音。或受譏於妲己[75]，且自悅於從禽[76]。雖才高而學富，竟取累於荒淫。曁貽厥於明皇[77]，搆崇基於三世[78]。得秦帝[79]之奢侈，亞漢武[80]之才藝。遂驅役於群臣，亦無救於凋弊。中撫[81]寬愛，相表多奇。重桃符[82]而致惑，納鉅鹿[83]之明規。竟能埽江表[84]之氛穢，舉要荒[85]而見羈。惠[86]處東朝，察其遺跡，在聖德其如初，實御床之可惜。悼愍懷[87]之云廢，遇烈風之吹沙。盡性靈之狎藝，亦自敗於凶邪。安能奉其粢盛[88]，承此邦家？

惟聖上之慈愛，訓義方[89]於至道。同論政於漢幄[90]，脩致戒於京鄗[91]。鄙《韓子》之所賜[92]，重經術以為寶。咨政理之美惡，亦文身之黼藻[93]。庶有擇於愚夫，慚乞言於遺老。致庶績於咸寧，先得人而為盛。帝堯以則哲垂謨[94]，文王以多士興詠[95]。取之於正人，鑑之於靈鏡。量其器能，審其檢行[96]。必宜度機而分職，不可違方以從政。若其惑於聽受，暗於知人，則有道者咸屈，無用者必伸。讒諛競進以求媚，玩好不召而自臻。直言正諫，以忠信而獲罪；賣官鬻獄[97]，以貨賄而見親。於是虧我王度，斁[98]我彝倫。九鼎[99]遇姦回而遠逝，萬姓望撫我而歸仁。蓋造化[100]之至育，惟人靈之為貴。獄訟不理，有生死之異途；冤結不伸，乖陰陽之和氣。士之通塞，屬之以深文[101]；命之脩短，懸之於酷吏。是故，帝堯畫像[102]，陳恤隱之言；夏禹泣辜[103]，盡哀矜之志。因取象於〈大壯〉[104]，乃峻宇而雕牆。將瑤臺[105]以瓊室[106]，豈畫棟以虹梁。或凌雲[107]以遐觀，或通天[108]而納涼。極醉飽而刑人力，命痿蹷[109]而受身殃。是以言惜十家之產，漢帝[110]以昭儉而垂裕。雖成百里之囿[111]，周文以子來[112]而克昌。彼嘉會而禮通，重旨酒之為德[113]。至忘歸而受祉[114]，在齊聖而溫克[115]。若其酗醟[116]以致昏，酖湎而成忒[117]，痛殷受[118]與灌夫[119]，亦亡身而喪國。是以伊尹[120]以酣歌而作戒，周公以亂邦而貽則[121]。咨幽閑之令淑[122]，實好逑[123]於君子。辭玉輦而割愛，固班姬[124]之所耻；脫簪珥[125]而思愆，亦宣姜[126]之為美。乃有禍晉之驪姬[127]，喪周之褒姒[128]。盡妖妍於圖畫，極凶悖於人理。傾城傾國[129]，思昭示於後王；麗質冶容，宜永鑒於前史。復有蒐狩[130]之禮，馳射之場，不節之以正義，必自致於禽荒。匪外形之疲極，亦中心而發狂。夫高深不懼，胥靡之徒[131]；韝緤[132]為娛，小豎[133]之事。以宗社之崇重，持先王之名器，與鷹犬而並驅，凌艱險而逸轡[134]。馬有銜橛之理[135]，獸駭不存之地，猶有靦[136]於獲多，獨無情而內愧？

以小臣之愚鄙，忝不貲之恩榮。擢無庸於草澤，齒陋質於簪纓[137]。遇大道行而兩儀[138]泰，喜元良[139]會而萬國貞。以監撫[140]之多暇，每講論而肅成[141]。仰惟神之敏速，歎將聖之聰明。自禮賢於秋實[142]，足歸道於春卿[143]。芳年淑景，時和氣清。華殿邃兮簾帷靜，灌木森兮風雲輕，花飄香兮動笑日，嬌鶯囀兮相哀鳴。以物華之繁靡[144]，尚絕思於將迎。猶允蹈(145)而不倦，極耽翫(146)以研精。命庸才以載筆，謝摛藻(147)於天庭。異洞簫之娛侍(148)，殊飛蓋之緣情(149)。闕雅言以贊德，思報恩以輕生。敢下拜而稽首(150)，願永樹於風聲。奉皇靈之遐壽(151)，冠振古之鴻名。

太宗見而遣使謂百藥曰：「朕於皇太子處見卿所作賦，述古來儲貳事以誡太子，甚是典要(152)。朕選卿以輔弼太子，正為此事，大稱所委，但須善始令終耳。」因賜廄馬一匹，綵物三百段。

【章　旨】此章載李百藥的〈贊道賦〉，用以規諫太子李承乾。此賦首先提出「立言與立德」的原則，強調「君臣之禮，父子之親，盡情義以兼極，諒弘道之在人」。接著，引述兩漢、魏晉時期的太子事跡，考察其中得失教訓。進而論述了太子應當引以為戒的幾個方面：一是用人之戒，二是刑罰之戒，三是營繕之戒，四是甘酒之戒，五是色荒之戒，六是禽荒之戒。最後希望太子「奉皇靈之遐壽，冠振古之鴻名」。

【注　釋】❶典墳　即《三墳》和《五典》。相傳前者是伏羲、神農、黃帝之書；後者是少昊、顓頊、高辛、唐堯、虞舜之書。見偽孔安國〈尚書序〉。❷閑讌　宴會。讌，宴。❸諷　勸諭。❹遺則　前人的遺訓。❺伊　句首語助詞。❻玄造　造化。❼洎　及；到。❽罔念作忒　邪念造成過錯。忒，錯誤。❾鈞　平，如秤。❿糾

纆　繩索，引申為纏繞。⓫鏡　鑒鏡。⓬大儀　太極。以生天地謂之大，成形之始謂之儀。⓭瀚海　即翰海，唐代指蒙古大沙漠以北及其迤西今準噶爾盆地一帶廣大地區。⓮蹛林　原匈奴繞林而祭之處。唐曾置羈縻州，治所在今甘肅秦安東北故隴城。⓯胥悅　皆悅。⓰懷音　懷念德音。⓱靈命　天命。⓲大始　天地萬物形成之始初，這裡指唐太宗即位初。⓳運鍾上聖　世運集於皇帝。鍾，集中。上聖，指唐太宗。⓴天縱皇儲　謂上天使他成為皇太子，又多才華。皇儲，皇太子。㉑三善　指事君、事父、事長等三種善行。㉒四德　指儒家的孝、悌、忠、信等四種德性。或謂元、亨、利、貞，為乾之四德。㉓趨庭而聞禮　典出於《論語・季氏》篇。孔子的兒子鯉在庭前走過，孔子要他去學禮。㉔周旋　行禮時進退揖讓的動作。㉕誕天文之明命　使天子的光明德行發揚光大。誕，大；光大。天文，借指天子。明命，明德。㉖邁觀喬而望梓　謂履行父子之道。《尚書大傳・周傳・梓材》云：「喬仰，父道也；梓俯，子道也。」㉗元龜　大龜，用以占卜。後引申為借鑒。㉘周誦　周成王，名誦。㉙三辰　日、月、星。㉚三王　夏、商、周三代之王，即禹、湯、武王。㉛齒學　指太子入學以年齡大小為順序，即與年齡一樣的人一起學習。㉜群后　眾諸侯王。㉝匕鬯　古代宗廟祭祀用物，後因以指宗廟祭祀。匕，用以載鼎實。鬯，香酒。㉞前星　指心宿的前星。心宿有星三顆，中星象徵天子位，前星猶如太子。㉟少陽　指太子。㊱諒　謂信而不通。㊲夷儉　應作「夷險」。平坦與險惡。㊳休咎　吉凶；福禍。㊴覬披文而相質　希望通過文詞而看到實質。覬，冀望。相，察看。㊵宗周　西周都城鎬京的別稱，這裡指周朝。㊶執契　執掌符契，意謂承受天意。㊷昌發　周文王姬昌、周武王姬發。㊸貳　副，指太子。㊹扶蘇　秦始皇長子，因觸怒始皇，被派往上郡監大將蒙恬軍。始皇死後，公子胡亥即位，將扶蘇賜死。㊺亭障　指邊塞要地。㊻金以寒離　金之德寒，故被疏遠。意謂欲廢太子。㊼火不炎上　火失其燃上之性，故形成了災禍。㊽遄喪　急劇地喪亡。㊾明兩之遞作　謂英明太子相繼而起。兩，貳，指太子。㊿高惑戚而寵趙　漢高祖為戚夫人所惑，而寵愛趙王劉如意。(51)謔　戲謔。(52)惠結皓而因良　漢惠帝為太子時，用張良的建議，迎四皓為輔翼，而終未被廢。(53)寥廓　空闊的天下。(54)景有慚於鄧子　漢景帝為太子時，曾替漢文帝吮癰，臉有難色。事後聞鄧通（文帝佞臣）嘗為帝吮，心慚，由此怨通。及景帝即位，鄧通免。(55)強吳　指吳王劉濞。漢景帝為太子時，曾與劉濞的兒子飲博，劉濞的兒子素驕，博爭不恭，太子引博局殺了他。劉濞由此怨望，後發動七國之亂。(56)徹居儲兩　漢武帝劉徹居於太子之時。儲兩，太子。(57)亞夫　周亞夫，周勃之子，曾平定七國之亂。漢景帝欲廢栗太子，亞夫不同意，景帝由此疏遠他。(58)紹三代之遺風　繼承夏、商、周三代的遺風。紹，繼承。(59)據開博望　戾太子劉據開設博望苑。戾太子，即漢武帝之子。(60)奇舛　特大的不幸。(61)江充　漢武帝時的讒臣。因誣害戾太子，被太子所殺。長安軍亂，誣太子謀反。漢武帝怒，戾太子自殺。(62)宣嗣　漢宣帝的太子，即漢元帝。(63)大猷行闡　大計方略得以實行闡述。猷，計謀。(64)尤　突出；特別。(65)匡韋　匡衡、韋玄成，漢元帝時相繼為宰相。(66)恭顯　弘恭、石顯，漢元帝時相繼擅權的佞臣。(67)太孫　即漢成帝，名驁，字太孫，漢元帝的太子。(68)定陶　定陶共王，漢元帝的庶子。(69)馳道不絕　漢成帝為太子時，急見父皇，也不敢橫穿皇帝專用的馳道。(70)中興　指中興的漢光武帝。(71)明章　東漢明帝、章帝。(72)友于　指兄弟相愛。(73)東海　東海王，漢明帝之兄，極相友愛。(74)五官　即曹丕，初為五官中郎將。(75)受譏於妲己　曹丕見袁熙妻甄氏美而悅之，曹操為之聘納。孔融便以妲己故事譏曹丕。(76)自悅於從禽　曹丕稱帝後，嘗出射雉取樂。(77)明皇　魏明帝曹叡，文帝曹丕之子。明帝嘗造周林土山，驅使群臣服役。(78)三世　指三年。(79)秦帝　秦始皇。(80)漢武　漢武帝。(81)中撫　指晉武帝司馬炎，初仕魏為中撫軍。(82)桃符　晉武帝弟齊王攸之小名。初晉王司馬昭欲以攸為世子，而裴秀等認為中撫軍炎聰明神武，遂立炎為世子。後司馬炎嗣晉王位，受魏禪，建立晉朝。(83)鉅鹿　指裴秀，晉武帝時封鉅鹿郡公。(84)江表　指長江以南的孫吳政權。(85)要荒　要服與荒服，古稱王畿外極遠的地方。(86)惠　晉惠帝司馬衷，晉武帝第三子。為人昏愚，不堪為嗣，尚書令衛瓘欲言而未敢發。會侍宴帝側，衛瓘佯醉，跪而撫御床云：「此座可惜。」(87)愍懷　即愍懷太子司馬遹，晉惠帝長子。有美譽，賈后忌之，被廢為庶人。(88)粢盛　盛在祭器內以供祭祀的穀物。(89)義方　家教。(90)漢幄　漢家帷幄，代稱漢朝。漢武帝時，獨尊儒術，以經學論政。(91)京鄗　即鎬京，指西周。(92)韓子之所賜　東晉元帝好任刑法，以《韓非子》賜太子。(93)文身之黼藻　用以修身養性的文詞學問。文身，原意是在身上刺出圖形，後引申指修身。黼藻，花紋；文采。引申指文學詞藻。(94)以則哲垂謨　以知人善任而留下典範。則哲，《尚書・皐陶謨》云：「知人則哲，能官人。」謨，謀略。(95)以多士興詠　《詩經・大雅・文王》云：「濟濟多士，文王以寧。」(96)檢行　節操品行。(97)鬻獄　賣獄；公開以貨賄來減免罪刑。(98)斁　敗壞。(99)九鼎　傳國寶，周沉泗水中。秦始皇求之，不能出。(100)造化　指天地。(101)深文　刑法條文苛細嚴峻。(102)畫像　畫分衣物（犯黥刑者，將衣染黑，犯劓刑者，將衣染紅，犯宮刑者，將鞋染成雜色，犯大辟之罪者，穿布衣裾，上衣無領緣），以象五刑。民見而不犯。見《漢書》。(103)夏禹泣辜　禹出見罪人，下車，問而泣之。見《說苑》。(104)大壯　《易經》卦名，也是篇名，內容涉宮室的營造。(105)瑤臺　夏桀所建的臺。(106)瓊室　殷紂王所造的宮室。(107)凌雲　凌雲臺，魏文帝所造，極其精巧，隨風搖動，終無崩坍。(108)通天　通天臺，漢武帝所築，在甘泉宮中，高三十丈。(109)痿躄　萎縮而不能行走。(110)漢帝　指漢文帝，欲作露臺，但惜十家之產的費用，遂作罷。(111)百里之囿　孟子云「文王之囿方七十里」，此言其成數。囿，蕃育鳥獸之所。(112)子來　謂民心歸附，如子女趨事父母。(113)重旨酒之為德　傳說儀狄作酒，禹飲了認為很甘美，說：「後世必有以酒亡國者。」遂疏儀狄，而絕旨酒。見《戰國策》。(114)祉　福。(115)溫克　溫恭自持。(116)酗醟　酗酒。醟，沉迷於酒。(117)忒　惡；罪。(118)殷受　即殷紂王，名受，以酒為池，竟亡其國。(119)灌夫　西漢大臣，漢武帝時，因酒醉罵坐而被誅。(120)伊尹　商初大臣，曾作訓說：「敢有恆舞于宮，酣歌于室，時謂巫風。」見《尚書・商書・伊訓》。(121)貽則　留下儆戒。周公作誥云：「越小大邦用喪，亦罔非酒」。意謂越地大小邦國因酒而喪亡。見《尚書・周書・酒誥》。(122)令淑　美女。(123)逑　匹配。(124)班姬　即班倢妤。漢成帝遊於後庭，嘗欲與班倢妤同輦，辭云：「觀古圖畫聖賢之君，皆有名臣在側，三代末主，乃有嬖女，今欲同輦，得無近似之乎？」帝善納其言而後止。(125)簪珥　冠飾與耳飾。(126)宣姜　周宣王后。宣王晚起，王后脫下纓珥待罪，使傅母向宣王通報說：「王樂色而忘德，失禮而晏起，亂之興自婢子始，敢請罪。」宣王聽了覺悟，於是勤於政事，中興周室。(127)驪姬　晉獻公之寵姬。驪姬欲立其子奚齊，害死太子中生，又譖公子重耳和夷吾，使晉國大亂。(128)褒姒　周幽王寵愛褒姒，生子伯服。幽王竟廢申后及太子宜臼，以褒姒為后，伯服為太子。後申侯聯合犬戎攻陷京城，殺周幽王於驪山下，西周遂亡。129傾城傾國　指容貌絕美的女子。130蒐狩　春獵曰蒐，冬獵曰狩。131胥靡之徒　刑徒。132韝紲　指打獵。韝，臂套，用來束衣袖以便動作。紲，繫犬的繩子。133小豎　童僕。134轡　馬的韁繩。135銜橛之理　謂馬車有傾覆的危險。銜橛，馬口所銜的橫木。136靦　慚愧。137簪纓　華麗的冠飾，借指達官貴人。138兩儀　天與地。139元良　指太子。140監撫　監國與撫軍，太子臨時代理政務與軍事。141肅成　肅正自身，有所成就。142秋實　喻德行。143春卿　禮部之官，此指禮儀。144繁靡　紛繁華麗。145允蹈　誠然履行。146翫　玩。147摛藻　鋪陳詞藻。148洞簫之娛侍　漢元帝為太子時，好吹洞簫，自度聲被歌調。王褒上〈洞簫賦〉，乃令後宮貴人皆誦讀之。149飛蓋之緣情　魏文帝為世子時，曹植賦詩云：「清夜遊西園，飛蓋相追隨。」飛蓋，謂車急馳。緣情，謂作詩。150稽首　叩頭到地，跪拜禮。151遐壽　長壽。152典要　簡要有法度。

【語譯】貞觀五年，李百藥任太子右庶子，當時太子李承乾很留心去學習古代典籍，然而閒居飲宴之後，卻往往嬉戲過度。李百藥便寫了〈贊道賦〉勸諭他，文詞是這樣說的：

下臣曾經聽到過先聖的格言，讀到過典籍的遺訓。自從開天闢地以來，直到帝王建立國家，確定了人與人之間的綱紀，並賴此以樹立不朽的言論與德行。履行它就能率性成道，違背它就會使邪念作祟。觀望天下的興盛衰敗，都是由它來決定的，就像隨著秤子在低仰一樣；察看人事的吉凶禍福，也和它相關，如同繩索在絞纏一樣。至於皇帝承受天命，統治天下，也是如此，必須依照萬物的規律來思考如何教化，而把百姓作為治國的根本。親身感受太極的運行變化，考察往古的教訓，以利於當今。盡力辦好政事，直到深夜不眠，勤勞理政，珍惜每一寸光陰。所以能消融翰海的堅冰，改變蹛林的寒谷。使全體民眾都喜悅，讓天下百姓都懷念德音。

顯赫的大唐王朝，承受了偉大的上天之命；在國家創始之時，機運集中於陛下身上。而皇太子具有天賦的才華，根本鞏固，心術端正，思慮宏大深遠，神態凝聚光彩。顧惜事君、事父、事長的三種善行，而必定加以弘揚；敬仰孝、悌、忠、信的四種德性，而一一加以實行。每次拜見父王，聽取學禮的教誨；時常問寢請安，表示尊敬的心意。遵奉聖訓，講究禮貌，使聖人的光明德行得以發揚光大。實行父子之道，以此作為自己立身行事的鑒戒。自從天下的大道發生變化，禮教也就產生了。用禮教來端正君臣之道，篤厚父子之情。而君臣之禮，父子之親，是極盡情義的，都可以達到最高境界，相信要弘揚這種大道，事在人為。難道夏啟和周成王誦這樣的賢太子，也是跟堯舜不肖之子丹朱與商均一樣的嗎？對這種道理要仔細琢磨，溫故知新。其中最關緊要惟有忠與敬、孝與仁。若做到這些，就可以往下光照四海，往上映耀三辰。從前，夏、商、周三代之帝王教育子女，都按照四季時令，根據年齡大小來安排學習內容；將要與內外有所交往，就先進行禮樂教育。樂用來移風易俗，禮用來安上化人。學樂並不是以鐘鼓取悅自己，而是抒發心志，以使精神和諧。學禮豈可只注重玉帛禮物，而是要克制己欲，以保護自身。太子生於深宮之中，位居諸王之上，尚未深思過帝業的艱辛，不能自動珍惜宗廟的祭祀。認為富貴是自然的事，仗恃崇高的地位而驕傲自大。這樣，必定是肆意驕狠，行為有違禮讓之道。輕視師傅而怠慢禮儀，親近姦邪而放縱淫欲。如此一來，太子的光輝會急劇消失，而太子之道也就不通了。雖然在天下為家的時代，會經歷平坦或者危險的路途是不一定的。有的因才能而被提升，有的卻被誣陷而遭到廢黜。由此可以完全審視他們的吉凶禍福，觀察他們的得失成敗。請准許我粗略地陳述，希望透過文詞而看到真實的事例。

由於周朝積累德行，也就承受了天命，應運興起；依賴周文王、周武王的功績，周成王做了太子，開啟了七百年的鴻大基業。至於扶蘇為秦朝的太子，並非名望上有所虧損；他以嫡長子的重要身分，被派到邊塞去監督軍隊。禍起於欲廢太子的舉措，最後便發生了太子被殺的災難；既然在設置太子上違背了道義，秦朝也就很快地滅亡了。漢朝國祚長久，固然是由於英明的太子相繼而起的緣故。但漢高祖曾為戚夫人所迷惑，而寵愛趙王，以天下作兒戲。太子劉盈（惠帝）採納張良的計謀，結交「四皓」，向天下羅致羽翼。漢景帝為太子時，曾因鄧通吮癰之事而慚愧，即位後便罷免了鄧通；又在博戲時將吳王劉濞的世子殺死，吳王劉濞因而憤怒，最終導致了吳楚七國之亂。漢武帝劉徹當太子時，年紀尚小，為防止皇帝衰年政局的變化而提出獨特的建議，還看出了周亞夫恃功驕矜的危險；所以漢武帝能夠恢弘祖業，繼承了三代的遺風。戾太子劉據開設博望苑，交接賓客，但名聲並未因而遠揚。卻哀歎他命運特別不好，遇上讒臣江充；雖然舉兵誅殺了江充，終究違背道義，落得了自殺的結局。漢宣帝的太子（元帝）愛好儒術，大計方略得以實行推闡，令人讚歎他在德教上有突出的成就，在言論上有忠貞的表現。漢元帝起初聞道於匡衡、韋玄成，最終由於任用弘恭、石顯而形成罪過。漢成帝當太子時，愛好雜藝，雖然不如定陶共王的材藝，但他不敢穿越皇帝專用的馳道，也還算有小的善行。所以漢成帝尚被通達之士所推重，應當在史書上流傳芳名。東漢光武帝中興，繼承漢室的事業，其後明帝、章帝，莊嚴恭敬，明達時政，通曉經學禮儀。對敬愛的人竭盡最深的情義，對兄弟十分親切友愛；所以能夠保障東海王的遺堂，延續了西周諸侯王繼承封爵的傳統。魏文帝曹丕為五官中郎將時，未曾聽到過有人讚美他。卻因聘納別人的妻子，被孔融以妲己的故事加以譏諷，而且還耽於射獵自娛。雖然他才高學富，終究由於荒淫而使帝業受害。等到傳位給魏明帝，明帝繼承了荒淫的習氣，營造園林土山達三年之久。魏明帝可說學得秦始皇的奢侈，才藝卻亞於漢武帝。結果驅使群臣服役，也無法挽救民生凋弊的局面。晉武帝司馬炎為人寬厚仁愛，相貌奇偉。起初晉王司馬昭寵愛兒子桃符而受到迷惑，但後來卻採納了裴秀的規諫，立司馬炎為世子。這樣晉武帝終於平定江南的孫吳政權，統一天下，連極荒遠的地方也都被控制。晉惠帝居於東宮之時，察看他的一言一動，痴呆昏愚，但武帝仍然不改初衷，繼續由他做儲君，確實如大臣衛瓘所歎息的：「此座可惜呀！」可憐晉愍懷太子被廢，容易得像烈風吹掉泥沙一樣。他雖在性靈上盡力親近才藝，但也還是自敗於凶邪。這種人哪兒能奉守宗廟的祭祀，繼承國家的事業呢？

聖上仁慈厚愛，用最高的德行來推行家教。如同漢朝在宮中討論政治上的得失，又如周朝為子弟修定各種禮制。鄙棄晉元帝賜太子讀《韓非子》的做法，重視儒家經術，把它作為治國之寶。既諮詢政事上的得失，也用文詞學問來修身養性。希望從一般百姓那裡獲得好的意見，並虛心向前朝遺老請教。要各種政務辦得成功，使天下安寧，首先得靠大量地選用人才。帝堯以知人善任而留下榜樣，周文王為人才濟濟而作詩詠歎。選取正直之士，要拿靈鏡來照映。衡量他們的氣質才能，審察他們的節操品行。必須根據才略而分授官職，不可以違反原則而讓人隨便從政。如果被擾亂了視聽，不善於知人，那麼有德行的人都會受到委屈，無用之徒卻準會受到重用。這樣讒諛之人紛紛獻媚，以求進用，珍寶玩物就不求而至。結果直言正諫的人，以忠信而獲罪；賣官鬻獄的人，以賄賂而被親近。於是損害了帝王的法度，敗壞了人們的倫常。九鼎這種傳國寶器，遇上姦邪之君就會遠遠地離去，這樣百姓就盼望著得到撫慰而歸向仁義。要知道天地化育萬物，只有人是最為寶貴的。訴訟不能正確審理，會有生死不同的結果；冤案不能得到昭雪，會傷害陰陽二氣的和合。士人仕途的通達與阻滯，決定於苛細的刑法；人命的長與短，操縱於酷吏之手。所以，帝堯區分了象徵五刑的衣服，體現了撫恤百姓的情意；夏禹見了罪人而哭泣，表達了憐憫百姓的心懷。至於依照〈大壯〉篇的式樣，建造高樓，雕飾牆壁。如夏桀造瑤臺，殷紂王建瓊室，豈只是畫棟和虹梁而已。有的像魏文帝造淩雲臺來遠望，有的像漢武帝造通天臺來納涼。這樣，享盡醉飽的奢侈生活而役使民力，反而使生命萎縮、身體遭殃。所以，漢文帝愛惜十家產業的費用而停建露臺，以昭示節儉，留下美名；周文王雖然建成百里之囿，但他使民心歸附而得以昌盛起來。在那美好的盛會上以禮相往來，大禹禁絕美酒，成為一種德行。以至於三過家門而不入，而蒙受幸福，他向聖人看齊，做到溫恭自持的境地。如果酗酒以致昏亂，沉溺於酒而造成過惡，就會像殷紂王和灌夫那樣，遭到身亡國喪的災禍。所以，伊尹因為酣酒歌舞的流行而作了訓戒，周公因為飲酒亡國的事實而留下了〈酒誥〉。那些幽閑的淑女，確實是君子的好配偶。班姬謝絕漢成帝同車遊園的邀請，割捨所愛，這原是由於她恥於當嬖女的緣故；宣姜脫下簪珥而請罪，使周宣王勤於理政，這也是宣姜美德的表現。但也有禍晉的驪姬、喪周的褒姒。她們都極為妖妍，如同圖畫中人，卻極其凶惡，違背人倫。所以面對傾城傾國的美女，就要考慮到給後代帝王留下榜樣；面對麗質冶容的美女，就應當永遠拿前代史實作為鑒戒。還有蒐狩的禮節，在馳射的場合，如果不用禮義來節制，必然導致縱情射獵的結果。這不僅使身體極度疲勞，也會使心情發狂。不怕高山深谷的，那是刑徒之輩；以鷹犬為娛的，那是童僕之事。面對宗廟社稷的崇重，執持前輩君王的名器，卻與鷹犬並駕齊驅，臨近險途而放鬆繮繩。馬車既有傾覆的危險，野獸也會害怕那不能生存的地方，既然還會為獵獲太多而感到慚愧，難道不會因無情獵殺而感到內疚？

小臣愚昧鄙陋，有愧於承受無限的恩寵榮華。陛下從民間提拔我這個無庸之人，以鄙陋之軀和達官貴人並列朝班。幸遇大道暢行，天下安泰，而太子適逢其盛，慶喜天下有了依歸。太子以監國撫軍之餘暇，每每講經論道，肅正自身，有所成就。瞻仰太子的神思敏捷，讚歎儲君的天資聰明。自有禮遇賢士的德行，足以歸道於禮儀。芳年美景，時和氣清。華麗的宮殿深幽啊，幃幕寂靜；樹木繁茂啊，風雲輕盈；花兒飄香啊，正是怒放時；嬌鶯婉囀啊，兩兩相和鳴。面對如此紛繁華麗的美景，尚且深思熟慮，送往迎來。還切實履行，孜孜不倦，沉浸於學問之中精研不已。命令我這個庸才拿起筆來，在殿庭上鋪陳詞藻，我十分感謝。這既不同於王褒娛侍漢元帝而寫下〈洞簫賦〉，也不同於曹植因曹丕的遊獵而寫下「飛蓋相追隨」的詩篇。我缺少美好的言詞以讚頌太子的德行，只希望以自己的生命來報答皇帝的恩情。冒昧地下拜稽首，願太子能永遠樹立美好的聲譽。事奉皇靈，萬壽無疆，永保振古第一的鴻名。

唐太宗見了〈贊道賦〉，便派使者對李百藥說：「我在皇太子處看到了你所寫的賦，述說自古以來太子的事跡，以教誡皇太子，非常簡要而且有法度。我選用你來輔弼太子，正是為了此事。你非常稱職，但須善始善終啊。」於是賜給李百藥御馬一匹，綵帛三百段。

貞觀中❶，太子承乾數虧禮度，侈縱日甚，太子左庶子于志寧撰《諫苑》二十卷諷之。是時太子右庶子孔穎達❷每犯顏進諫。承乾乳母遂安夫人謂穎達曰：「太子長成，何宜屢得面折❸？」對曰：「蒙國厚恩，死無所恨。」諫諍愈切。承乾令撰《孝經義疏》，穎達又因文見意，愈廣規諫之道。太宗並嘉納之，二人各賜帛五百匹，黃金一斤，以勵承乾之意。

【章旨】此章言于志寧和孔穎達勸諭太子李承乾。

【注釋】❶貞觀中　按史傳作貞觀七年（西元六三三年）。❷孔穎達　字仲達，冀州衡水（今屬河北）人。唐初經學家。時任太子右庶子，每犯顏進諫。後奉命主編《五經正義》。❸面折　當面批評。

【語譯】貞觀七年，太子李承乾多次違犯禮制法度，奢侈驕縱，日益厲害，太子左庶子于志寧撰著《諫苑》二十卷勸諭他。這時，太子右庶子孔穎達也常常犯顏進諫。承乾的乳母遂安夫人對孔穎達說：「太子已長大成人，何必要屢次當面批評他的過錯？」孔穎達回答說：「承蒙國家厚恩，即使為勸諫而死了也沒有什麼遺恨。」於是諫諍得越加急切。承乾令撰《孝經義疏》，孔穎達又因經文而發揮意見，更加擴大規諫的途徑。唐太宗讚賞並接納于志寧與孔穎達的意見，賜給每人帛五百匹，黃金一斤，藉以激勵太子李承乾。

貞觀十三年，太子右庶子張玄素以承乾頗以遊畋廢學，上書諫曰：

「臣聞皇天無親，惟德是輔，苟違天道，人神同棄。然古三驅之禮❶，非欲教殺，將為百姓除害，故湯羅❷一面，天下歸仁。今苑內娛獵，雖名異遊畋，若行之無恆，終虧雅度❸。且傅說曰：『學不師古，匪說攸聞❹。』然則弘道在於學古，學古必資師訓。既奉恩詔，令孔穎達侍講，望數存顧問，以補萬一。仍博選有名行學士，兼朝夕侍奉。覽聖人之遺教，察既往之行事，日知其所不足，月無忘其所能。此則盡善盡美，夏啟、周誦焉足言哉！夫為人上者，未有不求其善，但以性不勝情，耽惑成亂。耽惑既甚，忠言盡塞，所以臣下苟順，君道漸虧。古人有言：『勿以小惡而不去，小善而不為。』故知禍福之來，皆起於漸。殿下❺地居儲貳❻，當須廣樹嘉猷。既有好畋之淫，何以主斯匕鬯❼？慎終如始，猶恐漸衰，始尚不慎，終將安保！」

承乾不納。玄素又上書諫曰：

「臣聞稱皇子入學而齒胄⑧者，欲令太子知君臣、父子、尊卑、長幼之道。然君臣之義，父子之親，尊卑之序，長幼之節，用之方寸⑨之內，弘之四海之外者，皆因行以遠聞，假言⑩以光被⑪。伏惟殿下，睿質⑫已隆，尚須學文以飾其表。竊見孔穎達、趙弘智⑬等，非惟宿德鴻儒⑭，亦兼達政要。望令數得侍講，開釋物理，覽古論今，增輝睿德。至如騎射畋遊，酣歌妓翫，苟悅耳目，終穢心神。漸染既久，必移情性。古人有言：『心為萬事主，動而無節即亂。』恐殿下敗德之源，在於此矣。」

承乾覽書愈怒，謂玄素曰：「庶子⑮患風狂耶？」

【章　旨】此章載張玄素的兩篇書奏，對太子李承乾的遊獵廢學提出了批評。希望太子「覽聖人之遺教，察既往之行事，日知其所不足，月無忘其所能」，以求盡善盡美。

【注　釋】❶三驅之禮　古代帝王打獵的禮法。參見本書〈君道〉篇注釋。❷羅　網。傳說商湯出獵，見野外圍網四面，惟恐將禽獸獵盡，乃命去其三面。諸侯聞之，認為湯的德行施及禽獸。見《史記．殷本紀》。❸雅度雅道；正道。❹學不師古二句　引自《尚書·說命下》。攸聞，所聞。❺殿下　對太子或親王的尊稱。❻儲貳　指皇太子。❼匕鬯　指宗廟祭祀，這裡指國家事務。❽齒胄　即齒學，參見前章注釋。❾方寸　指心。❿假言　借助於言詞。⓫光被　陽光覆蓋四方，這裡是廣泛傳布的意思。⓬睿質　天資。⓭趙弘智　河南新安（今屬河南）人。唐太宗時，由太子舍人進黃門侍郎，兼弘文館學士。後遷太子右庶子。⓮宿德鴻儒　素有德行的大儒。⓯庶子　指太子右庶子。

【語　譯】貞觀十三年，太子右庶子張玄素鑒於承乾常常打獵而荒廢學業，便上書勸諫說：

「我聽說皇天對人沒有親疏之分，只輔助有德行的人，假如違背天道，人和神都會拋棄他。然而古代君王打獵時三驅的禮法，並不是想教人去殺害禽獸，而是為百姓除害，所以商湯只在一面張網，而開放其他三面，使得天下諸侯都歸附仁愛的商湯。如今在宮苑內打獵娛樂，雖然名義上不同於野外遊獵，但如果玩得沒有節制，終究有損於正道。況且商代賢臣傅說說過：『在學習上不師法古代，是我所未聞的。』既然如此，那麼弘揚正道就要學習古人，學習古人就必須依靠師傅的訓導。既已遵從聖上的恩詔，令孔穎達為太子講授經學，便希望能多多向他請教，以補不足於萬一。此外再廣泛地選擇有名望又有德行的學士，早晚都侍奉於身旁。閱讀聖人的遺教，考察歷史的事跡，每天既學得自己不足的東西，每月又不忘記自己學會的東西。這樣就會盡善盡美，夏啟、周成王的事功又哪兒值得一提呢？作為君主，是沒有不追求善行的，只是因為理性不能克制情欲，沉溺於娛樂而造成迷亂。迷戀娛樂到了嚴重的地步，則忠言全都被堵塞了，這是臣下苟且順旨，君道逐漸虧損的緣故。古人說過：『不要因為是小錯就不去改正，不要因為是小善就不去做。』由此可知禍福的到來，都是逐漸地促成的。殿下居於太子的地位，應當廣泛地樹立好的榜樣。既然已有嗜好遊獵的惡習，怎麼能主持國家的事務呢？慎終如始，還擔心會逐漸衰敗，如果在開始時便不謹慎，那最終又將如何保持好的結局！」

太子承乾不採納他的意見。張玄素又上書勸諫說：

「我聽說皇子入學和普通人一樣，按年齡大小為次序，為的是想讓太子學會君臣、父子、尊卑、長幼之道。然而要把君臣之義、父子之親、尊卑之序、長幼之節，掌握於內心，弘揚於天下，全得依靠行動使遠方聞悉，借助言論以廣泛傳布。殿下雖然天資聰明，但還必須學習經術文詞來修飾自己的言行。我私下看來，孔穎達、趙弘智等人，不僅是素有德行的大儒，也同時兼通理政的要略。希望讓他們經常侍講，闡釋事物的道理，研讀與討論古今的學問，使殿下的聖德增添光輝。至於騎射遊獵，酣宴歌舞，玩妓貪色，不過是娛悅耳目，最終是會使心神受到汙染的。逐漸染上惡習，時間一久，必定會改變人的性情。古人說過：『心是萬事的主宰，行動沒有節制就會昏亂了。』恐怕敗壞殿下德性的根源，就在於此了。」

承乾看了此書，越加憤怒，對張玄素說：「你這個太子右庶子，是患了瘋狂病了嗎？」

十四年，太宗知玄素在東宮頻有進諫，擢授銀青光祿大夫❶，行❷太子左庶子。時承乾嘗於宮中擊鼓，聲聞于外，玄素叩閤❸請見，極言切諫。乃出宮內鼓對玄素毀之，遣戶奴❹伺玄素早朝，陰以馬檛❺擊之，殆至於死。是時❻承乾好營造亭觀，窮極奢侈，費用日廣。玄素上書諫曰：

「臣以愚蔽，竊位兩宮❼，在臣有江海之潤，於國無秋毫之益，是用必竭愚誠，思盡臣節者也。伏惟儲君之寄，荷戴殊重❽，如其積德不弘，何以嗣守成業？聖上以殿下親則父子，事兼家國，所應用物不為節限。恩旨❾未踰六旬，用物已過七萬，驕奢之極，孰云過此。龍樓❿之下，惟聚工匠；望苑⓫之內，不睹賢良。今言孝敬，則闕侍膳問豎⓬之禮；語恭順，則違君父慈訓之方；求風聲⓭，則無學古好道之實；觀舉措，則有因緣誅戮之罪。宮臣正士，未嘗在側，群邪淫巧，昵近深宮。愛好者皆遊伎雜色⓮，施與者並圖畫雕鏤。在外瞻仰，已有此失；居中隱密，寧可勝計哉！宣猷禁門⓯，不異闤闠⓰，朝入暮出，惡聲漸遠。右庶子趙弘智經明行修，當今善士，臣每請望數召進，與之談論，庶廣徽猷⓱。今旨⓲反有猜嫌，謂臣妄相推引。從善如流，尚恐不逮；飾非拒諫，必是招損。古人云：『苦藥利病，苦口利行。』伏願居安思危，日慎一日。」

書入，承乾大怒，遣刺客將加屠害，俄屬宮廢⓳。

【章　旨】此章記述張玄素勸諫太子承乾，而承乾陰謀暗殺張玄素的情況。說明承乾窮極驕奢，為非作歹，終至被廢是必然的。

【注　釋】❶銀青光祿大夫　官名，光祿大夫加銀章青綬者，從三品。❷行　大官兼管小官的事叫行某官。太子左庶子，正四品上。❸閤　閤，這裡指側門。❹戶奴　官奴，掌守門戶。❺馬檛　馬箠；馬鞭。遣戶奴以馬箠擊打，《資治通鑑》繫於貞觀十六年（西元六四二年）較妥。❻是時　諸史傳作貞觀十六年，是。❼兩宮　指皇帝朝廷和太子東宮。❽荷戴殊重　擔負的責任特別重。❾恩旨　唐太宗於貞觀十六年六月甲辰，詔自今皇太子出用庫物，所司勿為限制。❿龍樓　指太子的宮門，典出《漢書・成帝紀》。⓫望苑　指東宮的內苑，典出漢戾太子之博望苑。⓬侍膳問豎　即問寢、膳的禮節。⓭風聲　名望。⓮遊伎雜色　指各種玩耍技藝人等。唐代此等人列入雜戶，世代傳藝，地位高於奴隸。⓯宣猷禁門　宣布政令的宮廷。猷，計謀。禁門，指宮廷。⓰闤闠　指市井街巷。⓱徽猷　美好的德行。⓲令旨　謂太子的旨意。令，善；美。用為敬詞。⓳宮廢　太子被廢。貞觀十七年四月，太子承乾因謀反罪被廢為庶人，幽禁於右領軍府。

【語　譯】貞觀十四年，唐太宗知道張玄素在東宮常常進諫，便提拔他為銀青光祿大夫，兼任太子左庶子。就在那個時候，有一次承乾在東宮中擊鼓娛樂，鼓聲傳到了外面，張玄素就敲側門入內請見，極力切諫。於是逼得承乾拿出宮內的鼓，當著張玄素的面毀掉，後來卻派掌守門戶的官奴等候張玄素上早朝，在暗地裡用馬鞭襲擊，幾乎打死了他。等到貞觀十六年，承乾喜歡營造亭觀，窮奢極侈，費用日廣。張玄素又上書勸諫說：

「我愚昧無知，愧居朝廷與東宮的官位，使我享有江海一樣的皇恩，卻對國家沒作一絲一毫的貢獻，因此我必須竭盡忠誠，盡到臣下的責任。太子是國家命運之所寄託，負擔特別重，如果積德不宏大，拿什麼來繼承已創立的帝業呢？聖上因為與殿下有父子之親，事情關係到皇室與國家，所以詔令規定對太子應用之物不加限制。聖上的恩旨頒布不到六十天，殿下所用的物資就已超過七萬錢，驕奢至極，誰能比得過。龍樓之下，只聚集一些工匠；宮苑之內，卻不見賢良之士。如今說到孝敬，則缺少問寢視膳的禮節；論及恭順，則違背君父慈訓的原則；要求聲望，則沒有學古好道的實際表現；觀察行動，則有借故殺人之罪。東宮中的大臣與正直之士，未曾讓他們近在身旁；而各種邪惡與淫巧之徒，卻在深宮內受到親近。愛好的都是遊伎雜色之人，賞給別人的全是圖畫雕鏤之類的玩物。從外面看到的，已有這些過失；而深宮隱密之事，又豈可一一數清呢！宣布政令的宮廷，與市井街巷沒有什麼不同，任由臣僚們朝入暮出，壞的名聲也就會逐漸地傳到遠方。右庶子趙弘智經學高明，品行美善，是當今的優秀之士，我多次請殿下經常召他進宮，和他談論，希望增長殿下的美好德行。沒料到殿下的心裡反而是有所猜疑，說我胡亂引薦。從善如流，尚恐不及；飾非拒諫，必定遭殃。古人說：『苦藥利於病，苦言利於行。』願殿下居安思危，一天比一天謹慎。」

張玄素呈上此書，承乾看了大怒，派遣刺客要將他殺害，但不久太子卻被廢了。

貞觀十四年，太子詹事❶于志寧，以太子承乾廣造宮室，奢侈過度，耽好聲樂，上書諫曰：

臣聞克儉節用，實弘道之源；崇侈恣情，乃敗德之本。是以凌雲概日❷，戎人❸於是致譏；峻宇雕牆，〈夏書〉❹以之作誡。昔趙盾❺匡晉，呂望❻師周，或勸之以節財，或諫之以厚斂。莫不盡忠以佐國，竭誠以奉君，欲使茂實❼播於無窮，英聲被乎物聽❽。咸著簡策❾，用為美談。且今所居東宮，隋日營建❿，睹之者尚譏其侈，見之者猶歎甚華。何容於此中更有修造，財帛日費，土木不停，窮斤斧⓫之工，極磨礱⓬之妙？且丁匠官奴⓭入內，比者曾無復監。此等或兄犯國章，或弟罹王法，往來御苑，出入禁闈，鉗鑿緣其身，槌杵在其手。監門本防非慮，宿衛以備不虞，直長⓮既自不知，千牛⓯又復不見。爪牙在外，廝役⓰在內，所司何以自安，臣下豈容無懼？

又鄭、衛之樂⓱，古謂淫聲。昔朝歌⓲之鄉，迴車者墨翟⓳；夾谷⓴

之會，揮劍者孔丘。先聖既以為非，通賢將以為失。頃聞宮內，屢有鼓聲，大樂伎兒㉑，入便不出。聞之者股栗㉒，言之者心戰。往年口敕㉓，伏請重尋，聖旨殷勤，明誡懇切。在於殿下，不可不思；至於微臣，不得無懼。

臣自驅馳宮闕，已積歲時，犬馬尚解識恩，木石猶能知感，臣所有管見㉔，敢不盡言。如鑒以丹誠，則臣有生路；若責其忤旨，則臣是罪人。但悅意取容，臧孫㉕方以疾疢；犯顏逆耳，《春秋》比之藥石。伏願停工巧之作，罷久役之人，絕鄭、衛之音，斥群小之輩。則三善㉖允備，萬國作貞㉗矣。

承乾覽書不悅。

【章旨】此章載于志寧所上書文，對太子承乾廣造宮室及驕奢逸樂，提出了嚴厲的批評。希望太子停工巧之作，罷久役之人，絕鄭衛之音，斥群小之輩。

【注釋】❶太子詹事　官名，正三品，統東宮三寺十率府之政令。❷概日　遮天蔽日。❸戎人　指春秋時西戎人由余。秦穆公誇示宮室之盛，為由余所笑。詳見本書〈納諫〉篇注釋。❹夏書　指《尚書・夏書・五子之歌》。文中誡云：「甘酒嗜音，峻宇雕牆，有一於此，未或不亡。」❺趙盾　春秋時晉國大夫。晉靈公厚斂資財，趙盾規諫之。見《左傳・宣公二年》。❻呂望　即姜太公，為周太師。❼茂實　喻德行。❽物聽　眾人的聽聞。❾簡策　指書籍。❿隋日營建　唐初大內宮包括東宮在內，原是隋朝的大興宮。⓫斤斧　斧頭。⓬磨礱　琢磨。礱，磨。⓭丁匠官奴　官府的工匠與奴僕。⓮直長　監門直長，屬太子左右監門率府。⓯千牛　東宮宿衛屬官，隸太子左右內率府。⓰廝役　執勞役供使喚的人。⓱鄭衛之樂　春秋時鄭國和衛國的民間音樂，後用作淫靡之樂的代稱。⓲朝歌　殷之邑名，在今河南淇縣原朝歌鎮南。⓳墨翟　墨子。傳說墨子駕車到此，聽說邑號「朝歌」，就回車而去。⓴夾谷　魯國地名。傳說魯定公與齊侯會於夾谷，齊國奏樂，俳優侏儒戲於前。孔子認為「匹夫熒惑侮諸侯者，罪應誅」，於是斬侏儒。齊侯懼，有慚色。見《孔子家語》。㉑大樂伎兒　太樂署的歌伎。㉒股栗　大腿發抖。㉓口敕　皇帝口授的敕令。㉔管見　比喻見識狹小，像在管中窺物一樣。㉕臧孫　春秋時魯國大夫，名紇，即臧武仲。臧孫曰：「季孫之愛我，疾疢也。孟孫之惡我，藥石也。美疢不如惡石。夫石猶生我，疢之美，其毒滋多。」見《左傳・襄公二十三年》。疾疢，熱病。藥石，治病的藥物與砭石。㉖三善　即事君、事父、事長三種善行。㉗貞　通「正」。

【語　譯】貞觀十四年，太子詹事于志寧，因為太子承乾廣造宮室，奢侈過度，耽好聲樂，便上書勸諫說：

我聽說克儉節用，實在是弘揚道德的源泉；而崇尚奢侈，放縱情欲，則是敗壞德行的根本。所以，秦穆公誇耀宮室淩雲蔽日時，西戎使者由余便加以譏笑；對於雄偉的殿宇和雕飾的牆壁，〈夏書〉更把它作為危亡的訓誡。從前趙盾匡輔晉國，呂望為周太師，或者勸告節省財用，或者規諫不要暴斂。無不盡忠佐國，竭誠奉君，想使帝王的美德傳播到極其遙遠的地方，英名廣為人們所聞悉。這些事跡都載入典籍，傳為美談。況且現在所住的東宮，是隋朝的時候所營造的，看見這座宮殿的人尚且譏刺它的奢侈，感歎它的豪華。哪兒容許在裡邊再加修造，天天耗費錢財，不停地興作土木，窮極斤斧的功夫和磨礱的妙用呢？而且官府的工匠和奴僕進入宮內，近來不再有人監管。這些人有的是其兄違犯了國家典章，有的是其弟遭到了王法處置，他們往來御苑，出入禁宮，身上帶有鉗鑿，手裡拿著槌杵。本來監門是防備意外情況的，宿衛是用來對付不測之事的，而監門直長既不知道情況，千牛衛士又視而不見。這樣，警衛在外，徒役在內，有關主管部門怎麼能自安？臣下怎麼能不憂懼？

而且鄭、衛之樂，古代稱之為淫靡之音。從前，墨子到了朝歌之鄉，因為邑名帶有歌字，就駕車返回了；孔子參加夾谷之會，揮劍斬了演奏歌舞的侏儒。先代聖人已經認為淫樂是錯誤的，通達賢士也以此為過失。近來卻聽見宮內常有鼓聲，太樂署的歌舞伎兒入宮之後便不出來。聽到此事的人便大腿發抖，說及此事的人便心驚膽戰。往年聖上對此有過口授的敕令，敬請殿下重新追憶，當時聖旨殷勤，明誡懇切。這對殿下來說，不可不思考；對於微臣而言，不得不憂懼。

我自供職東宮以來，已有多年了，犬馬尚且知道恩惠，木石猶能懂得情感，我有一些狹小見識，豈敢不完全把它們說出來？如果看成是一片丹誠，我就有生路；如果斥責為忤逆旨意，我就是罪人。只是悅意取容的言詞，臧孫把它比作是疾病；而犯顏逆耳的意見，《春秋》把它比作是藥石。希望殿下停止工巧之作，罷免久役之人，杜絕鄭、衛之音，斥退群小之輩。這樣則事君、事父、事長三種善行便真正具備，而天下就有所依歸而歸之於正了。

承乾看了于志寧的書奏，很不高興。

十五年，承乾以務農之時，召駕士❶等役，不許分番❷，人懷怨苦。又私引突厥群豎入宮。志寧上書諫曰：

「臣聞上天蓋高，日月光其德；明君至聖，輔佐贊其功。是以周誦升儲❸，見匡毛、畢❹；漢盈居震❺，取資黃、綺❻。姬旦❼抗法於伯禽❽，賈生❾陳事於文帝，咸殷勤於端士❿，皆懇切於正人。歷代賢君，莫不丁寧⓫於太子者，良以地膺上嗣⓬，位處儲君。善則率土霑其恩，惡則海內罹其禍。近聞僕寺⓭、司馭⓮、駕士、獸醫，始自春初，迄茲夏晚，常居內役，不放分番。或家有尊親，闕於溫清⓯；或室有幼弱，絕於撫養。春既廢其耕墾，夏又妨其播殖。事乖存育⓰，恐致怨嗟。儻聞天聽⓱，後悔何及？又突厥達哥支⓲等，咸是人面獸心，豈得以禮義期，不可以仁信待。心則未識於忠孝，言則莫辯其是非，近之有損於英聲，昵之無益於盛德。引之入閤，人皆驚駭，豈臣庸識，獨用不安？殿下必須上副至尊聖情，下允黎元本望，不可輕微惡而不避，無容略小善而不為。理敦杜漸之方，須有防萌之術。屏退不肖，狎近賢良。如此，則善道日隆，德音自遠。」

承乾大怒，遣刺客張師政、紇干承基⑲就舍殺之。是時丁母憂⑳，起復㉑為詹事。二人潛入其第，見志寧寢處苫廬㉒，竟不忍而止。及承乾敗㉓，太宗知其事，深勉勞之。

【章旨】此章言于志寧勸諫太子承乾，要他屏退不肖、親近賢良。而李承乾大怒，派刺客去暗殺，所幸未能得逞。

【注釋】❶駕士　東宮駕車之士。太子僕寺有廄牧署，駕士三十人。❷分番　分批輪番值勤或服役。❸周誦升儲　謂周姬誦升為太子。❹毛畢　毛叔、鄭畢公，均為西周初期的輔臣。❺漢盈居震　謂漢劉盈居太子之位。劉盈，即漢惠帝，劉邦之子。震，震宮，指皇太子住的東宮。❻黃綺　夏黃公、綺里季。漢初四皓之二。詳見本書〈尊敬師傅〉篇注釋。❼姬旦　即周公。❽伯禽　周公之子。傳說，周成王年幼，周公輔佐，「抗（舉）世子法於伯禽」，成王有過，則撻伯禽，用來向成王表明世子之道。事見《禮記．文王世子》。❾賈生　賈誼，曾向漢文帝陳述時政，要求太子務知禮教。❿端士　品行端正之士。⓫丁寧　叮嚀；再三囑咐。⓬地膺上嗣　謂地位正是皇帝的繼承人。⓭僕寺　指太子僕寺，東宮機構之一，掌管車輿、乘騎、儀仗之政令及喪葬之禮物。⓮司馭　翼馭。太子僕寺下屬的廄牧署，有翼馭十五人，駕士三十人，獸醫二十人。⓯溫清　指待父母之禮。

清，涼。《禮記・曲禮上》云：「凡為人子之禮，冬溫而夏清。」意即溫被使暖，扇席使涼。⑯存育　存養撫育。⑰天聽　天子的聽聞。⑱達哥支　或作「達哥友」。突厥人名。⑲紇干承基　複姓紇干，名承基，原為太子承乾畜養的壯士。貞觀十七年（西元六四三年）四月，揭發太子承乾謀反，因功賜爵平棘縣公。⑳丁母憂　遭母喪。武德年間規定，文官遭父母喪，聽去職。㉑起復　起之於苫塊之中，而復其官職。即守喪期滿而復職。㉒寢處苫廬　謂孝子居於廬中，寢臥於苫，頭枕於塊。苫，草墊子。塊，石塊。㉓及承乾敗　貞觀十七年四月，承乾叛亂事敗，被廢為庶人。

【語　譯】貞觀十五年，太子承乾在農忙季節，召集駕士等服勞役，還不允許分批輪換，使駕士等心懷怨恨。又私自召引許多突厥童僕入宮。于志寧便上書勸諫說：

「我聽說上天居高臨下，所以日月光耀它的德行；明君最為神聖，所以輔臣助成他的功業。因此，周姬誦升為太子，受到毛叔、鄭畢公的匡輔；漢劉盈居於東宮，得到夏黃公、綺里季等四皓的支持。周公用做太子的法則來對待伯禽，以教育年幼的成王；賈誼向漢文帝陳述時政，要求太子務知禮教；他們都是殷勤輔佐的端直之士，都是懇切進諫的正直之人。歷代賢明的君主，沒有不叮嚀太子的，這實在是因為太子是皇帝的繼承人，處於儲君的地位。太子善良，天下就可以蒙受他的恩惠；太子惡劣，天下就會遭到他的禍害。近來聽說太子僕寺所轄的司馭、駕士、獸醫等等，從春初開始，直到夏末，長期在宮內服役，不許分批輪換。有的人家裡有父母，得不到兒子的侍奉；有的人家裡有幼弱的孩子，斷絕了父親的撫養。既荒廢了春天的耕墾，又妨礙了夏天的播殖。百姓存養撫育之事被耽誤了，恐怕會引起他們的怨恨。倘若聖上聽到了這些事，殿下後悔又怎麼來得及？還有突厥達哥支等人，都是人面獸心，豈能期望他們懂得禮義，是不可以用仁信對待他們的。他們的心裡不知道忠孝，他們的言談分不清是非，接近了他們，既有損於殿下的英名，親昵了他們，又無益於殿下的盛德。召引他們入宮，大家都驚駭不已，難道只是我見識平庸，獨自感到不安嗎？殿下必須對上符合父皇的神聖情意，對下不負百姓的根本願望，不可輕視小的過錯而不予避免，不得忽略小的善行而不去實踐。理應勉力於杜漸的方法，必須有防萌的措施。摒退不肖之徒，親近賢良之士。這樣，美好的道德就會日益隆盛，美好的名聲就自然地遠播。」

承乾看了上書大怒，派遣刺客張師政、紇干承基到于志寧家裡去暗殺他。這時，于志寧正遭母喪，且已守喪期滿而復職為太子詹事。兩個刺客潛入于志寧家裡，看見他仍在守喪，睡在草墊上，枕著石塊，竟不忍殺害而作罷。

等到貞觀十七年四月，承乾叛亂事敗，唐太宗知道了于志寧上書規諫的事情，便對他深加勉勞。

卷五

仁義第十三

貞觀元年，太宗曰：「朕看古來帝王以仁義為治者，國祚延長；任法御人者，雖救弊於一時，敗亡亦促。既見前王成事，足是元龜❶，今欲專以仁義誠信為治，望革近代之澆薄❷也。」黃門侍郎王珪對曰：「天下彫喪日久，陛下承其餘弊，弘道移風，萬代之福。但非賢不理，惟在得人。」太宗曰：「朕思賢之情，豈捨夢寐！」給事中❸杜正倫進曰：「世必有才，隨時所用，豈待夢傅說❹、逢呂尚❺，然後為治乎？」太宗深納其言。

【章　旨】此章論帝王要以仁義為治，而致治又惟在得人。

【注　釋】❶元龜　意為借鑒。❷澆薄　指刻薄虛浮的風氣。❸給事中　按杜正倫於貞觀二年（西元六二八年）始拜給事中，元年時官兵部員外郎。❹傅說　商賢臣。武丁夢得傅說，見本書〈擇官〉篇注釋。❺呂尚　周太師。文王遇呂尚，見本書〈擇官〉篇注釋。

【語　譯】貞觀元年，唐太宗說：「我看自古以來的帝王，用仁義治理天下的，國運便延綿長久；而用刑法統治民眾的，雖然能救弊於一時，但敗亡也是迅速的。既已知道前代帝王的成功事跡，是值得借鑒的，所以我如今打算專門用仁義誠信來治天下，希望革除近代刻薄虛浮的風氣。」黃門侍郎王珪回答說：「天下風氣已經敗壞很久了，陛下面對遺留下來的弊病，積極弘揚正道，移風易俗，這可說是子孫萬代的幸福。但是沒有賢臣就治不好國家，致治只在於得到賢臣。」唐太宗說：「我思念賢才的心情，連夢中也沒有消滅！」給事中杜正倫進言道：「世上必有人才，隨時都可加以任用，難道要等待夢見傅說、遇到呂尚，然後才治好國家嗎？」唐太宗十分贊同他的意見。

貞觀二年，太宗謂侍臣曰：「朕謂亂離之後，風俗難移，比觀百姓漸知廉恥，官民奉法，盜賊日稀，故知人無常俗，但政有治亂耳。是以為國之道，必須撫之以仁義，示之以威信❶，因人之心，去其苛刻，不作異端❷，自然安靜。公等宜共行斯事也！」

【章　旨】此章論仁義是治國之道。

【注　釋】❶威信　威嚴誠信。❷異端　指不符合聖人之道的邪說。

【語　譯】貞觀二年，唐太宗對侍臣說：「我曾認為天下亂離之後，風俗是難以一下改變的，但近年看到百姓逐漸地懂得廉恥，官吏民眾都奉公守法，盜賊也日益稀少，所以知道人們沒有固定不變的風俗，只是朝政有治與亂的緣故罷了。因此，治國之道必須以仁義道德安撫百姓，以威嚴誠信訓導百姓，依順民心，革除苛刻的法令，不搞歪門邪說，天下自然就會安靜。你們諸位應該一道這樣做！」

貞觀四年，房玄齡奏言：「今閱武庫甲仗❶，勝隋日遠矣。」

太宗曰：「飭兵❷備寇雖是要事，然朕唯欲卿等存心理道，務盡忠貞，使百姓安樂，便是朕之甲仗。隋煬帝豈為甲仗不足，以至滅亡？正由仁義不修，而群下怨叛故也。宜識此心。」

【章　旨】此章論隋亡是由於仁義不修，而不是兵器不足。

【注　釋】❶甲仗　甲兵，即鎧甲與兵器，泛指武備。❷飭兵　整頓武備。

【語　譯】貞觀四年，房玄齡奏報說：「現在查閱武庫裡的鎧甲與兵器，數量遠遠勝過隋朝。」唐太宗說：「整頓武備，防備寇亂，這雖然是重要的事，但是我只希望你們諸位留意治國之道，務必竭盡忠誠，使百姓安居樂業，這便是我的武備啊！隋煬帝難道是因為兵器不夠，以至於滅亡的嗎？他正是由於不修仁義，百姓怨恨背叛的緣故啊！你們應當瞭解我的這種心意。」

貞觀十三年，太宗謂侍臣曰：「林深則鳥棲，水廣則魚游，仁義積則物自歸之❶。人皆知畏避災害，不知行仁義則災害不生❷。夫仁義之道，當思之在心，常令相繼，若斯須❸懈怠，去之已遠。猶如飲食資身，恆令腹飽，乃可存其性命。」王珪頓首❹曰：「陛下能知此言，天下幸甚！」

【章　旨】此章論積聚仁義，則民眾自然歸附。

【注　釋】❶物自歸之　謂民眾自然地來歸附。物，眾人。❷不知行仁義句　按文意欠通順。羅振玉校核《貞觀政要》日本古寫本作「不知行仁義；行仁義，則災害不生」。疑今本「仁義」下脫「行仁義」三字。❸斯須　猶言須臾、一會兒。❹頓首　叩頭。

【語　譯】貞觀十三年，唐太宗對侍臣說：「樹林茂密則鳥兒棲息，河水深廣則魚兒游集，仁義積聚則民眾自然地來歸附。人們都知道畏避災害，卻不知道實行仁義；而實行仁義，則災害便不會發生了。仁義之道，應當記在心上，常常使它相繼不絕，如果稍有一會兒懈怠，背離它就必定遠了。猶如飲食供養身體，要經常吃飽，才可以維持性命。」王珪叩頭說：「陛下能夠知道這些話的道理，真是天下大幸！」

忠義第十四

馮立，武德中為東宮率❶，甚被隱太子❷親遇。太子之死也，左右多逃散，立歎曰：「豈有生受其恩，而死逃其難！」於是率兵犯玄武門❸，苦戰，殺屯營將軍敬君弘❹。謂其徒曰：「微以報太子矣。」遂解兵遁於野❺。俄而❻來請罪，太宗數❼之曰：「汝昨者出兵來戰，大殺傷吾兵，將何以逃死？」立飲泣而對曰：「立出身事主，期之效命❽，當戰之日，無所顧憚。」因歔欷❾悲不自勝，太宗慰勉之，授左屯衛中郎將❿。立謂所親曰：「逢莫大之恩幸而獲免，終當以死奉答⓫。」未幾，突厥至便橋⑫，率數百騎與虜戰於咸陽，殺獲甚眾，所向皆披靡，太宗聞而嘉歎之。時有齊王元吉府左車騎謝叔方⑬，率府兵與立合軍拒戰，及殺敬君弘、中郎將呂衡⑭，王師⑮不振，秦府護軍尉尉遲敬德⑯乃持元吉首以示之，叔方下馬號泣，拜辭而遁。明日出首⑰，太宗曰：「義士也。」命釋之，授右翊衛郎將⑱。

【章旨】此章記述馮立和謝叔方「出身事主」，忠於太子建成和齊王元吉，在玄武門事變中奮勇抗戰。事後，唐太宗讚之為「義士」，並加以任用。

【注釋】❶東宮率　東宮武官。唐置太子左右衛率府、衛率各一員，正四品上，掌東宮兵仗羽衛之政令。❷隱太子　即李建成。❸玄武門　大內宮城北門，禁軍駐地。❹敬君弘　絳州（今屬山西）人，屯營玄武門的將領，官為雲麾將軍，掌宿衛兵，從三品上。為秦王李世民所收買，死後追贈左屯衛大將軍。❺解兵遁於野　解散士卒，逃於郊野。兵，指士卒。遁，逃走。❻俄而　不久。❼數　責備。❽效命　奮身以赴，效力至死。❾歔欷　悲歎貌。❿左屯衛中郎將　宮廷警衛武官，四品下。⓫以死奉答　原作「以此奉答」，據《舊唐書・馮立傳》改。⓬便橋　架設渭水之上，因與長安便門相對，故稱便橋。⓭謝叔方　萬年（今陝西臨潼北）人，齊王府武官。⓮呂衡　即呂世衡，玄武門禁軍中郎將，四品下。死後追贈右驍衛將軍。⓯王師　指李世民秦王府軍隊。⓰尉遲敬德　名恭，朔州善陽（今山西朔縣）人，唐初名將。當時為秦王府左二副護軍，參與策劃玄武門之變。⓱首自首。⑱右翊衛郎將　宮廷警衛武官，正五品上。

【語譯】馮立，武德年間任東宮衛率，深為太子李建成所親近、禮遇。太子被殺之時，左右僚屬大都逃散，馮立感歎地說：「怎麼能在太子生前受他的恩惠，而太子死時就各自逃難呢？」於是率領兵士去攻打玄武門，奮勇苦戰，殺了屯營玄武門的將軍敬君弘。馮立對部下說：「略微報答太子了。」就解散士卒，逃往郊野。不久又來請罪，秦王李世民責備他說：「你昨天出兵來戰，殺傷我許多兵將，要憑什麼免去死罪？」馮立哭泣著回答：「我事奉主人，奮不顧身，願意效力至死，當奮戰之時，沒有什麼顧慮與害怕的。」於是歔欷哀歎，悲不自勝，李世民安慰並勉勵他，並授他為左屯衛中郎將。馮立對自己的親信說：「受到秦王莫大的恩惠，幸而能免去死罪，最終應當以死來報答。」不久，突厥侵犯至渭水便橋，馮立率領數百精騎，與敵寇戰於咸陽，殺傷俘獲很多敵人，所向披靡，唐太宗聽到後大加讚歎。又當玄武門事變的時候，李元吉齊王府左車騎謝叔方率領府兵，與馮立部隊聯合作戰，殺了敬君弘和中郎將呂世衡，秦王軍隊士氣不振，秦王府左二副護軍尉遲敬德就拿出李元吉的首級示眾，謝叔方下馬大哭，下拜告辭，然後逃走。第二天，謝叔方出來自首，秦王李世民說：「是個義士。」便命令將他釋放，授他為右翊衛郎將。

貞觀元年，太宗嘗從容言及隋亡之事，慨然歎曰：「姚思廉❶不懼兵刃，以明大節❷，求諸古人，亦何以加也！」思廉時在洛陽，因寄物❸

三百段，並遺其書曰：「想卿忠節之風，故有斯贈。」初，大業末，思廉為隋代王侑❹侍讀❺，及義旗❻剋京城時，代王府僚多駭散，惟思廉侍王，不離其側。兵士將昇殿❼，思廉厲聲謂曰：「唐公❽舉義兵，本匡王室，卿等不宜無禮於王！」眾服其言，於是稍卻，布列階下。須臾，高祖至，聞而義之，許其扶代王侑至順陽閤❾下，思廉泣拜而去。見者咸歎曰：「忠烈之士，仁者有勇，此之謂乎！」

【章　旨】此章記述姚思廉在隋亡時的忠烈行為，說明仁者必有勇。

【注　釋】❶姚思廉　原為隋朝代王侑侍讀。唐高祖稱帝，授予秦王府文學士。貞觀初，遷著作郎、弘文館學士。❷大節　指臨難不苟的節操。❸物　指絹帛。❹代王侑　隋元德太子之子。隋煬帝南巡揚州，以侑留守長安。李淵克長安，曾立侑為帝。❺侍讀　侍從君王讀書的學士。❻義旗　指李淵隋末起兵。❼兵士將昇殿　謂義軍兵士將登上殿堂。當時，代王住在東宮。❽唐公　即李淵，北周時襲封唐國公。❾順陽閤　在隋大興宮正殿之後。

【語　譯】貞觀元年，唐太宗曾從容地談到隋朝滅亡的事情，慨然而歎道：「姚思廉曾面對刀槍卻不懼怕，表現了臨難不苟的節操，考察古人的事跡，又怎麼能超過他呢？」姚思廉當時在洛陽，唐太宗於是寄送帛三百段給他，並給他寫信道：「想起你忠義盡節的風度，所以有此賜贈。」起初，在大業末年，姚思廉任隋朝代王楊侑的侍讀，到了唐高祖起義軍攻克長安時，代王府僚大多驚散了，只有姚思廉侍候代王，沒有片刻離開他的身旁。義軍兵士將要登上東宮殿堂，姚思廉厲聲地說：「唐公舉義兵，本來是為了匡救王室，你們不應該對代王無禮！」義軍兵士信服他的話，於是稍微退下，陳列在臺階下面。一會兒，唐公來到，聽說此事，認為姚思廉忠義，便允許他扶代王楊侑遷到順陽閣下居住，姚思廉向代王泣拜後離開。看見這番情景的人，都感歎地說：「姚思廉是忠烈之士，所謂仁者必有勇，說的就是這種人吧！」

貞觀二年❶，將葬故息隱王建成、海陵王元吉，尚書右丞魏徵與黃門侍郎王珪，請預陪送，上表曰：「臣等昔受命太上❷，委質東宮，出入龍樓❸，垂將一紀❹。前宮❺結釁宗社，得罪人神，臣等不能死亡，甘從夷戮，負其罪戾，寘錄周行❻，徒竭生涯，將何上報？陛下德光四海，道冠前王，陟岡有感❼，追懷棠棣❽，明社稷之大義，申骨肉之深恩，卜葬二王，遠期有日。臣等永惟疇昔❾，忝曰舊臣。喪君有君，雖展事君之禮；宿草將列❿，未申送往之哀。瞻望九原⓫，義深凡百，望於葬日，送至墓所。」太宗義而許之，於是宮府⓬舊僚吏，盡令送葬。

【章旨】此章載魏徵和王珪的奏表，請求為建成與元吉送葬，以申明事君之禮。

【注釋】❶貞觀二年　據諸史傳考證，當在武德九年（西元六二六年）十月唐太宗即位不久。❷太上　太上皇李淵。武德中，曾以魏徵為太子洗馬，以王珪為太子中允。❸龍樓　指太子住地，典出於《漢書・成帝紀》。❹一紀　十二年。按王珪事建成九年，魏徵則僅五年。❺前宮　指前太子建成。❻寘錄周行　謂置身錄名於仕宦的行列。周行，指官位，仕宦的行列。❼陟岡有感　謂懷念已死的兄弟。《詩經・魏風・陟岵》云：「陟彼岡兮，瞻望兄兮。」陟，登。❽棠棣　指兄弟。❾永惟疇昔　永久思念往昔。❿宿草將列　謂去年的草將要長出來。宿草，墓地上隔年的草，後用為悼亡之詞。⓫九原　春秋時晉國卿大夫的墓地，後泛指墓地。⓬宮府　指建成東宮和元吉齊王府。

【語譯】貞觀二年，將要安葬已故的太子李建成和齊王李元吉，尚書右丞魏徵和黃門侍郎王珪，請求去參加送葬之禮，上表說：「臣等從前受太上皇之命，供職東宮，出入龍樓，將近一紀。前東宮太子愧對祖宗與國家，犯下罪過，得罪了百姓與神靈。臣等不能為之殉死，甘願接受殺戮的處分，承擔罪過，而今卻置身、錄名於仕宦的行列，徒然地度盡生涯，要拿什麼來報答皇上呢？陛下德光遍照四海，道義超過前王，思念已故的兄弟，追懷手足之情，申明國家的大義和骨肉的深恩，以禮來安葬二王，而向死者告別的日期就要到了。臣等永久思念往昔，有愧於自己是二王的舊臣。雖然前太子死了，而又有了新國君，讓我們仍可踐行人臣事君的禮節；但墓地上隔年的草，將要長出來，卻還沒有表示送葬的悲哀。瞻望墓地，舊的情義非常深厚，希望在安葬那一天，護送靈柩到墓地。」唐太宗認為他們很重情義，就准許了，於是前東宮和齊王府的舊僚吏屬，都允許他們去送葬。

貞觀五年，太宗謂侍臣曰：「忠臣烈士，何代無之，公等知隋朝誰為忠貞？」王珪曰：「臣聞太常丞❶元善達在京留守，見群賊縱橫，遂轉騎遠詣江都❷，諫煬帝，令還京師。既不受其言，後更涕泣極諫，煬帝怒，乃遠使追兵，身死瘴癘之地❸。有虎賁郎中獨孤盛❹在江都宿衛，宇文化及起逆❺，盛惟一身，抗拒而死。」太宗曰：「屈突通❻為隋將，共國家戰於潼關，聞京城陷，乃引兵東走。義兵❼追及於桃林❽，朕遣其家人往招慰，遽殺其奴。又遣其子往，乃云：『我蒙隋家驅使，已事兩帝❾，今者吾死節之秋❿，汝舊於我家為父子，今則於我家為仇讎。』因射之，其子避走，所領士卒多潰散。通惟一身，向東南⓫慟哭盡哀。曰：『臣荷國恩，任當將帥，智力俱盡，致此敗亡，非臣不竭誠於國。』

言盡，追兵擒之。太上皇授其官，每託疾固辭。此之忠節，足可嘉尚⑫。」因敕所司，採訪大業中直諫被誅者子孫，聞奏。

【章旨】此章言唐太宗要表彰隋朝的忠臣烈士，特別稱讚了屈突通竭誠奉國的忠節。

【注釋】❶太常丞　太常寺屬官，協助太常卿、少卿掌宗廟禮樂等事。❷江都　即揚州。❸瘴癘之地　濕熱疫病地區。❹獨孤盛　複姓獨孤，名盛。官為虎賁郎中，即侍從皇帝的武官。❺起逆　發動逆亂。宇文化及弒逆，見本書〈君臣鑒戒〉篇。❻屈突通　複姓屈突，名通。隋朝名將。❼義兵　指李淵起義軍。❽桃林　地名。按諸史傳云追及於「稠桑」。❾兩帝　即隋文帝與煬帝。❿死節之秋　謂盡忠節而死的時候。⓫向東南　當時隋煬帝在江都，故屈突通向東南悲哭盡哀。⓬嘉尚　嘉獎讚賞。

【語譯】貞觀五年，唐太宗對侍臣說：「忠臣烈士，哪一個朝代沒有？你們知道在隋朝，誰是忠貞之臣？」王珪說：「我聽說太常丞元善達在京城留守，見許多盜賊橫行，就騎馬遠道前往江都，勸諫隋煬帝，煬帝卻命令他返回京師。意見既然沒有被接受，但元善達隨後又哭著極力規諫，煬帝發怒了，就派他到遙遠的地方去調遣兵源，結果死在濕熱疫病地區。還有虎賁郎中獨孤盛，曾在江都擔任宿衛，宇文化及發動逆亂時，獨孤盛只隻身一人抵抗，終被亂兵殺死。」唐太宗說：「屈突通為隋朝大將時，曾和我方義軍在潼關作戰，他聽到京城長安陷落的消息，就率領部眾東逃。義軍追至桃林，我派遣他的家奴前去招降，他立即殺了家奴。我又派他的兒子前往，他就說：『我蒙受隋朝任用，已事奉兩代帝王，現在是我盡忠節而死的時候，你過去在家裡與我是父子，今天你對我家來說則是仇敵。』於是發箭射他的兒子，他的兒子躲開箭矢逃走，而他所率領的兵士也大都潰散了。屈突通只剩自己一個人，面向東南方，放聲大哭，極其悲哀。他說：『我蒙受國恩，擔任將帥，智謀與力氣都用盡了，以致弄到這種敗亡的地步，並不是我不竭誠奉國啊！』話剛說完，追趕而來的義兵就把他抓住了。太上皇授給他官職，他每次都推託有病而堅決拒絕。這樣的忠誠氣節，實在值得嘉獎、讚賞。」於是命令有關部門，採訪隋大業年間因直諫而被殺者的子孫，向朝廷奏報。

貞觀六年，授左光祿大夫陳叔達❶禮部尚書，因謂曰：「武德中，公曾進直言於太上皇，明朕有克定大功❷，不可黜退云。朕本性剛烈，若有抑挫，恐不勝憂憤，以致疾斃之危。今賞公忠謇❸，有此遷授。」叔達對曰：「臣以隋氏父子自相誅戮❹，以致滅亡，豈容目睹覆車，不改前轍？臣所以竭誠進諫。」太宗曰：「朕知公非獨為朕一人，實為社稷之計。」

【章旨】此章記唐太宗表彰陳叔達的理由是他忠誠正直。

【注　釋】❶陳叔達　字子聰，南朝陳宣帝第十六子。武德年間，歷任黃門侍郎、侍中等職。貞觀初，授光祿大夫。❷克定大功　指統一天下的殊功。❸謇　正直；誠實。❹隋氏父子自相誅戮　隋文帝時，長子楊勇為太子。次子楊廣害死了哥哥，奪得太子的位置；後又害死文帝，登上帝位，是為煬帝。

【語　譯】貞觀六年，任命左光祿大夫陳叔達為禮部尚書，唐太宗為此對他說：「武德年間，你曾向太上皇直言進諫，申明我有統一天下的大功，不可以罷黜等等。我本性剛烈，如果遭到壓抑與挫折，恐怕不堪憂憤，以至於會有生病死亡的危險。今天獎賞你的忠誠正直，所以有這次的升遷。」陳叔達回答說：「我鑒於隋朝父子自相殺戮，而導致滅亡，難道容許我目睹翻了車而不改前轍嗎？這是我竭誠進諫的緣由。」唐太宗說：「我知道你不單是為我一人，實在是為國家而考慮的。」

貞觀八年，先是桂州❶都督李弘節以清慎❷聞，及身歿後，其家賣珠。太宗聞之，乃宣於朝曰：「此人生平，宰相皆言其清，今日既然，所舉者豈得無罪？必當深理❸之，不可捨也。」侍中魏徵承間❹言曰：「陛下生平言此人濁，未見受財之所，今聞其賣珠，將罪舉者，臣不知所謂。自聖朝以來，為國盡忠，清貞慎守，終始不渝，屈突通、張道源❺而已。通子三人來選，有一匹羸馬❻，道源兒子不能存立，未見一言及之。今弘節為國立功，前後大蒙賞賚❼，居官歿後，不言貪殘，妻子賣珠，未為有罪。審其清者，無所存問❽；疑其濁者，旁責舉人。雖云疾惡不疑，是亦好善不篤。臣竊思度，未見其可，恐有識聞之，必生橫議❾。」太宗撫掌❿曰：「造次⓫不思，遂有此語，方知談不容易。並勿問之。其屈突通、張道源兒子，宜各與一官。」

【章旨】此章言應該撫恤慰問為國盡忠的人，不可亂加懷疑。

【注釋】❶桂州　唐轄境相當今廣西龍勝、永福以東和荔浦以北地區。❷清慎　清貞慎守。❸深理　嚴加處理。❹承間　乘機；找個機會。❺張道源　并州（今屬山西）人。初，守并州，賊平，拜大理卿。家無貲產，死時餘粟二斛。❻羸馬　瘦馬。❼賞賚　賞賜。❽存問　撫恤慰問。❾橫議　謂縱恣議論。❿撫掌　拍手。⓫造次　匆忙。

【語譯】貞觀八年，原桂州都督李弘節以清貞慎守著稱，在他死後，他的家人卻出售寶珠。唐太宗得知此事，就在朝廷上宣布說：「此人生平所為，宰相們都說他清廉，而今天他的家人既然出售寶珠，推薦他的人難道沒有罪嗎？一定要嚴加處理，不能放過。」侍中魏徵趁機說道：「陛下說此人平日貪濁，卻沒有發現他接受財賄的事，今天聽說他的家人賣寶珠，就要將推薦的人治罪，我實在不知道是什麼緣故。自聖朝以來，始終不渝地為國盡忠而且清貞慎守的人，只有屈突通和張道源而已。屈突通的三個兒子來參加科舉考試時，只有一匹瘦馬，張道源的兒子窮到不能生存的地步，我沒有聽見陛下一句話談到他們。如今李弘節為國立功，前後受過大量的賞賜，在任職期間死了，也沒有人說他貪殘，他的妻子變賣寶珠，不算是有罪。確知其人清廉的，既沒有什麼撫恤慰問；而懷疑其人貪濁的，卻連推薦的人都要斥責。這雖說是憎惡壞人到毫不遲疑的地步，但也表示出對善良之人的愛好不夠深厚。我私下思量，不認為這樣做是可以的，恐怕有識之士聽到了，一定會大肆議論。」唐太宗拍手說：「我匆忙之間未加思慮，就說出了這番話，現在才知道講話真不容易。對李弘節家人的賣珠之事都不再追究了。對屈突通、張道源的兒子，則應當各授予一個官職。」

貞觀八年❶，太宗將發諸道❷黜陟使❸，畿內道❹未有其人，太宗親定，問於房玄齡等曰：「此道事最重，誰可充使？」右僕射李靖曰：「畿內事大，非魏徵莫可。」太宗作色曰：「朕今欲向九成宮❺，亦非小，寧可遣魏徵出使？朕每行不欲與其相離者，適為其見朕是非得失。公等能正朕不？何因輒有所言，大非道理。」乃即令李靖充使。

【章旨】此章言唐太宗不願與魏徵相離，以便隨時聽受諫諍。

【注　釋】❶貞觀八年　原戈直本及古寫本均誤作七年（西元六三三年）。❷諸道　貞觀元年分天下為十道。❸黜陟使　奉皇帝之命出使諸道，掌黜陟臧否，故稱黜陟使。❹畿內道　唐建都之地，即關內道。❺九成宮　原隋仁壽宮，貞觀五年重修，更命九成宮。

【語　譯】貞觀八年，唐太宗將要派遣各道黜陟使，畿內道未有合適的人選，唐太宗正在親自物色，問房玄齡等人說：「畿內道事務最關重要，誰可以充當黜陟使？」右僕射李靖說：「畿內事關重大，非魏徵莫屬。」唐太宗厲色地說：「我近日要到九成宮去，這也不是小事，怎能派遣魏徵出使？我每次外出都不願與魏徵分開，正是因為他能看到我的是非得失。你們能匡正我的過失嗎？是什麼原因總有這樣的意見，太沒有道理了。」於是即令李靖充任黜陟使。

貞觀九年，蕭瑀為尚書左僕射❶。嘗因宴集，太宗謂房玄齡曰：「武德六年已後，太上皇有廢立之心❷，我當此日，不為兄弟所容，實有功高不賞之懼。蕭瑀不可以厚利誘之，不可以刑戮懼之，真社稷臣也。」乃賜詩曰：「疾風知勁草，板蕩❸識誠臣。」瑀拜謝曰：「臣特蒙誡訓，許臣以忠諒❹，雖死之日，猶生之年。」

【章　旨】此章言唐太宗稱讚蕭瑀在玄武門事變中的忠貞表現。

【注釋】❶尚書左僕射 按諸史傳均作「特進」。貞觀九年（西元六三五年），左僕射乃房玄齡。❷廢立之心 指唐高祖欲廢李建成，立秦王李世民為太子。按所謂「廢立」，並非事實，而是唐太宗的自我吹噓而已。❸板蕩 指政局混亂、社會動盪。《詩經・大雅》有〈板〉、〈蕩〉二篇，皆是詠周厲王無道之詩。❹忠諒 忠誠信實。

【語譯】貞觀九年，蕭瑀任尚書左僕射。曾在一次宴會上，唐太宗對房玄齡說：「武德六年以後，太上皇有廢立太子的心意，我當時不為兄弟所容，確實有功高不賞的害怕心理。蕭瑀不為厚利所誘，不為刑戮所懼，是真正的國家重臣。」於是在給蕭瑀賜詩中寫道：「疾風知勁草，板蕩識誠臣。」蕭瑀拜謝說：「我特別蒙受陛下的誡訓，讚許我忠誠信實，我即使死了，猶如活著，永懷恩德。」

貞觀十一年，太宗行至漢太尉楊震❶墓，傷其以忠非命，親為文以祭之。房玄齡進曰：「楊震雖當年夭枉，數百年後方遇聖明，停輿駐蹕❷，親降神作❸，可謂雖死猶生，沒而不朽。不覺助伯起幸賴欣躍於九泉❹之下矣。伏讀天文❺，且感且慰，凡百君子，焉敢不勗勵名節❻，知為善之有效！」

【章旨】此章言唐太宗因東漢太尉楊震「以忠非命」，特撰祭文以表彰他的名節。

【注釋】❶楊震　字伯起，東漢弘農華陰（今屬陝西）人。好學明經，諸儒稱為「關西孔子」。漢安帝時，官至太尉，後被誣自殺。❷停輿駐蹕　謂皇帝出行途中停留休息或暫住。❸神作　指祭文。❹九泉　指地下。❺天文　謂唐太宗的祭文。❻名節　名譽節操。

【語譯】貞觀十一年，唐太宗途經東漢太尉楊震的墓地，哀悼他因為忠貞卻死於非命，親自寫了祭文祭奠他。房玄齡進言說：「楊震雖然當年被誣枉死，數百年後卻幸遇聖明的君王，停輿駐蹕，親自為他撰寫祭文，楊震可說是雖死猶生，死而不朽了。這不禁使楊震幸賴陛下的祭奠而又欣躍於九泉之下了。拜讀皇上祭文，既感動又欣慰，凡是君子，哪能不砥礪名節呢？因為知道為善者終有好報啊！」

貞觀十一年，太宗謂侍臣曰：「狄人殺衛懿公❶，盡食其肉，獨留其肝。懿公之臣弘演❷呼天大哭，自出其肝，而內❸懿公之肝於其腹中。今見此人，恐不可得。」特進魏徵對曰：「昔豫讓❹為智伯❺報讎，欲刺趙襄子❻，襄子執而獲之，謂之曰：『子昔事范、中行氏❼乎？智伯盡滅之，子乃委質智伯，不為報讎；今即為智伯報讎，何也？』讓答曰：『臣昔事范、中行，范、中行以眾人遇我，我以眾人報之。智伯以國士❽

遇我，我以國士報之。』在君禮之而已，亦何謂無人焉？」

【章旨】此章言君能禮遇臣，臣才會以死效忠。

【注釋】❶衛懿公　春秋時衛國君主，名赤。❷弘演　人名。❸內　同「納」。放入。❹豫讓　智伯的家臣。❺智伯　名瑤，號襄子，春秋時晉國六卿之一。❻趙襄子　名無恤，趙簡子之後，春秋末年晉國的卿。❼范中行氏　范氏和中行氏，均屬晉國六卿。周貞定王十一年（西元前四五八年），智氏、魏氏、趙氏、韓氏共伐范氏、中行氏，滅之。後趙、韓、魏三氏又滅智氏。❽國士　國中有學問的賢士。

【語譯】貞觀十一年，唐太宗對侍臣說：「狄人殺死衛懿公，吃光了他的肉，只留下他的肝。懿公的家臣弘演呼天大哭，自己挖出了肝，而把懿公的肝放入自己腹內。如今要尋找這種人，恐怕已找不到了。」特進魏徵回答說：「從前，豫讓為智伯報仇，想刺殺趙襄子，趙襄子抓住了他，對他說：『你過去事奉過范氏、中行氏吧？智伯把他們都滅掉了，你就獻身於智伯，不為范、中行氏報仇，如今智伯滅亡了，就為智伯報仇，為什麼呢？』豫讓回答說：『我過去事奉范、中行氏，范、中行氏以普通人待我，我也以普通人的態度來報答他們。智伯以國士待我，我也以國士的行為來報答他。』關鍵只在於國君禮遇臣下罷了，又怎麼能說沒有忠貞之臣呢？」

貞觀十二年，太宗幸蒲州❶，因詔曰：「隋故鷹擊郎將❷堯君素❸，往在大業，受任河東❹，固守忠義，克終臣節。雖桀犬吠堯❺，有乖倒戈❻之志，疾風勁草，實表歲寒之心。爰踐茲境，追懷往事，宜錫❼寵命，以申勸獎。可追贈蒲州刺史，仍訪其子孫以聞。」

【章旨】此章言唐太宗因原隋將堯君素「固守忠義」，特地下詔表揚他。

【注釋】❶蒲州　今屬山西。❷鷹擊郎將　即原鷹揚副郎將。❸堯君素　隋煬帝時，任鷹擊郎將。曾從屈突通守河東，始終不降唐，後為左右所害。❹河東　今山西永濟蒲州鎮。❺桀犬吠堯　比喻為人臣僕，像桀所畜養的狗一樣，只知道聽從主子的命令去咬人，不問誰善誰惡。❻倒戈　反戈一擊。❼錫　賜給。

【語譯】貞觀十二年，唐太宗巡幸蒲州，因而下詔說：「隋朝已故的鷹擊郎將堯君素，從前在大業年間，任職於河東，堅守忠義，最後效忠而死。雖然是桀犬吠堯，違背了反戈一擊的德行，但是疾風知勁草，他確實表現了在寒歲中不凋零的赤誠之心。現在來這個地方，追懷往事，應當賜給榮名，用來申明勸獎之意。可以追贈他為蒲州刺史，還要查訪他的子孫情況，向我奏報。」

貞觀十二年，太宗謂中書侍郎岑文本曰：「梁、陳❶名臣，有誰可稱？復有子弟堪招引❷否？」文本奏言：「隋師入陳，百司奔散，莫有留者，惟尚書僕射袁憲獨在其主❸之傍。王世充將受隋禪，群僚表請勸進，憲子國子司業❹承家，託疾獨不署名。此之父子，足稱忠烈。承家弟承序，今為建昌令，清貞雅操，實繼先風。」由是召拜晉王友❺，兼令侍讀❻，尋授弘文館❼學士。

【章　旨】此章言唐太宗因南朝名臣袁憲父子「足稱忠烈」，於是重用其子弟袁承序。

【注　釋】❶梁陳　梁朝、陳朝，南朝的後兩個朝代。❷招引　引用任官。❸主　指陳後主叔寶。❹國子司業　國子監副長官。❺晉王友　晉王的王友。諸親王設友，職掌陪侍遊居，規諷道義。❻侍讀　掌講道經學。❼弘文館　原係修文館，武德九年（西元六二六年）三月改為此名。唐太宗即位後，置弘文館於殿側，精選學士。或典校理，或司撰著，或兼訓生徒，或商榷政事。

【語　譯】貞觀十二年，唐太宗對中書侍郎岑文本說：「梁朝、陳朝的名臣，有誰值得稱讚的？他們還有沒有子弟可以招用任官的？」岑文本奏道：「隋朝軍隊攻入陳朝時，陳朝百官大都逃散了，沒有留下來的，只有尚書僕射袁憲一人留在陳後主身邊。王世充將要代隋稱帝時，群臣呈上勸進表，請求登位，只有袁憲之子國子司業袁承家，推說有病不肯簽名。這樣的父子，可稱得上是忠烈之臣了。袁承家的弟弟袁承序，現任建昌縣令，清廉貞潔，節操高尚，確實繼承了先人的遺風。」因此召拜袁承序為晉王友，兼任侍讀，不久又授他為弘文館學士。

貞觀十五年，詔曰：「朕聽朝之暇，觀前史，每覽前賢佐時，忠臣徇國❶，何嘗不想見其人，廢書欽歎！至於近代以來，年歲非遠，然其胤緒❷，或當見存，縱未能顯加旌表❸，無容棄之遐裔❹。其周、隋二代名臣及忠節子孫，有貞觀已來犯罪配流❺者，宜令所司具錄奏聞。」於是多從矜宥❻。

【章旨】此章言對前代忠臣的子孫中犯罪者要加以寬大處理。

【注釋】❶徇國　為了國家而犧牲生命。徇，通「殉」。❷胤緒　後嗣；後代。❸旌表　謂對忠孝之人用立牌坊賜匾額等方式加以表彰。❹遐裔　邊遠的地方。❺配流　即流配，謂流放罪人於遠地。❻矜宥　憐憫與饒恕。

【語譯】貞觀十五年，唐太宗下詔說：「我在處理朝政的空暇，閱讀前代史籍，每看到前賢輔佐時政和忠臣以身殉國的時候，哪兒不想親見其人，而且放下書來，發出讚歎呢！至於近代以來，年歲相距不遠，他們的後代子孫，有的應當還健在，即使不能加以顯著的表彰，也不容許把他們棄於邊遠的地方。北周、隋二代名臣和忠節之臣的子孫，貞觀以來如有因犯罪而流放到邊遠之地的，應當令有關部門都登錄下來，向我奏報。」於是許多人受到寬大處理。

貞觀十九年，太宗攻遼東安市城❶，高麗❷人眾皆死戰，詔令耨薩❸延壽❹、惠真❺等降。眾止其城下以招之，城中堅守不動。每見帝幡旗❻，必乘城鼓譟❼。帝怒甚，詔江夏王道宗❽築土山，以攻其城，竟不能剋。太宗將旋師❾，嘉安市城主堅守臣節，賜絹三百匹，以勸勵事君者。

【章旨】此章言唐太宗嘉獎堅守臣節的安市城主。

【注釋】❶安市城　在今遼寧海城南之營城子，唐初地屬高麗。❷高麗　高句麗國之簡稱，位於朝鮮半島北部。❸耨薩　高麗五部酋長之稱。高麗大城置耨薩一名，相當於都督。❹延壽　高延壽，高麗北部耨薩。❺惠真　高惠真。延壽和惠真率高麗、靺鞨兵十五萬救安市，後降唐。❻幡旗　旗旛；旗幟。❼鼓譟　擂鼓和吶喊，指軍隊出戰時大張聲勢。❽道宗　李道宗，唐高祖從兄弟。年十七，隨秦王李世民征戰有功。後封江夏郡王。❾旋師　回師。

【語譯】貞觀十九年，唐太宗攻打遼東安市城，高麗部眾都拼死作戰，唐太宗詔令救援安市城的高麗北部耨薩高延壽、高惠真等投降。唐軍停留在城下採用招降的策略，城中卻仍堅守不動。他們每當看見唐太宗的幡旗，必定登城擂鼓吶喊。唐太宗大怒，便詔令江夏王李道宗築土山，用來攻城，但終究不能攻克。唐太宗將要班師回朝時，為表揚安市城守將為高麗王堅守臣節，特地賜給絹三百匹，以勸勵效忠君王的人。

孝友第十五

司空房玄齡事繼母，能以色養❶，恭謹過人。其母病，請醫人至門，必迎拜垂泣。及居喪，尤甚柴毀❷。太宗命散騎常侍❸劉洎就加寬譬❹，遺寢床、粥食、鹽菜。

【章旨】此章言房玄齡孝順繼母。

【注釋】❶色養　謂以愉悅的顏色盡奉養之道。❷柴毀　因過度悲傷而毀害健康，骨瘦如柴。❸散騎常侍　官名。侍從皇帝，以備顧問。多用為將相大臣的兼職。❹寬譬　寬慰勸說。

【語譯】司空房玄齡侍奉繼母，能夠以愉悅的顏色來盡孝道，恭敬謹慎的態度超過了一般人。繼母患病，請醫生到了家門時，必定垂淚迎拜。等到居喪時，由於過度哀傷，以致骨瘦如柴。唐太宗令散騎常侍劉洎到他家裡加以安慰勸說，而且贈送寢床、粥食和醃菜。

虞世南，初仕隋，歷起居舍人❶。宇文化及殺逆之際，其兄世基時為內史侍郎❷，將被誅，世南抱持號泣，請以身代死。化及竟不納，世南自此哀毀❸骨立者數載，時人稱重焉。

【章　旨】此章言虞世南友于兄弟。

【注　釋】❶起居舍人　官名，職掌記錄皇帝起居言行，以作為撰寫國史的依據。❷內史侍郎　即唐中書侍郎。隋改中書為內史。❸哀毀　謂居喪時過度哀傷而損害健康。

【語　譯】虞世南，起初在隋朝做官，曾任起居舍人。宇文化及殺死煬帝時，他哥哥虞世基時為內史侍郎，將被處死，世南抱住哥哥大聲痛哭，請求以身代死。宇文化及卻不准，於是世南在此後幾年內因哀傷過度，以致身形瘦損，當時人都稱讚、推重他。

韓王元嘉❶，貞觀初❷，為潞州❸刺史。時年十五，在州聞太妃❹有疾，便涕泣不食。及至京師發喪，哀毀過禮。太宗嘉其至性，屢慰勉之。元嘉閨門❺修整，有類寒素士大夫，與其弟魯哀王靈夔❻甚相友愛，兄弟集見，如布衣之禮。其修身潔己，內外如一，當代諸王莫能及者。

【章　旨】此章言韓王元嘉孝母友弟。

【注　釋】❶元嘉　李元嘉，唐高祖第十一子。自小好學，當世稱之。❷貞觀初　史傳作六年授潞州刺史，十年（西元六三六年）改封韓王。❸潞州　治所在今山西長治。❹太妃　指元嘉生母，隋大將軍宇文述之女，為唐高祖昭儀而得寵。❺閨門　指內室。❻靈夔　李靈夔，唐高祖第十九子，元嘉同母弟。貞觀五年，封魏王；十四年改封魯王，授兗州都督。此作「魯哀王」，疑衍「哀」字。

【語　譯】韓王李元嘉，貞觀六年任潞州刺史。當時他十五歲，在潞州聽說母親宇文太妃患病，便哭泣不吃飯食。到京師長安奔喪時，他過度哀傷，超過了禮儀上的限度。唐太宗讚歎他性情純厚，屢次安慰勉勵他。元嘉在家裡修養嚴正，類似清寒素族的士大夫，他與同母弟魯王李靈夔互相友愛，兄弟會見，禮節如布衣平民一樣。他修身潔己，裡表如一，當時諸王沒有人能比得上他。

霍王元軌❶，武德中，初封為吳王❷，貞觀七年，為壽州❸刺史。屬高祖崩❹，去職，毀瘠❺過禮。自後常衣布服，示有終身之戚。太宗嘗問侍臣曰：「朕子弟孰賢？」侍中魏徵對曰：「臣愚暗，不盡知其能，惟吳王數與臣言，臣未嘗不自失。」太宗曰：「卿以為前代誰比？」徵曰：「經學文雅，亦漢之間❻、平❼；至如孝行，乃古之曾、閔❽也。」

由是寵遇彌厚，因令妻徵女焉。

【章旨】此章記霍王李元軌的孝行。

【注釋】❶元軌　李元軌，唐高祖第十四子。貞觀十年（西元六三六年），改封霍王。❷初封為吳王　按武德六年初封蜀王，武德八年徙封吳王。❸壽州　治所在今安徽壽縣。❹高祖崩　按貞觀九年太上皇逝世，廟號「高祖」。❺毀瘠　因哀傷過度而身體瘦損。❻間　河間獻王劉德，西漢景帝之子。❼平　東平獻王劉蒼，東漢光武帝之子。❽曾閔　曾參、閔損，皆為孔子之弟子，以孝行著稱。

【語譯】霍王李元軌，武德年間，曾封為吳王，貞觀七年，任為壽州刺史。遇唐高祖逝世，他辭職守喪，因哀傷過度而身體瘦損，超過了禮儀上的限度。此後他常穿麻布衣服，表示懷有終身的悲戚。唐太宗曾問侍臣說：「我的弟弟和兒子中誰最賢能？」侍中魏徵回答說：「我愚昧，不能完全瞭解他們的才能，只有吳王元軌多次與我交談過，我每次都自愧不如。」唐太宗說：「你以為可與前代誰相比？」魏徵說：「經術和文學素養，像漢代的河間獻王和東平獻王；至於孝行，就如古代的曾參和閔損。」從此，唐太宗對他的寵遇更加深厚，並且讓他娶魏徵的女兒為妻。

貞觀中，有突厥史行昌❶直玄武門❷，食而捨肉，人問其故，曰：「歸以奉母。」太宗聞而歎曰：「仁孝之性，豈隔華夷？」賜尚乘❸馬一疋❹，詔令給其母肉料。

【章　旨】此章言仁孝之性不分華夷。

【注　釋】❶史行昌　人名。突厥阿史那氏，此因以史為姓。❷直玄武門　在玄武門值勤。直，通「值」。❸尚乘　尚乘局，隸屬於殿中省，管理內外閑廄之馬。❹疋　匹。

【語　譯】貞觀年間，有位突厥人史行昌在玄武門宿衛值勤，吃飯時把肉留下來，別人問他的原因，他說：「拿回家給母親吃。」唐太宗聽到後讚歎道：「仁孝之性，難道有華人、夷人的分別嗎？」於是賜給他尚乘局的馬一匹，並詔令供給他母親肉料。

公平第十六

太宗初即位，中書令房玄齡奏言：「秦府舊左右未得官者，並怨前宮及齊府左右處分❶之先己。」太宗曰：「古稱至公者，蓋謂平恕無私❷。丹朱、商均❸，子也，而堯、舜廢之。管叔、蔡叔❹，兄弟也，而周公誅之。故知君人者，以天下為公，無私於物❺。昔諸葛孔明❻，小國之相，猶曰『吾心如稱❼，不能為人作輕重』，況我今理大國乎？朕與公等衣食出於百姓，此則人力已奉於上，而上恩未被於下，今所以擇賢才者，蓋為求安百姓也。用人但問堪否❽，豈以新故❾異情？凡一面尚且相親，況舊人而頓忘❿也！才若不堪，亦豈以舊人而先用？今不論其能不能，而直言其嗟怨，豈是至公之道耶？」

【章旨】此章論至公之道在於公正無私，用人只問能否勝任，不以新進與故舊而異情。

【注釋】❶處分　指安排職務。❷平恕無私　公平、仁愛、無私。❸丹朱商均　堯、舜的兩個不肖子。❹管叔蔡叔　皆為周文王之子。周成王時，管、蔡發動叛亂，周公承王命，殺管叔，流蔡叔。❺物　人。❻諸葛孔明　即諸葛亮，字孔明，為三國時蜀相。❼稱　秤。❽堪否　能否勝任。❾新故　新進與故舊。❿頓忘　忽然忘記。

【語譯】唐太宗剛即位，中書令房玄齡奏報說：「原秦王府的舊部下還沒得到官職的人，都埋怨前太子宮及齊王府的部屬都比自己先得到安排。」唐太宗說：「古代稱為最公正的，可以說的是公平、仁愛、無私。丹朱、商均，是堯、舜之子，卻因為不肖而被廢棄。管叔、蔡叔，是周公的兄弟，卻因為叛亂而被誅殺。所以知道做君王的，以天下為公，無私於人。從前，諸葛亮是小國的丞相，尚且說『我的心如秤，不能給人輕些或者重些』，何況我如今治理大國呢？我與你們的衣食都出於百姓，這就是說民力已經奉獻給朝廷，而朝廷的恩惠卻尚未遍及於百姓身上，今天我所以擇用賢才，也就是為了安撫百姓。用人只問能否勝任，難道因為新進與故舊而態度就不一樣？凡是只見一面的人尚且互相親近，何況是舊人故友，怎麼會忽然忘記他們呢！才能如果不能勝任，又難道因為是故舊之人而就先予任用？現在不論他們能否勝任，而只說他們埋怨，難道是至公之道嗎？」

貞觀元年，有上封事❶者，請秦府舊兵並授以武職，追入宿衛❷。太宗謂曰：「朕以天下為家，不能私於一物，惟有才行是任，豈以新舊為差？況古人云：『兵猶火也，弗戢❸將自焚。』汝之此意，非益政理。」

【章旨】此章論惟有才行是任，不以新舊為差。

【注釋】❶封事　上書奏事，防有泄漏，用袋封緘，稱為封事。❷宿衛　在宮禁中值宿警衛。❸弗戢　不止。戢，停止。

【語譯】貞觀元年，有人奏上封事，請求給秦王府舊兵都授予武官職稱，補入宮禁中值宿警衛。唐太宗說：「我以天下為家，不能偏私於一人，只有任用有才能德行的人，怎麼能以新人故舊來加以區分呢？何況古人說：『兵器猶如火，玩火不止，將會自焚。』你的這個意見，無益於政事的治理。」

貞觀元年，吏部尚書長孫無忌嘗被召，不解佩刀入東上閤門❶，出閤門後，監門校尉❷始覺。尚書右僕射封德彝議，以監門校尉不覺，罪當死；無忌誤帶刀入，徒二年❸，罰銅二十斤。太宗從之。大理少卿❹戴胄駁曰：「校尉不覺，無忌帶刀入內，同為誤耳。夫臣子之於尊極❺，不得稱誤，准律❻云：『供御湯藥、飲食、舟船，誤不如法者，皆死。』陛下若錄其功，非憲司❼所決；若當據法，罰銅未為得理。」太宗曰：「法者非朕一人之法，乃天下之法，何得以無忌國之親戚，便欲撓法❽耶？」更令定議。德彝執議如初，太宗將從其議，胄又駁奏曰：「校尉緣無忌以致罪，於法當輕，若論其過誤，則為情一也，而生死頓殊，敢以固請。」太宗乃免校尉之死。

【章旨】此章言法者非一人之法，乃天下之法；對犯過誤的皇親國戚與普通校尉，應該一律予以處置。

【注釋】❶東上閤門　按唐太極殿兩廡有東西二上閤，兩閤皆有門可入，轉北而入常日視朝之所兩儀殿。❷監門校尉　掌宮殿門禁及守衛事。原作「臨門校尉」，據史傳改。❸徒二年　乃「徒一年」之譌。唐律規定，徒一年，罰銅二十斤；徒二年，罰銅四十斤。史傳云罰銅二十斤，當作徒一年。❹大理少卿　大理寺的副長官。❺尊極　至尊的皇帝。❻准律　按照法律。❼憲司　司法機構。❽撓法　枉法。

【語　譯】貞觀元年，吏部尚書長孫無忌曾被召入內殿，他沒有解下佩刀就進入東廡上閤門，出了閤門以後，監門校尉才發覺。尚書右僕射封德彝擬議，以為監門校尉沒有發覺，罪當處以死刑；長孫無忌誤帶佩刀入內，判徒刑二年，罰銅二十斤。唐太宗同意這樣來處理。大理少卿戴冑駁議說：「校尉沒有發覺，無忌帶刀入內，同樣是過誤。臣子對於至尊的皇帝，不得以過誤論處，按照法律說：『供奉皇上的湯藥、飲食、舟船，發生差錯而不符合法規的，都處死刑。』陛下如果考慮到他的功勳，那就不是司法機構所能判決的；如果一定要依據法律，那罰銅就不是合理的。」唐太宗說：「法律不是我一個人的法律，而是國家的法律，哪兒能因為長孫無忌是皇親國戚，便要徇私枉法呢？」便命令重新擬定處理意見。封德彝堅持原先的擬議，唐太宗將同意他的意見，戴冑又駁奏說：「校尉因為無忌而獲罪，按照法律應當從輕，如果論他們的過誤，那情節是一樣的，而一生一死，處置殊異，是不合理的，我冒昧地堅決請求重新處理。」唐太宗才免除了校尉的死罪。

是時❶，朝廷大開選舉，或有詐偽階資❷者，太宗令其自首，不首，罪至于死。俄有詐偽者事洩，胄❸據法斷流❹以奏之。太宗曰：「朕初下敕，不首者死，今斷從法❺，是示天下以不信矣。」胄曰：「陛下當即殺之，非臣所及，既付所司，臣不敢虧法。」太宗曰：「卿自守法，而令朕失信耶？」胄曰：「法者國家所以布大信於天下，言者當時喜怒之所發耳！陛下發一朝之忿，而許殺之，既知不可，而置之以法，此乃忍小忿而存大信，臣竊為陛下惜之。」太宗曰：「朕法有所失，卿能正之，朕復何憂也？」

【章　旨】此章言法是國家用來布大信於天下的，不能憑皇帝一時之喜怒來改變。

【注　釋】❶是時　貞觀元年（西元六二七年）。❷階資　資蔭，即出身與資歷。❸胄　戴胄，官為大理少卿。❹斷流　判處流刑。斷，斷案。流，流刑。即流放到邊遠之地服勞役。❺從法　根據法律。

【語　譯】貞觀元年，朝廷大力展開選舉士人的工作，有的人偽造出身與資歷，唐太宗便敕令他們自首，不自首的處以死罪。不久有個作偽者事情泄漏，戴胄根據法律來判處流刑，並上報皇帝。

唐太宗說：「我剛下達敕令，不自首者死刑，現在你根據法律斷案，這是向天下表示我言而無信了。」戴胄說：「陛下當即殺死他，這是我管不著的，既然交付司法機關來處理，我就不敢違背法律。」唐太宗說：「你自己遵守法律，而使我失信嗎？」戴胄說：「法律是國家用來宣布大信於天下的，而陛下之言只是當時憑一時喜怒所發出來的而已！陛下當時發一時之怒，而下令殺作偽者，如今既已知道不可以這樣做，於是交由司法機關依法處理，這就是忍小怒而存大信，我私下為陛下珍惜這一點。」唐太宗說：「我執法有什麼失誤之處，你能夠糾正它，我哪兒還有憂愁呢？」

貞觀二年，太宗謂房玄齡等曰：「朕比見隋代遺老❶，咸稱高熲❷善為相者。遂觀其本傳，可謂公平正直，尤識治體，隋室安危，繫其存沒。煬帝無道，枉見誅夷，何嘗不想見此人，廢書欽歎！又漢、魏已來，諸葛亮為丞相，亦甚平直，嘗表廢廖立❸、李嚴❹於南中❺。立聞亮卒，泣曰：『吾其左衽❻矣！』嚴聞亮卒，發病而死。故陳壽❼稱『亮之為政，開誠心，布公道。盡忠益時者，雖讎必賞；犯法怠慢者，雖親必罰。』卿等豈可不企慕及之？朕今每慕前代帝王之善者，卿等亦可慕宰相之賢者。若如是，則榮名高位，可以長守。」玄齡對曰：「臣聞理國要道，在於公平正直，故《尚書》❽云：『無偏無黨，王道蕩蕩。無黨無偏，王道平平。』又孔子稱：『舉直錯諸枉❾，則民服。』今聖慮所尚，誠足以極政教之源，盡至公之要，囊括區宇❿，化成天下。」太宗曰：「此直朕之所懷，豈有與卿等言之而不行也？」

【章　旨】此章論治國之要道在於公平正直。君臣都應以前代聖君賢相為榜樣，極盡至公之要，努力去實現天下大治的理想。

【注　釋】❶遺老　前朝的舊臣。❷高熲　字昭玄，隋朝賢相。煬帝以其忠諫為謗訕，誅之。❸廖立　仕蜀為長水使者。因怨望怠慢，被削職為民。❹李嚴　仕蜀為中都護。因督糧失職，被削職為民。❺南中　指今雲南、貴州以及四川大渡河以南一帶。❻左衽　衣襟向左交領。古代北方民族被髮左衽，中原華夏族束髮右衽。後用「左衽」，借指滅亡。❼陳壽　西晉著名的史學家，撰《三國志》。以下引文見《三國志・蜀書・諸葛亮傳》評曰。❽尚書　指《尚書・周書・洪範》。❾舉直錯諸枉　謂舉用正直的人，廢黜邪枉的人。錯，通「措」。置，這裡是廢棄的意思。❿區宇　疆域。

【語　譯】貞觀二年，唐太宗對房玄齡等說：「我近來見到隋朝遺老，他們都稱讚高熲是個好宰相。我於是讀他的本傳，他真可說是公平正直，尤其是懂得治理國家的根本，隋朝的安與危，決定於他的生與死。煬帝殘暴無道，他無辜而被誅殺，我哪兒能不想見此人，而放下書來發出讚歎！還有漢魏以來，諸葛亮當丞相，也很公平正直，曾經上表請廢除廖立、李嚴的官職，並把他們遷徙到南中地區。後來廖立聽到諸葛亮死了，哭著說：『我們要亡國了！』李嚴聽到諸葛亮死了，竟發病而死。所以陳壽稱讚『諸葛亮處理政事，開啟誠心，廣布公道。對竭盡忠誠而有益時政的人，即使是仇人也必定獎賞；對違犯法令而怠惰散漫的人，即使是親人也必定懲罰。』你們難道不羨慕他，不想企及他？我現在仰慕前代的好帝王，你們也得仰慕前代的賢宰相。假若如此，那麼榮耀的名望和崇高的地位，便可以長久保持了。」房玄齡回答說：「我聽說治國之要道，在於公平正直，所以《尚書》上說：『不偏私、不阿黨，王者之道浩浩蕩蕩。不阿黨、不偏私，王者之道公公平平。』還有孔子說過：『舉用正直的人，廢黜邪枉的人，百姓就會服從。』當今陛下所希望的，確實足以窮盡政治教化的本源和至公之道的精髓，遍行於全國，使天下實現大治。」唐太宗說：「這正是我所想的，難道有跟你們說了而不實行的嗎？」

長樂公主❶，文德皇后❷所生也。貞觀六年將出降❸，敕所司資送❹，倍於長公主❺。魏徵奏言：「昔漢明帝欲封其子，帝曰：『朕子豈得同於先帝子乎？可半楚、淮陽王❻。』前史以為美談。天子姊妹為長公主，天子之女為公主，既加長字，良以尊於公主也。情雖有殊，義無等別。

若今公主之禮有過長公主，理恐不可，實願陛下思之。」太宗稱善，乃以其言告后，后歎曰：「嘗聞陛下敬重魏徵，殊未知其故，而今聞其諫，乃能以義制人主之情，真社稷臣矣！妾與陛下結髮❼為夫妻，曲蒙禮敬，情義深重。每將有言，必俟❽顏色，尚不敢輕犯威嚴，況在臣下，情疏禮隔？故韓非❾謂之說難，東方朔❿稱其不易，良有以也。忠言逆耳而利於行，有國有家者深所要急，納之則世治，杜之則政亂。誠願陛下詳之，則天下幸甚！」因請遣中使⓫賫帛五百匹，詣徵宅以賜之。

【章旨】此章言公主出嫁在禮儀上不能超過長公主。並記魏徵能以義制人主之情，表現了敢諫精神。

【注釋】❶長樂公主　唐太宗第五女，封長樂郡。下嫁長孫沖。❷文德皇后　即長孫皇后，唐高宗時改上尊號曰文德順聖皇后。❸出降　下嫁。❹資送　陪嫁儀禮。❺長公主　天子姊妹稱為長公主，這裡指永嘉長公主。❻楚淮陽王　楚王劉英、淮陽王劉昞，皆東漢光武帝之子。❼結髮　猶「束髮」，指年輕的時候。後也作結婚解釋。❽俟　等候。❾韓非　戰國時法家之集大成者。著作《韓非子》中有〈說難〉篇，分析了向君主陳述意見的困難。❿東方朔　漢武帝時為太中大夫。後因上書不被採納，撰〈答客難〉，以表明心意。⓫中使　宮廷中派出的使者，指宦官。

【語　譯】長樂公主，為長孫皇后所生。貞觀六年將要出嫁，唐太宗敕令有關部門備辦嫁妝，數量要比長公主多一倍。魏徵上奏說：「從前東漢明帝將要分封諸皇子，明帝說：『我的兒子難道能跟先帝的兒子一樣嗎？封域可相當於楚王、淮陽王的一半。』前代史書上把此事引作美談。天子的姊妹稱為長公主，天子的女兒稱為公主，既然加上『長』字，確實表示比公主尊貴。感情上雖然有不同，但在義理上卻沒有等級差別。如果讓公主的陪嫁儀禮超過長公主，在道理上恐怕是不可以的，希望陛下考慮這件事。」唐太宗稱讚魏徵說得好，就把魏徵的意見告訴了皇后，皇后感歎說：「曾經聽說陛下敬重魏徵，但極不瞭解是什麼緣故，現在聽到了他的諫諍，原來他能以義理來節制君主的感情，真是國家的重臣啊！妾與陛下結髮為夫妻，曲蒙禮敬，情義深重。我每次將要進言，必定耐心等候，察看陛下的臉色，這樣尚且不敢輕易地冒犯陛下的威嚴，何況作為臣下的，還有感情上的疏遠和禮儀上的阻隔呢？所以韓非認為向君主陳述意見是困難的，東方朔也稱說話不容易，這確實是有道理的。忠言逆耳而利於行，這點對擁有國家的君主極為緊要，採納了則世道大治，拒絕了則政局混亂，真誠地希望陛下詳細考慮這種道理，那麼天下就十分幸運了！」於是請求派中使帶上帛五百匹，到魏徵家裡去賜給他。

刑部尚書張亮[1]坐謀反下獄，詔令百官議之，多言亮當誅，惟殿中少監❷李道裕奏亮反形未具❸，明其無罪。太宗既盛怒，竟殺之。俄而刑部侍郎有闕❹，令宰相妙擇其人，累奏不可。太宗曰：「吾已得其人矣，往者李道裕議張亮云『反形未具』，可謂公平矣。當時雖不用其言，至今追悔。」遂授道裕刑部侍郎。

【章　旨】此章記述李道裕評議案件，十分公平。

【注　釋】❶張亮　鄭州滎陽（今屬河南）人，唐初大臣。貞觀二十年（西元六四六年），有人告發他畜養假子五百人，陰謀造反。唐太宗盛怒之下，竟殺之。❷殿中少監　諸史傳作「將作少匠」，是。❸反形未具　謀反的證據不具備。❹闕　空缺。

【語　譯】刑部尚書張亮被告發犯了謀反罪而下獄，唐太宗詔令百官評議此案，多數大臣說張亮應該誅殺，只有殿中少監李道裕上奏說張亮謀反的證據不具備，申明他無罪。但唐太宗在大怒之下，竟下令殺了張亮。不久刑部侍郎官職空缺，唐太宗命令宰相好好選擇合適的人，多次奏報都不稱旨。唐太宗說：「我已找到合適的人了，以前李道裕評議張亮說『謀反的證據不具備』，可以說是公平的了。當時沒有採用他的意見，至今追悔不已。」於是任命李道裕為刑部侍郎。

貞觀初，太宗謂侍臣曰：「朕今孜孜❶求士，欲專心政道，聞有好人，則抽擢驅使❷。而議者多稱『彼者皆宰臣親故』，但公等至公，行事勿避此言，便為形跡❸。古人『內舉不避親，外舉不避讎』，而為舉得其真賢故也。但能舉用得才，雖是子弟及有讎嫌，不得不舉。」

【章旨】此章論舉用得才，勿避親仇。

【注釋】❶孜孜　努力不怠。❷抽擢驅使　提拔任用。❸便為形跡　謂儀容神態自如，不受拘束。形跡，指儀容禮貌。

【語譯】貞觀初年，唐太宗對侍臣說：「我現在孜孜不倦地徵求賢士，想專心致力於治理朝政之上，聽說有好人，就提拔任用。而議論的人多說『那些人都是宰相大臣的親人故舊』，只要你們諸位非常公正，做事時不必顧忌這些話，便會神態自如，不受拘束。古人說：『對內薦舉，不迴避親人；對外薦舉，不迴避仇人』，就是為了選得真正的賢才的緣故。只要能夠舉用得才，即使是自己的子弟以及有仇恨的人，也不能不予薦舉。」

貞觀十一年，時屢有閹宦❶充外使❷，妄有奏，事發，太宗怒。魏徵進曰：「閹豎雖微，狎近左右，時有言語，輕而易信，浸潤之譖❸，為患特深。今日之明，必無此慮，為子孫教，不可不杜絕其源。」太宗曰：「非卿，朕安得聞此語？自今已後，充使宜停。」魏徵因上疏❹曰：

臣聞為人君者，在乎善善而惡惡，近君子而遠小人。善善明，則君子進矣；惡惡著，則小人退矣。近君子，則朝無粃政❺；遠小人，則聽不私邪。小人非無小善，君子非無小過。君子小過，蓋白玉之微瑕；小人小善，乃鉛刀❻之一割。鉛刀一割，良工之所不重，小善不足以掩眾惡也；白玉微瑕，善賈❼之所不棄，小疵不足以妨大美也。善小人之小善，謂之善善；惡君子之小過，謂之惡惡；此則蒿蘭同臭❽，玉石不分，屈原❾所以沉江，卞和❿所以泣血者也。既識玉石之分，又辨蒿蘭之臭，善善而不能進，惡惡而不能去，此郭氏⓫所以為墟，史魚⓬所以遺恨也。

陛下聰明神武，天姿英叡⓭，志存泛愛，引納多塗⓮，好善而不甚擇人，疾惡而未能遠佞。又出言無隱，疾惡太深，聞人之善或未全信，聞人之惡以為必然。雖有獨見之明，猶恐理或未盡。何則？君子揚人之善，小人訐[15]人之惡。聞惡必信，則小人之道長矣；聞善或疑，則君子之道消矣。為國家者急於進君子而退小人，乃使君子道消，小人道長，則君臣失序，上下否隔[16]，亂亡不卹[17]，將何以治乎？且世俗常人，心無遠慮，情在告訐，好言朋黨。夫以善相成謂之同德，以惡相濟謂之朋黨。今則清濁共流，善惡無別，以告訐為誠直，以同德為朋黨。以之為朋黨，則謂事無可信；以之為誠直，則謂言皆可取。此君恩所以不結於下，臣忠所以不達於上。大臣不能辯正，小臣莫之敢論，遠近承風，混然成俗，非國家之福，非為治之道。適足以長姦邪，亂視聽，使人君不知所信，臣下不得相安。若不遠慮，深絕其源，則後患未之息也。今之幸而未敗者，由乎君有遠慮，雖失之於始，必得之於終故也。若時逢少隳[18]，往而不返，雖欲悔之，必無所及。既不可以傳諸後嗣，復何以垂法將來？且夫進善黜惡，施於人者也；以古作鑒，施於己者也。鑒貌在乎止水[19]，鑒己在乎哲人。能以古之哲王，鑒於己之行事，則貌之妍醜[20]

宛然在目，事之善惡自得於心，無勞司過之史㉑，不假芻蕘之議㉒，巍巍之功日著，赫赫之名彌遠。為人君者可不務乎？

【章旨】此章載魏徵的〈論君子小人疏〉，此疏針對宦官充任外使之事而發。魏徵認為，當國君的一要善善而惡惡，二要近君子而遠小人。兩者是互相關連的，「善善明，則君子進矣；惡惡著，則小人退矣。」希望唐太宗好善而疾惡，進君子而退小人。

【注釋】❶閹宦　宦官。❷外使　中央臨時派往外地的使臣。❸浸潤之譖　謂讒言猶如水之浸潤，漸以成之。譖，說壞話誣陷別人。❹疏　按此疏即〈論君子小人疏〉。❺粃政　不良的政令措施。❻鉛刀　鉛質的刀，言其不鋒利。比喻才力微弱。❼善賈　善於經營的商人。❽蕕蘭同臭　蕕草與蘭草同樣有氣味。臭，氣味。❾屈原　戰國時楚國大詩人。因楚懷王信讒而被放逐，乃自沉汨羅江而死。❿卞和　春秋時楚人。得玉璞獻給楚王，被認為虛假，先後被砍掉雙腳。他抱璞而泣血。⓫郭氏　春秋時郭國君主。因他善善而不能用，惡惡而不能去，所以亡國。事見本書〈納諫〉篇。⓬史魚　春秋時衛國大夫。自以不能進賢退不肖，既死，猶以尸諫。事見《孔子家語》。⓭英叡　英明聰慧。⓮塗　同「途」。⓯訐　揭發他人的短處。⓰否隔　隔絕不通。⓱卹　憂慮。⓲隳毀　毀壞。⓳止水　靜止的清水。⓴姸醜　美好與醜惡。㉑司過之史　掌管記錄過惡的史官。㉒芻蕘之議　草野小民的意見。

【語譯】貞觀十一年，當時經常有宦官充任臨時派往外地的使臣，他們胡亂奏報，事情暴露後，唐太宗生氣了。魏徵便進言說：「宦官雖然微賤，但親近皇帝，常在左右，時常說這說那，看似不重要卻容易使人聽信，這樣讒言就猶如水之浸潤，漸漸地形成，它的禍患是特別深重的。現在陛下英明，一定不會有此憂患，但為了子孫打算，不可不杜絕這種禍根。」唐太宗說：「要不是你，我哪兒能聽到這樣的話？自今以後，應該停止宦官充任外使了。」魏徵因此又上疏說：

我聽說做國君的，要喜歡美好的事物而厭惡醜惡的事物，親近君子而疏遠小人。明確地表彰美好的事物，君子就會得到進用；堅決地厭惡醜惡的事物，小人就會被黜退。親近君子，朝廷就不會有不良的政令措施；疏遠小人，視聽就不會有偏私差錯。小人並非沒有小善，君子並非沒有小過。君子的小過，大概像是白玉上的微瑕；小人的小善，就像是鉛刀的一割之功。鉛刀的一割之功，良工所以不會加以重視，是因為這點小善不能夠掩飾鉛刀的許多缺點；白玉微瑕，精明的商人所以不會予以嫌棄，是因為小疵不能夠妨害玉石的完美。如果把喜歡小人的小善，說成是善善；把厭惡君子的小過，說成是惡惡；這就辨不出蒿草與香蘭的氣味，分不清白玉與石頭了，這也就是屈原所以沉江自盡，卞和所以抱璞泣血的緣故啊。如果已經知道白玉與石頭的分別，又辨清蒿草與香蘭的氣味，但是善善而不能進用君子，惡惡而不能去掉小人，這就是春秋時郭國君主所以亡國，衛國大夫史魚所以死有遺恨的緣故啊。

陛下聰明神武，天姿英明睿智，一心一意要做到博愛，通過多種途徑引用人才，但是愛好美善卻不太會選擇賢才，憎恨醜惡卻未能疏遠奸佞小人。另外又說話沒有隱諱，憎恨醜惡也太過厲害，聽到別人的善行，有時未必完全相信，聽到別人的過惡，則以為必然如此。即使有獨見之明，但還讓人擔心在道理上有未盡正確的地方。為什麼呢？君子讚揚別人的善行，小人攻擊別人的過惡。聽到別人的過惡必定相信，就會使小人之道增長；聽到別人的善行有所懷疑，就會使君子之道消失。治理國家的君主如果急於進用君子而黜退小人，竟使君子之道消失，小人之道增長，那麼君臣之間便喪失秩序，上下便隔絕不通了，這樣亂亡尚且無暇憂慮，又將拿什麼來治理國家呢？況且世俗凡人，心裡不作長遠的打算，喜歡揭發別人的短處，愛批評別人結為朋黨。其實，以善行互相成全的叫做同德，以惡行互相為奸的叫做朋黨。現在則是清濁共流，善惡不分，以惡意攻擊為誠直，以同心同德為朋黨。把同心同德當作朋黨，就認為事情沒有可以相信的；把惡意攻擊當作誠直，就認為意見都是可取的。這是君主的恩澤不能施及下面，臣子的忠誠不能通達上面的原因。而大臣既不能辯論駁正，小臣又沒有人敢於議論，遠近相襲成風，混然形成習俗，這不是國家的福運，也不是治國的方法。這反而足以助長姦邪，混亂視聽，使君主不知道該相信什麼，臣下也不能相安無事。如果不作長遠考慮，徹底地杜絕它的禍根，那麼後患是不能止息的。現在幸而沒有敗亡，是由於君主能作長遠的考慮，即使開始時有所失誤，但最終卻必能改正的緣故。如果時世遇到稍微的動亂，堅持過失而不予改正，即使想後悔，也必定是來不及的了。既然不能給後代子孫留下經驗，又拿什麼當作將來的榜樣？況且進用善良之士而黜退邪惡之人，針對的是他人；以古史作為借鑒，則針對的是自己。照映容貌要靠平靜的清水，省察自己要以哲人作對照。如果能用古代的哲王來對照自己的所作所為，那麼自身的美醜便宛然在目，事情的好壞自己也心裡明白，無須勞神那些記錄過惡的史官，也不必借助於草野小民的意見，那巍巍的功業就日益顯著，赫赫的名聲就更加遠播。作為君主的能不勉力去做嗎？

臣聞❶道德之厚，莫尚於軒❷、唐❸；仁義之隆，莫彰於舜、禹。欲繼軒、唐之風，將追舜、禹之跡，必鎮❹之以道德，弘之以仁義，舉善而任之，擇善而從之。不擇善任能，而委之俗吏，既無遠度，必失大體，惟奉三尺之律❺，以繩四海之人，欲求垂拱❻無為，不可得也。故聖哲君臨，移風易俗，不資嚴刑峻法，在仁義而已。故非仁無以廣施，非義無以正身。惠下以仁，正身以義，則其政不嚴而理，其教不肅而成矣。然則仁義，理之本也；刑罰，理之末也。為理之有刑罰，猶執御❼之有鞭策也，人皆從化，而刑罰無所施；馬盡其力，則有鞭策無所用。由此言之，刑罰不可致理，亦已明矣。故《潛夫論》❽曰：「人君之治莫大於道德教化也。民有性、有情、有化、有俗。情性者，心也，本也；化俗者，行也，末也。是以上君撫世，先其本而後其末，順其心而履其行。心情苟正，則姦慝無所生，邪意無所載矣。是故上聖❾無不務治民心，故曰：『聽訟，吾猶人也，必也使無訟乎！』道之以禮，務厚其性而明其情。民相愛，則無相傷害之意；動思義，則無畜姦邪之心。若此，非律令之所理也，此乃教化之所致也。聖人甚尊德禮而卑刑罰，故舜先敕契[10]以敬敷五教[11]，而後任咎繇[12]以五刑[13]也。凡立法者，非以司民短，而誅過誤也，乃以防姦惡，而救禍患，檢淫邪，而內正道[14]。民蒙善化，則人有士君子[15]之心；被惡政，則人有懷姦亂之慮。故善化之養民，猶工之為麴豉[16]也。六合[17]之民，猶一蔭也，黔首[18]之屬，猶荳麥也，變化云為，在將者耳！遭良吏，則懷忠信而履仁厚；遇惡吏，則懷姦邪而行淺薄。忠厚積，則致太平；淺薄積，則致危亡。是以聖帝明王，皆敦德化而薄威刑也。德者，所以循己[19]也，威者，所以治人也。民之生也，猶鑠金[20]在爐，方圓薄厚，隨鎔制耳！是故世之善惡，俗之薄厚，皆在於君。世之主誠能使六合之內、舉世之人，感忠厚之情而無淺薄之惡，各奉公正之心，而無姦險之慮，則醇醲之俗[21]，復見於茲矣。」後王雖未能遵，專尚仁義，當慎刑卹典[22]，哀敬無私，故管子[23]曰：「聖君任法不任智，任公不任私。」故王天下，理國家。

貞觀之初，志存公道，人有所犯，一一於法。縱臨時處斷或有輕重，但見臣下執論，無不忻然受納。民知罪之無私，故甘心而不怨；臣下見言無忤，故盡力以效忠。頃年以來，意漸深刻㉔，雖開三面之網㉕，而察見淵中之魚，取捨在於愛憎，輕重由乎喜怒。愛之者，罪雖重而強為之辭；惡之者，過雖小而深探其意。法無定科㉖，任情以輕重；人有執論，疑之以阿偽㉗。故受罰者無所控告，當官者莫敢正言。不服其心，但窮其口，欲加之罪，其無辭乎？又五品已上有犯，悉令曹司㉘聞奏。本欲察其情狀，有所哀矜；今乃曲求小節，或重其罪，使人攻擊惟恨不深。事無重條㉙，求之法外所加，十有六七。故頃年犯者懼上聞，得付法司，以為多幸。告訐無已，窮理不息，君私於上，吏姦於下，求細過而忘大體，行一罰而起眾姦，此乃背公平之道，乖泣辜之意㉚，欲其人和訟息，不可得也。

故〈體論〉[31]云：「夫淫泆盜竊，百姓之所惡也，我從而刑罰之，雖過乎當，百姓不以我為暴者，公也。怨曠[32]飢寒，亦百姓之所惡也，遁而陷之法，我從而寬宥之，百姓不以我為偏者，公也。我之所重，百姓之所憎也；我之所輕，百姓之所憐也。是故賞輕而勸善，刑省而姦。」由此言之，公之於法，無不可也，過輕亦可；私之於法無可也，過輕則縱姦，過重則傷善。聖人之於法也公矣，然猶懼其未也，而救之以化，此上古所務也。後之理獄者則不然：未訊罪人，則先為之意，及其訊之，則驅而致之意，謂之能；不探獄之所由，生為之分，而上求人主之微旨以為制，謂之忠。其當官也能，其事上也忠，則名利隨而與之，驅而陷之，欲望道化之隆，亦難矣。

凡聽訟理獄，必原父子之親，立君臣之義，權輕重之序，測淺深之量。悉其聰明，致其忠愛，疑則與眾共之。疑則從輕者，所以重之也，故舜命咎繇曰：「汝作士，惟刑之恤[33]。」又復加之以三訊[34]，眾所善，然後斷之。是以為法，參之人情。故《傳》曰：「小大之獄，雖不能察，必以情。」而世俗拘愚苛刻之吏，以為情也者取貨者也，立愛憎者也，右親戚者也，陷怨讎者也。何世俗小吏之情，與夫古人之懸遠乎？有司以此情疑之群吏，人主以此情疑之有司，是君臣上下通相疑也，欲其盡忠立節，難矣。

凡理獄之情，必本所犯之事以為[35]主，不嚴[36]訊，不旁求，不貴多端，以見聰明，故律正其舉劾之法，參伍[37]其辭，所以求實也，非所以飾實也，但當參伍明聽之耳，不使獄吏鍛鍊[38]飾理成辭於手。孔子曰：「古之聽獄，求所以生之也；今之聽獄，求所以殺之也。」故析言以破律，任案以成法，執左道[39]以必加也。又《淮南子》[40]曰：「灃水[41]之深十仞[42]，金鐵在焉，則形見於外。非不深且清，而魚鱉莫之歸也。」故為上[43]者以苛為察，以功為明，以刻下為忠，以訐多為功，譬猶廣革[44]，大則大矣，裂之道也。夫賞宜從重，罰宜從輕，君居其厚，百王通制。

刑之輕重，恩之厚薄，見思與見疾，其可同日言哉！且法，國之權衡[45]也，時之準繩[46]也。權衡所以定輕重，準繩所以正曲直。今作法貴其寬平，罪人欲其嚴酷，喜怒肆志，高下在心，是則捨準繩以正曲直，棄權衡而定輕重者也。不亦惑哉？諸葛孔明，小國之相，猶曰：「吾心如秤，不能為人作輕重。」況萬乘之主[47]，當可封之日[48]，而任心棄法，取怨於人乎？

又時有小事，不欲人聞，則暴作威怒，以弭[49]謗議。若所為是也，聞於外，其何傷？若所為非也，雖掩之，何益？故諺曰：「欲人不知，莫若不為；欲人不聞，莫若勿言。」為之而欲人不知，言之而欲人不聞，此猶捕雀而掩目，盜鐘而掩耳者，只以取誚[50]，將何益乎？臣又聞之，無常亂之國，無不可理之民者。夫君之善惡由乎化之薄厚，故禹、湯以之理，桀、紂以之亂；文、武以之安，幽、厲[51]以之危。是以古之哲王，盡己而不以尤人[52]，求身而不以責下。故曰：「禹、湯罪己，其興也勃焉；桀、紂罪人，其亡也忽焉[53]。」為之無已，深乖惻隱之情，實啟姦邪之路。溫舒恨於曩日，臣亦欲惜不用，非所不聞也[54]。臣聞堯有敢諫之鼓[55]，舜有誹謗之木[56]，湯有司過之史[57]，武有戒慎之銘[58]。此則[59]聽之於無形，求之於未有，虛心以待下，庶下情之達上，上下無私，君臣合德者也。魏武帝[60]云：「有德之君樂聞逆耳之言，犯顏之諍，親忠臣，厚諫士，斥讒慝，遠佞人者，誠欲全身保國，遠避滅亡者也。」凡百君子，膺期統運，縱未能上下無私，君臣合德，可不全身保國，遠避滅亡乎？然自古聖哲之君，功成事立，未有不資同心，予違汝弼[61]者也。

昔在貞觀之初，側身[62]勵行，謙以受物[63]。蓋聞善必改，時有小過，引納忠規，每聽直言，喜形顏色。故凡在忠烈，咸竭其辭。自頃年海內無虞，遠夷慴服[64]，志意盈滿，事異厥初。高談疾邪，而喜聞順旨之說；空論忠讜[65]，而不悅逆耳之言。私嬖[66]之徑漸開，至公之道日塞，往來行路，咸知之矣。邦之興衰，實由斯道。為人上者，可不勉乎？臣數年以來，每奉明旨，深懼群臣莫肯盡言。臣切思之，自比來人或上書，事有得失，惟見述其所短，未有稱其所長。又天居自高，龍鱗難犯，在於造次[67]，不敢盡言，時有所陳，不能盡意，更思重竭，其道無因。且所言當理，未必加於寵秩[68]，意或乖忤，將有恥辱隨之，莫能盡節，實由於此。雖左右近侍，朝夕堦墀[69]，事或犯顏，咸懷顧望。況疏遠不接，將何以極其忠款[70]哉？又時或宣言云：「臣下見事，只可來道，何因所言，即望我用？」此乃拒諫之辭，誠非納忠之意。何以言之？犯主嚴顏，獻可替否[71]，所以成主之美，匡主之過。若主聽則惑，事有不行，使其盡忠讜之言，竭股肱之力，猶恐臨時恐懼，莫肯效其誠款。若如明詔所道，便是許其面從，而又責其盡言，進退將何所據？欲必使乎致諫，在乎好之而已。故齊桓[72]好服紫，而合境無異色；楚王[73]好細腰，而後宮多餓死。夫以耳目之玩，人猶死而不違，況聖明之君求忠正之士，千里斯應，信不為難。若徒有其言，而內無其實，欲其必至，不可得也。

【章　旨】此章載魏徵的〈理獄聽諫疏〉。前半篇說的是理獄，主要論述道德與刑罰的關係。認為聖哲君臨天下，不是靠嚴刑峻法，而是在於仁義。「仁義，理之本也；刑罰，理之末也。」由此提出了「慎刑卹典」的原則，強調理獄辦案要根據所犯之事實來審察，凡與案情無關的不能任意牽連。必須做到：一不嚴訊拷掠，二不旁求罪證，三不耍弄手腕。總之，「所以求實也，非所以飾實也」。後半篇說的是聽諫，認為有德之君都是喜聞逆耳之言，樂聽犯顏之諍，親忠臣，厚諫士，斥讒慝，遠佞人，這樣就能全身保國，遠避滅亡。希望唐太宗保持貞觀初年虛心納諫的好作風，以使國家長治久安。

【注　釋】❶臣聞　按以下是魏徵的〈理獄聽諫疏〉，上奏於貞觀十一年（西元六三七年）。❷軒　軒轅氏黃帝。❸唐　唐堯。❹鎮　鎮服；安定。❺三尺之律　指法律。古時把法律條文寫在三尺長的竹簡上，故有「三尺法」之稱。❻垂拱　垂衣拱手，形容天下太平，可無為而治。❼執御　駕馭馬車。❽潛夫論　東漢王符撰的著作，十卷三十六篇，大都是討論治國安民之術的政論性文章。❾上聖　才德最高的人，指孔子。❿契　舜時之臣，商的始祖。⓫五教　謂父子有親，君臣有義，夫婦有別，長幼有序，朋友有信。⓬咎繇　即皋陶。傳說中東夷族的首領，被舜任為掌管刑法的官。⓭五刑　謂墨、劓、剕、宮、大辟。⓮內正道　納入正道。內，通「納」。⓯士君子　有道德、學問的人。⓰麴豉　發酵劑。⓱六合　天地四方，泛指天下。⓲黔首　秦朝稱民眾曰黔首。⓳循己　《潛夫論．德化》篇作「修己」。⓴鑠金　熔化狀態的金屬。㉑醇醲之俗　謂俗如酒味之和。㉒慎刑卹典　用刑慎重不濫。㉓管子　即管仲，春秋時著名的政治家。《管子》一書，實係後人託名於他的著作。㉔深刻　指刑罰苛刻嚴峻。㉕開三面之網　湯出獵，見野張網四面，乃命去其三面。諸侯聽了，認為湯德施及禽獸。見本書〈規諫太子〉篇注釋。㉖科　指法律條文。㉗阿偽　阿諛虛偽。㉘曹司　官署。㉙重條　從重懲罰的法律條文。㉚泣辜之意　禹出，見罪人，下車，問而泣之。見本書〈封建〉篇注釋。㉛體論　文章名，三國魏人杜恕撰。㉜怨曠　怨女曠夫，指年長而不能及時結婚的男女。㉝汝作士二句　見《尚書・虞書・舜典》。惟刑之恤，用刑慎重不濫。㉞三訊　周禮以三刺斷庶民獄訟，一曰訊群臣，二曰訊群吏，三曰訊萬民。㉟為　該字原脫，據《魏鄭公集》卷一補。㊱嚴　原誤為「敢」，據《魏鄭公集》卷一改。㊲參伍　交互錯雜，綜合比較。㊳鍛鍊　比喻枉法陷人於罪。㊴左道　歪門邪道。㊵淮南子　亦稱《淮南鴻烈》，西漢淮南王劉安及其門客所撰。㊶灃水　在今陝西。源出秦嶺山中，北流入渭水。㊷仞　長度單位。㊸上　該字原脫，據《魏鄭公集》卷一補。㊹廣革　革製的大甲盾。㊺權衡　指秤。㊻準繩　測定物體平直的器具，引申為標準或準則。㊼萬乘之主　指天子。天子畿內之地方千里，出車萬乘，故曰萬乘之主。㊽可封之日　堯舜之世，比屋可封。意謂當時盡人皆賢，家家都有受封爵的德行。㊾弭　止息；停止。㊿取誚　招來譏嘲。(51)幽厲　周幽王、周厲王。(52)尤人　怨恨別人。(53)禹湯罪己四句　見《左傳》，是臧文仲告魯君之詞。(54)溫舒恨於曩日三句　此三句文義不可通，疑有脫誤。《貞觀政要》古寫本作「溫舒恨之於曩日，臣亦欲惜於當今，恩不結於人心而望刑措不用，非所聞也」。譯文即依此處理。溫舒，西漢人，曾上書言獄吏之害。(55)堯有敢諫之鼓　相傳堯時曾設鼓於庭，使民擊之以進諫。見《淮南子・主術》。(56)舜有誹謗之木　相傳舜時於交通要道立木牌，讓人在上面寫諫言。見《淮南子・主術》。(57)湯有司過之史　《淮南子・主術》云：「湯有司直之人。」司直，檢舉不法。(58)武有戒慎之銘　太公述《丹書》之言云：「敬勝怠者吉，怠勝敬者滅，義勝欲者從，欲勝義者凶。」武王聞之，退而為戒，乃書於几、鑒、盂、槃等為銘。見《大戴禮・武王踐阼》。(59)則　古寫本作「皆」，是。(60)魏武帝　即曹操。(61)予違汝弼　謂我犯了過失，你要來匡正輔弼。(62)側身　傾側身體，憂懼不安貌。(63)物　人。(64)慴服　使之害怕而服從。(65)讜　正直。(66)私嬖　偏私寵幸。(67)造次　匆忙。(68)寵秩　榮寵的秩祿。(69)堦墀　臺階。這裡謂出入殿堂，侍從皇帝。(70)款誠　懇；殷勤。(71)獻可替否　謂臣對君勸善規過，議興議革。(72)齊桓　齊桓公。(73)楚王　指楚靈王，春秋時楚國國君。楚靈王愛好纖細的腰身，結果很多婦女用餓肚子的辦法來使腰纖細。見《墨子・兼愛中》及《韓非子・

二柄》。

【語　譯】我聽說道德的深厚，沒有人比得上黃帝和唐堯；仁義的隆盛，沒有人比得上虞舜和夏禹。要想繼承黃帝、唐堯的風尚，追上虞舜、夏禹的事跡，必須著重道德，弘揚仁義，舉善而任，擇善而從。如果不能擇用善良而有能力之人，而只知委任俗吏，那麼這些俗吏既無遠慮，必定會喪失根本的德治，只知拿法律來懲治天下之人，這樣要想達到無為而治的境地，是不可能的。所以聖明的帝王君臨天下，想移風易俗，依靠的不是嚴刑峻法，而是在於仁義罷了。所以沒有仁就不能廣施恩惠，沒有義就不能端正自身。用仁來下施恩惠，用義來端正自身，在政事上不用嚴刑也會治理得好，在教化上不用威嚴也會形成風氣了。既然如此，那麼，仁義就是治理政事的根本，刑罰只是治理政事的枝末。治理政事要用刑罰，猶如駕駛馬車要用鞭策一樣，民眾都服從教化，刑罰就沒有什麼用處；馬兒已竭盡力氣，鞭策就沒有什麼用處了。由此說來，刑罰不可能使政事治理好，便已經是明白的了。所以《潛夫論》上說：「人君之治，沒有比道德教化更重要的。民眾有性、有情、有教化、有習俗。性與情，是心靈，是根本；教化與習俗，是行為，是枝末。因此，高明的君王治世，先注重根本而後用枝末，順從民心而引導民眾的行為。心情如果純正，姦惡就無從產生，邪念就無從存在了。為了這個緣故，上聖孔子無時無刻不勉力於治理民心的事情，所以說：『聽斷訴訟，我也跟別人一樣，必定要使訴訟不再發生啊！』用禮來教導百姓，務使他們的心性厚樸、情義明達。民眾互相仁愛，就不會有互相傷害的意思；行動想到情義，就不會產生姦邪的心思。而這些，不是律令所能做到的，這是道德教化的結果。聖人很尊重德禮而輕視刑罰，所以舜先敕令契以敬施五教，而後任命咎繇以實行五刑。凡是制立法律，並不是用來察明民眾的短處，誅殺過誤之人，而是用來防止姦惡，拯救禍患，檢肅淫邪，納入正道的。民眾蒙受好的教化，就會有成為士君子的願望；民眾遭到惡政的迫害，就會懷有姦亂的意念。所以好的教化有養民的作用，就像工匠造作麯蘗一樣。這時天下百姓，都是在庇護之下，而民眾就像豆麥一樣，他們會變化成為什麼，全在於工匠的造作啊！如遭逢良吏，就會心懷忠信而行為仁厚；遇到惡吏，就會心懷姦邪而行為淺薄。忠厚的行為積累多了，就將使得天下太平；淺薄的行為積累多了，就將導致國家危亡。因此，聖帝明王都著重道德教化，而輕視威刑苛法。道德，是用來修養自己的；威刑，是用來懲治別人的。民眾的生存，猶如在爐中熔冶的金屬一樣，它的方圓厚薄，是隨模型而鑄成的啊！因此，世事的善與惡，風俗的薄與厚，都決定於君主。當世君主如果真能使全天下之民，都感懷忠厚的情義，而沒有淺薄的惡行，各自奉守公正之心，而沒有姦險之念，那麼像醇酒一樣的風俗，又會重新出現於這裡了。」後世帝王即使不能遵行，專力去崇尚仁義，也應當用刑慎重不濫，哀敬無私，所以管子說：「聖君任法度而不用智術，任公道而不用私心。」所以能統一天下，治好國家。

貞觀初年，陛下留意於公道，人們有什麼犯法的，一一依法處理。即使臨時處斷有過輕或過重的地方，只要見到臣下提出意見，便無不欣然採納。民眾知道判罪公正無私，所以情願受罰，而沒有怨恨之心；臣下見直言不會忤旨，所以盡力勸諫，以示效忠。近年以來，陛下卻漸漸地留意於嚴刑苛法，雖然開放了三面的羅網，但仍過於明察，如見淵中之魚，取捨既出於自己的愛憎，判罪的輕重也決定於自己的喜怒。對喜愛的人，罪行雖重，卻強為之辯解；對憎惡的人，罪過雖小，卻加以深追窮究。法律沒有固定的條文，任意地隨好惡來判定輕重；別人堅持自己的意見，就懷疑人家阿諛虛偽。所以受罰的人沒有什麼地方可以控告，當官的人也不敢正言勸諫。不能使別人心服，卻只要別人閉口，欲加之罪，何患無詞呢？還有五品以上的高官犯罪，都令有關官署向陛下奏報。這本來是想察看他們的實際情狀，有所哀矜；如今竟曲求小節，或加重其罪，使人們互相攻擊，惟恐不夠徹底。遇到沒有重治的條文時，就在法律之外附加規定，這種情況占了十分之六七。所以近年來犯罪的人深怕陛下知道，如能交付司法機構處理，便以為幸運得多了。不斷地控告揭發，不停地窮治深究，君王徇私於上，官吏行姦於下，追究細小的過錯而忘記了根本的道理，執行一件懲罰而引起了許多的姦詐事件，這就背離了公平之道，違反了大禹泣辜的本意，這樣要使百姓和順、訴訟止息，是不可能的。

所以〈體論〉上說：「淫逸盜竊，是百姓所厭惡的，我順從民意而處予刑罰，即使有過當的地方，百姓也不以為我殘暴，因為我是出於公心的。怨女曠夫，飢寒交迫，也是百姓所厭惡的，逃避這種境遇而犯法的，我順從民意而給予寬宥，百姓也不以為我偏私，因為我是出於公心的。我所重判的，是百姓所憎恨的；我所輕判的，是百姓所憐憫的。因此，賞賜輕微而能勸勵善良，刑罰簡省而能禁止姦邪。」這樣說來，按公道執法，是沒有什麼不可以的，就是過輕也可以。依私心執法，都是不可以的，如果過輕就會放縱姦邪，過重就會傷害善良。聖人執法雖然是公平的，然而還擔心未能完全公道，就用教化來挽救，這是上古聖人勉力去做的事。後世掌理獄政的人就不是這樣了：尚未訊問罪人，就先定下主意，到了訊問時，就迫使罪人按照自己的主意招供，還把這種辦法稱為能幹；不去探究獄案的原由，硬行辨析，而且往上阿順君主的微旨，加以裁斷，還把這種辦法稱為忠誠。他們這樣當官算是能幹，事君算是忠誠，名利也就隨之而來，結果迫害、誣陷了別人，這樣，要使道德教化隆盛，也就困難了。

凡是審理訴訟案件，必須推本父子之親，確立君臣之義，權衡輕重之序，測驗淺深之量。竭盡聰明才智，發揮忠誠仁愛，遇到疑難時就和大家一起商量，共同處理。如疑而不決的，就要從輕處理，這是為了用刑慎重的緣故，所以舜命令咎繇說：「你作為理獄之官，用刑一定要慎重不濫。」不僅如此，還要加以三次訊問，等到大家都認為判對了，然後作出決斷。所以，執法是要參照人情的。《春秋傳》上說：「大小獄案，即使不能都明察秋毫，但務必參照人情來斷決。」而那些世俗拘愚苛刻之吏，以為人情就是索取賄賂，就是樹立愛憎，就是照顧親戚，就是陷害仇人。為什麼世俗小吏所講的情，跟古人相距如此遙遠呢？有關官員以此人情來懷疑群吏，君主以此人情來懷疑有關官員，這樣，君臣上下互相猜疑，要臣下盡忠誠、立臣節，就困難了。

凡是審理獄案之實情，必須以所犯的事作為主要根據，不要嚴訊拷掠，不要旁求罪責，不要耍弄手腕，以表現斷案的聰明才智，所以修正檢舉彈劾的辦法，綜合考慮各種的說詞，為的是弄清事實，而不是用來掩飾事實，審理案件的人只應這樣綜合驗證，明斷是非，以使獄吏無法玩弄枉法陷人、飾理成詞的手段。孔子說：「古代斷獄，要求的是使犯人生存下來；現在斷獄，要求的是把犯人置於死地。」所以隨意分析解說以破壞法律，任意決斷案件而自設法律，這樣歪門邪道就必定層出不窮了。《淮南子》上又說：「灃水深十仞，金鐵在水中，外面都能看得見。水不是不深不清，而魚鱉是不會游來的。」所以在上面的君王如果以苛細為明察，以事功為聰明，以刻薄下屬為忠誠，以多事揭發為功勞，這就好像是革製的大甲盾，大算是大了，但已走上破裂的途徑。賞賜應該從重，處罰應該從輕，君王常常心存仁厚，這是百代帝王的不變準則。刑罰的輕重，恩賜的厚薄，被人思念與被人痛恨，這種不同的結果怎麼可以同日而語呢！況且，法律是國家的權衡，是時世的準繩。權衡用來確定輕重，準繩用來校正曲直。如今制定法律時以寬平為貴，懲治犯人時卻要嚴酷，任意喜怒，隨心高下，這就是丟掉了準繩而要校正曲直，拋棄了權衡而要確定輕重啊。不也是令人迷惑的事嗎？諸葛亮是小國的丞相，尚且說：「我的心如秤，不能給人輕些或者重些。」何況是大國的天子，又值太平盛世，眾人皆賢，家家有封爵的德行，怎麼可以任憑心意，丟棄法律，取怨於人呢？

另外，陛下時常有些小事，不想讓別人知道，就暴怒逞威，以阻止謗議。如果所做的是對的，傳到外面，又有什麼傷害？如果所做的是錯的，即使掩蓋起來，又有什麼益處？所以諺語說：「欲人不知，莫若不為；欲人不聞，莫若勿言。」做了卻要人們不知道，說了卻要人們聽不見，這好像是遮目捕雀，掩耳盜鐘，只會招來譏議，又有什麼益處呢？我又聽說，沒有永遠動亂的國家，也沒有不可治理的民眾。國君的善惡取決於教化的厚薄，所以禹、湯因此而治，桀、紂因此而亂；周文王、武王因此而安，周幽王、厲王因此而危。所以，古代聖哲之君盡是責己而不怨恨別人，要求自身而不斥責臣下。《左傳》上說：「禹、湯歸罪於己，他們也就能蓬勃興起；桀、紂歸罪於人，他們也就很快地走向滅亡。」如果只知罪人而不知罪己，繼續這樣下去，就大失惻隱之情，而實開姦邪之路。對於這種害處，漢代溫舒曾痛恨於往昔，我也要惋惜於今日恩惠不結於人心，而希望刑罰擱置不用，這是沒有聽說過的。我聽說堯設有敢諫之鼓，舜設有誹謗之木，湯置有司過之史，周武王刻有戒慎之銘。這些都是在事情還沒形成之前就聽求各方意見，虛心地對待臣下，希望下情能夠上達，做到君臣上下無私、同心同德的地步。魏武帝說過：「有德行的君王樂聞逆耳之言，喜聽犯顏之諫，親近忠臣，厚賜諫士，斥退讒惡之人，疏遠姦佞之人，確實想要保全自身與國家，遠避滅亡的結局。」凡是做君王的，承受天命而統治天下，即使未能做到君臣上下無私、同心同德的地步，難道就不想保全自身與國家，遠避滅亡的結局嗎？然而自古以來，聖明的君王，能功成名就，建立事業的，沒有不是依靠君臣同心同德的，沒有不是依靠臣下匡救君王過失的。

過去在貞觀初年時，陛下戰戰兢兢，勵精圖治，謙虛待人。聽到好的意見，一定去改，對於時常出現的小過失，也能採納臣下的忠言規勸，每次只要聽到正直的言論，就喜形於色。所以凡是忠烈之臣，都盡力貢獻自己的意見。自從近年以來，天下太平，遠夷懾服，陛下也就驕傲自滿起來，做事跟當初已有所不同了。高談痛恨姦邪，而實際上卻喜聞順旨之說；空論忠誠正直，而實際上卻不悅逆耳之言。偏私寵幸的途徑漸漸開啟，至公之道卻一天天阻塞，連往來行路之人都知道這種情況了。邦國的興衰，實在是由此來決定的。作為君王的，能不努力嗎？我近幾年以來，每次聽到陛下英明的旨意，都深怕群臣不肯將意見說完。我深切地思考，近來有人上書，陳述的事情有對的，也有錯的，只見陛下只講人家的短處，卻不稱讚人家的長處。陛下居於高位，龍鱗難犯，臣下在匆忙之中，不敢盡言，有時有所陳述，也不能將意思說得詳盡，再想重新說完，又沒有機會了。況且臣下所說的符合道理，也未必給予榮寵的賞賜，而意見有時違背了旨意，則將會有恥辱隨之而來，臣下不能竭盡臣節，實在是由於這種緣故。即使是左右近侍，朝夕隨從出入宮殿，遇事有時觸犯了龍顏，尚且都心懷顧慮。更何況那些疏遠而無法接近陛下的人，將拿什麼來竭盡自己的忠誠呢？陛下有時宣稱：「臣下遇到事情，儘管來說，但是，為什麼所提的意見，就要求我立即採用呢？」這是拒諫之詞，確實沒有採納忠諫的意思。為什麼這樣說呢？觸犯君主的威嚴，勸善規過，議與議革，是用來成就君主的善行、匡救君主的過錯的。如果君主聽了就疑惑，對所提的意見不去實行，就將使那些盡忠讜之言、竭股肱之力的人，唯恐自己在事到臨頭時會恐懼，而不肯效其忠心。如果像陛下的詔令所說的那樣，便是既命令臣下當面順從旨意，而又要求臣下直言規諫，這樣就使臣下進退兩難，將根據什麼去做呢？一定要使臣下做到敢諫的地步，在於陛下愛好罷了。所以齊桓公愛好紫色服飾，便使得整個齊國再也沒有其他顏色的服飾；楚靈王愛好纖細的腰身，便使得後宮宮女用餓肚子的辦法來使腰身纖細，結果餓死了許多人。對於君主耳目方面的玩好，人們尚且至死也倣傚，更何況聖明的君主召求忠正之士，使千里之內都響應，確實不是困難的事。如果只有言論，而沒有實際行動，要使忠正之士應召而來，是不可能的。

太宗手詔曰：

「省前後諷諭❶，皆切至之意，固所望於卿也。朕昔在衡門❷，尚惟童幼，未漸師保❸之訓，罕聞先達❹之言。值隋主分崩，萬邦塗炭❺，惵惵黔黎❻，庇身無所。朕自二九之年❼，有懷拯溺，發憤投袂❽，便提干戈，蒙犯霜露，東西征伐，日不暇給，居無寧歲。降蒼昊❾之靈，稟廟堂之略❿，義旗所指，觸向平夷。弱水⓫、流沙⓬，並通輶軒⓭之使；被髮左衽⓮，皆為衣冠⓯之域。正朔⓰所班，無遠不屆⓱。及恭承寶曆⓲，寅奉帝圖⓳，垂拱無為，氛埃靖息⓴，於茲十有餘年。斯蓋股肱罄㉑帷幄之謀，爪牙㉒竭熊羆㉓之力，協德同心，以致於此。自惟寡薄㉔，厚享斯休㉕，每以撫大神器㉖，憂深責重，常懼萬機多曠，四聰㉗不達，戰戰兢兢，坐以待旦。詢於公卿，以至隸皂㉘，推以赤心。庶幾明賴，一動以鐘石㉙；淳風至德，永傳於竹帛㉚。克播鴻名㉛，常為稱首。朕以虛薄，多慚往代，若不任舟楫，豈得濟彼巨川？不藉鹽梅，安得調夫五味㉜？賜絹三百匹。」

【章　旨】此章載唐太宗的手詔，對魏徵前後上疏作了答覆。強調十餘年來的政績，是由於君臣「協德同心」的結果。

【注　釋】❶前後諷諭　指魏徵上奏的〈論君子小人疏〉和〈理獄聽諫疏〉。❷衡門　衡木為門，指簡陋的房屋。這裡指民間。❸師保　帝王的師傅，如太師、太保等。❹先達　有德行學問的先輩。❺塗炭　在爛泥和炭火之中，比喻極端困苦的境遇。❻慄慄黔黎　百姓恐懼。慄慄，恐懼的樣子。黔黎，黔首、黎民的合稱，指百姓。❼二九之年　十八歲。❽投袂　拂動衣袖，形容決絕或奮發。❾蒼旻　蒼天。❿廟堂之略　指朝廷關於國家大事的謀略。⓫弱水　指西方絕遠處。或云貞觀初以奚阿會部為弱水州，當在今內蒙古東境。⓬流沙　指西北沙漠地區。⓭輶軒　輕車。帝王的使臣多乘輶車，後因稱使臣為輶軒之使。⓮被髮左衽　古代北方少數民族被髮左衽。⓯衣冠　古代中原地區士以上的服飾。⓰正朔　一年第一天開始的時候。⓱屆　到。⓲寶曆　這裡指帝位。⓳寅奉帝圖　敬奉帝業。寅，敬。⓴氛埃靖息　謂天下太平。氛埃，凶氣、塵埃。㉑罄　盡。㉒爪牙　比喻武將。㉓熊羆　兩種猛獸，比喻勇力。㉔寡薄　指才能淺薄。㉕休　福祿。㉖大神器　按古寫本及《冊府元龜》卷一〇一均作「大寶神器」，是。㉗四聰　使自己遠聽四方。㉘隸皂　賤役；官署裡的差役。㉙庶幾明賴二句　這兩句脫誤不可通。古寫本作「庶戩（幾）刑措，昔者徇齊，睿智資風，牧以致隆平，翼善欽明，賴稷契以秉至道，然後文德武功，載勒於鐘石」。鐘石，鐘鼎和刻石。㉚竹帛　竹簡帛書，指典籍。㉛鴻名　大名；美名。㉜五味　泛指各種味道，這裡指羹。

【語　譯】唐太宗親手寫詔書說：

「審閱了你前後兩次上疏對我的勸諫，覺得都是極其懇切的意見，這本來也是我所希望你這樣做的。我從前在民間時，還是個幼童，未曾受過師傅的訓導，很少聽到先輩賢達的教誨。當時正值隋王朝分崩離析，天下生靈塗炭，百姓恐懼不安，沒有什麼可以庇身的地方。我從十八歲起，便懷有拯救苦難中民眾的志向，發憤從軍，手執兵器，冒著霜露，東征西伐，以致每天沒有空閒，連年無法安居。所幸蒙受蒼天的賜命，稟承朝廷的謀略，義旗所向披靡，平定了天下。連遠在弱水、流沙之地，都有乘輕車的使臣往來；而北方夷狄之地，也都成為中原王朝的疆域。於是頒定曆法，通行全國，無遠不至。等到我恭承帝位，敬奉帝業，無為而治，天下太平，迄今已有十餘年了。這都是依靠文臣使盡帷幄之謀，武將竭盡勇猛之力，協德同心，才達到這種地步的。我自以為才德淺薄，卻厚享福祿，每當撫守大寶神器，便憂慮深切，感到責任重大，常常擔心荒廢政事，不能遠聽四方，因而戰戰兢兢，坐以待旦。還向公卿大臣以至差役詢問商量，推心置腹。希望依賴大臣們的輔翼，將文德武功刻記在鐘鼎與刻石上；使淳樸的風尚和崇高的道德，永遠流傳在歷史典籍上。讓美名播揚，常被後人所稱讚。我自以為才德微薄，許多方面有愧於往代，如果不借用舟與槳，難道能渡過那大河？不依靠鹽與梅，哪兒能調出各種美味之羹？為此賜你絹三百匹。」

誠信第十七

貞觀初❶，有上書請去佞臣者，太宗謂曰：「朕之所任，皆以為賢，卿知佞者誰耶？」對曰：「臣居草澤❷，不的知❸佞者。請陛下佯怒❹以試群臣，若能不畏雷霆❺，直言進諫，則是正人，順情阿旨，則是佞人。」太宗謂封德彝曰：「流水清濁，在其源也。君者政源，人庶❻猶水。君自為詐，欲臣下行直，是猶源濁而望水清，理不可得。朕常以魏武帝❼

多詭詐，深鄙其為人。如此，豈可堪為教令？」謂上書人曰：「朕欲使大信行於天下，不欲以詐道訓俗，卿言雖善，朕所不取也。」

【章旨】此章論帝王要行大信，不能自為詐道。

【注釋】❶貞觀初　當在貞觀元年（西元六二七年）。❷草澤　荒野之地，指民間。❸的知　確實知道。❹佯怒　假裝發怒。❺雷霆　比喻盛怒。❻人庶　庶人；百姓。❼魏武帝　即曹操。

【語譯】貞觀元年，有人上書請求罷黜邪佞之臣，唐太宗對他說：「我所任用的人，我都認為是賢臣，你知道的佞臣是誰呢？」那人回答說：「我居於民間，不能確切知道誰是佞臣。請陛下假裝發怒，以探試群臣，如果能不怕雷霆之怒，直言進諫的，就是正直之人，而順從旨意、阿諛奉迎的，就是邪佞之人。」唐太宗對封德彝說：「水流的清和濁，決定於源泉。君主是國家政治的源頭，百姓猶如水流。君主自己玩弄詐術，要使臣下行為正直，這就好像源泉渾濁而希望流水清澄一樣，按道理是不可能的。我常因為魏武帝多詭詐，很鄙視他的為人。如此行詐，難道能夠施行教化政令嗎？」於是唐太宗對上書的人說：「我想使大信行於天下，不要用詐術來引導民俗，你說的意見雖好，我卻是不能採納的。」

貞觀十年❶，魏徵上疏曰：

臣聞為國之基，必資於德禮；君之所保，惟在於誠信。誠信立則下無二心，德禮形則遠人斯格❷。然則德禮誠信，國之大綱，在於君臣父子，不可斯須❸而廢也。故孔子曰：「君使臣以禮，臣事君以忠❹。」又曰：「自古皆有死，民無信不立❺。」文子❻曰：「同言而信，信在言前；同令而行，誠在令外。」然則言而不信，言無信也；令而不從，令無誠也。不信之言，無誠之令，為上則敗德，為下則危身，雖在顛沛❼之中，君子之所不為也。

自王道休明❽，十有餘載，威加海外，萬國來庭，倉廩日積，土地日廣。然而道德未益厚，仁義未益博者，何哉？由乎待下之情，未盡於誠信，雖有善始之勤，未睹克終之美故也。昔貞觀之始，乃聞善驚歎，暨八九年間，猶悅以從諫。自茲厥後，漸惡直言，雖或勉強有所容，非復曩時之豁如❾。謇諤❿之輩，稍避龍鱗；便佞之徒，肆其巧辯。謂同心者為擅權⓫，謂忠讜者為誹謗。謂之為朋黨，雖忠信而可疑；謂之為至公，雖矯偽而無咎。強直者畏擅權之議，忠讜者慮誹謗之尤。正臣不得盡其言，大臣莫能與之爭。熒惑⑫視聽，鬱⑬於大道，妨政損德，其在此乎！故孔子曰「惡利口之覆邦家者⑭」，蓋為此也。

且君子小人，貌同心異。君子掩人之惡，揚人之善，臨難無苟免，殺身以成仁。小人不恥不仁，不畏不義，唯利之所在，危人自安。夫苟在危人，則何所不至？今欲將求致治，必委之於君子；事有得失，或訪之於小人。其待君子也則敬而疏，遇小人也必輕而狎。狎則言無不盡，疏則情不上通。是則毀譽在於小人，刑罰加於君子，實興喪之所在，可不慎哉！此乃孫卿⑮所謂：「使智者謀之，與愚者論之；使脩潔之士⑯行之，與汙鄙⑰之人疑之。欲其成功，可得乎哉？」夫中智之人，豈無小惠，然才非經國，慮不及遠，雖竭力盡誠，猶未免於傾敗。況內懷姦利，承顏順旨，其為禍患，不亦深乎？夫立直木而疑影之不直，雖竭精神，勞思慮，其不得，亦已明矣。

夫君能盡禮，臣得竭忠，必在於內外無私，上下相信。上不信，則無以使下，下不信，則無以事上，信之為道大矣。昔齊桓公問於管仲曰：「吾欲使酒腐於爵[18]，肉腐於俎[19]，得無害霸[20]乎？」管仲曰：「此極非其善者，然亦無害於霸也。」桓公曰：「如何而害霸乎？」管仲曰：「不能知人，害霸也；知而不能任，害霸也；任而不能信，害霸也；既信而又使小人參之[21]，害霸也。」晉中行穆伯[22]攻鼓[23]，經年而弗能下，餽間倫[24]曰：「鼓之嗇夫[25]，間倫知之。請無疲士大夫，而鼓可得。」穆伯不應，左右曰：「不折一戟[26]，不傷一卒，而鼓可得，君奚為不取？」穆伯曰：「間倫之為人也，佞而不仁，若使間倫下之，吾可以不賞之乎？若賞之，是賞佞人也。佞人得志，是使晉國之士捨仁而為佞。雖得鼓，將何用之？」夫穆伯，列國之大夫，管仲，霸者之良佐，猶能慎於信任、遠避佞人也如此，況乎為四海之大君，應千齡[27]之上聖，而可使巍巍至德之盛，將有所間[28]乎？

若欲令君子小人是非不雜，必懷之以德，待之以信，厲之以義，節之以禮，然後善善而惡惡，審罰而明賞。則小人絕其私佞，君子自強不息，無為之治，何遠之有？善善而不能進，惡惡而不能去，罰不及於有罪，賞不加於有功，則危亡之期，或未可保，永錫祚胤㉙，將何望哉？

太宗覽疏歎曰：「若不遇公，何由得聞此語？」

【章旨】此章載魏徵的奏疏，論述誠信對於國家大政的重要意義。指出君臣之間，必須內外無私，上下相信。「上不信，則無以使下，下不信，則無以事上，信之為道大矣。」認為貞觀以來十餘年，雖王道美好明著，國力日強，但是道德教化並不深厚廣博，原因在於「待下之情，未盡於誠信。」希望唐太宗慎選君子，待以禮信。

【注釋】❶貞觀十年　諸史傳均作貞觀十一年（西元六三七年）七月，《魏文貞公年譜》從之。❷遠人斯格　遠方之人都來歸附。格，來；至。❸斯須　須臾；一會兒。❹君使臣以禮二句　出自《論語・八佾》。❺自古皆有死二句　出自《論語・顏淵》。不立，謂國家無法存立。❻文子　姓辛，名鈃，一名計然。曾師事老子，撰有《通玄真經》。❼顛沛　窮困；受挫折。❽休明　美而明。❾豁如　豁達大度的樣子。❿謇諤　正直敢言。⓫擅權　據《舊唐書・魏徵傳》，「擅權」之上有「朋黨，謂告訐者為至公，謂強直者為」十四字。⓬熒惑　迷惑。⓭鬱　該字原脫，據《舊唐書・魏徵傳》補。⓮惡利口之覆邦家者　出自《論語・陽貨》。意謂厭惡那些能言善辯而使國家傾覆的人。惡，厭惡。利口，能言善辯。⑮孫卿　即荀卿，名況。以下引文出自《荀子》。⑯脩潔之士　善美貞潔的人。⑰汙鄙　汙穢卑鄙。⑱爵　酒器。⑲俎　砧板。⑳霸　稱霸的事業。㉑參之　參預其事。㉒中行穆伯　中行氏穆伯，晉卿大夫。㉓鼓　城名，在今河北晉縣以西。㉔餽間倫　人名，為人佞而不仁。㉕嗇夫　春秋時官名，司空的屬官。㉖戟　兵器之一。㉗千齡　千年。㉘間　間斷。㉙永錫祚胤　語出《詩經・大雅・既醉》。錫，賜。祚，福祚。胤，後嗣；子孫。

【語譯】貞觀十年，魏徵上疏說：

我聽說治理國家的基礎，必須依賴德行禮義；君主地位的保障，全在於誠信。樹立誠信則臣下沒有二心，實踐德行禮義則遠方之人都來歸附。既然如此，那麼德禮、誠信是國家的大綱，對於君臣父子關係的維繫，是不可須臾而廢的。所以孔子說：「君主按照禮義來使用臣下，臣下以忠誠來事奉君主。」又說：「自古以來人都不免一死，民眾不信任國家，國家就無法存在。」文子說：「講話要使人相信，在講話之前要有信用；命令要使人執行，在命令之外要有誠意。」既然如此，那麼講話而不能使人相信，講話本身就沒有信用；命令而不能使人服從，命令本身就沒有誠意。沒有信用的講話，沒有誠意的命令，對於君主來說就會敗壞德行，對於臣下來說就會危害自身，即使在顛沛流離之中，君子也是不會這樣做的。

自陛下即位以來，政治清明，已歷十餘年，威望揚海外，萬方來朝拜，倉庫一天天地豐實，土地一天天地擴大。但是道德卻尚未隨之更加深厚，仁義尚未隨之更加廣博，為什麼呢？這是由於對待臣下的情意，還沒有完全做到誠信，雖然開始時施政勤勞美善，但依然沒看到善始善終的美德的緣故。從前在貞觀初年時，陛下聽到好的意見就驚喜讚歎，到了貞觀八九年間，也還喜悅地聽從規諫。但從此以後，便漸漸地厭惡直言諫諍，即使有時勉強地有所容納，也已不再像過去那樣豁達大度了。這樣，正直敢言的人，便盡量地避免觸犯龍鱗；乖巧邪佞的人，就放肆地耍弄花言巧語了。把同心同德的人視為（朋黨，把惡意攻擊的人視為至公，把剛強正直的人視為）擅權，把忠誠正直的人視為誹謗。認為是朋黨的，即使他忠誠信用，也被懷疑；認為是至公的，即使他矯詐虛偽，也不加以責備。這樣，剛強正直的人害怕遭到擅權的非議，忠誠正直的人擔心蒙受誹謗的責怪。正直之臣既不能完全地陳述自己的意見，大臣也不能與那些邪佞之徒爭辯。以致迷惑視聽，使治國之道阻塞，妨礙朝政，損壞德行，其原因就在於此吧！所以孔子說「厭惡那些能言善辯而使國家傾覆的人」，可說是為了這個緣故。

而且君子與小人，貌同而心異。君子不提別人的過惡，而表揚別人的美善，面臨危難，不苟且以求免，不惜殺身以成仁。小人不以不仁為恥辱，不以不義而畏怕，唯利是圖，危人以自安。假如是危人以自安，那還有什麼做不出來呢？如今想把國家治理好，必須把政事委給君子；而政事上的得失利弊，有時卻向小人詢問。對待君子是敬而疏之，對待小人必定是輕而親之。親近小人，他們就言無不盡，疏遠君子，下情就不能上達。這樣毀譽就由小人決定，刑罰便加於君子，這確實是國家興亡的關鍵所在，能不慎重嗎！這就是荀子所說的：「讓聰明的人出謀劃策，而由愚蠢的人來審議決定；讓美善貞潔之士去做，而由汙穢卑鄙之人去隨意懷疑。這樣要想事情成功，能夠做得到嗎？」平常的人，難道沒有小聰明，然而他們的才能不足以治國，考慮問題不夠深遠，即使竭盡力氣與誠意，還是不能避免敗亡的結局。更何況那些內懷奸利、承顏順旨的人，他們所造成的禍患，不也是更深重的嗎？樹立起直的木柱而又懷疑它的影子不直，即使耗盡精神，勞費思慮，事情還是辦不成的，這種道理也已經是很明白的了。

君主能夠盡到禮義，臣下能夠竭盡忠誠，必定要做到內外無私、上下相信的地步。君主不相信臣下，就無法任用臣下，臣下不相信君主，就無法事奉君主，互相信任的這種治國大道是多麼重要啊！從前，齊桓公向管仲問道：「我想使酒在杯子裡腐敗，肉在砧板上腐爛，這樣可以不會損害到霸業嗎？」管仲說：「這確實不是好的辦法，但也不會損害霸業。」齊桓公說：「怎樣就會損害霸業呢？」管仲說：「不能瞭解人才，就會損害霸業；知道了人才卻不能任用他們，就會損害霸業；任用了人才卻不能相信他們，就會損害霸業；既已相信了人才卻又讓小人從中攪和，也會損害霸業。」晉國卿大夫中行氏穆伯攻打鼓城，歷時一年也不能攻下，有位名叫餽間倫的人說：「鼓城的嗇夫，我認識他。請無需勞累那些士大夫了，我去就可以取得鼓城。」穆伯不答應，左右的人說：「不損一戟，不傷一卒，而鼓城可以取得，你為什麼不這樣做呢？」穆伯說：「間倫的為人，奸佞而不仁，如果派間倫去攻下鼓城，我可以不賞賜他嗎？如果賞賜他，就是賞賜奸佞之人。奸佞之人得志，這就使晉國的士人都捨棄仁義而做奸佞之事。雖然得到鼓城，又有什麼用處呢？」穆伯是諸侯國的大夫，管仲是霸主的良佐，他們尚且能夠如此謹慎地信用賢才、遠避佞人，更何況作為天下的大國之君，充當千年國祚的聖王，怎麼可使巍巍至德的盛世，會有所間斷呢？

如果要使君子小人是非不混雜，必須用德行來安撫他們，用信任來對待他們，用仁義來勉勵他們，用禮度來節制他們，然後才能愛好美善而厭惡醜惡，慎重刑罰而分清獎賞。這樣，小人才會杜絕其私佞，君子才會自強不息，無為而治的日子，哪兒還會遠呢？如果善善而不能進用賢才，惡惡而不能去掉邪佞，有罪的人受不到刑罰，有功的人得不到獎賞，那麼危亡的日子尚且無法保證不會到來，卻還想永遠賜福祿給子孫後代，怎麼會有希望呢？

唐太宗看了奏疏，感歎說：「如果不是遇到你，從哪兒能聽到這些話？」

太宗嘗謂❶長孫無忌等曰：「朕即位之初，有上書者非一，或言人主必須威權獨任，不得委任群下；或欲耀兵振武，懾服四夷。惟有魏徵勸朕『偃革興文❷，布德施惠，中國既安，遠人自服』。朕從此語，天下大寧，絕域❸君長，皆來朝貢，九夷❹重譯❺，相望於道。凡此等事，皆魏徵之力也。朕任用，豈不得人？」徵拜謝曰：「陛下聖德自天，留心政術。實以庸短❻，承受不暇，豈有益於聖明？」

【章　旨】此章載唐太宗之言，說他由於採納了魏徵「偃革興文，布德施惠，中國既安，遠人自服」的方針，才使天下大治。

【注　釋】❶太宗嘗謂　按《魏鄭公諫錄》同此，無年月。據《冊府元龜》卷七六作貞觀十一年（西元六三七年）六月，《魏文貞公年譜》從之。❷偃革興文　即偃武修文，意謂停息戰爭，振興文治。革，兵革，引申指戰爭。❸絕域 絕遠的地方。❹九夷 古時謂東夷有九種。這裡泛指四方遠夷。❺重譯 輾轉翻譯。❻庸短 才庸智淺。

【語譯】唐太宗曾經對長孫無忌等說：「我即位之初，上書的人不只一個，有人說君主必須獨攬權威，不能委任臣下；有人說要炫耀武力，懾服四方夷國。只有魏徵勸我『偃武興文，布德施惠，中國既安，遠人自服』。我聽從了這種意見，結果天下大治，使絕遠的番國君長都來朝貢，而遠夷使者也都經由輾轉翻譯，紛紛到來，不絕於道路。所有這些事，都是魏徵的功勞。我任用他，難道不是得到合適的人選了嗎？」魏徵拜謝說：「陛下聖德來自上天，留心施政方略。我實在是才庸智淺，承受不起陛下的稱讚，我這樣怎麼會有益於聖明的陛下呢？」

貞觀十七年，太宗謂侍臣曰：「傳稱『去食存信❶』，孔子曰：『民無信不立。』昔項羽❷既入咸陽，已制天下，向❸能力行仁信，誰奪耶？」房玄齡對曰：「仁、義、禮、智、信，謂之五常❹，廢一不可。能勤行之，甚有裨益。殷紂狎侮五常❺，武王奪之，項氏以無信為漢高祖所奪，誠如聖旨。」

【章旨】此章論力行仁信則能制天下。

【注釋】❶去食存信　謂寧可捨去糧食，也要保持民眾對國家的信任。語出《論語・顏淵》。❷項羽　名籍，字羽，楚國貴族出身。引兵屠咸陽，殺秦降王子嬰，燒秦宮室，收其貨寶、婦女而東返，秦民大失所望。❸向使　向使；假如。❹五常　儒家所倡導的五種道德。❺殷紂狎侮五常　按《尚書・周書・泰誓下》云：「今商王受，狎侮五常。」狎侮，侮慢不行。

【語譯】貞觀十七年，唐太宗對侍臣說：「經傳上稱『寧可捨去糧食，也要保持民眾對國家的信任』，孔子說：『民眾不信任國家，國家是無法存在的。』從前項羽既已攻入咸陽，控制了天下，假如當初能力行仁信，誰能奪取他的天下？」房玄齡回答說：「仁、義、禮、智、信，稱為五常，缺一不可。能夠勤力地加以實行，是很有裨益的。殷紂王侮蔑五常，周武王就奪了他的天下，項羽因為不行仁信而被漢高祖奪了江山，確實像陛下所說的一樣。」

卷六

儉約第十八

貞觀元年，太宗謂侍臣曰：「自古帝王凡有興造，必須貴順物情❶。昔大禹鑿九山❷，通九江❸，用人力極廣，而無怨讟❹者，物情所欲，而眾所共有故也。秦始皇營建宮室，而人多謗議❺者，為徇其私欲，不與眾共故也。朕今欲造一殿，材木已具，遠想秦皇之事，遂不復作也。古人云：『不作無益害有益❻。』『不見可欲，使民心不亂❼。』固知見可欲，其心必亂矣。至如雕鏤器物❽，珠玉服玩，若恣其驕奢，則危亡之期可立待也。自王公已下，第宅、車服、婚嫁、喪葬，準品秩❾不合服用者，宜一切禁斷。」由是二十年間，風俗簡樸，衣無錦繡，財帛富饒，無飢寒之弊。

【章　旨】此章言唐太宗以秦驕奢而亡為鑒，極力倡導儉約，遂使貞觀二十年間風俗趨於簡樸。

【注　釋】❶物情　民情；人心。❷九山　九州之山。典出《尚書・禹貢》。❸九江　指今長江北岸九條支流，在漢尋陽境內，即今湖北廣濟、黃梅一帶。❹怨讟　怨恨。讟，怨言。❺謗議　指責；非議。❻不作無益害有益　語見《尚書・周書・旅獒》。意謂不要做無益的事以損害德義。有益，指德義。❼不見可欲二句　出自《老子》第三章。意謂不要看見可以滿足欲望的東西，可使民心不致迷亂。❽器物　指各種用品。❾準品秩　按照官員的等級次序。

【語　譯】貞觀元年，唐太宗對侍臣說：「自古以來的帝王，凡有營造興作，必須敬重並順應民眾的心願。從前，大禹挖鑿九山，浚通九江，耗用的人力極多，而民眾卻沒有怨言，是因為民眾希望他這樣做，利益是大眾所共有的緣故。秦始皇營建宮室，而人們竟大都非議，是因為只是滿足個人的私欲，利益卻不與大眾共同享有的緣故。我現在要建造一座宮室，材木已經備好，但遠遠地想到秦始皇的事情，就不再興作了。古人說：『不要做無益的事以損害德義。』『不要看見可以滿足欲望的東西，就可使民心不致迷亂。』由此可知看見可以滿足欲望的東西，民心是一定會迷亂的。至於像雕鏤器物、珠玉服玩之類，如果肆意驕奢享用，那麼危亡的日子就會立即到來了。

因此自王公以下，第宅、車服、婚嫁、喪葬，按照品級不該使用的，應一律禁止。」從此二十年間，風俗簡樸，衣無錦繡，財帛富饒，百姓沒有飢寒的災害。

貞觀二年，公卿奏曰：「依《禮》❶，季夏之月❷，可以居臺榭❸。今夏暑未退，秋霖❹方始，宮中卑濕，請營一閣以居之。」太宗曰：「朕有氣疾❺，豈宜下濕？若遂來請，糜費❻良多。昔漢文❼將起露臺，而惜十家之產。朕德不逮于漢帝，而所費過之，豈為人父母之道也？」固請至于再三，竟不許。

【章旨】此章言唐太宗拒納營造臺閣的建議。

【注釋】❶禮　指《禮記》。其〈月令〉篇云：「仲夏之月，毋用火南方，可以居高明，可以遠眺望，可以升山陵，可以處臺榭。」❷季夏之月　夏季之末月，即夏曆六月。❸臺榭　高臺上的敞屋。❹秋霖　秋雨。❺氣疾　氣病。指氣管炎、哮喘一類之病。❻糜費　浪費。❼漢文　即漢文帝。漢文帝曾想建露臺，估計費用達百金，即中人十家之產，遂作罷。事見《漢書．文帝紀》。

【語譯】貞觀二年，公卿大臣奏請說：「依照《禮記》，季夏之月，可以居住在臺榭上。現在夏季暑熱未消退，秋雨已經開始，宮中地勢低下潮濕，請營造一座閣樓來居住。」唐太宗說：「我患有氣病，難道適宜住在低下潮濕的地方？但如果順從你們的奏請，浪費實在太多。從前漢文帝打算興建露臺，卻愛惜等於十家之產的費用，就作罷了。我的德行不及漢文帝，而所耗費的卻超過他，這難道算是為民父母之道嗎？」公卿堅決奏請再三，唐太宗始終不准許。

貞觀四年，太宗謂侍臣曰：「崇飾❶宮宇，游賞池臺，帝王之所欲，百姓之所不欲。帝王所欲者放逸❷，百姓所不欲者勞弊。孔子云❸：『有一言可以終身行之者，其恕❹乎！己所不欲，勿施於人。』勞弊之事，誠不可施於百姓。朕尊為帝王，富有四海，每事由己，誠能自節，若百姓不欲，必能順其情也。」魏徵曰：「陛下本憐百姓，每節己以順人。臣聞：『以欲從人者昌，以人樂己者亡。』隋煬帝志在無厭，惟好奢侈，所司每有供奉營造，小不稱意，則有峻罰嚴刑。上之所好，下必有甚，競為無限，遂至滅亡。此非書籍所傳，亦陛下目所親見。為其無道，故天命陛下代之。陛下若以為足，今日不啻❺足矣。若以為不足，更萬倍過此亦不足。」太宗曰：「公所奏對甚善！非公，朕安得聞此言？」

【章　旨】此章論勞弊之事不可施於百姓，帝王每事要節己以順人。

【注　釋】❶崇飾　大力增修。❷放逸　縱奢淫逸。❸孔子云　按孔子所云，見於《論語・衛靈公》。❹恕　儒家的倫理範疇，謂以仁愛之心去待人。❺不啻　不止；不僅。

【語　譯】貞觀四年，唐太宗對侍臣說：「大力地增修宮室殿宇，盡情地遊賞池苑臺榭，這是帝王所希望的，卻是百姓所不願意的事。帝王所希望的是縱奢淫逸，百姓所不願意的是勞弊之事。孔子說：『有一句話可以終身照著做的，那就是恕吧！自己不願意的事，便不要施加給別人。』勞弊之事，確實不能施加給百姓。我尊為帝王，富有四海，每事都由自己思考決定，真正能由自己加以節制，如果百姓不願意的事，一定會順從民情。」魏徵說：「陛下本來憐憫百姓，每每節制自己的欲望來順從民情。我聽說：『以自己的欲望順從百姓的就昌盛，拿百姓來使自己享樂的就滅亡。』隋煬帝私欲無厭，偏偏愛好奢侈，有關部門每有供奉、營造，稍不稱心，就用嚴刑苛罰來處置。皇上愛好什麼，臣下必定變本加厲，競相驕奢，沒有限度，因而就導致滅亡。這並不是書籍上所記載的，而是陛下所親自目睹的。因為隋煬帝荒淫無道，所以上天賜命陛下取而代之。陛下如果以為這樣就滿足，今天的情況便不只是可以滿足而已。如果以為不滿足，再超過這樣萬倍也是不會滿足的。」唐太宗說：「你所說的很對！不是你，我哪兒能聽到這些話？」

貞觀十六年，太宗謂侍臣曰：「朕近讀劉聰傳❶，聰將為劉后❷起鷬儀殿，廷尉陳元達❸切諫，聰大怒，命斬之。劉后手疏啟請，辭情甚切，聰怒乃解，而甚愧之。人之讀書，欲廣聞見以自益耳，朕見此事，可以為深誡。比者欲造一殿，仍構重閣❹，今於藍田❺採木，並已備具。遠想聰事，斯作遂止。」

【章旨】此章言唐太宗以劉聰史事為戒，停止營造殿閣。

【注釋】❶劉聰傳　似指北魏人崔鴻撰《十六國春秋》中的劉聰傳。房玄齡主持編撰的《晉書》成於貞觀二十二年（西元六四八年），故貞觀十六年唐太宗讀的劉聰傳不是《晉書‧劉聰載記》。劉聰，一名載，字玄明，劉元海之子，匈奴族人，十六國時期漢國君主。❷劉后　漢國太保劉殷之女，先為左貴嬪，後立為皇后。❸陳元達　字長宏，官為廷尉，職掌刑獄。❹重閣　層樓疊閣。❺藍田　縣名，即今陝西藍田。

【語譯】貞觀十六年，唐太宗對侍臣說：「我近來讀到劉聰傳記，劉聰打算給劉皇后造一座鷬儀殿，廷尉陳元達懇切勸諫，劉聰大怒，便命令殺他。劉皇后親自寫了奏疏，請求赦免，辭意甚為懇切，劉聰看了，怒氣也就消了，而且很感愧疚。人們讀書，是要增長見識以使自己有所補益罷了，我看這件事，可深以為誡。近來我準備造一座宮殿，仍然要構築層樓疊閣，現在從藍田採伐木料，並已準備好了。但追想劉聰的事情，這個興建工程也就決定停止了。」

貞觀十一年，詔曰：「朕聞死者終也，欲物之反真❶也；葬者藏也，欲令人之不得見也。上古垂風❷，未聞於封樹❸；後世貽則❹，乃備於棺槨❺。譏僭侈者，非愛其厚費；美儉薄者，實貴其無危。是以唐堯，聖帝也，穀林有通樹之說❻；秦穆❼，明君也，橐泉無丘隴之處❽。仲尼，孝子也，防墓不墳❾；延陵❿，慈父也，嬴、博⓫可隱。斯皆懷無窮之慮，成獨決⓬之明，乃便體⓭於九泉，非徇名⓮於百代也。洎乎闔閭⓯違禮，珠玉為鳧鴈⓰；始皇無度，水銀為江海⓱；季孫⓲擅魯，斂以璵璠⓳；桓魋⓴專宋，葬以石槨㉑：莫不因多藏以速禍，由有利而招辱。玄廬㉒既發，致焚如於夜臺㉓；黃腸㉔再開，同暴骸於中野。詳思曩事，豈不悲哉！由此觀之，奢侈者可以為戒，節儉者可以為師矣。朕居四海之尊，承百王之弊，未明思化，中宵戰惕。雖送往之典㉕，詳諸儀制，失禮之禁，著在刑書，而勳戚之家多流遁㉖於習俗，閭閻㉗之內或侈靡而傷風，以厚葬為奉終㉘，以高墳為行孝，遂使衣衾㉙棺槨，極雕刻之華，靈輀㉚

冥器㉛，窮金玉之飾。富者越法度以相尚，貧者破資產而不逮，徒傷教義，無益泉壤，為害既深，宜為懲革。其王公已下，爰及黎庶㉜，自今已後，送葬之具有不依令式㉝者，仰州府縣官明加檢察，隨狀科罪㉞。在京五品已上及勛戚家，仍錄奏聞。」

【章　旨】此章載唐太宗的〈戒厚葬詔〉。為移易唐初的侈靡風俗，引述了歷史上薄葬「可以為師」與厚葬「可以為戒」的教訓，詔令王公以下以及百姓，送葬之具有不依令式者，要定罪判刑。

【注　釋】❶反真　道家謂死為復歸自然，故稱死為反真。❷垂風　流傳下來的風俗。❸封樹　古代士以上的葬禮，可堆土為墳，並種樹作為標記。❹貽則　遺留下來的規則。❺棺槨　葬具。棺，棺材。棺外的套棺，稱為槨。❻穀林有通樹之說　《呂氏春秋》：「堯葬穀林，通樹之。」穀林，地名，即城陽，今屬山東。通樹，四周種樹。❼秦穆　春秋時秦國君主秦穆公。❽橐泉無丘隴之處　《史記．秦本紀》注引《皇覽》云：「秦繆公冢在橐泉宮祈年觀下。」橐泉宮在雍州（今陝西鳳翔南）。丘隴，墳墓。❾防墓不墳　謂孔子合葬父母親於防（地名，今山東費城東北），只建墓穴而不立墳。按穴地為墓，堆土為墳。❿延陵　即延陵季子，名札，春秋時吳國公子。適齊而返，其子死，葬於嬴、博之間，不歸鄉里。見《禮記．檀弓下》。⓫嬴博　邑名。嬴，在今山東萊蕪西北。博，在今山東泰安東南。⓬獨決　獨自決斷。⓭便體　謂死後安適。便，安適。⓮徇名　求取名聲。⓯闔閭　春秋後期吳國君王。死後葬於虎丘山下，桐棺三重，澒池（水銀池）六尺，以金玉為鳧雁。事見

《越絕書》。⑯鳧鴈　野鴨和雁。⑰水銀為江海　秦始皇驪山陵墓中，以水銀為百川江河大海，機相灌輸，上具天文，下具地理。見《史記．秦始皇本紀》。⑱季孫　指春秋時魯國大夫季平子。⑲斂以璵璠　謂季平子死後，依君王禮安葬。斂，通「殮」。璵璠，兩種美玉，可作國君的隨葬物品。⑳桓魋　春秋時宋國向戌的孫子，為司馬。㉑葬以石槨　桓魋曾自造石槨，三年而不成。孔子譏其靡奢。事見《禮記》。㉒玄廬　陵墓的別名。㉓致焚如於夜臺　致使陵墓中發生火災。焚如，指燃燒或火災，語出《易．離卦》。夜臺，墓之別名。㉔黃腸　古代葬具。指用柏木黃心所製成的槨。《漢書．霍光傳》顏師古注引蘇林曰：「以柏木黃心致累棺外，故曰黃腸。木頭皆內向，故曰題湊。」㉕送往之典　喪葬的典禮。㉖流遁　遵循。「遁」原作「通」，據《唐大詔令集．戒厚葬詔》改。㉗閭閻　里巷的門，借指里巷或民間。㉘奉終　敬終；敬重地安葬死者。㉙衣衾　壽衣和殮屍的包被。㉚靈輀　靈車，即運送棺柩的車。㉛冥器　隨葬的器物。㉜黎庶　平民；百姓。㉝令式　唐代有律、令、格、式四種類型。律以正刑定罪，令以設範立制，格以禁違止邪，式以規物程事。㉞科罪　按法律條文定罪。

【語　譯】貞觀十一年，唐太宗下詔說：「我聽說死亡是人生命的終結，是要人復歸於自然；埋葬是掩藏屍體，是要使人們不能看見死者。遠古流傳下來的風俗，沒有聽說要堆土為墳並以種樹為標記的；後世留下規矩，才使用棺槨。譏諷過分奢侈的，並非痛惜那巨大的費用；讚美儉約薄葬的，實在是看重薄葬不會造成危害。所以，唐堯是聖哲的帝王，傳說他葬在穀林，只是在四周種些樹而已；秦穆公是英明的國君，葬在橐泉宮之下，沒有墳陵；孔子是孝子，將父母親合葬於防這個地方，只有墓穴而不立墳；延陵季子是慈父，將兒子葬在嬴、博之間，不歸葬於鄉里。這些人都心懷長遠的考慮，獨自作出明智的決斷，才讓死者安眠於九泉之下，而不是想揚名於百代。至於吳王闔閭，違背禮制，陵墓中有用珠玉做成的鳧雁；秦始皇奢侈無度，陵墓中用水銀造成江海；季平子在魯國擅權，死後用國君佩帶的美玉作隨葬品；桓魋在宋國專權，死後用石槨埋葬；這些人無不因為厚葬而加速了禍患，由於使人有利可圖而招來了恥辱。有的陵墓被挖開了，墓中便被焚燒一空；有的棺木被打開了，跟屍骸暴露於曠野之中，毫無差別。詳細思考這些往事，難道不可悲嗎？由此看來，奢侈的可以引為鑒戒，節儉的可以作為榜樣。我居於天下尊貴之位，承受了百代帝王的餘弊，尚不清楚要如何教化，使國家大治，連半夜裡都戰戰兢兢，不能安眠。雖然喪葬的典禮在禮儀制度上有詳細的規定，失禮犯禁的事在刑書上也明白地加以記載，但是勳臣皇戚之家，大都遵循習俗，里巷之內的平民也有侈靡而傷風敗俗的，把厚葬當作敬重死者，把造高大的墳墓視為實行孝道的表示，於是使衣衾棺槨雕飾得極盡華麗，使靈車冥器盡量用金玉來裝飾。富者僭越法度而競相鋪張，貧者傾家蕩產也力有不逮，這樣只傷害教化禮義，卻無益於泉壤之下的死者，為害既如此之深，應當加以改革。王公以下，以至於平民百姓，從今以後，送葬之具有不依照令式規定的，切望州府縣官吏明加檢察，隨情節輕重依法定罪。在京城的五品以上高官以及勳臣皇戚之家，還要把情況登錄下來向我奏報。」

岑文本為中書令❶，宅卑濕，無帷帳之飾，有勸其營產業者，文本歎曰：「吾本漢南❷一布衣耳，竟無汗馬之勞，徒以文墨❸，致位中書令，斯亦極矣。荷俸祿之重，為懼已多，更得言產業乎？」言者歎息而退(ㄊㄨㄟˋ)。

【章　旨】此章言岑文本清貧自潔，不營產業。

【注　釋】❶為中書令　按貞觀十八年（西元六四四年）八月任岑文本為中書令。❷漢南　指南陽（今屬河南），岑文本家鄉。❸文墨　善於文詞。

【語　譯】岑文本任中書令，第宅卑下潮濕，室內沒有帷帳裝飾，有人勸他經營田產家業，文本感歎說：「我本來是南陽一個平民罷了，完全沒有汗馬功勞，只是以善於文詞，官至中書令，這也算是到了頂點了。享有的俸祿是如此之重，內心已很感不安，還能再說經營產業嗎？」勸說的人便歎息著退下。

戶(ㄏㄨˋ)部(ㄅㄨˋ)尚(ㄕㄤˋ)書(ㄕㄨ)戴(ㄉㄞˋ)胄(ㄓㄡˋ)卒(ㄗㄨˊ)❶，太(ㄊㄞˋ)宗(ㄗㄨㄥ)以(ㄧˇ)其(ㄑㄧˊ)居(ㄐㄩ)宅(ㄓㄜˊ)弊(ㄅㄧˋ)陋(ㄌㄡˋ)，祭(ㄐㄧˋ)享(ㄒㄧㄤˇ)無(ㄨˊ)所(ㄙㄨㄛˇ)，今(ㄌㄧㄥˊ)有(ㄧㄡˇ)司(ㄙ)特(ㄊㄜˋ)為(ㄨㄟˋ)之(ㄓ)造(ㄗㄠˋ)廟(ㄇㄧㄠˋ)❷。

【章　旨】此章言戴胄居宅弊陋。

【注　釋】❶戴胄卒　按卒於貞觀七年（西元六三三年）。❷廟　指家廟。

【語　譯】戶部尚書戴胄去世，唐太宗因為他家的居宅破舊簡陋，沒有什麼地方可供祭奠，命令有關部門特地給他造了一座家廟。

溫彥博為尚書右僕射，家貧無正寢❶，及薨❷，殯❸於旁室。太宗聞而嗟歎，遽命所司為造，當厚加賻❹贈。

【章旨】此章言溫彥博家貧無正寢。

【注釋】❶正寢　第宅的正室。❷薨　公侯大臣死曰薨。右僕射虞恭公溫彥博於貞觀十一年（西元六三七年）六月逝世。❸殯　殮而未葬；停柩。❹賻　資助錢財以辦理喪事。

【語譯】溫彥博任尚書右僕射，家裡清貧，沒有正房，到了逝世後，停柩在偏室。唐太宗聽了甚為感歎，立即命令有關部門給他造正室，並要厚賜錢財以辦理喪事。

魏徵宅內，先無正堂❶，及遇疾，太宗時欲造小殿，而輟❷其材為徵營構，五日而就。遣中使❸齎❹素褥布被❺而賜之，以遂其所尚。

【章旨】此章言魏徵宅內無正堂。

【注釋】❶正堂　第宅的正屋。❷輟　停止。❸中使　宮廷中派出的使者，指宦官。❹齎　帶著。❺素褥布

被　白色的褥墊布被。

【語譯】魏徵的第宅內，原先沒有正堂，到了患病時，碰巧唐太宗當時也正想營造小殿，就停下來將蓋小殿的材料撥給魏徵造正堂，五天就建成了。還派遣中使帶著白色的褥墊布被，賜給魏徵，以迎合他樸素的習尚。

謙讓第十九

貞觀二年，太宗謂侍臣曰：「人言作天子則得自尊崇，無所畏懼，朕則以為正合自守謙恭，常懷畏懼。昔舜誡❶禹曰：『汝惟不矜❷，天下莫與汝爭能；汝惟不伐❸，天下莫與汝爭功。』又《易》曰：『人道惡盈而好謙❹。』凡為天子，若惟自尊崇，不守謙恭者，在身儻有不是之事，誰肯犯顏諫奏？朕每思出一言，行一事，必上畏皇天，下懼群臣。天高聽卑❺，何得不畏？群公卿士，皆見瞻仰，何得不懼？以此思之，但知常謙常懼，猶恐不稱天心及百姓意也。」魏徵曰：「古人云：『靡不有初，鮮克有終❻。』願陛下守此常謙常懼之道，日慎一日，則宗社❼永固，無傾覆矣。唐、虞❽所以太平，實用此法。」

【章　旨】此章論天子要常謙常懼，上畏皇天之監臨，下懼群臣之瞻仰，慎終如始，則天下太平，宗社永固。

【注　釋】❶誡　告誡。以下引文出自《尚書・虞書・大禹謨》。❷矜　自誇自大。❸伐　自我誇耀。❹人道惡盈而好謙　語出《易・謙卦・彖辭》。意謂為人之道是厭惡驕盈而愛好謙虛。❺天高聽卑　謂皇天居高，監聽天下之事。卑，下。❻靡不有初二句　《詩經・大雅・蕩》之詞。意謂人都有好的開端，卻很少能堅持到最終的。靡，無。鮮，少。克，能。❼宗社　宗廟與社稷。❽唐虞　堯、舜。

【語　譯】貞觀二年，唐太宗對侍臣說：「人們說作為天子就可以唯我獨尊，無所畏懼，我則以為正應該自守謙恭，常懷畏懼。從前，舜告誡禹說：『你只要不自誇賢能，天下便沒有人敢與你爭賢能；你只要不自誇功勞，天下便沒有人敢與你爭功勞。』另外《易經》上說：『為人之道，是厭惡驕盈而愛好謙虛的。』凡是天子，如果只知唯我獨尊，不守謙恭，自身一旦有不對的事，誰肯犯顏上奏規諫呢？我每每思考，說一句話，做一件事，必定要上畏皇天，下懼群臣。皇天高高在上，監聽著天下的事，哪兒能不敬畏？眾多的公卿士人，都在瞻仰著天子，哪兒能不懼怕？由此想來，只知常謙常懼，卻還擔心著不符合皇天的心思以及百姓的意願呢！」魏徵說：「古人說：『無人沒有好的開端，卻很少能堅持到最終的。』希望陛下保持這種常謙常懼之準則，一天比一天謹慎，那麼宗廟和社稷就會永遠鞏固，不致傾覆了。唐堯、虞舜所以能使天下太平，實在是由於採用這個辦法的緣故。」

貞觀三年，太宗問給事中孔穎達曰：「《論語》❶云：『以能問於不能，以多問於寡，有若無，實若虛。』何謂也？」穎達對曰：「聖人設教，欲人謙光❷。己雖有能，不自矜大，仍就不能之人，求訪能事。己之才藝雖多，猶病❸以為少，仍就寡少之人更求所益。己之雖有，其狀若無；己之雖實，其容若虛。非惟匹庶❹，帝王之德，亦當如此。夫帝王內蘊神明，外須玄默❺，使深不可知。故《易》稱『以《蒙》養正❻，以《明夷》莅眾❼』，若其位居尊極，炫耀聰明，以才陵❽人，飾非拒諫，則上下情隔，君臣道乖，自古滅亡，莫不由此也。」太宗曰：「《易》❾云：『勞謙，君子有終，吉。』誠如卿言。」詔賜物❿二百段。

【章旨】此章言帝王若炫耀聰明，以才凌人，飾非拒諫，以致下情不通，則必將亡國。

【注釋】❶論語 指《論語・泰伯》。❷謙光 語出《易・謙卦》。謂因謙虛而更光明盛大。❸病 擔憂。❹匹庶 平民百姓。❺玄默 深沉靜默。❻以蒙養正 謂能以蒙昧隱默，自養正道，乃成至聖之功。語出《易・蒙卦・象辭》。❼以明夷莅眾 謂用外晦內明的治術去治理民眾。語出《易・明夷卦・象辭》。莅，蒞臨；治理。❽陵 欺陵。❾易 指《易・謙卦・九三爻辭》。❿物 指絹帛。

【語譯】貞觀三年，唐太宗問給事中孔穎達說：「《論語》上說：『有才能的向沒有才能的請教，知識多的向知識少的請教，有才能的好像沒有才能似的，知識充實的似乎空無所知一樣。』這是什麼意思？」孔穎達回答說：「聖人設置教化，是要人謙虛卻光輝益顯。自己雖然有才能，卻不自誇自大，仍向沒有才能的人，求教自己能夠做的事。自己的才藝雖多，卻還擔憂不足，仍向才藝少的人請教，以求得更多的補益。自己雖然有知識，但樣子看來就像沒有知識一樣；自己雖然學問充實，但外表看來似乎空虛的一樣。不僅平民百姓，就是帝王的德行，也應當如此。帝王內心蘊藏神明，外表必須深沉靜默，使人們覺得深不可測。所以《易經》上說『以蒙昧隱默來自養正道，用隱藏於內的明智去治理民眾』，如果帝王位居尊極，炫耀聰明，以才凌人，飾非拒諫，那麼上下情意阻隔，君臣之間背道而馳，自古以來國家滅亡，沒有不是由此造成的。」唐太宗說：「《易經》上說：『勤勞謙恭，君子如此有始有終，便吉利了。』確實是像你所說的那樣。」於是下詔賜給孔穎達絹帛二百段。

河間王孝恭❶，武德初，封為趙郡王，累授東南道行臺❷尚書左僕射。孝恭既討平蕭銑❸、輔公祏❹，遂領江、淮及嶺南、北，皆統攝之。專制一方，威名甚著，累遷禮部尚書。孝恭性惟退讓，無驕矜自伐之色。時有特進江夏王道宗❺，尤以將略❻馳名，兼好學，敬慕賢士，動修禮讓，太宗並加親待。諸宗室中，惟孝恭、道宗，莫與為比，一代宗英❼云。

【章　旨】此章言李孝恭、李道宗以禮讓稱著，不愧為一代宗英。

【注　釋】❶孝恭　唐高祖李淵的堂弟。在唐初統一戰爭中，著方面之功，聲名甚盛。❷東南道行臺　代表中央管轄東南地區的軍政機構，武德年間因戰事需要而臨時設置，貞觀元年（西元六二七年）全國分十道之後則廢除。❸蕭銑　江陵地區割據勢力的代表人物。❹輔公祏　江淮義軍的首領之一。❺道宗　唐宗室，李淵的遠房弟弟。唐高宗永徽元年（西元六五〇年），加授特進。❻將略　軍事謀略。❼宗英　宗室中的英傑。

【語　譯】河間王李孝恭，武德初年封為趙郡王，接著任為東南道行臺尚書左僕射。孝恭在討平蕭銑、輔公祏後，就把江、淮以及嶺南、北一帶，都統轄起來。他獨自掌管一方，威名甚為顯著，後來接連地加官，升為禮部尚書。孝恭性情謙讓，沒有驕傲自誇的神色。當時還有（特進）江夏王李道宗，尤其以擅長軍事謀略馳名，同時又好學，敬慕賢士，舉動講求禮讓，唐太宗對他們倆人都很親近禮遇。宗室眾人之中，只有孝恭、道宗，沒有人可與之相比，真是宗室中的一代英傑。

仁惻第二十

貞觀初❶，太宗謂侍臣曰：「婦人幽閉深宮，情實可愍❷。隋氏末年，求採無已，至於離宮別館❸，非幸御之所，多聚宮人。此皆竭人財力，朕所不取。且灑掃❹之餘，更何所用？今將出之，任求伉儷❺，非獨以省費，兼以息人❻，亦各得遂其情性。」於是後宮及掖庭❼前後所出三千餘人❽。

【章　旨】此章言唐太宗仁慈，釋放幽閉深宮的宮女。

【注　釋】❶貞觀初　據史傳當在貞觀二年（西元六二八年）九月。❷愍　哀憐。❸離宮別館　皇帝正宮以外供臨時居住的宮室。❹灑掃　指灑水掃地之類雜務。❺伉儷　夫妻；配偶。❻息人　使人得以生息。❼掖庭　皇宮中的旁舍，宮嬪所居的地方。❽三千餘人　按唐太宗即位後兩次釋放過宮女：一次是在武德九年（西元六二六年）八月放還宮女三千餘人，另一次是在貞觀二年九月，數字不詳。如謂前後所出三千餘人，殊為失實。《魏鄭公諫錄》卷四云「數年來又放宮人三五千人出」，此文乃可補闕。

【語　譯】貞觀二年，唐太宗對侍臣說：「宮女們幽閉在深宮中，情況實在可憐。隋朝末年，無休止地選取宮女，以至於離宮別館，包括不是皇帝巡幸的居住地，都聚集了許多宮女。這都是竭盡百姓財力的做法，是我所不採取的。而且宮女除了打掃等雜務之外，還可用來做什麼？現在將她們放還，聽任她們選擇配偶，這樣不只是節省費用，同時又使人們得以好好過活，也可使各自的情性得以舒暢。」於是後宮及掖庭前後放出了三千多人（應為三五千人）。

貞觀二年，關中❶旱，大饑。太宗謂侍臣曰：「水旱不調，皆為人君失德。朕德之不修，天當責朕，百姓何罪，而多遭困窮！聞有鬻❷男女者，朕甚愍焉。」乃遣御史大夫杜淹❸巡檢❹，出御府❺金寶贖之，還其父母。

【章旨】此章言唐太宗憐憫飢民。

【注釋】❶關中　稱函谷關以西，或專指今陝西關中盆地。❷鬻　賣。❸杜淹　字執禮，杜如晦的叔父。❹巡檢　巡視檢查。❺御府　皇家府庫。

【語譯】貞觀二年，關中由於旱災，發生大饑荒。唐太宗對侍臣說：「水旱不調順，都是因為君主失德的緣故。我德行不好，皇天應當責罰我，百姓哪兒有罪，卻遭到如此多的困窮打擊！聽說還有賣兒鬻女的，我很憐憫他們。」於是派遣御史大夫杜淹去巡視訪查，拿出皇家府庫的金寶把賣掉的孩子們贖回來，還給他們的父母。

貞觀七年❶，襄州都督張公謹❷卒，太宗聞而嗟悼，出次發哀❸。有司奏言：「準陰陽書云：『日在辰❹，不可哭泣。』此亦流俗所忌。」太宗曰：「君臣之義，同於父子，情發於中，安避辰日？」遂哭之。

【章　旨】此章言唐太宗哀悼張公謹。

【注　釋】❶貞觀七年　據史傳當在貞觀六年（西元六三二年）。❷張公謹　字弘慎。曾參與玄武門事變，深為唐太宗所親近。後破突厥，因功封鄒國公。轉襄州都督，甚有惠政。❸出次發哀　到郊外舉行弔喪禮。❹辰　指壬辰。按貞觀六年四月辛卯，張公謹去世。第二天，即壬辰，唐太宗出次發哀。

【語　譯】貞觀七年，襄州都督張公謹逝世，唐太宗聽到後悲歎哀悼，第二天到郊外舉行弔喪之禮。有關官員奏道：「按照陰陽書上說：『今天是壬辰日，不能哭泣。』這也是流俗所忌諱的。」唐太宗說：「君臣之間的情義，如同父子一樣，感情發自內心，哪兒能避諱辰日？」於是哭泣致哀。

貞觀十九年，太宗征高麗，次定州❶，有兵士到者，帝御州城北門樓撫慰之。有從卒一人病，不能進，詔至床前，問其所苦，仍敕州縣醫療之，是以將士莫不欣然願從。及大軍回❷次柳城❸，詔集前後戰亡人骸骨，設太牢❹致祭，親臨，哭之盡哀，軍人無不灑泣。兵士觀祭者，歸家以言，其父母曰：「吾兒之喪，天子哭之，死無所恨。」太宗征遼東，攻白巖城❺，右衛大將軍李思摩❻，為流矢所中，帝親為吮血，將士莫不感勵。

【章　旨】此章言唐太宗關心將士的疾苦。

【注　釋】❶次定州　行軍途中駐紮在定州（今河北定縣）。次，在行軍中停留下來。❷回　返回。❸柳城　營州治所，今遼寧朝陽。❹太牢　以牛、羊、豬為祭品。❺白巖城　在今遼寧撫順南。❻李思摩　突厥頡利部人，賜姓李氏，為化州都督。後入朝，從伐遼東。

【語　譯】貞觀十九年，唐太宗征討高麗，途中駐紮在定州，凡有兵士來到這裡的，唐太宗都親臨州城北門樓去撫慰他們。有一個隨從士卒生病了，不能進見，唐太宗把詔令傳至他床榻前，詢問他的病痛，還敕令州縣給他治療，所以將士們無不欣然地願意跟隨出征。等到大軍回師，途經柳城，唐太宗下詔搜集前後戰亡將士的骸骨，設太牢致祭，親自駕臨祭場，哭泣哀悼，軍士們無不落淚。兵士們看見哀祭的情形，後來回家說了，死者的父母們說：「我的兒子犧牲了，天子為他哭泣哀悼，死也就沒有什麼遺恨的了。」唐太宗征伐遼東，攻打白巖城時，右衛大將軍李思摩被流矢射中了，唐太宗親自替他吮血，將士們無不感動奮勵。

慎所好第二十一

貞觀二年，太宗謂侍臣曰：「古人云：『君猶器也，人猶水也。方圓在於器，不在於水。』故堯、舜率天下以仁，而人從之；桀、紂率天下以暴，而人從之。下之所行，皆從上之所好。至如梁武帝父子❶志尚浮華，惟好釋氏❷、老氏❸之教。武帝末年，頻幸同泰寺❹，親講佛經，百寮❺皆大冠高履，乘車扈從❻，終日談論苦空❼，未嘗以軍國典章為意。及侯景❽率兵向闕❾，尚書郎已下，多不解乘馬，狼狽步走，死者相繼於道路。武帝及簡文❿卒被侯景幽逼而死。孝元帝⓫在于江陵，為萬紐于謹⓬所圍，帝猶講《老子》不輟⓭，百寮皆戎服⓮以聽，俄而城陷，君臣俱被囚縶⓯。庾信⓰亦歎其如此，及作〈哀江南賦〉，乃云：『宰衡⓱以干戈為兒戲，縉紳⓲以清談為廟略⓳。』此事亦足為鑒戒。朕今所好者，惟在堯、舜之道，周、孔之教⓴，以為如鳥有翼，如魚依水，失之必死，不可暫無耳。」

【章旨】此章論述梁武帝志尚浮華的歷史教訓，強調「今所好者，惟在堯、舜之道，周、孔之教」。

【注釋】❶梁武帝父子　即梁武帝蕭衍及太子蕭綱。❷釋氏　指佛教。❸老氏　老子，這裡指道教。❹同泰寺　佛寺，在梁朝京城建康（今南京）。❺百寮　百僚；百官。❻扈從　隨從護駕。❼苦空　苦行與空寂，佛教所談論的內容。❽侯景　原為東魏臣，後歸梁，又舉兵叛亂。詳見本書〈君道〉篇注釋。❾闕　指宮城。❿簡文　即簡文帝蕭綱。侯景攻陷宮城，梁武帝被幽禁而餓死，侯景立太子蕭綱為帝，即簡文帝。後侯景又命人用土囊壓殺簡文帝。⓫孝元帝　即蕭繹，梁武帝第七子，起兵討侯景，並在江陵（今屬湖北）稱帝。⓬萬紐于謹　西魏將領，率兵五萬，攻江陵，而梁元帝若無其事地在龍光殿講《老子》。⓭輟　停止。⓮戎服　軍服。⓯縶　拘囚。⓰庾信　南北朝時著名的文學家。代表作〈哀江南賦〉，敘寫侯景之亂及西魏攻陷江陵事，文詞淒惻。⓱宰衡　宰相。⓲縉紳　官僚士大夫。⓳廟略　廟策；朝廷對國家大事的謀劃。⓴周孔之教　周公、孔子之教，即儒教。

【語譯】貞觀二年，唐太宗對侍臣說：「古人說：『君主好比是容器，民眾好比是水。水的方或圓取決於容器，不在於水本身。』所以堯、舜用仁義統治天下，而民眾也順行仁義；桀、紂用暴虐統治天下，而民眾也趨於暴虐。下面的人，都是依從上面人所喜好的來做。至於像梁武帝父子，崇尚浮華，只愛好佛教、道教。梁武帝到了晚年，曾多次到同泰寺，親自講論佛經，百官都戴大冠、穿高靴，乘車隨從護駕，整天談說苦行與空寂等教義，未曾留心軍國大事和典章制度。等到侯景率兵攻打宮城，尚書郎以下的官員，大都不懂得騎馬，狼狽地徒步逃跑，一路上相繼而死的不知其數。而梁武帝和簡文帝最後也被侯景幽禁迫害而死。梁元帝居於江陵，當被西魏將領萬紐于謹所圍攻時，梁元帝還在不停地講論《老子》，百官都穿著戰服在聽，不久江陵城陷落，君臣們都被拘囚起來了。庾信也感歎如此的結果，後來寫〈哀江南賦〉時，就說：『宰臣把戰爭視為兒戲，官員把清談當作廟略。』這件事是足以引為鑒戒的。我現在所愛好的，只在於堯、舜之道，周公、孔子之教，認為這就像鳥的羽翼，就像魚所依存的水，丟失了必定要死亡，是不能片刻沒有的啊！」

貞觀二年❶，太宗謂侍臣曰：「神仙事本是虛妄，空有其名。秦始皇非分愛好，為方士❷所詐，乃遣童男童女數千人，隨其入海求神仙。方士避秦苛虐，因留不歸，始皇猶海側踟躕❸以待之，還至沙丘❹而死。漢武帝為求神仙，乃將女嫁道術之人❺，事既無驗，便行誅戮。據此二事，神仙不煩妄求也。」

【章旨】此章論神仙不煩妄求。

【注釋】❶貞觀二年　按《舊唐書．太宗本紀》及《冊府元龜》卷四六均作貞觀元年（西元六二七年），較妥。疑「二」乃「元」缺筆之譌。❷方士　好講神仙方術的人。這裡具體指方士徐福。❸踟躕　來回徘徊。❹沙丘　在今河北廣宗西北。❺道術之人　即方士。這裡指欒大，漢武帝曾把衛長公主嫁給他，後以誣罔罪處死。

【語譯】貞觀二年，唐太宗對侍臣說：「神仙之事本來是虛妄的，空有其名。秦始皇過分愛好神仙，被方士徐福所騙，竟派遣童男童女數千人，隨徐福入海求神仙，方士徐福為了躲避秦朝的暴政，因此留在海外不敢回來，秦始皇卻還在海邊徘徊以等待方士，後來竟在返回咸陽的路途中，走到沙丘而病死。漢武帝為了求神仙，居然將衛長公主嫁給方士欒大，後來神仙事沒有應驗，便把方士殺了。據這兩件事看來，神仙是不煩妄求的。」

貞觀四年，太宗曰：「隋煬帝性好猜防❶，專信邪道，大忌胡人❷，乃至謂胡牀為交牀❸，胡瓜為黃瓜，築長城以避胡。終被宇文化及❹使令狐行達❺殺之。又誅戮李金才❻，及諸李殆盡，卒何所益？且君天下者，惟須正身修德而已，此外虛事，不足在懷。」

【章 旨】此章論帝王只須正身修德而已。

【注 釋】❶猜防 猜疑與防範。❷胡人 泛稱北方和西北地區的少數民族。❸交牀 即胡床，也稱交椅、繩床。一種可以折疊的輕便坐具。❹宇文化及 宇文述之子，為右屯衛將軍。參見本書〈君臣鑒戒〉篇注釋。❺令狐行達 令狐，複姓。行達，其名。時為校尉。❻李金才 即李渾，為右驍衛大將軍，疑李氏有受命之符，竟殺其一門三十餘人。

【語 譯】貞觀四年，唐太宗說：「隋煬帝生性好猜疑並提防別人，專門相信邪道，非常忌諱胡人，以致把胡床稱為交床，把胡瓜叫做黃瓜，修築長城以防備胡人。到了最終還是被宇文化及派校尉令狐行達將他殺死。隋煬帝又誅戮李金才，使李氏家族幾乎被殺盡，結果又有什麼益處呢？且統治天下的君主，只須端正自身、修養德行就好，此外的虛妄之事，是不足以放在心上的。」

貞觀七年，工部尚書段綸❶奏進巧人❷楊思齊至，太宗令試，綸遣造傀儡❸戲具。太宗謂綸曰：「所進巧匠，將供國事，卿令先造此物，是豈百工相戒無作奇巧之意耶？」乃詔削綸階級❹，並禁斷此戲。

【章 旨】此章言唐太宗禁斷木偶戲。

【注 釋】❶段綸 姓段，名綸。正史中無傳。❷巧人 巧匠。❸傀儡 木偶戲。作偶人以戲，善於表演歌舞。

原是喪樂，漢末始用之於嘉會。❹階級　官階。工部尚書，正三品。削其階，則不得立於三品班中。

【語　譯】貞觀七年，工部尚書段綸奏進的巧匠楊思齊來到了，唐太宗命令試試他的巧藝，段綸派他製造木偶戲的演具。唐太宗對段綸說：「你所奏進的巧匠，是打算為國家做事情的，而你卻令他先造木偶戲具，這難道是使百工相戒不要造作奇巧之物的意思嗎？」於是下詔削減段綸的官階，並且禁絕木偶戲。

慎言語第二十二

貞觀二年，太宗謂侍臣曰：「朕每日坐朝❶，欲出一言，即思此一言於百姓有利益否，所以不敢多言。」給事中兼知起居事❷杜正倫進曰：「君舉必書，言存左史❸。臣職當兼修起居注，不敢不盡愚直。陛下若一言乖於道理，則千載累於聖德，非止當今損於百姓，願陛下慎之。」太宗大悅，賜綵百段❹。

【章　旨】此章論帝王每出一言都要考慮對百姓是否有益。

【注　釋】❶坐朝　臨朝聽政。❷知起居事　貞觀二年（西元六二八年）省起居舍人，移其職於門下省，置起居郎二員，其以他官兼者，謂之知起居事。❸左史　古者有左、右史，天子言則左史書之，動則右史書之。❹賜綵百段　賜帛百段。按諸史傳均作二百段，疑脫「二」字。

【語譯】貞觀二年，唐太宗對侍臣說：「我每天臨朝聽政，想說一句話，就考慮這句話對於百姓是否有利益，所以不敢多說。」給事中兼知起居事杜正倫進言道：「君主的舉動必定都記載下來，說的話全由左史存錄。我的職責是兼修起居注，不敢不竭盡忠直的職守。陛下如有一句話違背道理，那就會在千年之中都使聖德受到虧累，不僅是現在有損害於百姓而已，希望陛下說話要謹慎啊！」唐太宗大為高興，賜給杜正倫絹帛百段。

貞觀八年，太宗謂侍臣曰：「言語者君子之樞機❶，談何容易？凡在眾庶，一言不善，則人記之，成其恥累❷。況是萬乘之主❸，不可出言有所乖失。其所虧損至大，豈同匹夫？我常以此為戒。隋煬帝初幸甘泉宮❹，泉石稱意，而怪無螢火❺，敕云：『捉取多少於宮中照夜。』所司遽遣數千人採拾，送五百輿❻於宮側。小事尚爾，況其大乎？」魏徵對曰：「人君居四海之尊，若有虧失，古人以為如日月之蝕❼，人皆見之，實如陛下所戒慎。」

【章　旨】此章言帝王說話如有乖失，其所虧損者至大。

【注　釋】❶樞機　比喻事物的關鍵所在。《易．繫辭上》：「言行，君子之樞機。」❷恥累　恥辱與負累。❸萬乘之主　指大國之君主。❹甘泉宮　按史傳作東都景華宮，時在大業十二年（西元六一六年）五月。❺螢火　螢火蟲。❻輿　車。❼日月之蝕　日蝕和月蝕。

【語　譯】貞觀八年，唐太宗對侍臣說：「說話是君子為人的重要表現，言談哪兒是容易的呢？凡是一般百姓，一句話不對，就有人記住它，成為他的恥辱與負累。何況是大國的君主，說話更是不能有過錯的。君主說錯話所造成的虧損極大，難道是跟百姓一樣的嗎？我常常以此為鑒戒。隋煬帝初次行幸甘泉宮，對泉水山石稱心如意，但責怪宮中沒有螢火，便下令說：『盡量地捉取螢火蟲，放在宮中照夜。』於是有關部門立即派遣數千人去捉取，送了五百車螢火蟲放在宮殿之旁。小事尚且那樣，何況一些大事呢？」魏徵回答說：「君主位居天下之尊，如果有虧損和過失，古人以為像日蝕與月蝕一樣，人人都看得見，確實是要像陛下這樣警戒和謹慎的。」

貞觀十六年❶，太宗每與公卿言及古道❷，必詰難❸往復。散騎常侍劉洎上書諫曰：「帝王之與凡庶，聖哲之與庸愚，上下相懸，擬倫斯絕❹。是知以至愚而對至聖，以極卑而對極尊，徒思自強，不可得也。陛下降恩旨，假慈顏，凝旒❺以聽其言，虛襟❻以納其說，猶恐群下未敢對揚❼，況動神機❽，縱天辯❾，飾辭以折❿其理，援古以排⓫其議，欲令凡庶⓬何階應答？臣聞皇天以無言為貴，聖人以不言為德，老子稱『大辯若訥⓭』，莊生⓮稱『至道無文⓯』，此皆不欲煩也。是以齊侯⓰讀書，輪扁⓱竊議，漢皇⓲慕古，長孺⓳陳譏，此亦不欲勞也。且多記則損心，多語則損氣，心氣內損，形神外勞，初雖不覺，後必為累。須為社稷自愛，豈為性好⓴自傷乎？竊以今日升平，皆陛下力行所至，欲其長久，匪由辯博㉑，但當忘彼愛憎，慎茲取捨，每事敦朴㉒，無非至公，若貞觀之初則可矣。至如秦政㉓強辯，失人心於自矜；魏文㉔宏材，虧眾望於虛說。此才辯之累，皎然可知。伏願略茲雄辯，浩然養氣㉕，簡彼緗圖㉖，澹㉗焉怡悅，固萬壽於南岳㉘，齊百姓於東戶㉙，則天下幸甚，皇恩斯畢。」

太宗手詔答曰：「非慮無以臨下，非言無以述慮。比有談論，遂至煩多，輕物驕人，恐由茲道，形神心氣，非此為勞。今聞讜言㉚，虛懷以改。」

【章　旨】此章論皇天以無言為貴，聖人以不言為德，因此帝王言談也不能煩多，而應養浩然之氣，力行圖治。

【注　釋】❶貞觀十六年　按《資治通鑑》繫此事於貞觀十八年（西元六四四年）四月，較符合史實。❷古道　古代的事理。❸詰難　追問反駁。❹擬倫斯絕　謂採用的論點不盡相同。倫，事理。斯，盡。絕，斷；不相通。❺凝旒　專注；凝神。旒，冠冕前後懸垂的玉串。❻虛襟　虛心。❼對揚　進言應對。❽神機　指言談。❾天辯　指天子的辯才。❿折　折服；信服。⓫排　排斥。⓬凡庶　原作「凡蔽」，據《舊唐書・劉洎傳》改。⓭訥　言語遲鈍。⓮莊生　莊子。⓯至道無文　至善之道無需文飾。⓰齊侯　指齊桓公。⓱輪扁　工匠名。春秋齊人。據《莊子・天道》載，齊桓公讀書於堂上，輪扁砍輪於堂下，釋椎鑿而上，曰：「君之所讀者，古人之糟魄已夫！」後用以泛稱藝精的工匠。⓲漢皇　指漢武帝。⓳長孺　原作「張孺」，據《舊唐書・劉洎傳》改。長孺，汲黯字。汲黯曾當面批評漢武帝說：「陛下內多欲而外施仁義，奈何欲效唐、虞之治乎！」事見《漢書・汲黯傳》。⓴性好　性之所好。㉑辯博　善辯博學。㉒敦朴　敦厚樸實。㉓秦政　即秦始皇，姓嬴，名政。㉔魏文　魏文帝曹丕。㉕浩然養氣　養浩然之氣。㉖緗圖　指書卷、圖書。㉗澹　淡；冷淡。㉘南岳　指南山，即秦嶺終南山。㉙東戶　傳說東戶季子之世，道不拾遺，天下太平。參見《淮南子・繆稱》、《初學記・總敘帝王》引「子思子」曰。㉚讜言　正直的言論。

【語　譯】貞觀十六年，唐太宗每和公卿大臣談到古代的事理，必定要反覆地追問辯論。散騎常侍劉洎上書勸諫說：「帝王與一般百姓，聖哲的人與庸愚的人，上下相差懸殊，各自所持的事理是不盡相通的。由此可知，想從至愚而到至聖，從極卑而到極尊，就是再自強不息，也是徒然的，是不可能實現的。陛下下達恩旨，表現出慈祥的臉色，凝神地聽取臣下的言論，虛心地採納臣下的意見，尚且擔心臣下不敢進言應對，何況陛下善於言談，放縱自己的辯才，修飾言詞來折服臣下的道理，援引古訓來排斥臣下的議論，這樣想叫一般人用什麼途徑來應答呢？我聽說皇天以無言為尊貴，聖人以不言為德行，老子說『最善辯的人好像是言語遲鈍的一樣』，莊子說『至善之道無需用文詞來修飾』，這些都是不想言談煩多的意思。所以，齊桓公在讀書，工匠輪扁便私下加以非議；漢武帝仰慕遠古仁政，大臣汲黯便當面加以譏諷，這些也是不想煩勞的緣故。而且多記就會損傷心思，多說就會損傷元氣，內損心思與元氣，外勞形體與精神，起初雖然不發覺，後來必定會造成傷害。必須為了國家而愛惜自身，怎麼可以為了性之所好而傷害自己呢？我私下以為當今天下昇平，都是陛下力行圖治的結果，要想天下長久太平，不是依靠善辯博學來達成，只要忘記那些愛好與厭惡，謹慎地取捨，每件事都講敦厚樸質，完全按照至公之道去做，如貞觀初期那樣就可以了。至於像秦始皇那樣善言強辯，結果因為自驕自誇而喪失了人心；像魏文帝那樣富於文才，結果因為空詞虛言而失去了眾望。這種文才善辯所造成的危害，是可以明白知道的。希望陛下少用這類雄辯之才，修養浩然正氣，少讀那些書卷，使自己輕鬆怡悅，讓自己能夠像南山一樣長壽，讓百姓處於東戶一樣的太平盛世，那就是天下的大幸，皇上的恩澤便能遍施於民了。」

唐太宗親自寫了詔書，回答說：「不思慮，就無法統治天下，不說話，就無法表達自己思慮的結果。近來有所談論，以至於到了煩多的地步，輕視別人，驕傲自大，恐怕是由於這種情況所引起的，形體、精神、心思、元氣，的確不能如此地煩勞。今天聽到你正直的言論，我將虛心地改正。」

杜讒邪第二十三

貞觀初，太宗謂侍臣曰：「朕觀前代讒佞之徒，皆國之蟊賊❶也。或巧言令色，朋黨比周❷；若暗主庸君，莫不以之迷惑，忠臣孝子所以泣血銜冤。故叢蘭欲茂，秋風敗之；王者欲明，讒人蔽之。此事著於史籍，不能具道。至如齊❸、隋間讒譖事，耳目所接者，略與公等言之。斛律明月❹，齊朝良將，威震敵國，周家❺每歲斲❻汾河❼冰，慮齊兵之西渡。及明月被祖孝徵❽讒搆伏誅，周人始有吞齊之意。高熲❾有經國大才，為隋文帝贊成霸業，知國政者二十餘載，天下賴以安寧。文帝惟婦言是聽，特令擯斥，及為煬帝所殺，刑政由是衰壞。又隋太子勇❿撫軍監國⓫，凡二十年間，固亦早有定分，楊素⓬欺主罔上，賊害良善，使父子之道一朝滅於天性。逆亂之源，自此開矣。隋文既混淆嫡庶⓭，竟禍及其身，社稷尋亦覆敗。古人云『世亂則讒勝』，誠非妄言。朕每防微杜漸，用絕讒搆之端，猶恐心力所不至，或不能覺悟。前史云：『猛獸處山林，藜藿⑭為之不採；直臣立朝廷，姦邪為之寢謀⑮！』此實朕所望於群公也。」魏徵曰：「《禮》⑯云：『戒慎乎其所不睹，恐懼乎其所不聞。』《詩》⑰云：『愷悌⑱君子，無信讒言。讒言罔極⑲，交亂四國⑳。』又孔子曰：『惡利口之覆邦家』，蓋為此也。臣嘗觀自古有國有家者，若曲受讒譖，妄害忠良，必宗廟丘墟，市朝霜露㉑矣。願陛下深慎之！」

【章旨】此章論述北齊、隋朝讒譖之事，強調如果曲受讒譖，妄害忠良，必定導致國家的滅亡。

【注釋】❶蟊賊　原謂吃禾苗的兩種害蟲，食根曰蟊，食節曰賊。常用以比喻對國家有危害的人。❷比周　互相勾結。❸齊　北齊，原由高洋廢東魏而建立。❹斛律明月　複姓斛律，名光，字明月，北齊名將。❺周家　北周，原由宇文覺廢西魏而建立。❻斲　砍。❼汾河　在今山西中部。❽祖孝徵　名珽，陷害斛律明月致死。❾高熲　隋初名相。隋煬帝以其忠諫為誹謗，誅之。❿勇　楊勇，隋文帝之長子，後廢為庶人。⓫撫軍監國代理軍政大事。古時太子，君行則守，有守則從，從曰撫軍，守曰監國。⑫楊素　隋朝重臣，揣知獨孤皇后之意，盛言太子楊勇不才，致使隋文帝另立楊廣為太子。後楊廣又與之密謀，害死隋文帝而篡位。⑬嫡庶　指嫡長子楊勇與庶子楊廣。⑭藜藿　野菜。⑮寢謀　停止謀劃。⑯禮　指《禮記・中庸》。⑰詩　指《詩經・小雅・青蠅》。⑱愷悌　和易近人。⑲罔極　無窮。⑳四國　四方的國家，指天下。㉑市朝霜露　謂人眾會聚的集市顯得冷落蕭條。

【語譯】貞觀初年，唐太宗對侍臣說：「我觀察前代的讒佞之徒，都是國家的蟊賊。有的巧言令色，結黨營私，互相勾結；如果君主昏庸，沒有不被迷惑的，忠臣孝子也因而泣血含冤。所以，一叢叢蘭花正想長得茂盛，秋風卻使它們凋落了；帝王正想明察政事，讒佞之人卻使他蒙蔽了。這類事記載在史籍上，多得無法一一述說。至於像北齊、隋朝時讒言誣陷的事，就我耳聞目睹的，簡略地給你們說一說。斛律明月是北齊的良將，威震敵國，北周每年隆冬要砍碎汾河上的封冰，擔心北齊軍隊西渡來侵犯。等到斛律明月被祖孝徵讒言誣陷而被殺，北周便開始有吞滅北齊的意圖。高熲有治國大才，輔助隋文帝成就了帝業，掌管朝政二十多年，天下依賴他的治理而得以安寧。隋文帝卻只聽信皇后的話，特地排斥了他，後來他被隋煬帝所殺，隋朝的刑政便由此衰敗了。另外隋朝太子楊勇代理軍國大政，共二十年，本來早已確定了皇位繼承人的名分，但楊素欺瞞君主，殘害忠良，致使太子楊勇被廢，父子之道一下子遭到破壞，失去了天性。逆亂之源，就從此開始了。隋文帝既已混淆了嫡庶關係，竟使自己遭到了殺身之禍，不久國家也覆滅了。古人說『世道混亂則讒言得逞』，確實不是虛妄之言。我時常防微杜漸，以杜絕讒言誣陷的源頭，這樣尚且擔憂心力有不能做到或者不能發覺的地方。前代史書上說：『猛獸出沒山林，野菜就沒人敢採；正直之臣立於朝廷，姦邪之臣就不敢有所密謀。』這實在是我對你們諸位的希望啊！」魏徵說：「《禮記》上說：『對於不能看見的事要警戒謹慎，對於不能聽見的事也要心存畏懼。』《詩經》上說：『平易近人的君子，不要聽信讒言。讒言傳播不止，就會擾亂天下。』孔子也說：『厭惡那些能言善辯而使國家傾覆的人』，可以說是為了這種情況而說的。我曾經考察自古以來擁有天下的君主，如果曲從讒言誣陷，妄害忠良之臣，必定使宗廟成為廢墟，使人們會聚的集市變得冷落蕭條。希望陛下對此要非常慎重。」

貞觀七年❶，太宗幸蒲州❷，刺史趙元楷❸課❹父老服黃紗單衣，迎謁路左，盛飾廨宇❺，修營樓雉❻以求媚。又潛飼羊百餘口，魚數千頭，將饋貴戚。太宗知，召而數❼之曰：「朕巡省河、洛❽，經歷數州，凡有所須，皆資官物。卿為飼羊養魚，雕飾院宇，此乃亡隋弊俗，今不可復行。當識朕心，改舊態也。」以元楷在隋邪佞，故太宗發此言以戒之。元楷慚懼，數日不食而卒。

【章旨】此章言唐太宗警告邪佞之臣趙元楷：「亡隋弊俗，今不可復行。」

【注釋】❶貞觀七年　誤。是年唐太宗一直在長安。貞觀十二年（西元六三八年）二月，自洛陽西還長安，途經蒲州。❷蒲州　治所在今山西永濟蒲州。❸趙元楷　以善聚斂出名。貞觀二年為司農少卿，後外任刺史。❹課　徵收賦役，這裡指強派。❺廨宇　官署的房舍。❻樓雉　樓觀。雉，雉堞；城上排列如齒狀的矮牆。❼數　責備。❽河洛　指黃河、洛水。

【語譯】貞觀七年，唐太宗巡視到蒲州，刺史趙元楷強制父老穿黃紗單衣，在路旁迎候，並大力裝飾官署房舍，修建樓觀雉堞，以求討好皇上。又私下飼養羊一百多頭，魚數千條，打算饋贈給皇親貴戚。唐太宗知道後，把他召來斥責說：「我巡視河、洛一帶地區，經過幾個州，凡有什麼需要，都靠官府庫中之物供給。你為此飼養羊和魚，雕飾院宇，這是使隋朝滅亡的壞風氣，現在不能再搞這一套。你應當懂得我的心意，改變這種舊習氣。」因為趙元楷在隋朝時就是邪佞之臣，所以唐太宗說這番話來警戒他。趙元楷慚愧又畏懼，數天不吃東西就死了。

貞觀十年，太宗謂侍臣曰：「太子保傅❶，古難其選。成王❷幼小，以周、召❸為保傅，左右皆賢，足以長仁，致理太平，稱為聖主。及秦之胡亥❹，始皇所愛，趙高❺作傅，教以刑法。及其篡也，誅功臣，殺親戚，酷烈不已，旋踵❻亦亡。以此而言，人之善惡，誠由近習。朕弱冠❼交遊，惟柴紹❽、竇誕❾等，為人既非三益❿。及朕居茲寶位，經理天下，雖不及堯、舜之明，庶免乎孫皓⑪、高緯⑫之暴。以此而言，復不由染，何也？」魏徵曰：「中人可與為善，可與為惡，然上智之人自無所染。陛下受命自天，平定寇亂，救萬民之命，理致升平，豈紹、誕之徒能累聖德？但經⑬云：『放鄭聲⑭，遠佞人。』近習之間，尤宜深慎。」太宗曰：「善。」

【章　旨】此章論述周成王和秦二世的正反兩面的歷史經驗，認為帝王對身邊的近臣要特別注意，切不可讓邪佞之人得逞。

【注　釋】❶保傅　輔導太子的官，如太子太傅、太子太保等。❷成王　周成王姬誦。❸周召　周公、召公，分別為師、太保。❹胡亥　即秦二世。❺趙高　秦宦官。初，秦始皇命他教胡亥決獄。❻旋踵　旋轉腳跟，意謂隨後、立即。❼弱冠　指二十歲左右的男子。❽柴紹　字嗣昌，臨汾（今屬山西）人。隋時，李淵將女兒平陽公主嫁給他。唐王朝創業時，累從戰伐而有功。❾竇誕　外戚，唐太宗的母親竇氏的家族成員。貞觀中拜宗正卿，唐太宗與語，昏謬失對，罷為光祿大夫歸第，尋卒。❿三益　謂對自己有益的三種人：友直（正直）、友諒（誠信）、友多聞（博學）。見《論語．季氏》。⓫孫皓　三國吳主，降於晉。⓬高緯　北齊後主，為北周所虜。⓭經　經典，指《論語．衛靈公》。⓮放鄭聲　禁絕淫靡之音。鄭聲，指春秋時鄭國的民間音樂，被認為是淫聲。

【語　譯】貞觀十年，唐太宗對侍臣說：「太子的師傅，自古以來就很難選擇。周成王幼小時，以周公、召公為師傅太保，左右都是賢臣，足以增長仁義，於是使天下達到太平，被稱為聖明君主。至於秦朝的胡亥，為秦始皇所寵愛，由趙高作他師傅，教以嚴刑苛法。以致後來胡亥篡位，誅功臣，殺親戚，殘酷的事件不斷地發生，國家隨後也很快地滅亡了。由此說來，人的善惡，確實是由於親近之人影響的結果。我年輕時交遊的人，只有柴紹、竇誕等，他們的為人並非具有正直、誠信、博學等三種美德。但等到我登上這個帝位，治理天下，雖然不及堯、舜那樣的聖明，幸而避免了孫皓、高緯那樣的殘暴。由此說來，我又非受親近之人所影響，為什麼呢？」魏徵說：「中等智慧的人可以使他為善，也可以使他為惡，然而上智之人就自然不會受別人的影響。陛下承受天命，平定寇亂，拯救百姓的生命，治理天下，達到昇平的境地，難道柴紹、竇誕等人能虧損陛下的聖德嗎？但是經典上說：『禁絕鄭聲，疏遠佞人。』對於親近的人，尤其是應當特別謹慎的。」唐太宗聽了說：「好。」

尚書左僕射❶杜如晦奏言：「監察御史陳師合❷上〈拔士論〉，謂❸人之思慮有限，一人不可總知數職，以論臣等。」太宗謂戴胄曰：「朕以至公治天下，今任玄齡、如晦，非為勳舊，以其有才行也。此人妄事毀謗，止欲離間我君臣。昔蜀後主❹昏弱，齊文宣❺狂悖，然國稱治者，以任諸葛亮、楊遵彥❻不猜之故也。朕今任如晦等，亦復如法。」於是流陳師合于嶺外❼。

【章旨】此章言唐太宗貶黜妄事毀謗的陳師合。

【注釋】❶左僕射　諸史傳均作右僕射兼吏部選事。左僕射為房玄齡。❷陳師合　史無傳，生平不詳。❸調　原作「兼」，據《新唐書・杜如晦傳》改。❹蜀後主　即劉禪，三國時蜀國劉備之子。❺齊文宣　即高洋，北齊創立者。❻楊遵彥　仕北齊為尚書令，以正道扶之得治。參見本書〈政體〉篇。❼嶺外　嶺南；五嶺以南。

【語譯】尚書左僕射杜如晦奏言：「監察御史陳師合呈上一篇〈拔士論〉，說人的精力有一定限度，一個人不能總管幾種職務，這是用來非議我們幾個人的。」唐太宗對戴冑說：「我是用至公之道來治理天下的，現在任用房玄齡、杜如晦，並非因為他們是勳貴故舊，而是因為他們有才能與德行。陳師合亂加誹謗，只是想離間我們君臣的關係。從前，蜀後主劉禪昏庸懦弱，北齊文宣帝高洋狂妄殘暴，但是國家還算治理得好，這是因為任用諸葛亮、楊遵彥而不加猜疑的緣故。我現在任用如晦等，也一樣是如此辦理。」於是將陳師合流放到嶺南。

貞觀中❶，太宗謂房玄齡、杜如晦曰：「朕聞自古帝王上合天心，以致太平者，皆股肱之力。朕比開直言之路者，庶知冤屈，欲聞諫諍。

所有上封事人，多告訐❷百官，細無可採。朕歷選❸前王，但有君疑於臣，則下不能上達，欲求盡忠極慮，何可得哉？而無識之人，務行讒毀，交亂君臣，殊非益國。自今已後，有上書訐人小惡者，當以讒人之罪罪之。」

【章旨】此章言凡上書訐人小惡者，當以讒人之罪懲罰。

【注釋】❶貞觀中　按貞觀三年（西元六二九年）二月，以房、杜為尚書左、右僕射。同年十二月，杜如晦以疾辭職；次年三月病逝。故本章之事當在貞觀三年。❷告訐　告發別人的陰私。❸歷選　一一列舉、考察。

【語譯】貞觀三年，唐太宗對房玄齡、杜如晦說：「我聽說自古以來的帝王，凡上合天意，以達到天下太平的，都是依靠了股肱大臣的力量。我近來廣開直言之路，本來是希望知道百姓的冤屈，想聽到臣下的諫諍。而所有呈奏封事的人，卻大都告發百官的陰私，事情細小，沒有什麼是可以採納的。我逐一考察前代帝王，只要有君主猜疑臣僚的，則下情不能上通，這樣想要臣下盡忠極慮，哪兒能做得到呢？而一些沒有見識的人，專門以讒言毀謗別人，擾亂君臣關係，對國家沒有一點兒利益。自今以後，凡有上書告發別人細小缺點的，應當用讒言誣陷別人的罪名加以懲罰。」

魏徵為祕書監，有告徵謀反者❶，太宗曰：「魏徵，昔吾之讎❷，只以忠於所事，吾遂拔而用之，何乃妄生讒構❸？」竟不問❹徵，遽斬所告者。

【章　旨】此章言唐太宗實行誣告反坐之法，斬誣告魏徵謀反的人。

【注　釋】❶有告徵謀反者　據《貞觀政要》古寫本及《魏鄭公諫錄》卷五，誣告者係霍行斌，長安人。❷讎　仇。事見本書〈任賢〉篇魏徵事跡。❸讒構　讒言構罪。❹問　追究。

【語　譯】魏徵任祕書監時，有個人（霍行斌）告發魏徵謀反，唐太宗說：「魏徵，過去是我的仇敵，只因為他忠於職守，我就提拔他、任用他，為什麼要胡亂造謠誣陷？」結果不但不去追究魏徵，反而立即把誣告的人斬了。

貞觀十六年，太宗謂諫議大夫褚遂良曰：「卿知起居❶，比來記我行事善惡？」遂良曰：「史官之設，君舉必書。善既必書，過亦無隱。」太宗曰：「朕今勤行三事，亦望史官不書吾惡。一則鑒前代成敗事，以為元龜❷；二則進用善人，共成政道；三則斥棄群小，不聽讒言。吾能守之，終不轉❸也。」

【章旨】此章言唐太宗勤行三事，避免過錯。

【注釋】❶知起居　貞觀二年（西元六二八年）置起居郎，以給事中或諫議大夫兼任，則謂知起居事。執事記錄，每季為卷，送付史館。❷元龜　借鑒。❸轉　改變。

【語譯】貞觀十六年，唐太宗對諫議大夫褚遂良說：「你兼知起居事，近來記載我做的事，是善還是惡？」褚遂良說：「史官的設置，是為了對君主的舉動必定加以記錄。善事既然必定記錄，過錯也不予隱諱。」唐太宗說：「我現在經常做到三件事，也就可望史官不會記錄到我的過惡了。一是審察前代成敗的經驗教訓，作為借鑒；二是進用善良之臣，共同成就治理國家的大業；三是斥退所有小人，不聽信讒言。我能堅持做這三件事，是始終不會改變的。」

悔過第二十四

貞觀二年，太宗謂房玄齡曰：「為人大須學問。朕往為群兇❶未定，東西征討，躬親戎事❷，不暇讀書。比來四海安靜，身處殿堂，不能自執書卷，使人讀而聽之。君臣父子，政教之道，共在書內。古人云❸：

『不學，牆面❹，莅事❺惟煩。』不徒言也。卻思少小時行事，大覺非也。」

【章旨】此章記唐太宗之言，以為「為人大須學問」。

【注釋】❶群兇　指唐武德初期各種敵對勢力。❷躬親戎事　親自率軍征戰。躬，親自。戎事，戰事。❸古人云　指《尚書・周書・周官》之詞。❹牆面　面牆，謂面對著牆壁，一無所見。比喻不學。❺莅事　臨事。

【語譯】貞觀二年，唐太宗對房玄齡說：「做人非常需要學問。我過去因為各種寇亂尚未平定，東征西討，親自率軍征戰，沒有空閒讀書。近來天下安靜，我身居殿堂，如不能自己拿書卷閱讀，就讓人讀給我聽。君臣父子的倫常，政治教化的道理，都在書中。古人說：『不學習，好像面對著牆，一無所見，臨事就會遇到麻煩。』這不是虛妄之言。再回想少小時做的事，覺得非常不對。」

貞觀中❶，太子承乾多不修法度，魏王泰尤以才能為太宗所重，特詔泰移居武德殿❷。魏徵上疏諫曰：「魏王既是陛下愛子，須使知定分，常保安全，每事抑其驕奢，不處嫌疑之地也。今移居此殿，使在東宮❸之西，海陵❹昔居，時人以為不可，雖時移事異，猶恐人之多言。又王之本心，亦不寧息，既能以寵為懼，伏願成人之美。」太宗曰：「我幾不思量，甚大錯誤。」遂遣泰歸於本第❺。

【章旨】此章言唐太宗檢討自己寵愛魏王的錯誤。

【注釋】❶貞觀中　據史傳在貞觀十六年（西元六四二年）春。❷武德殿　在太極宮內。❸東宮　太子宮。❹海陵　李元吉死後追封為海陵王。參見本書〈政體〉篇注釋。❺本第　原來的第宅。

【語譯】貞觀十六年，皇太子李承乾經常做些不遵守法度的事，而魏王李泰因為有才能特別受到唐太宗的器重，於是特下詔令，要李泰移居於內宮武德殿。魏徵上疏勸諫說：「魏王既然是陛下的愛子，就必須使他知道自己已定的名分，才能常保安全，凡事要抑制他的驕傲奢侈，不要使他處於嫌疑的地位。現在移居武德殿，讓他住在東宮的西邊，海陵王李元吉過去也居此殿，當時人都以為不可以，雖然時移事異，仍恐人們會多所非議。另外魏王本人心裡，也不安寧，既然他能以寵愛而心生憂懼，希望陛下成全他的美德。」唐太宗說：「我幾乎沒有思考過此事，是很大的錯誤。」於是讓李泰歸回原來的府第。

貞觀十七年，太宗謂侍臣曰：「人情之至痛者，莫過乎喪親❶也。故孔子云❷：『三年之喪，天下之通喪❸，自天子達於庶人也。』又曰❹：

『何必高宗❺？古之人皆然。』近代帝王遂行不逮漢文❻以日易月之制，甚乖於禮典。朕昨見徐幹❼《中論・復三年喪》篇，義理甚深，恨不早見此書。所行大疏略，但知自咎自責，追悔何及！」因悲泣久之。

【章旨】此章言唐太宗追悔自己所行太疏略。

【注釋】❶親　指父母親。❷孔子云　引自《論語・陽貨》。❸通喪　通行的喪期。❹又曰　引自《論語・憲問》。❺高宗　殷高宗武丁。❻漢文　即漢文帝，在遺詔中提出實行短喪期，凡三十六日而釋服，後儒以為此制以日易月，即服一日之喪，相當於服一月之喪。❼徐幹　東漢末哲學家、文學家。字偉長，北海（今屬山東）人。所著《中論》二卷，凡二十篇。

【語譯】貞觀十七年，唐太宗對侍臣說：「人在感情上最感悲痛的，莫過於父母喪亡之時。所以孔子說：『為父母服三年之喪，是天下通行的喪期，從天子到百姓都一樣。』又說：『哪兒只是殷高宗如此？古代的人們都是這樣的。』近代帝王一直實行連漢文帝也不如的以日代月的服喪制度，與禮典是大相違背的。我昨天讀了徐幹《中論・復三年喪》篇，覺得義理非常深刻，真恨沒有早些看到此書。我過去所做的太疏略了，只好自咎自責，追悔哪兒來得及！」因而悲泣了很久。

貞觀十八年，太宗謂侍臣曰：「夫人臣之對帝王，多承意順旨，甘言取容❶。朕今欲聞己過，卿等皆可直言。」散騎常侍劉洎對曰：「陛下每與公卿論事，及有上書者，以其不稱旨，或面加詰難，無不慚退❷。恐非誘❸進直言之道。」太宗曰：「朕亦悔有此問難，當即改之。」

【章　旨】此章言唐太宗檢討自己對臣下直言規諫的態度。

【注　釋】❶甘言取容　用甜言蜜語取得帝王的喜悅。❷慚退　慚愧地退下。❸誘　誘導；獎勵。

【語　譯】貞觀十八年，唐太宗對侍臣說：「臣子對於帝王，大都是順承旨意，用甜言蜜語來取得帝王的喜悅。我現在想聽到自己的過錯，你們都可以直言規諫。」散騎常侍劉洎回答說：「陛下每次與公卿大臣討論政事，以及有人呈上奏疏時，因為他們的意見不符合旨意，陛下有時就當面加以追問責難，使得他們無不慚愧地退下。這恐怕不是獎勵直言規諫的辦法。」唐太宗說：「我也後悔曾經這樣追問責難過，應當立即加以改正。」

奢縱第二十五

貞觀十一年，侍御史馬周上疏陳時政曰：

臣歷睹前代，自夏、殷、周及漢氏之有天下，傳祚相繼❶，多者八百餘年❷，少者猶四五百年❸，皆為積德累業，恩結於人心。豈無僻王❹，賴前哲以免爾！自魏、晉已還，降及周❺、隋，多者不過五六十年，少者纔二三十年而亡，良由創業之君不務廣恩化，當時僅能自守，後無遺德可思。故傳嗣之主❻政教少衰，一夫大呼而天下土崩矣。今陛下雖以大功定天下，而積德日淺，固當崇禹、湯、文、武之道，廣施德化，使恩有餘地，為子孫立萬代之基。豈欲但令政教無失，以持當年而已！且自古明王聖主雖因人設教，寬猛❼隨時，而大要❽以節儉於身、恩加於人二者是務。故其下愛之如父母，仰之如日月，敬之如神明，畏之如雷霆，此其所以卜祚遐長❾而禍亂不作也。

今百姓承喪亂之後，比於隋時纔十分之一，而供官徭役，道路相繼，兄去弟還，首尾不絕，遠者往來五六千里，春秋冬夏，略無休時。陛下雖每有恩詔，令其減省，而有司作既不廢，自然須人，徒行文書，役之如故。臣每訪問，四五年來，百姓頗有怨嗟之言，以陛下不存養之。昔唐堯茅茨土階⑩，夏禹惡衣菲食⑪，如此之事，臣知不復可行於今。漢文帝惜百金之費，輟露臺之役，集上書囊⑫，以為殿帷，所幸夫人⑬衣不曳地。至景帝以錦繡纂組⑭妨害女工⑮，特詔除之，所以百姓安樂。至孝武帝雖窮奢極侈，而承文、景遺德，故人心不動。向使高祖之後，即有武帝，天下必不能全。此於時代差近，事迹可見。今京師及益州⑯諸處營造供奉器物，並諸王妃主服飾，議者皆不以為儉。臣聞昧旦丕顯，後世猶怠⑰；作法於理，其弊猶亂⑱。陛下少處民間，知百姓辛苦，前代成敗，目所親見，尚猶如此，而皇太子生長深宮，不更外事⑲，即萬歲⑳之後，固聖慮所當憂也。

臣竊尋往代以來成敗之事，但有黎庶怨叛，聚為盜賊，其國無不即滅，人主雖欲改悔，未有重能安全者。凡修政教，當修之於可修之時，若事變一起，而後悔之，則無益也。故人主每見前代之亡，則知其政教之所由喪，而皆不知其身之有失。是以殷紂笑夏桀之亡，而幽、厲[21]亦笑殷紂之滅。隋帝大業之初，又笑周、齊[22]之失國。然今之視煬帝，亦猶煬帝之視周、齊也。故京房[23]謂漢元帝云：「臣恐後之視今，亦猶今之視古。」此言不可不戒也。

往者貞觀之初，率土霜儉[24]，一匹絹纔得粟一斗，而天下帖然[25]。百姓知陛下甚憂憐之，故人人自安，曾無謗讟[26]。自五六年來，頻歲豐稔[27]，一匹絹得十餘石粟，而百姓皆以陛下不憂憐之，咸有怨言，又今所營為者，頗多不急之務故也。自古以來，國之興亡不由蓄積多少，唯在百姓苦樂。且以近事驗之，隋家貯洛口倉[28]，而李密[29]因之；東京[30]積布帛，王世充[31]據之；西京府庫亦為國家之用，至今未盡。向使洛口、東都無粟帛，即世充、李密未必能聚大眾。但貯積者固是國之常事，要當人有餘力，而後收之。若人勞而強斂之，竟以資寇，積之無益也。然儉以息人[32]，貞觀之初，陛下已躬為之，故今行之不難也。為之一日，則天下知之，式歌且舞㉝矣。若人既勞矣，而用之不息，儻中國被水旱之災，邊方有風塵之警㉞，狂狡㉟因之竊發，則有不可測之事，非徒聖躬旰食晏寢㊱而已。若以陛下之聖明，誠欲勵精為政，不煩遠求上古之術，但及貞觀之初，則天下幸甚。

太宗曰：「近令造小隨身器物，不意百姓遂有嗟怨，此則朕之過誤。」乃命停之。

【章旨】此章載馬周的〈陳時政疏〉，論述了國家興亡與帝王驕奢縱欲的關係。首先總結了歷代成敗之事的經驗教訓，指出自古以來明王聖主抓了兩件大事：一是節儉於身，二是恩加於人。接著以此對照貞觀時期的情況，認為貞觀之初，天下帖然，人人自安；而五六年來，百姓卻有怨言，這是因為唐太宗頗多不急之務的緣故。於是最後強調：「國之興亡不由蓄積多少，唯在百姓苦樂。」希望唐太宗憂憐百姓，勵精為政。

【注釋】❶傳祚相繼　帝位的相繼傳襲。祚，帝位。❷八百餘年　周凡三十七王，八百六十七年。❸四五百年　舊史載夏自禹至桀，歷四百七十一年；殷凡三十一世，六百二十九年；漢共二十四帝，凡四百二十四年。❹僻王　邪惡的君王。僻，不正；邪。❺周　指北周。❻傳嗣之主　繼承帝位的君主。❼寬猛　指寬和與嚴酷的兩種政令措施。❽大要　概要；要旨。❾卜祚遐長　謂上天賜予的帝位，相傳久遠。卜，賜予。❿茅茨土階　指簡陋房舍。用茅草蓋的屋、泥土做的臺階。⓫惡衣菲食　粗劣的衣服和食物。⓬上書囊　上書用的袋子。臣下上書寫在竹木簡上，要用袋子來裝好。⓭夫人　指慎夫人。⓮纂組　五彩的絛帶和闊絲帶。⓯女工　女功；女紅。指婦女所作紡績、刺繡等事。⓰益州　今四川成都一帶。⓱昧旦丕顯二句　引自《左傳・昭公三年》。謂夙興可以大使功業顯赫，後世猶懈怠不為。昧旦，早起。丕，大。⓲其弊猶亂　謂法令雖好，日子一久還是要敗壞的。⓳不更外事　沒有經歷過社會上的事。⓴萬歲　皇帝死亡的諱稱。㉑幽厲　周幽王、周厲王。㉒周齊　北周、北齊。㉓京房　字君明，西漢東郡頓丘（今河南清豐西南）人。治《易》。漢元帝時，立為博士。㉔率土霜儉　全國遭災歉收。㉕帖然　安靜貌。㉖謗讟　怨言。㉗豐稔　豐收。㉘洛口倉　又名興洛倉，故址在今河南鞏縣東北。㉙李密　隋末瓦崗軍首領。㉚東京　洛陽。㉛王世充　曾據東京，自稱皇帝，國號曰鄭。後被秦王李世民平定。參見本書〈任賢〉篇注釋。㉜息人　使人得以生息。㉝式歌且舞　又歌又舞。式，語助詞。㉞風塵之警　指外敵入侵。㉟狂狡　指狂妄狡猾的人。㊱旰食晏寢　意謂勤於政事，延遲到晚上才吃飯，很晚才睡覺。

【語　譯】貞觀十一年，侍御史馬周上疏陳述時政，說：

我遍觀前代的歷史，從夏朝、殷朝、周朝以及漢朝的一統天下來看，帝位的相繼傳襲，長的達八百多年，短的也有四五百年，這都是因為各朝積累了德行與功業，恩惠深入於百姓心中的結果。難道在中間沒有過邪惡的君主嗎？只不過是依賴前代明哲君王的恩德而避免滅亡罷了！自魏、晉以來，以至於北周、隋朝，長的不過五六十年，短的才二三十年就滅亡，這確實是由於創業的君王沒有致力於廣施恩德與教化的緣故，當時僅能保全自己的帝位，卻沒有留下恩德可使後世人思念。所以繼承帝位的君主在政治教化上只要稍顯衰敗，由一個人大呼造反，天下就土崩瓦解了。

現在陛下雖然有平定天下的大功，但積累德行，為時尚短，本來應當崇尚夏禹、商湯、周文王、武王的治國之道，廣施恩德教化，使恩惠足足有餘，為子孫創建萬代相承的基業。怎能只想使政治教化沒有過失，以保持當初的政績而已呢？況且自古以來的明王聖主，雖然因人設教，根據時勢的需要，變換寬和的與嚴厲的兩種政令措施，但主要的還是致力於自身節儉和施恩百姓兩件事上。所以臣民對待明王聖主就像愛戴父母一樣，像仰望日月一樣，像敬禮神明一樣，像畏懼雷霆一樣，這就是使上天賜予的帝位能相傳久遠而禍亂不會發生的原因。

現在百姓處於喪亂之後的時期，戶口才相當於隋朝時的十分之一，而供官府服徭役的人，相繼奔波於道路，哥哥去了弟弟回來，首尾連接不斷，遠的往來竟達五六千里路，春秋冬夏，完全沒有休息的時候。陛下雖然常有恩詔，下令減免徭役，但有關部門既然不能停止營造興作，自然需要人力，這樣徒然地頒行詔令文書，而民力之役使卻依然如故。我常常訪問民情，近四五年來，發現百姓頗有怨嗟之言，以為陛下不存恤、撫養他們。從前唐堯住的房舍簡陋，夏禹的衣食粗劣，這樣的事，我知道不能再在今天實行。但漢文帝愛惜百金的費用，停止了露臺的建造，收集臣下上書所用的袋子，作為宮殿裡的帷幕，他所寵幸的慎夫人，衣裙短得拖不到地上。到了漢景帝時，也因為錦繡纂組妨害婦女的紡績，特地下詔予以罷除，以使百姓能安居樂業。接著到漢武帝時，雖然窮奢極侈，但繼承了文帝、景帝的遺德，所以人心沒有動搖。假使漢高祖之後，立即是漢武帝，天下必定不能保全。這些事的年代較近，事跡是可以考知的。現在京師和益州等處營造那些供奉皇家的器物，以及諸親王、妃子、公主的服飾，引起人的議論，都不認為是節儉的。我聽說前代勤奮圖治使功業大顯，後世還是有懈怠的情況；制定的法令合乎情理，時間久了，還是會產生弊病的。陛下年少時居於民間，瞭解百姓的辛苦，前代成敗之事也親自目睹，尚且是這樣，而皇太子生長於深宮之中，沒有經歷過社會上的事，倘若陛下千秋之後，將會怎樣，這本來是陛下所該憂慮的。

我私下考察自古代以來成敗之事，只要百姓怨恨背叛，聚眾為盜賊，那國家沒有不立刻滅亡的，君主即使想悔改，也沒有重新能安定它、保全它的。凡是要修改政治教化，應當在可以修改之時而去做，如果事變一旦發生，然後才悔改，那是無益的。所以君主每見前朝的敗亡，就知道前朝政治教化如何導致喪亡，卻都不知道自身的失誤。因此，殷紂王譏笑夏桀的滅亡，而周幽王、厲王也譏笑殷紂王的滅亡。隋煬帝大業之初，又譏笑北周、北齊的亡國。然而當今看隋煬帝，也正像隋煬帝看北周、北齊一樣。所以京房對漢元帝說：「我擔心後人看今天，也像今天看古人一樣。」這話不可不引以為戒。

以往在貞觀初年時，全國遭災歉收，一匹絹才換得一斗粟，而天下卻很安定。百姓知道陛下是很憂憐他們的，所以人人自安，不曾有怨言。而自近五六年來，連年豐收，一匹絹換得十多石粟，百姓卻都以為陛下沒有憂憐他們，都有怨言，這是因為現在所營造的東西，又有很多不是當務之急的緣故。自古以來，國家的興亡不是由於蓄積多少的緣故，而只是由百姓生活的痛苦還是安樂來決定的。且以近代的事來驗證，隋朝藏糧於洛口倉，卻被李密奪取而利用了；隋朝在東京洛陽積藏布帛，卻被王世充占據而利用了；隋朝在西京長安的府庫也為我唐王朝所利用，至今還沒用完。假使當初洛口、東都沒有糧食與絹帛，那王世充、李密未必能聚集大量的部眾。不過積貯本來是國家的正常事務，應當等到百姓有餘力了，然後才徵收粟帛。如果百姓勞弊而強迫徵收，到最後卻用來資助寇賊，這樣積貯粟帛是沒有益處的。而節儉以便百姓生息，陛下在貞觀初年已經親自做了，所以現在實行起來並不困難。這樣做一天，那麼天下百姓知道了，就會載歌載舞的了。如果民眾已經勞困了，卻不停地役使他們，一旦國內遭到水災旱災，邊疆發生外敵入侵，使得狂暴狡詐之徒乘機發難作亂，就會有不可預測的事件，這就不只是靠陛下親自勤勞施政所能解決的了。如果以陛下的聖明，確實想要勵精圖治，不必煩心地遠求上古的辦法，只要像貞觀之初那樣，天下就很幸運了。

唐太宗說：「近來下令製造一些小的隨身器物，不料百姓就有怨嗟之言，這是我的過錯。」於是命令停止營造。

貪鄙第二十六

貞觀初，太宗謂侍臣曰：「人有明珠，莫不貴重，若以彈雀❶，豈非可惜？況人之性命甚於明珠，見金錢財帛不懼刑網❷，徑即受納❸，乃是不惜性命。明珠是身外之物，尚不可彈雀，何況性命之重，乃以博❹財物耶？群臣若能備盡忠直，益國利人，則官爵立至。皆不能以此道求榮，遂妄受財物，贓賄既露，其身亦殞，實為可笑。帝王亦然，恣情放逸，勞役無度，信任群小，疏遠忠正，有一於此，豈不滅亡？隋煬帝奢侈自賢❺，身死匹夫之手，亦為可笑。」

【章　旨】此章論貪圖錢財，任意奢侈，就會使自己殞身喪命。

【注　釋】❶彈雀　彈射鳥雀。❷刑網　刑罰法網。❸受納　接受賄賂。❹博　換取。❺自賢　自以為賢能。

【語　譯】貞觀初年，唐太宗對侍臣說：「人有明珠，沒有不貴重的，如果用來彈射鳥雀，難道不可惜嗎？何況人的性命比明珠更貴重，如果看見金錢財帛而不怕刑罰法網，立即接受財賄，這就是不珍惜性命啊！明珠是身外之物，尚且不可用來彈打鳥雀，何況人的性命是如此貴重，竟可用來換取財物嗎？群臣如果能夠竭盡自己，做到忠誠正直，有益於國家，有利於民眾，則官爵立即可以得到。如果群臣都不能用這種辦法求得榮貴，卻妄自接受財物，等到受賄之事暴露出來了，自身也遭到死亡，實在是可笑的。帝王也是這樣，任情放縱，勞役無度，信任群小，疏遠忠正的臣子，有了其中一件事，怎麼會不滅亡呢？隋煬帝奢侈，自以為賢能，結果身死於匹夫之手，也一樣是可笑的。」

貞觀二年，太宗謂侍臣曰：「朕嘗謂貪人不解愛財也。至如內外官❶五品以上，祿秩❷優厚，一年所得，其數自多。若受人財賄，不過數萬，一朝彰露，祿秩削奪，此豈是解愛財物？規❸小得而大失者也。昔公儀休❹性嗜魚，而不受人魚，其魚長存。且為主貪，必喪其國；為臣貪，必亡其身。《詩》❺云：『大風有隧❻，貪人敗類。』固非謬言也。昔秦惠王❼欲伐蜀，不知其逕❽，乃刻五石牛，置金其後。蜀人見之，以為牛能便金，蜀王使五丁力士❾拖牛入蜀。道成，秦師隨而伐之，蜀國遂亡。漢大司農❿田延年⓫贓賄三千萬，事覺自死。如此之流，何可勝記！朕今以蜀王為元龜⓬，卿等亦須以延年為覆轍也。」

【章　旨】此章論貪財之人並不懂得愛財。強調「為主貪，必喪其國；為臣貪，必亡其身」。

【注　釋】❶內外官　指京城職事官、外任地方官。❷祿秩　俸祿。❸規　通「窺」。❹公儀休　東周時魯國的賢相。公儀，複姓。休，名。❺詩　指《詩經．大雅．桑柔》。❻隧　道路；途徑。❼秦惠王　戰國時秦國國君。❽逕　道路。❾五丁力士　古代神話傳說中的五個大力士。事見《華陽國志．蜀志》和《水經注．沔水》。❿大司農　秦漢九卿之一，原叫治粟內史，漢武帝時改稱大司農，掌諸錢穀金帛貨幣之職。⓫田延年　字子賓，漢昭帝時為大司農。⓬元龜　借鑒。

【語　譯】貞觀二年，唐太宗對侍臣說：「我曾經說過，貪財的人並不懂得愛財。至於像內外官五品以上的，俸祿優厚，一年所得到的，那數目自然不少。如果接受別人的財賄，不過數萬錢，一旦暴露了，俸祿就被削奪，這難道是懂得愛惜財物的嗎？這是貪小而失大啊！從前公儀休生性愛好吃魚，但不收別人送的魚，他也就能長期地吃到魚了。況且作為君主的貪財，必定使國家喪敗；作為臣子的貪財，必定使自己死亡。《詩經》上說：『大風吹來是有途徑的，貪財的人也是會敗壞同類的。』這本來就不是荒謬之言。從前秦惠王想攻伐蜀國，但不知道到蜀國的通道，就命人刻了五頭石牛，把金子放在石牛尾後。蜀國人看見了，以為石牛能屙金子，於是蜀王就派了五個大力士把石牛拖到了蜀國。這樣，通道修成了，秦國的軍隊也隨後攻伐，蜀國就滅亡了。漢朝大司農田延年收受賄賂三千萬錢，事情被發覺後自刎身死。如此之流，哪兒能記得盡！我現在以蜀王作為鑒戒，你們也要以田延年作為覆滅的教訓。」

貞觀四年，太宗謂公卿曰：「朕終日孜孜❶，非但憂憐百姓，亦欲使卿等長守富貴。天非不高，地非不厚，朕常兢兢業業，以畏天地。卿等若能小心奉法，常如朕畏天地，非但百姓安寧，自身常得驩樂❷。古人云：『賢者多財損其志，愚者多財生其過。』此言可為深誡。若徇私貪濁，非止壞公法，損百姓，縱事未發聞，中心❸豈不常懼？恐懼既多，亦有因而致死。大丈夫❹豈得苟貪財物，以害及身命，使子孫每懷愧恥耶？卿等宜深思此言。」

【章旨】此章言唐太宗告誡臣下要小心奉法，不要徇私貪濁，如此就能長守富貴。

【注釋】❶孜孜　努力不倦。❷驩樂　歡樂。驩，同「歡」。❸中心　內心。❹大丈夫　指有大志、有作為、有氣節的男子。

【語譯】貞觀四年，唐太宗對公卿大臣說：「我終日努力不倦地施政，不僅是為了憂憐百姓，也是想使你們長久地享有富貴。天不是不高，地不是不厚，我常常兢兢業業，以敬畏天地。你們如果能小心奉法，常常像我敬畏天地一樣，不但可使百姓安寧，你們自身也會常得歡樂。古人說：『賢明的人多財會損害自己的志向，愚笨的人多財會造成自己的過錯。』這話可以作為深刻的警誡。如果徇私情，貪財賄，不只是破壞公法，損害百姓，即使事情未被發覺，內心難道不常懷畏懼？恐懼既多，也有因而導致死亡的。大丈夫難道能苟且貪財，以危害自身性命，使子孫常常心懷慚愧與恥辱嗎？你們應該深思這番話。」

貞觀六年，右衛將軍❶陳萬福自九成宮❷赴京，違法取驛家❸麩數石。太宗賜其麩，令自負出以恥之。

【章　旨】此章言唐太宗警告違法貪財的陳萬福。

【注　釋】❶右衛將軍　武官，從三品，掌統領宮廷警衛之事。❷九成宮　原為隋朝仁壽宮，貞觀五年（西元六三一年）更命為九成宮。次年三月，唐太宗幸九成宮。❸驛家　驛站差役的人家。

【語　譯】貞觀六年，右衛將軍陳萬福在從九成宮返回京城長安的途中，違犯法令規定，從驛站差役人家拿取了麥麩數石。唐太宗知道後，賜給他麥麩，令他自己背著出去，藉以羞辱他。

貞觀十年，治書侍御史權萬紀上言：「宣❶、饒❷二州諸山大有銀坑，採之極是利益，每歲可得錢數百萬貫❸。」太宗曰：「朕貴為天子，是事無所少之。惟須納嘉言❹，進善事，有益於百姓者。且國家賸❺得數百萬貫錢，何如得一有才行人？不見卿推賢進善之事，又不能按舉❻不法，震肅權豪，惟道稅鬻❼銀坑以為利益！昔堯、舜抵璧於山林，投珠於淵谷❽，由是崇名美號，見稱千載。後漢桓、靈二帝❾好利賤義，為近代庸暗之主，卿遂欲將我比桓、靈耶？」是日敕放❿令萬紀還第⓫。

【章　旨】此章言唐太宗貶黜好利賤義的權萬紀。

【注釋】❶宣　宣州，治所在今安徽宣城。❷饒　饒州，治所在今江西波陽。❸貫　千錢為一貫。❹嘉言　好的意見。❺賸　剩；多餘。❻按舉　審察與檢舉。❼鬻　賣。❽抵璧於山林二句　按事見陸賈《新語》。抵，擲。❾桓靈二帝　東漢桓帝、靈帝。靈帝光和元年（西元一七八年），初開西邸賣官爵，聚錢以為私藏。❿放　指免官。⓫還第　還家。

【語譯】貞觀十年，治書侍御史權萬紀上奏說：「宣州、饒州各山，有許多銀坑，開採它們會大有利益，每年可得錢數百萬貫。」唐太宗說：「我貴為天子，在錢財方面沒有什麼缺少的。只需要有人提供好的意見，做好的事情，以便有益於百姓。而且國家就是多得數百萬貫錢，哪兒比得上多得一個有才能德行的人？不見你推薦賢才與進獻善事，又不能審察和檢舉不法之徒，肅整權貴豪族，只知建議租賣銀坑以圖利益！從前，堯、舜把玉璧擲到山林中，把明珠投入淵谷裡，因此崇名美號，被稱頌千載之久。東漢桓帝、靈帝好利賤義，是近代昏庸的君主，你就是想把我比作桓帝、靈帝嗎？」於是當天就下令將權萬紀免職，讓他回家。

貞觀十六年，太宗謂侍臣曰：「古人云：『鳥棲於林，猶恐其不高，復巢於木末❶；魚藏於水，猶恐其不深，復穴於窟下❷。然而為人所獲者，皆由貪餌❸故也。』今人臣受任，居高位，食厚祿，當須履忠正，蹈公清，則無災害，長守富貴矣。古人云❹：『禍福無門，惟人所召。』

然陷其身者，皆為貪冒❺財利，與夫魚鳥何以異哉？卿等宜思此語為鑒誡。」

【章旨】此章以鳥魚貪餌而被獲為例，告誡臣下不要貪圖財利。

【注釋】❶木末　樹梢。❷窟下　水下洞穴。❸餌　誘餌。❹古人云　指《左傳・襄公二十三年》閔子馬之詞。❺貪冒　貪圖。

【語譯】貞觀十六年，唐太宗對侍臣說：「古人說：『鳥棲在樹林裡，還擔心樹木不高，又築巢於樹梢上；魚潛藏在水裡，還擔心水不深，又鑽到水下洞穴。然而鳥魚還是被人們所捕獲，這都是由於牠們貪吃餌食的緣故。』現在做臣子的接受任命，居高位，食厚祿，應當立身忠誠正直，做事無私清廉，這樣就不會有災難，長久地享有富貴了。古人說：『禍福沒有一定的門路，只是由人本身的所作所為招來的。』可知人陷於災禍，都是因為貪圖財利的結果，這跟那些鳥魚有什麼不同呢？你們應該思考這些話，並引為鑒戒。」

卷七

崇儒學第二十七

太宗初踐阼❶，即於正殿之左，置弘文館❷，精選天下文儒，令以本官兼署學士，給以五品珍膳，更日宿直❸，以聽朝之隙引入內殿，討論《墳》《典》❹，商略❺政事，或至夜分❻乃罷。又詔勳賢❼三品已上子孫為弘文學生。

【章旨】此章言唐太宗精選名儒為弘文館學士。

【注釋】❶踐阼　亦作「踐祚」。指帝王即位。❷弘文館　武德初，於門下省置修文館，後改稱弘文館。唐太宗即位初，重整弘文館，置於弘文殿側，貞觀三年（西元六二九年）移於納義門西。❸宿直　值夜當班。❹墳典　《三墳》《五典》，泛指古代的典籍。❺商略　商討謀劃。❻夜分　半夜。❼勳賢　勳臣賢臣，指有特殊功動的大臣。

【語　譯】唐太宗初即位，就在正殿（應為弘文殿）的左側，設置弘文館，精選天下的文人儒士，讓他們以原有的官職兼任弘文館學士，供給五品官員享用的精美飯食，輪流值班，以便唐太宗在聽政的空隙時，引入內殿，討論古代的典籍，商量政事，有時到半夜才停歇。又詔令三品以上勳臣賢臣的子孫當弘文館的學生。

貞觀二年，詔停周公為先聖❶，始立孔子廟堂於國學❷，稽式❸舊典，以仲尼為先聖，顏子❹為先師，兩邊俎豆❺干戚❻之容，始備於茲矣。是歲大收天下儒士，賜帛給傳❼，令詣京師，擢以不次❽，布在廊廟❾者甚眾。學生通一大經❿已上，咸得署吏⓫。國學增築學舍四百餘間，國子⓬、太學⓭、四門⓮、廣文⓯亦增置生員，其書⓰、算⓱各置博士⓲、學生，以備眾藝。太宗又數幸國子學，令祭酒、司業⓳、博士講論，畢，各賜以束帛⓴。四方儒生負書而至者，蓋以千數。俄而吐蕃㉑，及高昌㉒、高麗、新羅㉓等諸夷酋長，亦遣子弟請入于學。於是國學之內，鼓篋㉔升講筵㉕

者，幾至萬人，儒學之興，古昔未有也。

【章旨】此章記唐太宗始立孔子廟堂於國學，以孔子為先聖，大收天下儒士，並大辦各類學館，以招收儒生。

【注釋】❶先聖　漢以後對周公、孔子的尊稱。唐高祖武德七年（西元六二四年），以周公為先聖，孔子配享。❷國學　京城官學的通稱，這裡指國子學所在地。❸稽式　取法；效法。❹顏子　顏淵，孔子的著名弟子。❺俎豆　祭祀用的禮器。❻干戚　指祭祀時的樂舞，舞執干戚。干，盾。戚，斧。❼傳　驛傳，即提供車馬與招待。❽不次　不按照等第。❾廊廟　指朝廷。❿大經　指《禮記》和《春秋左氏傳》。儒家經典依文字多少，分為大經、中經、小經。⓫署吏　入仕；做官。⓬國子　國子學，掌教三品以上及國公的子孫。⓭太學　掌教五品以上及郡公縣公的子孫。⓮四門　四門館，掌教七品以上的子弟及庶人子弟中的優異者。⓯廣文　廣文館，掌領國子學生業進士者。⓰書　書學，培養書法人才。⓱算　算學，培養天文曆法及數學人才。書、算學，掌教八品以下的子弟及庶人子弟中的優異者。⓲博士　學官名。除了五經博士外，又置書、算學博士。⓳祭酒　司業　國子監的長官及其副職。⓴束帛　五匹帛為一束。㉑吐蕃　西元七至九世紀在青藏高原建立的藏族政權。㉒高昌　西域古國名，轄境相當今新疆吐魯番地區。詳見本書〈君臣鑒戒〉篇注釋。㉓新羅　朝鮮半島東南部的古國名。㉔鼓篋　擊鼓召集學生，令啟書箱出書以授學。指勤奮讀書。篋，方竹器，用以盛書。㉕講筵　講席。

【語譯】貞觀二年，唐太宗下詔停止尊崇周公為先聖，開始在國子學內設立孔子廟堂，按照舊的典章，以孔子為先聖、顏子為先師，並在廟堂兩邊陳放俎豆禮器和干戚舞具，使得禮儀的內容從此開始完備了。這一年又廣泛地召集天下的儒士，賜予絹帛，提供車馬與招待，讓他們到京城來，破格加以提拔，使很多儒士在朝廷做了官。並且學生凡通曉一大經以上的，都能進入仕途。而各類官學又增建學舍共四百餘間，國子學、太學、四門館、廣文館也增加生員人數，書學、算學更各置博士、學生，使各科學藝趨於完備。唐太宗又多次親臨國子學，令祭酒、司業、博士講論經學，講完後，每人賜給五匹帛。於是全國各地儒生背著書而來就學的，大概有一千多人。不久，吐蕃、高昌、高麗、新羅等夷國酋長，也派遣子弟來請求入學。於是各類官學之內，勤奮讀書並登堂講學的，幾乎達一萬人，儒學的興盛是從前沒有過的。

貞觀十四年詔曰：「梁皇侃❶、褚仲都❷，周熊安生❸、沈重❹，陳沈文阿❺、周弘正❻、張譏❼，隋何妥❽、劉炫❾，並前代名儒，經術可紀❿，加以所在學徒，多行其講疏⓫，宜加優賞，以勸後生，可訪其子孫見在者，錄姓名奏聞。」二十一年詔曰：「左丘明⓬、卜子夏⓭、公羊高⓮、穀梁赤⓯、伏勝⓰、高堂生⓱、戴聖⓲、毛萇⓳、孔安國⓴、劉向㉑、鄭眾㉒、杜子春㉓、馬融㉔、盧植㉕、鄭玄㉖、服虔㉗、何休㉘、王肅㉙、王弼㉚、杜預㉛、范寧㉜等二十有一人㉝，並用其書，垂於國胄㉞，既行其道，理合褒崇，自今有事於太學，可並配享尼父㉟廟堂。」其尊儒重道如此。

【章旨】此章言唐太宗尊儒重道，下詔褒崇歷代名儒及其著作。

【注釋】❶皇侃　南朝梁經學家，撰有《論語義疏》、《禮記講疏》等。❷褚仲都　南朝梁經學家，明《周易》。❸熊安生　北周經學家，撰有《周禮》、《禮記》、《孝經》諸義疏。❹沈重　北周經學家，通《春秋》群書。❺沈文阿　南朝陳經學家，通《三禮》、《春秋》等。❻周弘正　南朝陳名儒，撰有《周易講疏》等。❼張譏　南朝名儒，通《孝經》、《論語》等。❽何妥　隋朝名儒，撰有《周易講疏》等。❾劉炫　隋朝經學家，撰有《尚書述義》、《五經正名》等。❿紀　道；綱。⓫講疏　闡釋經義的一種新體裁。⓬左丘明　相傳是《左傳》的作者，春秋時魯國人。⓭卜子夏　孔子的弟子，傳說他序《詩》，傳《易》、《禮》、《春秋》。⓮公羊高　傳說是子夏的弟子，戰國時齊人，撰《公羊傳》。⓯穀梁赤　傳說是子夏的弟子，戰國時魯人，撰《穀梁傳》。⓰伏勝　即伏生，西漢今文《尚書》的最早傳授者。⓱高堂生　西漢今文禮學的最早傳授者，得《儀禮》十七篇傳於世。⓲戴聖　西漢今文禮學「小戴學」的開創者。編成《小戴禮記》四十九篇，即今本《禮記》。⓳毛萇　相傳是「毛詩學」的傳授者。曾任西漢河間獻王博士，稱為小毛公。⓴孔安國　西漢經學家，孔子後人。相傳他曾得孔壁所藏的古文《尚書》，開古文《尚書》學派；唐朝人均不知當時傳世的古文《尚書》係偽書。㉑劉向　西漢經學家、目錄學家。㉒鄭眾　東漢經學家，傳《左傳》之學，兼通《詩》、《易》。㉓杜子春　東漢經學家，傳《周禮》。㉔馬融　東漢著名經學家，遍注《周易》、《尚書》、《毛詩》、《三禮》、《論語》、《孝經》等。㉕盧植　東漢末名儒。㉖鄭玄　東漢末年著名經學家。以古文經說為主，兼採今文經說，遍注群經，成為漢代經學之集大成者。

㉗服虔　東漢經學家，撰有《春秋左氏傳解》。㉘何休　東漢經學家，撰有《春秋公羊解詁》。㉙王肅　三國魏著名經學家，遍注群經，綜合各家各派之說。㉚王弼　三國魏玄學家，撰有《周易注》、《老子注》等。㉛杜預　西晉軍事家、經學家，撰有《春秋左氏經傳集解》。㉜范寧　東晉經學家，撰有《春秋穀梁傳集解》。㉝二十有一人　按《通典》卷五三、《舊唐書・禮儀志》、《新唐書・禮樂志》及《冊府元龜》卷六〇六均有「賈逵」，共計二十二人。賈逵，東漢經學家。㉞國胄　帝王的後裔，此指國學學生。㉟尼父　即孔子，魯哀公誄孔子之稱。

【語譯】貞觀十四年，唐太宗下詔說：「梁朝的皇侃、褚仲都，北周的熊安生、沈重，陳朝的沈文阿、周弘正、張譏，隋朝的何妥、劉炫，都是前代的名儒，他們的經術都是可以稱道的，加上各地學生大多採用他們的講疏，應該予以優厚的獎賞，用來勸勵後學，可以尋訪他們現在的子孫，登錄姓名，奏報上來。」貞觀二十一年，又下詔說：「左丘明、卜子夏、公羊高、穀梁赤、伏勝、高堂生、戴聖、毛萇、孔安國、劉向、鄭眾、杜子春、馬融、盧植、鄭玄、服虔、何休、王肅、王弼、杜預、范寧等二十一人，都要採用他們的著述，傳於後學，既然奉行他們的經義，理應褒揚尊崇，從今以後凡在太學裡舉行祭典時，他們都可以在孔子廟堂配享。」唐太宗尊崇儒學、重視道術到了這種地步。

貞觀二年，太宗謂侍臣曰：「為政之要，惟在得人，用非其才，必難致治。今所任用，必須以德行、學識為本。」諫議大夫❶王珪曰：「人臣若無學業，不能識前言往行，豈堪大任？漢昭帝時，有人詐稱衛太子❷，聚觀者數萬人，眾皆致惑。雋不疑❸斷以蒯聵❹之事。昭帝曰：『公卿大臣，當用經術明於古義者，此則固非刀筆俗吏❺所可比擬。』上曰：「信如卿言。」

【章旨】此章論用人要以德行、學識為本，大臣斷事要用經術。

【注釋】❶諫議大夫　誤。貞觀元年（西元六二七年），王珪已遷黃門侍郎；貞觀二年十二月壬午，為守侍中。此章應答時，王珪當為黃門侍郎。❷衛太子　即劉據，漢武帝太子，衛皇后所生。因宮廷內部鬥爭而自殺。武帝死後，幼子劉弗陵即位，是為昭帝。❸雋不疑　姓雋，名不疑，時為京兆尹。❹蒯聵　春秋時衛靈公世子，出奔於宋。靈公卒，孫輒繼位。蒯聵欲回國，其子輒拒而不納。《春秋》記述此事，認為輒是對的。在漢昭帝始元五年（西元前八二年）時，有人詐稱是衛太子。雋不疑援引《春秋》記述蒯聵之事，認為應將自稱衛太子的人送獄司治罪。❺刀筆俗吏　指辦理文書的官吏。

【語譯】貞觀二年，唐太宗對侍臣說：「治理政事最重要的，只在於得到人才，用的不是合適的人才，必定難以把政事治理好。現在所任用的人，必須以德行、學識作為根本條件。」諫議大夫王珪說：「臣子如果沒有學業，不懂得前人的言行，怎麼能夠擔負重任？漢昭帝時，有個人詐稱是衛太子，圍觀者達數萬人，大家都被迷惑了。京兆尹雋不疑援引《春秋》上記述蒯聵的事例，斷定此人有罪。昭帝便說：『公卿大臣，應當由精於經術、明於古義的人來充任，這本來不是刀筆俗吏所可比擬的。』」唐太宗說：「確實是像你所說的那樣。」

貞觀四年，太宗以經籍去聖❶久遠，文字訛謬，詔前中書侍郎顏師古❷於祕書省❸考定五經。及功畢，復詔尚書左僕射房玄齡集諸儒重加詳議。時諸儒傳習師說，舛謬❹已久，皆共非之，異端蜂起。而師古輒引晉、宋已來古本，隨方曉答❺，援據詳明，皆出其意表❻，諸儒莫不歎服。太宗稱善者久之，賜帛五百匹，加授通直散騎常侍❼，頒其所定書於天下❽，令學者習焉。太宗又以文學❾多門，章句❿繁雜，詔⓫師古與國子祭酒孔穎達等諸儒，撰定五經疏義⓬，凡一百八十卷，名曰《五經正義》⓭，付國學施行。

【章旨】此章言唐太宗詔令顏師古考定五經，並和孔穎達主編《五經正義》。

【注釋】❶去聖　距離聖人孔子。❷顏師古　名儒顏之推的孫子。少傳家業，精研訓詁。貞觀初曾任中書侍郎，後坐事免。閒官之際，奉命考定五經。❸祕書省　官署名，典司圖籍文書。❹舛謬　錯誤。❺隨方曉答依照版本給以明白地回答。方，方版，指古本經書。❻意表　意外。❼通直散騎常侍　晉以員外常侍與散騎常侍通直，故號通直，後世因之。❽頒其所定書於天下　按時在貞觀七年（西元六三三年）十一月。❾文學　當作儒學。❿章句　以分章析句來解釋經典的一種著作體。⓫詔　按此詔下於貞觀十二年，時孔穎達新任國子祭酒。⓬疏義　闡釋經義。⓭五經正義　編成於貞觀十四年二月。初名「義贊」，唐太宗下詔改名為《五經正義》。

【語譯】貞觀四年，唐太宗因為經籍距離先聖孔子的時代久遠，文字謬誤，便詔令前中書侍郎顏師古在祕書省考定五經。考定完畢後，又詔令尚書左僕射房玄齡召集諸儒重新加以詳細審議。當時諸位儒士因傳習各自的師說，錯誤相沿已久，所以都起來非難，一時異說蜂起。而顏師古卻援引晉、宋以來的古本經書，依照古本作了明白的回答，引證詳細明確，都出乎眾人的意外，使得諸位儒士無不讚歎佩服。唐太宗也稱讚不已，賜給顏師古帛五百匹，加授通直散騎常侍，並將師古所考定的五經頒於天下，令學者學習。接著唐太宗又因為儒學派別眾多，章句繁雜，詔令顏師古和國子祭酒孔穎達等諸位名儒，撰定五經疏義，凡一百八十卷，定名為《五經正義》，交給國學作為教材使用。

太宗嘗謂中書令岑文本曰：「夫人雖稟定性，必須博學以成其道。亦猶蜃❶性含水，待月光而水垂❷；木性懷火，待燧❸動而焰發；人性含靈❹，待學成而為美。是以蘇秦❺刺股，董生❻垂帷。不勤道藝，則其名不立。」文本對曰：「夫人性相近，情則遷移，必須以學飭❼情以成其性。《禮》❽云：『玉不琢不成器，人不學不知道。』所以古人勤於學問，謂之懿德❾。」

【章旨】此章論人必須博學以成其道，若不勤道藝，則其名不立。

【注釋】❶蜃　大蛤。❷待月光而水垂　傳說月光之夜，蜃吐水氣如樓閣之狀。❸燧　古代取火的用具。古人鑽燧以取火。❹靈　靈性；聰慧。❺蘇秦　戰國時洛陽人。發憤讀書，倦睡時引錐刺股，至期年而成。後遊說，佩六國相印。❻董生　董仲舒，西漢今文經學大師。治《春秋》，下帷講誦，弟子以次相授，或莫見其面，三年不窺園，其精如此，學者皆師尊之。❼飭　整肅。❽禮　指《禮記・學記》。❾懿德　美德。

【語譯】唐太宗曾對中書令岑文本說：「人雖然禀承一定的天性，但必須博學以造就其道義德行。也就像大蛤本性含水，卻要等月光之夜才吐出水氣；木材本性懷火，卻要等鑽燧時才發出火焰；人的本性聰慧，卻要等學業完成才有美德。所以，蘇秦讀書時用錐刺大腿，董仲舒講誦時放下帷幕，使自己勤奮不懈。如不勤奮地學道練藝，則功名是不能建立的。」岑文本回答說：「人的天性相近，而情感就變化不定了，必須通過學習來整飭感情，以成全人性。《禮記》上說：『玉石不雕琢就不能成為寶器，人們不學習就不懂得為人之道。』所以古人把勤於學問，稱之為美德。」

文史第二十八

貞觀初❶，太宗謂監脩國史❷房玄齡曰：「比見前、後漢史❸載錄楊雄❹〈甘泉〉、〈羽獵〉，司馬相如❺〈子虛〉、〈上林〉，班固❻〈兩都〉等賦，此既文體浮華，無益勸誡，何假書之史策？其有上書論事，詞理切直，可裨於政理者，朕從與不從皆須備載。」

【章旨】此章言唐太宗反對浮華的文體，主張把上書論事之文載入國史。

【注釋】❶貞觀初　《資治通鑑》繫於貞觀三年（西元六二九年）三月，較確切。❷監脩國史　唐以宰相監修國史，後世因之。國史，本朝史。❸前後漢史　即《漢書》和《後漢書》。❹楊雄　亦作揚雄，西漢文學家。撰有〈甘泉賦〉和〈羽獵賦〉，描寫宮室的華麗和田獵的盛況，載於《漢書·揚雄傳》。❺司馬相如　西漢文學家。撰有〈子虛賦〉和〈上林賦〉，描寫宮苑之盛與遊獵之事，載於《漢書·司馬相如傳》。❻班固　東漢著名史學家、文學家，撰有《漢書》。其〈兩都賦〉描寫長安與洛陽的盛況，載於《後漢書·班固傳》。

【語譯】貞觀三年，唐太宗對監修國史的宰相房玄齡說：「近來看前、後漢史載錄楊雄的〈甘泉賦〉、〈羽獵賦〉，司馬相如的〈子虛賦〉、〈上林賦〉，班固的〈兩都賦〉等等，這些賦既然文體浮華，無益於勸誡，憑什麼記載在史冊上？至於上書論事，詞理懇切正直，有益於政治的，不管我採納或不採納，都必須一一記載下來。」

貞觀十一年❶，著作佐郎鄧隆❷表請編次❸太宗文章為集。太宗謂曰：「朕若制事❹出令，有益於人者，史則書之，足為不朽。若事不師古❺，亂政害物❻，雖有詞藻，終貽後代笑，非所須也。只如梁武帝父子❼及陳後主❽、隋煬帝，亦大有文集，而所為多不法，宗社皆須臾傾覆。凡人主惟在德行，何必要事文章耶？」竟不許。

【章　旨】此章言唐太宗不許編次自己的文集，強調君主所重，惟在德行。

【注　釋】❶貞觀十一年　按《資治通鑑》繫於十二年（西元六三八年）三月辛亥，較確切。《冊府元龜》卷四〇、四八並作十二年。《舊唐書・鄧世隆傳》誤為十三年。❷鄧隆　即鄧世隆，避太宗諱，除世字。❸編次　編排；編纂。❹制事　就政事頒發命令。制，帝王的命令。❺師古　效法古代。❻物　人；眾。❼梁武帝父子　指梁武帝及昭明太子蕭統。❽陳後主　名叔寶，南朝陳亡國之君，善作豔詞。

【語　譯】貞觀十一年，著作佐郎鄧世隆上表請求編纂太宗的文集。唐太宗說：「我就政事頒發命令，如果有益於民眾的，史官就會記載下來，足以流傳後世。如果處理政事不效法古代，以致亂政害民，即使有詞藻華麗的文章，終究要被後代所恥笑，這是沒有什麼必要的。就像梁武帝父子以及陳後主、隋煬帝，也大有文集傳下來，但他們所做的事大都不合法度，以致宗廟社稷一下子就傾覆了。凡是君主，所注意的只在於德行，何必要重視文章呢？」結果不允許編纂文集。

貞觀十三年❶，褚遂良為諫議大夫，兼知起居注❷。太宗問曰：「卿比知起居，書何等事？大抵於人君得觀見否？朕欲見此注記❸者，將欲觀所為得失以自警戒耳！」遂良曰：「今之起居，古之左、右史❹，以記人君言行，善惡畢書，庶幾人主不為非法，不聞帝王躬自觀史。」太宗曰：「朕有不善，卿必記耶？」遂良曰：「臣聞守道，不如守官，臣職當載筆❺，何不書之？」黃門侍郎劉洎進曰：「人君有過失，如日月之蝕，人皆見之。設今遂良不記，天下之人皆記之矣。」

【章旨】此章言帝王不能自取起居注來看，史官必須堅持原則，善惡畢書。

【注釋】❶貞觀十三年　誤。褚遂良於貞觀十五年（西元六四一年）始為諫議大夫，兼知起居事。本書〈杜讒邪〉篇及《資治通鑑》均作十六年，是。❷知起居注　詳見〈杜讒邪〉篇注釋。❸注記　即起居注，是帝王的言行錄。❹左右史　史官。左史記行，右史記言。❺載筆　帶著紙筆，記錄帝王的一切言行。《禮記・曲禮》云：「史載筆。」

【語譯】貞觀十三年，褚遂良任諫議大夫，兼管起居注事。唐太宗問道：「你近來掌管起居事，記載些什麼事？君王大致上可否看一看？我想看一看這起居注，是要回顧自己所做事情的得失，用來自我警戒罷了！」褚遂良說：「現在的起居郎，就是古代的左史、右史，以記錄君王的言行，好壞都記載，希望藉此以使君王不做非法的事，沒有聽說過帝王親自觀看起居注的。」唐太宗說：「我有不對的事，你也一定記錄嗎？」褚遂良說：「我聽說恪守道義，還不如忠於職守，我的職責是載筆直書，哪兒有不記錄的呢？」黃門侍郎劉洎進言道：「君王有過失，猶如日蝕、月蝕，人們都看得見。假使褚遂良不記載，天下之人也都會記住的。」

貞觀十四年，太宗謂房玄齡曰：「朕每觀前代史書，彰善癉惡❶，足為將來規誡。不知自古當代國史，何因不令帝王親見之？」對曰：「國史既善惡必書，庶幾人主不為非法。止應畏有忤旨，故不得見也。」太宗曰：「朕意殊不同古人。今欲自看國史者，蓋有善事，固不須論；若有不善，亦欲以為鑒誡，使得自修改耳。卿可撰錄進來。」玄齡等遂刪略國史為編年體，撰高祖、太宗實錄❷各二十卷，表上之。太宗見六月四日事❸，語多微文❹，乃謂玄齡曰：「昔周公誅管、蔡❺而周室安，季友鴆叔牙❻而魯國寧。朕之所為，義同此類，蓋所以安社稷，利萬民耳。史官執筆，何煩有隱？宜即改削浮詞，直書其事。」侍中魏徵奏曰：「臣聞人主位居尊極，無所忌憚，惟有國史，用為懲惡勸善，書不以實，後嗣何觀？陛下今遣史官正其辭，雅❼合至公之道。」

【章旨】此章言唐太宗親自觀看國史實錄，就玄武門事變發表意見，強調史官要「直書其事」，不必隱諱。

【注釋】❶彰善癉惡　表彰美善，憎恨醜惡。❷實錄　編年大事記，專記帝王一人事跡。❸六月四日事　指武德九年（西元六二六年）六月四日玄武門之變。秦王李世民射殺太子建成和齊王元吉，後即帝位。❹微文　隱微而婉轉的言詞。❺管蔡　管叔、蔡叔。周成王年幼，管叔、蔡叔等發動叛亂；周公去討平，周王室得以安定。❻季友鴆叔牙　春秋時魯莊公有三個弟弟，長者慶父，次者叔牙，再次者季友。魯莊公病危，欲傳位於兒子，而叔牙提出由慶父繼位，季友奉莊公之命，毒死叔牙。鴆，毒鳥，以其羽浸酒可殺人。❼雅　很；甚。

【語譯】貞觀十四年，唐太宗對房玄齡說：「我常讀前代的史書，書中表彰美德、斥責惡行，足可用以規勸、訓誡後人。不知道自古以來，當朝的國史，為什麼不讓帝王親自看一看呢？」房玄齡回答說：「國史既然對善惡都必須記上，是希望使君王不作非法的事。只是因害怕有違背旨意的地方，所以帝王是不能親自看的。」唐太宗說：「我的想法完全不同於古人。現在就想親自觀看國史，如果記有善事，原就不必去說；如果記有不對的事，也想作為鑒戒，使得自己能改正罷了。你可以撰錄國史一份，進呈上來。」房玄齡等就刪略國史，改成編年體，撰了高祖朝、太宗朝實錄各二十卷，表奏上來。唐太宗看見記述六月四日玄武門之變的內容，有很多隱微而婉轉的言詞，就對房玄齡說：「從前，周公誅管叔、蔡叔而周朝的王室得以安定，季友毒死叔牙而魯國得以安寧。我所做的事，跟這些事有同樣的意義，也是藉以安定國家，有利於百姓罷了。史官執筆記載，何必勞煩去隱諱呢？應當立即改削虛浮的言詞，如實地記述這件事。」侍中魏徵奏道：「我聽說君主位居尊極，無所忌憚，只有國史，可用以懲惡勸善，記述如不真實，後代的人怎麼可借鑒呢？陛下今天令史官改正文詞，是很符合至公之道的。」

禮樂第二十九

太宗初即位，謂侍臣曰：「準❶《禮》，名，終將諱之❷，前古帝王，亦不生諱其名，故周文王名昌，《周詩》云：『克昌厥後❸。』春秋時魯莊公名同，十六年《經》書：『齊侯、宋公同盟於幽❹。』唯近代諸帝，妄為節制，特令生避其諱，理非通允❺，宜有改張。」因詔曰：「依《禮》，二名義不偏諱❻，尼父❼達聖，非無前指。近世以來，曲為節制，兩字兼避，廢闕已多，率意而行，有違經語。今宜依據禮典，務從簡約，仰效先哲，垂法將來，其官號人名，及公私文籍，有『世』及『民』兩字不連讀，並不須避。」

【章　旨】此章記唐太宗的言詞，以為帝王之名的避諱，要依禮簡約，如有「世」及「民」兩字不連讀，並不須避諱。

【注　釋】❶準　依照。❷終將諱之　謂死後將避諱其名。終，死。❸克昌厥後　語出《詩經・周頌・雍》。意謂能夠使其後代昌盛。❹幽　地名。❺通允　通達公允。❻二名義不偏諱　人名的兩個字，不應一一避諱。❼尼父　即孔子。

【語　譯】唐太宗初即位，對侍臣說：「依照《禮》，人的名字，死後才避諱，前古的帝王，也不在生前避諱他的名字，所以周文王名昌，《周詩》上說：『克昌厥後。』春秋時魯莊公名同，《春秋・莊公十六年》上寫著：『齊侯、宋公同盟於幽。』只有近代各帝王，亂加限制，特地下令生前避諱他們的名字，在道理上是不通達公允的，應當有所更改。」因此下詔說：「依照《禮》，人名的兩個字不應一一避諱，孔子是個通達事理的聖人，在從前並非沒有指出這一點。近代以來，妄予限制，人名的兩個字都避諱，造成很多廢缺的字，這樣任意而行，違背了經典上的垂訓。現在應當依據禮典，務必從簡，效法先哲，給將來留下規範，那些官職稱號、人名以及公私文書圖籍，凡有『世』與『民』兩個字不連讀的，都不須避諱。」

貞觀二年❶，中書舍人高季輔上疏曰：「竊見密王元曉❷等俱是懿親❸，陛下友愛之懷，義高古昔，分以車服，委以藩維，須依禮儀，以副瞻望。比見帝子拜諸叔，諸叔亦即答拜，王爵既同，家人有禮，豈合如此顛倒昭穆❹？伏願一垂訓誡，永循彝則❺。」太宗乃詔元曉等，不得答吳王❻恪、魏王❼泰兄弟拜。

【章旨】此章言皇室之內要遵循家人之禮。

【注釋】❶貞觀二年　誤。《資治通鑑》繫於貞觀八年（西元六三四年），考證確切。❷元曉　李元曉，唐高祖李淵第二十一子。貞觀五年封為密王。❸懿親　至親，指宗室。❹昭穆　古代宗廟牌位之次序，左為昭，右為穆，而子孫也以此為序。這裡指皇族內的輩分。❺彝則　倫常的準則。❻吳王　應為蜀王。貞觀十年，李恪為吳王。❼魏王　應為越王。貞觀十年，李泰為魏王。

【語　譯】貞觀二年，中書舍人高季輔上疏說：「我私下認為密王元曉等都是皇室的至親，陛下友愛的心懷，對兄弟的情義，高過古人，賜給他們車服，委任他們為藩王，但必須依照禮儀行事，以符合臣民的仰望。近來看見皇子拜見諸位叔叔，諸位叔叔也立即答拜，他們的王爵雖然相同，但家族內卻另有禮節，難道該如此顛倒輩分嗎？希望陛下留下訓誡，作為永久遵循的倫常準則。」唐太宗於是詔令元曉等，不能向吳王李恪、魏王李泰等兄弟致以答拜之禮。

貞觀四年，太宗謂侍臣曰：「比聞京城士庶❶居父母喪者，乃有信巫書❷之言，辰日❸不哭，以此辭於弔問❹，拘忌輟哀，敗俗傷風，極乖人理。宜令州縣教導，齊之以禮典。」

【章　旨】此章言哀喪要合乎禮典。

【注　釋】❶士庶　士族（包括官員）和庶人百姓。❷巫書　講鬼神迷信的書。❸辰日　古代干支記日，凡帶有地支「辰」的日子，稱為辰日，如戊辰、庚辰、壬辰、甲辰、丙辰，凡五天。❹弔問　弔喪；弔唁。

【語　譯】貞觀四年，唐太宗對侍臣說：「近來聽說京城裡的士族和庶民在為父母守喪時，竟有人相信巫書上的話，在辰日那天不哭，以此拒絕人們的弔唁，拘泥於禁忌而停止哀泣，傷風敗俗，非常違背人情常理。應令各州縣加以教導，一律按照禮典去做。」

貞觀五年❶，太宗謂侍臣曰：「佛道設教，本行善事，豈遣僧、尼❷、道士❸等妄自尊崇，坐受父母之拜？損害風俗，悖亂禮經。宜即禁斷，仍令致拜於父母。」

【章旨】此章言唐太宗詔令僧尼道士致拜於父母。

【注釋】❶貞觀五年　按是年春正月，詔僧、尼、道士致拜於父母。❷僧尼　和尚、尼姑。❸道士　指奉守道教經典規戒並熟習各種齋醮祭禱儀式的人。

【語譯】貞觀五年，唐太宗對侍臣說：「佛教、道教設置教化，本來是行善事的，難道讓和尚、尼姑、道士等妄自尊崇，坐著接受自己父母的禮拜？這是傷害風俗、背亂禮經的。應該立即禁絕，仍令他們向自己的父母禮拜。」

貞觀六年，太宗謂尚書左僕射房玄齡曰：「比有山東❶崔、盧、李、鄭四姓❷，雖累葉陵遲❸，猶恃其舊地❹，好自矜大，稱為士大夫。每嫁女他族，必廣索聘財，以多為貴，論數定約，同於市賈，甚損風俗，有紊禮經，既輕重失宜，理須改革。」乃詔吏部尚書高士廉、御史大夫韋挺、中書侍郎岑文本、禮部侍郎令狐德棻⑤等，刊正姓氏，普責天下譜諜⑥，兼據憑史傳，剪其浮華，定其真偽，忠賢者褒進，悖逆者貶黜，撰為《氏族志》。士廉等及進定氏族等第⑦，遂以崔幹⑧為第一等。太宗謂曰：「我與山東崔、盧、李、鄭，舊既無嫌，為其世代衰微，全無官宦，猶自云士大夫。婚姻之際，則多索財物。或才識庸下，而偃仰自高⑨，販鬻松檟⑩，依託富貴，我不解人間何為重之？且士大夫有能立功，爵位崇重，善事君父，忠孝可稱；或道義清素，學藝通博，此亦足為門戶⑪，可謂天下士大夫。今崔、盧之屬，唯矜遠葉衣冠⑫，寧比當朝之貴？公卿已下，何暇多輸錢物，兼與他氣勢，向聲背實⑬，以得為榮。我今定氏族者，誠欲崇樹今朝冠冕，何因崔幹猶為第一等，只看卿等不貴我官爵耶！不論數代已前，只取今日官品、人才作等級，宜一量定，用為永則。」遂以崔幹為第三等[14]。至十二年書成，凡百卷，頒天下。又詔曰：「氏族之美，實繫於冠冕[15]，婚姻之道，莫先於仁義。自有魏[16]失御，齊氏[17]云亡，市朝既遷，風俗陵替[18]，燕、趙[19]古姓，多失衣冠之緒，齊、韓[20]舊族，或乖禮義之風。名不著於州閭，身未免於貧賤，自號高門之胄[21]，不敦匹嫡[22]之儀，問名[23]唯在於竊貲，結褵[24]必歸於富室。乃有新官之輩，豐財之家，慕其祖宗，競結婚姻，多納貨賄，有如販鬻。或自貶家門，受辱於姻婭[25]；或矜其舊望，行無禮於舅姑[26]。積習成俗，迄今未已，既紊人倫，實虧名教[27]。朕夙夜兢惕，憂勤政道，往代蠹[28]害，咸已懲革，唯此弊風，未能盡變。自今已後，明加告示，使識嫁娶之序，務合禮典，稱朕意焉。」

【章旨】此章記述貞觀年間編纂《氏族志》的始末。所謂氏族，即指士族。唐太宗鑒於近代士族賣婚的弊病，下令高士廉等修訂《氏族志》，力圖考定真偽、甄別忠奸。高士廉等因襲傳統，把山東士族之冠崔氏列為第一等；而唐太宗對此不滿，強調「只取今日官品、人才作等級」。這種「尚官」的原則，打破了以往純以郡望作為門第等差的傳統。

【注釋】❶山東　太行山以東地區。❷四姓　四大姓士族：清河（今屬山東）崔氏、范陽（今屬河北）盧氏、趙郡（今屬河北）李氏、滎陽（今屬河南）鄭氏。❸累葉陵遲　累世衰頹。葉，世；代。陵遲，衰頹；衰落。❹地　地望；門第。❺令狐德棻　複姓令狐，名德棻，唐初名臣，博通文史。❻譜諜　古代記述氏族世系的書籍。❼等第　等級次序，自上上至下下，凡九等。❽崔幹　即崔民幹，時官黃門侍郎。❾偃仰自高　隨俗應付，自高自大。❿松檟　指墓地上的樹木。檟，即楸，木名，常同松樹一起種在墓前。這裡指先祖的名望。⓫門戶　門第。⓬遠葉衣冠　遠世的士族官紳。⓭向聲背實　崇尚名聲，背離實際。⓮第三等　即上之下。新修《氏族志》以今朝品秩為高下，凡九等。皇族為上之上，外戚為上之中，崔民幹為上之下。⓯冠冕　仕宦的代稱。⓰有魏　北魏。⓱齊氏　北齊。⓲陵替　即陵遲、衰頹。⓳燕趙　燕地、趙地，今屬河北。⓴齊韓　齊地（今屬山東）、韓地（今屬河南）。㉑冑　後裔。㉒匹嫡　指配偶。㉓問名　古代婚禮「六禮」之一，男家請媒人問女方的名字和出生年月時辰。㉔結褵　指成婚。古代女子出嫁，母親把帨（佩巾）結在女兒身上，以示至男家後應盡力操持家務。㉕姻婭　泛指有婚姻關係的親戚。㉖舅姑　公婆或者岳父母。㉗名教　禮教。㉘蠹　蛀蟲；損害。

【語譯】貞觀六年，唐太宗對尚書左僕射房玄齡說：「近來有山東地區的崔、盧、李、鄭四大姓士族，雖然累世衰頹，但還依仗著舊的地望，愛好自誇自大，稱為士大夫。每當女兒嫁給別的家族，必定要廣收聘禮財物，以多為貴，按數目來定婚約，如同商人買賣一樣，大傷風俗，擾亂禮經，既然事情輕重失宜，理應加以改革。」於是詔令吏部尚書高士廉、御史大夫韋挺、中書侍郎岑文本、禮部侍郎令狐德棻等，修改校正姓氏，普遍地徵集全國的譜諜，並依據史書傳記，剪除虛浮，考定真偽，褒進忠賢，貶黜奸逆，撰成《氏族志》。高士廉等後來把定好的氏族等第上報，竟以崔民幹為第一等。唐太宗看了說：「我與山東地區的崔、盧、李、鄭四大姓士族，從前並沒有怨恨，只因為他們世代衰微，全無官宦，但還自稱士大夫。利用婚姻的機會，就大量地索取財物。有的才識平庸低下，而隨俗應付，自高自大，販賣先祖的名望，依託富貴，所以我不懂世間為什麼要看重他們？況且士大夫有才能立功的，他的爵位便崇重；善於侍奉君王與父母的，他的忠孝便值得稱讚；而有的則道義高尚，學藝廣博，這也足以自成門第，可以稱為天下的士大夫。現在崔、盧之輩，只誇耀遠世祖宗的仕宦地位，難道比得上當今朝代的顯貴？公卿大臣之下，憑什麼給他們送很多錢物，同時助長他們的氣勢，崇尚名聲而背離實際，以為獲得了榮耀呢？我現在考定氏族，確實是想要崇尚並樹立當今朝廷仕宦的地位，為什麼還把崔民幹列為第一等，我看你們是完全不貴重我的官爵吧！不去論幾代之前的事，只拿今天的官品、人才作為等級，應當統一量定，用作永久的準則。」於是崔民幹列為第三等。到貞觀十二年《氏族志》修成，凡一百卷，頒行天下。唐太宗又下詔說：「氏族的興盛，實在是取決於仕宦，而婚姻的準則，是沒有比仁義更重要的。自從北魏喪國，北齊滅亡，市朝既已變遷，風俗漸漸衰頹，燕地、趙地的古姓，大都失去了仕宦的餘蔭，齊地、韓地的舊族，有的違背了禮義的遺風。名望既不著稱於州閭，自身又未免於貧賤，但卻自號高門世族的後代，不尊重婚配的禮儀，問名只在於索取錢財，成婚必定嫁給富貴之家。於是有些新官之輩、豐財之家，傾慕他們的祖宗，競相和他們結成姻親，大量地送去財貨，如同販賣一樣。有的自己貶低門第，被姻親所侮辱；有的誇耀舊的名望，對公婆做出無禮之事。積習成俗，迄今不止，既擾亂了人倫，又實在損害了禮教。我日夜謹慎警惕，憂心治道，前代的惡習都已革除，卻只有這衰弊之風未能完全改變。從今以後，明加告示，使人們知道嫁娶的儀節，務必符合禮典，以稱我的心意。」

禮部尚書王珪子敬直，尚❶太宗女南平公主。珪曰：「《禮》有婦見舅姑之儀，自近代風俗弊薄，公主出降❷，此禮皆廢。主上欽明❸，動循法制，吾受公主謁見，豈為身榮，所以成國家之美耳。」遂與其妻就位而坐，令公主親執巾❹，行盥饋之道❺，禮成而退。太宗聞而稱善。是後公主下降有舅姑者，皆遣備行此禮。

【章旨】此章言公主下嫁，要以婦禮事舅姑。

【注釋】❶尚　匹配，多用於匹配皇家的女兒。❷出降　下嫁。❸欽明　聖明。欽，對皇帝所作之事的敬稱。❹執巾　諸史傳均作「執笲」，是。執笲，詳見《儀禮．士昏禮》。笲，竹器，以盛棗栗肉食。❺盥饋之道　新婦為公婆行盥洗、進食之禮。盥，以盤水洗手。饋，以食為餉。

【語譯】禮部尚書王珪的兒子敬直，娶唐太宗的女兒南平公主。王珪說：「《儀禮》上有新婦拜見公婆的禮儀，自近代以來，風俗敗壞衰微，公主下嫁，這種禮儀都被廢棄了。如今皇上聖明，做事都遵循禮法制度，我接受公主的拜見，豈是為了自身的榮耀，只不過是用來成全國家的美德罷了。」於是王珪和妻子就位而坐，讓南平公主親自拿著竹笲，向公婆行盥洗、獻食的禮儀，禮畢後退下來。唐太宗聽說後稱讚做得好。於是規定此後公主嫁到有公婆的人家，都要讓公主進行這種禮儀。

貞觀十二年，太宗謂侍臣曰：「古者諸侯入朝，有湯沐之邑❶，芻禾❷百車，待以客禮。晝坐正殿，夜設庭燎❸，思與相見，問其勞苦。又漢家京城亦為諸郡立邸舍❹。頃聞考使❺至京者，皆賃房以坐，與商人雜居，纔得容身而已。既待禮之不足，必是人多怨歎，豈肯竭情於共理哉？」乃令就京城閑坊❻，為諸州考使各造邸第。及成，太宗親幸觀焉。

【章　旨】此章言唐太宗禮待諸州考使。

【注　釋】❶湯沐之邑　周制，諸侯朝見天子，天子賜以王畿以內可以供住宿和齋戒沐浴的封邑。❷芻禾　指餵馬的草料。❸庭燎　庭中用以照明的火炬。❹邸舍　住所。❺考使　即朝集使，呈報諸州賦稅及政績。唐制，凡天下朝集使，皆以十月二十五日至京師，十一月一日，戶部引見訖，於尚書省與群官禮見，然後集於考堂，應考績之事。❻閑坊　閒置的街坊巷里。

【語譯】貞觀十二年，唐太宗對侍臣說：「古時候諸侯入朝見天子，享有湯沐邑、草料百車以及賓客的禮遇。天子白天坐在正殿，夜晚在庭上設置火炬，隨意與諸侯相見，並慰問他們的勞苦。再說，漢朝京城裡也為各郡使者設置住所。近來聽說天下朝集使到京城，都是租房子居住，與商人雜處，房間很小，僅能容身而已。既然對待他們不夠禮遇，必然是人多怨歎，這樣他們難道肯竭盡全力來共同治理天下嗎？」於是令在京城閒置的街坊中，為諸州朝集使各造第宅。第宅建成後，唐太宗還親自駕臨察看。

貞觀十三年❶，禮部尚書王珪奏言：「準令三品已上，遇親王❷於路，不合下馬，今皆違法申敬，有乖朝典。」太宗曰：「卿輩欲自崇貴，卑我兒子耶！」魏徵對曰：「漢、魏❸已來，親王班❹皆次三公下。今三品並天子六尚書❺九卿❻，為王下馬，王所不宜當也。求諸故事❼，則無可憑，行之於今，又乖國憲❽，理誠不可。」帝曰：「國家立太子者，擬以為君。人之脩短❾，不在老幼。設無太子，則母弟❿次立。以此而言，安得輕我子耶！」徵又曰：「殷人尚質⓫，有兄終弟及⓬之義。自周已降，立嫡必長⓭，所以絕庶孽⓮之窺窬⓯，塞禍亂之源本。為國家者，所宜深慎。」太宗遂可王珪之奏。

【章　旨】此章論三品以上大臣遇親王於路，不合下馬敬禮；並強調立嫡必長，以防止親王覬覦帝位。

【注　釋】❶貞觀十三年　按諸史傳均作十二年（西元六三八年），是。參見《魏鄭公諫錄》卷二王先恭校注。❷親王　皇子封為親王。❸魏　指三國時曹魏。❹班　排列；次序。❺六尚書　即吏部尚書、禮部尚書、兵部尚書、刑部尚書、工部尚書、民（戶）部尚書，均正三品。❻九卿　泛指朝廷的高級官員，均為正三品或從三品。❼故事　舊例。❽國憲　國家的典章法度。❾脩短　這裡指人壽命的長短。❿母弟　同母之弟。唐太宗此言，暗指魏王李泰。⓫尚質　崇尚樸質。⓬兄終弟及　指兄死弟繼的王位傳承制度。⓭立嫡必長　必須立長子為嫡傳。⓮庶孽　即庶子，這裡指嫡長子以外的諸子。⓯窺窬　覬覦。

【語　譯】貞觀十三年，禮部尚書王珪上奏說：「依照法令，三品以上大臣在路上遇見親王，不應該下馬，而現在都違反法令，下馬表示禮敬，這是違背朝廷典章的行為。」唐太宗說：「你們這些人想自己崇貴，而輕視我的兒子嗎？」魏徵回答說：「漢、魏以來，親王在朝廷上都排列在三公以下的位置。現在三品大臣都是天子的六部尚書和九卿，他們給親王下馬敬禮，這是親王所不應承受的。考究舊例，既沒有憑據，現今實行，又違背國家的典章制度，在道理上確實是不可以的。」唐太宗說：「國家立太子，是準備將來做國君的。人壽命的長短，不在於老幼。假使沒有了太子，則同母之弟依次立為太子。由此說來，哪兒能輕視我的兒子呢？」魏徵又回答說：「殷朝人崇尚樸質，有兄終弟及的王位繼承制。自周朝以來，立嗣必定是長子，用來杜絕庶子覬覦王位的企圖，堵塞禍亂的根源。當一個國君的人，對此應當非常地慎重小心。」唐太宗終於同意了王珪的奏請。

貞觀十四年，太宗謂禮官曰：「同爨❶尚有緦麻❷之恩，而嫂叔無服❸；又舅之與姨，親疏相似，而服之有殊，未為得禮，宜集學者詳議。餘有親重而服輕者，亦附奏聞。」是月尚書八座❹與禮官定議曰：

臣竊聞之，禮所以決嫌疑，定猶豫，別同異，明是非者也。非從天下，非從地出，人情而已矣。人道所先，在乎敦睦九族❺，九族敦睦，由乎親親，以近及遠。親屬有等差，故喪紀❻有隆殺❼，隨恩之薄厚，皆稱情以立文❽。原夫舅之與姨，雖為同氣❾，推之於母，輕重相懸。何則？舅為母之本宗，姨乃外戚他姓，求之母族，姨不與焉，考之經史，舅誠為重。故周王念齊，是稱舅甥之國❿；秦伯懷晉⓫，實切〈渭陽〉

之詩⑫。今在舅服止一時之情，為姨居喪五月⑬，徇名喪實，逐末棄本，此古人之情或有未達，所宜損益，實在茲乎。

《禮記》⑭曰：「兄弟之子猶子也，蓋引而進之也。嫂叔之無服，蓋推而遠之也。」禮，繼父同居則為之期⑮，未嘗同居則不為服。從母⑯之夫，舅之妻，二人相為服。或曰「同爨緦麻」。然則繼父且非骨肉，服重由乎同爨，恩輕在乎異居。固知制服雖係於名文⑰，蓋亦緣恩之厚薄者也。或有長年之嫂，遇孩童之叔，劬勞鞠養⑱，情若所生，分飢共寒，契闊⑲偕老，譬同居之繼父，方他人之同爨，情義之深淺，寧可同日而言哉！在其生也，乃愛同骨肉，於其死也，則推而遠之，求之本源，深所未喻。若推而遠之為是，則不可生而共居；生而共居為是，則不可死同行路⑳。重其生而輕其死，厚其始而薄其終，稱情立文，其義安在？且事嫂見稱，載籍非一。鄭仲虞㉑則恩禮甚篤，顏弘都㉒則竭誠致感，馬援㉓則見之必冠，孔伋㉔則哭之為位。此蓋並躬踐教義，仁深孝友，察其所行之旨，豈非先覺者歟？但于時上無哲王，禮非下之所議，遂使深情鬱於千載，至理藏於萬古，其來久矣，豈不惜哉！

今陛下以為尊卑之敍，雖煥乎已備，喪紀之制，或情理未安，爰命秩宗㉕，詳議損益。臣等奉遵明旨，觸類傍求，採摭㉖群經，討論傳記，或抑或引，兼名兼實，損其有餘，益其不足，使無文之禮咸秩㉗，敦睦之情畢舉，變薄俗於既往，垂篤義於將來，信六籍㉘所不能談，超百王而獨得者也。

謹按曾祖父母㉙，舊服齊衰㉚三月，請加為齊衰五月；嫡子婦，舊服大功㉛，請加為期㉜；眾子婦，舊服小功㉝，今請與兄弟子婦㉞同為大功九月；嫂叔，舊無服，今請服小功五月。其弟妻及夫兄亦小功五月。舅，舊服緦麻，請加與從母同服小功五月。

詔從其議。此並魏徵之詞也。

【章　旨】此章記述尚書八座和禮官奉詔議定曾祖父母以下服喪之制，強調「使無文之禮咸秩，敦睦之情畢舉，變薄俗於既往，垂篤義於將來。」

【注　釋】❶同爨　共同生活。爨，燒火煮飯。❷緦麻　古代五種喪服中最輕的一種，其服用細麻布製成，服期三月。❸服　喪服。按照喪禮規定穿戴一定的喪服，以哀悼死者。❹八座　指左、右僕射和六部尚書。❺九族　從高祖至玄孫九代之親。❻喪紀　喪禮制度。紀，道。❼隆殺　隆重與簡省。❽稱情以立文　符合人情而制定禮法條文。❾同氣　兄弟姊妹之輩。❿舅甥之國　謂周王室與齊國是舅父與外甥的關係。事見《左傳・成公二年》。⓫秦伯懷晉　指秦康公懷念舅父晉文公重耳。⓬渭陽之詩　即《詩經・秦風・渭陽》。詩云：「我送舅氏，曰至渭陽。」後世注家謂秦康公為太子時，送舅晉公子重耳至渭陽，而作此詩。渭陽，渭水之北。當時秦都雍，「至渭陽」，即送之於咸陽。⓭居喪五月　即喪禮五服中第四種「小功」，比緦麻禮重。小功，其服用較細的熟麻布製成，服期五個月。⓮禮記　指《禮記・檀弓》。⓯期　期服，服期一年。⓰從母　姨母，即母親的姊妹。⓱名文　親屬的名義。⓲劬勞鞠養　辛勞地撫養。⓳契闊　勞苦；勤苦。⓴行路　指行路之人。㉑鄭仲虞　東漢時人。奉養寡嫂孤兒，恩禮敦至。㉒顏弘都　晉朝人。其嫂因病失明，盡心奉養，後嫂病癒。㉓馬援　東漢人，曾任伏波將軍。奉嫂致恭，不冠，不敢入見。㉔孔伋　字子思，孔子之孫。嫂死，立靈位痛哭。事見《禮記・檀弓》。㉕秩宗　古代掌宗廟祭祀之官，這裡指禮官。㉖採摭　採取；摘取。㉗秩　規則。㉘信六籍　伸明六經。信，通「伸」。表明。㉙曾祖父母　按《舊唐書・禮儀志》作「高祖父母」。㉚齊衰　喪禮五服中第二種，僅次於斬服。其服用粗麻布做成，以其緝邊，故稱齊衰。對象如為高祖父母，服三個月；如為曾祖父母，服期五個月；如為祖父母，服一年，又稱「齊衰期」。㉛大功　五服中第三種，其服用熟麻布做成。服期九個月。㉜期　一年。㉝小功　五服之一，見前注釋。㉞子婦　二字原脫，據《舊唐書・禮儀志》補。

【語　譯】貞觀十四年，唐太宗對禮官說：「共同生活過的人死了，尚且有服緦麻的恩情，而小叔與嫂嫂之間卻沒有服喪的規定；又舅父與姨母，親疏相似，而服喪的規定卻大不相同，不能說是合乎禮的，應該召集學者詳細審議。其餘凡有親屬的關係密切而服喪卻禮輕的情況，也附帶奏報上來。」當月，尚書左、右僕射、六部尚書以及禮官們擬定了意見，奏報說：

臣等私下聽說，禮是用來解決嫌疑，終止猶豫，分別同異，明辨是非的。禮不是從天上掉下的，也不是從地裡冒出的，只是依循人的感情罷了。為人之道，首先在於敦睦九族，九族的親屬要和睦，源自於親愛自己的親人，從近親推到遠親。親屬關係有近遠的差別，所以服喪之禮制也有隆重與簡省的不同，隨著恩情的厚薄，都要訂出符合人情的禮法條文。推究舅父與姨母的關係，雖然是同輩的，但從母親的關係而論，就有輕重之別了。為什麼呢？舅父是母親的本宗，姨母則是屬於外戚他姓，從母親的宗族來看，姨母不包括在內，從經史上去考察，則舅父確實是重要的。所以東周天子思念齊國，稱之為舅甥之國；秦康公懷念舅父晉文公，實在切合〈渭陽〉一詩的詩意。現在為舅父服喪只是一般的三個月而已，為姨母服喪卻有五個月之長，徇名失實，逐末棄本，這是古人之情還沒通達的地方，應當加以增刪的，正在於此吧！

《禮記》上說：「兄弟的兒子猶如自己的兒子，這可說是使親情更為接近的說法。嫂嫂與小叔之間沒有服喪的規定，這可說是使關係推遠的做法。」依照禮制，繼父和自己共同居住的，則死後為他服喪一年，未曾共同居住的，則不必為他服喪。姨母的丈夫，舅舅的妻子，為他們服喪的規定相同的。有人說：「共同生活過的人死了，要服喪三個月。」既然如此，那麼，繼父並不是骨肉之親，服喪之禮重，是因為共同生活過，而恩情輕的，是由於不在一起居住的緣故。可見喪服制度雖然跟親屬名義有關聯，但也可以說是根據恩情的厚薄而定的。有的年長的嫂嫂，遇到還是孩童的小叔，辛勞地撫養他，在感情上好像是自己親生的一樣，共同忍受飢寒，辛勤到老，比起一道居住的繼父，比起其他共同生活過的人，那情義的深淺，怎麼可以同日而語呢？嫂嫂健在時，恩愛如同親骨肉，到嫂嫂死了，就把關係推遠，探求事情的本源，這種規定甚為人們所不理解。如果將關係推遠的做法是對的，那麼生前就不可以共同居住；如果生前共同居住的做法是對的，那麼死後就不可以視同陌生的路人。生前恩重而死後禮輕，開始厚愛而最終刻薄，所謂符合情義以制定禮法條文的做法，它的合理性在哪兒呢？況且奉事嫂嫂而被稱讚的人，史籍上所記載的不止一個。鄭仲虞對寡嫂恩禮甚深，顏弘都竭誠地奉養失明的嫂嫂，令人感動，馬援奉嫂致恭，不整衣冠不敢入見，孔伋為嫂嫂立靈位而痛哭。這些都是親身實踐禮教道義，仁愛深厚，孝順友悌的實例，推考他們行為的動機，難道不是先知先覺者嗎？但在那時，上無聖哲的帝王，禮不是臣下所能議論的，就這樣使深情壓抑於千年，至理埋沒於萬古，這種情況由來已久了，難道不可惜嗎？

現在陛下認為尊卑之序，雖已燦然完備，而喪禮制度有的還不盡合乎情理，於是命令禮官詳細審議，加以增刪。臣等遵奉陛下英明的旨意，觸類傍求，採取群經，研討傳記，有的損抑，有的引用，兼顧名實，刪減多餘的，增補不足的，使尚未成文的禮儀都一一加以確定，使敦睦之情都體現出來，改變以往的澆薄風俗，把深情厚義傳給後代，陳述六經上沒有談過的內容，超越百代帝王，而獨樹一幟。

我們恭謹地建議曾祖父母之喪，原先規定服齊衰三個月，請增加為服齊衰五個月；嫡子婦之喪，原先規定服大功九個月，請增為一年；其他子婦之喪，原先規定服小功五個月，現在請與兄弟子婦一樣，都服大功九個月；嫂叔之間，原先沒有服喪的規定，現在請服小功五個月；對於弟弟的妻子以及丈夫的哥哥，也服小功五個月。舅舅之喪，原先規定服緦麻三個月，請加與姨母一樣，服小功五個月。

唐太宗下詔同意這些建議。這份意見書是魏徵撰寫的。

貞觀十七年，十二月癸丑❶，太宗謂侍臣曰：「今日是朕生日❷。俗間以生日可為喜樂，在朕情，翻成感思。君臨天下，富有四海，而追求侍養，永不可得。仲由❸懷負米之恨，良有以也。況《詩》❹云：『哀哀父母，生我劬勞。』奈何以劬勞之辰，遂為宴樂之事！甚是乖於禮度。」因而泣下久之。

【章旨】此章言唐太宗主張生日不為宴樂之事。

【注釋】❶貞觀十七年二句　按《資治通鑑》繫於貞觀二十年（西元六四六年）十二月癸未。❷生日　按唐太宗生日，一般認為是在隋開皇十八年（西元五九八年）十二月戊午（二十二日），但也有作十二月七日或十二月二十五日的。參見岑仲勉《通鑑隋唐紀比事質疑》「太宗生日」條。❸仲由　即子路，孔子的弟子。傳說子路早年家貧，自己吃野菜，卻背米送給父母。父母死後，子路成為巨富，悲歎自己雖仍願為父母負米，但已不可能了。事見《孔子家語》。❹詩　指《詩經・小雅・蓼莪》。

【語　譯】貞觀十七年，十二月癸丑日，唐太宗對侍臣說：「今天是我的生日。民間以為生日可以喜慶宴樂，在我的心情上，卻反而成為傷感懷思的日子。君臨天下，富有四海，但想要去求得侍養父母的機會，已是永遠不可能的了。子路心懷負米之遺恨，確實是有原因的。況且《詩經》上說：『哀傷父母，生養我時多辛勞啊！』怎麼能在父母辛勞的日子裡，就去做宴樂之事呢？這太違背禮制法度了。」因而哭泣了很久。

太常少卿祖孝孫❶奏所定新樂❷。太宗曰：「禮樂之作，是聖人緣物設教❸，以為撙節❹，治政善惡，豈此之由？」御史大夫杜淹對曰：「前代興亡，實由於樂。陳將亡也為〈玉樹後庭花〉❺，齊將亡也而為〈伴侶曲〉❻，行路聞之，莫不悲泣，所謂亡國之音。以是觀之，實由於樂。」太宗曰：「不然，夫音聲豈能感人？歡者聞之則悅，哀者聽之則悲，悲悅在於人心，非由樂也。將亡之政，其人心苦，然苦心相感，故聞之❼則悲耳。何樂聲哀怨，能使悅者悲乎？今〈玉樹〉、〈伴侶〉之曲，其聲具存，朕能為公奏之，知公必不悲耳。」尚書右丞魏徵進曰：「古人稱，禮云，禮云，玉帛❽云乎哉！樂云，樂云，鐘鼓云乎哉！樂在人和，不由音調。」太宗然之。

【章　旨】此章記述貞觀君臣討論禮樂的效用，強調「樂在人和，不由音調」。

【注　釋】❶祖孝孫　姓祖，名孝孫，唐代著名的音樂家。貞觀二年（西元六二八年），官為太常少卿，協助太常卿掌管禮樂、郊廟、社稷之事。❷新樂　即《唐雅樂》，凡八十四調、三十一曲、十二和。❸緣物設教　因人情而設置教化。❹撙節　抑制。❺玉樹後庭花　曲名，南朝陳後主所作，讚美妃嬪之豔麗。❻伴侶曲　曲名，南朝齊東昏侯時作，後被梁武帝所滅。胡三省注云：北齊之時，陽俊之作淫蕩歌詞，名為〈陽五伴侶〉。❼之　原作「而」，據《舊唐書・音樂志》改。❽玉帛　瑞玉和束帛，古代典禮最重玉帛，因泛指禮器。

【語　譯】太常少卿祖孝孫進呈新製作的《唐雅樂》。唐太宗說：「禮樂的興作，是聖人因人情而設置教化，用來調節人們的感情，至於治理政事的好壞，難道是由於音樂的緣故嗎？」御史大夫杜淹回答說：「前代的興亡，確實是由於音樂的緣故。南朝陳將亡時作了〈玉樹後庭花〉，北朝齊將亡時作了〈伴侶曲〉，行路之人聽了，沒有不悲傷哭泣的，真是所謂亡國之音啊！由此看來，實在是由於音樂的緣故。」唐太宗說：「不對，聲音難道能感動人？歡樂的人聽到就喜悅，哀愁的人聽到就悲傷，悲傷與喜悅在於人的心情，而不是由於音樂。在將要滅亡的政權下，人心痛苦，而痛苦的心情互相感染，所以聽到音樂就悲傷罷了。哪兒有哀怨的樂聲，能使歡樂的人悲傷起來呢？現在〈玉樹後庭花〉、〈伴侶曲〉等曲調都還存在，我能為你們演奏，知道你們必定是不會悲傷的。」尚書右丞魏徵上前說：「古人說：禮呀，禮呀，就是玉帛之類的禮器啊！樂呀，樂呀，就是鐘鼓之類的樂器啊！歡樂起自人心的和悅，不是由於音調。」唐太宗認為這話說得對。

貞觀七年，太常卿蕭瑀奏言：「今〈破陣樂舞〉❶，天下之所共傳，然美盛德之形容，尚有所未盡。前後之所破劉武周❷、薛舉❸、竇建德、王世充等，臣願圖其形狀，以寫戰勝攻取之容。」太宗曰：「朕當四方未定，因為天下救焚拯溺，故不獲已，乃行戰伐之事，所以人間遂有此舞，國家因茲亦制其曲。然雅樂❹之容，止得陳其梗概，若委曲❺寫之，則其狀易識。朕以見在將相，多有曾經受彼驅使者，既經為一日君臣，今若重見其被擒獲之勢，必當有所不忍，我為此等，所以不為也。」蕭瑀謝曰：「此事非臣思慮所及。」

【章旨】此章言唐太宗不同意在樂舞中表現擒獲劉武周、王世充等人的情節。

【注　釋】❶破陳樂舞　原稱〈秦王破陣樂〉，武德三年（西元六二〇年），秦王李世民平定劉武周，河東士庶歌舞慶祝，軍中作此曲。貞觀元年（西元六二七年）正月，開始在殿堂上演奏，表現唐太宗的顯赫武功。貞觀七年正月，經改編譜曲，更名曰〈七德舞〉。後來，又一度改名為〈神功破陣樂〉。❷劉武周　武德初曾稱帝，南侵并州（今屬山西），以爭天下，後被李世民平定。❸薛舉　隋末起兵於金城（今甘肅蘭州），自稱秦帝，將圖長安，後被李世民平定。❹雅樂　帝王祭祀、朝賀、宴慶等大典所用的樂舞。❺委曲　事情的底細和原委。

【語　譯】貞觀七年，太常卿蕭瑀上奏說：「現在〈破陣樂舞〉，在天下廣為流傳，然而讚美盛德的形象，還有不詳盡之處。前後被平定的劉武周、薛舉、竇建德、王世充等人，我希望把他們被擒的形狀畫出來，讓人扮演，用來描寫戰勝攻取的盛大場面。」唐太宗說：「我在當時天下未定的情況下，因為要拯救水深火熱之中的全國百姓，所以不得已才進行戰爭之事，民間因此就有這種樂舞，朝廷也因此製作了它的曲調。然而雅樂所表現的形象，只是梗概而已，如果把事情的微細部分都加以描寫，當時具體的情狀就容易被識別出來。我以為現在的將相，很多人曾經為劉武周等人所任用，既然有過一度的君臣關係，現在如果重新看見劉武周等被擒獲的情狀，必定會心中有不忍，我因為這些原因，所以才不那樣做。」蕭瑀拜謝說：「這種情況不是我所能考慮到的。」

卷八

務農第三十

貞觀二年，太宗謂侍臣曰：「凡事皆須務本。國以人為本，人以衣食為本，凡營衣食，以不失時❶為本。夫不失時者，在人君簡靜乃可致耳。若兵戈屢動，土木❷不息，而欲不奪農時，其可得乎？」王珪曰：「昔秦皇、漢武，外則窮極兵戈，內則崇侈宮室，人力既竭，禍難遂興，彼豈不欲安人乎？失所以安人之道也。亡隋之轍，殷鑒❸不遠，陛下親承其弊，知所以易之，然在初則易，終之實難。伏願慎終如始，方盡其美。」太宗曰：「公言是也。夫安人寧國，惟在於君。君無為則人樂，君多欲則人苦，朕所以抑情損欲，剋己自勵耳。」

【章旨】此章論治國要以不失農時為本，安人寧國惟在人君簡靜無為。

【注釋】❶時　指農時。❷土木　指營建宮室等的工事。❸殷鑒　原謂殷人滅夏，殷的子孫應以夏的滅亡作為鑒戒。後泛指可作借鑒的往事。

【語譯】貞觀二年，唐太宗對侍臣說：「凡事都必須務本。國家以民眾為本，民眾以衣食為本，凡經營衣食，以不失農時為本。要不失農時，只有君王簡省清靜才可以做到。如果征戰攻伐不斷，土木營建不止，而想不奪農時，怎麼可能呢？」王珪說：「從前秦始皇、漢武帝，對外則窮兵黷武，對內則大興宮室，民力既然耗盡，禍難也就興起，他們難道不想安定民眾嗎？但是他們都喪失了用來安定民眾的根本方法。隋朝滅亡的覆轍，那鑒戒距今不遠，陛下親自承受到隋朝的餘弊，知道如何來改變。然而起初容易做得好，堅持到底實在是困難的。希望陛下善始慎終，這樣才能完全做到美善的地步。」唐太宗說：「你說得對。要使百姓與國家安寧，只在於君王。君王能無為而治，百姓就會歡樂；君王如驕奢多欲，百姓就會勞苦，這也是我抑情減欲、克己自勵的原因。」

貞觀二年，京師旱，蝗蟲❶大起。太宗入苑❷視禾，見蝗蟲，掇❸數枚而呪❹曰：「人以穀為命，而汝食之，是害于百姓。百姓有過，在予❺

一人，爾其有靈，但當蝕我心，無害百姓。」將吞之，左右遽諫曰：「恐成疾，不可。」太宗曰：「所冀移災朕躬，何疾之避！」遂吞之。自是蝗不復為災。

【章旨】此章言唐太宗吞蝗蟲而滅災害。

【注釋】❶蝗蟲　飛蝗，昆蟲，主要為害禾本科農作物。❷苑　指禁苑，在唐宮城外西北。出玄武門，北入禁苑。❸掇　拾取。❹呪　詛咒。呪，同「咒」。❺予　我。

【語譯】貞觀二年，京城長安一帶發生旱災，蝗蟲大起，唐太宗到禁苑內去視察禾穀農作物，看到蝗蟲，抓到幾隻就詛咒說：「百姓以穀物為命，而你們卻吃了穀物，這是在危害百姓啊！百姓有罪過，責任在我一人，你們如果有靈，只該吃我的心，不能危害百姓。」唐太宗準備吞下蝗蟲，身邊的人急忙勸諫說：「恐怕要生病的，不能吞下。」唐太宗說：「我希望的是移災到我身上，還躲避什麼疾病呢？」就把蝗蟲吞下了。從此蝗蟲便不再造成災害了。

貞觀五年，有司上書言：「皇太子將行冠禮❶，宜用二月為吉，請追兵❷以備儀注❸。」太宗曰：「今東作❹方興，恐妨農事，令改用十月。」

太子少保❺蕭瑀奏言：「準陰陽家，用二月為勝。」太宗曰：「陰陽拘忌，朕所不行，若動靜必依陰陽，不顧理義，欲求福祐，其可得乎？若所行皆遵正道，自然常與吉會。且吉凶在人，豈假陰陽拘忌？農時甚要，不可暫❻失。」

【章　旨】此章言皇太子冠禮不可妨害農事。

【注　釋】❶冠禮　男子成年時加冠的典禮。按皇太子李承乾是年才十三歲。皇太子冠禮儀式，詳見《新唐書・禮樂志》。❷追兵　增加衛士。❸儀注　指儀仗隊伍。❹東作　謂春耕，農事。❺少保　按蕭瑀是時官為御史大夫兼太子少傅。❻暫　暫。

【語　譯】貞觀五年，有關官署上書說：「皇太子將舉行加冠典禮，應該選在二月最吉祥，請增加衛士以備儀仗的需要。」唐太宗說：「現在春耕剛開始，典禮恐怕會妨害農事，下令改在十月舉行。」太子少保蕭瑀說：「依照陰陽家的說法，在二月舉行最好。」唐太宗說：「陰陽禁忌，我是不理會的，如果人的行止必定依照陰陽禁忌，不顧道理與禮義，要想求得上天的賜福與保祐，怎麼可能呢？如果所做的都遵循正道，自然地常與吉祥相遇。況且吉凶取決於人，難道要靠陰陽禁忌嗎？農時甚為重要，不可有一刻違失。」

貞觀十六年，太宗以天下粟價率計斗直❶五錢，其尤賤處，計斗直三錢，因謂侍臣曰：「國以民為本，人以食為命，若禾黍不登❷，則兆庶❸非國家所有。既屬豐稔若斯，朕為億兆人父母，唯欲躬務儉約，必不輒為奢侈。朕常欲賜天下之人，皆使富貴。今省徭賦，不奪其時，使比屋❹之人，恣❺其耕稼，此則富矣。敦行禮讓，使鄉閭之間，少敬長，妻敬夫，此則貴矣。但令天下皆然，朕不聽管絃❻，不從畋獵，樂在其中矣！」

【章旨】此章論簡省徭賦，敦行禮讓，可使天下之人富貴。

【注釋】❶直　通「值」。❷不登　歉收。❸兆庶　百姓。❹比屋　家家戶戶。❺恣　任意。❻管絃　音樂。

【語譯】貞觀十六年，唐太宗因為天下粟價大率每斗只值五錢，特別價廉的地方，每斗只賣三錢，於是對侍臣說：「國家以民眾為本，百姓以飯食為命，如果禾黍歉收，那麼所有百姓就不是國家所有的了。既然是如此豐收，我作為億萬民眾的父母，只想親自厲行儉約，一定不隨便奢侈浪費。我常常想賞賜天下之人，使他們都富貴起來。現在，簡省徭賦，不奪農時，使家家戶戶自由地耕種，這樣就可以富有了。敦行禮讓，使鄉里之間幼小的尊敬年長的，妻子尊敬丈夫，這樣人們就尊貴了。只要天下都如此，我不聽音樂，不去打獵，歡樂也在其中了。」

刑法第三十一

貞觀元年，太宗謂侍臣曰：「死者不可再生，用法務在寬簡。古人云，鬻棺者，欲歲之疫，非疾❶於人，利於棺售故耳。今法司覈理❷一獄，必求深刻❸，欲成其考課❹。今作何法，得使平允？」諫議大夫王珪進曰：「但選公直良善人，斷獄允當者，增秩❺賜金，即奸偽自息。」詔從之。太宗又曰❻：「古者斷獄，必訊於三槐、九棘之官❼，今三公、九卿，即其職也。自今以後，大辟罪❽，皆令中書、門下四品已上❾及尚書九卿議之，如此，庶免冤濫。」由是至四年，斷死刑，天下二十九人，幾致刑措❿。

【章旨】此章言刑法務必寬簡，死罪尤其要避免冤濫。

【注釋】❶疾　痛恨。❷覈理　核理；審理。❸深刻　深文苛刻；援用法律條文苛細嚴峻。❹考課　按一定的標準考察官吏的功過善惡，分別等差，升降賞罰。唐代考課之法，有「四善」、「二十七最」。見《新唐書・百官志》。❺秩　官吏的俸祿。❻太宗又曰　原另為一章。《資治通鑑》繫於貞觀二年（西元六二八年）三月，較確切。❼三槐九棘之官　三公、九卿。周代外朝植有三棵槐樹，三公位在其下，後以「三槐」代稱三公。又朝廷樹棘以分別朝臣的品位，左右各九，後以「九棘」代稱九卿。❽大辟罪　死刑；死罪。❾中書門下四品已上　指自中書令、侍中至諫議大夫。❿刑措　刑法擱置不用。措，擱置。

【語譯】貞觀元年，唐太宗對侍臣說：「人死了不能復活，執法務必要寬平簡約。古人說，賣棺材的人，希望每年遇到瘟疫，這並非痛恨人，而是為了有利於出售棺材罷了。現在法官審理一件獄案，援用的法律條文，必求苛刻，想做出成績，以便升官。現在該採取什麼辦法，才能使理獄公平允妥呢？」諫議大夫王珪進言道：「只要選用公平、正直、善良而斷獄允當的人，增加他們的俸祿，賞他們金寶，那麼奸偽之事便立即會自行止息。」唐太宗下詔採納這個建議。唐太宗又說：「古代斷獄審案，必定要經三槐、九棘之官的審訊，現在三公、九卿就是古代的三槐、九棘之官。自今以後，凡是死罪，都要由中書省、門下省四品以上大官以及尚書九卿共同議決，這樣做，希望能夠避免冤案與濫刑。」從此至貞觀四年，判處死刑的，全天下只有二十九人，幾乎達到了刑法擱置不用的地步。

貞觀二年，太宗謂侍臣曰：「比有奴告主謀逆❶，此極弊法，特須禁斷。假令有謀反者，必不獨成，終將與人計之；眾計之事，必有他人論❷之，豈藉奴告也？自今奴告主者，不須受❸，盡令斬決。」

【章旨】此章言奴僕誣告主人謀反，當以反坐處斬。

【注釋】❶謀逆　謀反。❷論　告發。❸受　受理。

【語譯】貞觀二年，唐太宗對侍臣說：「近來有奴僕告發主人企圖造反的，這是極其有害的做法，特別要加以禁絕。假使有謀反的，必定不會獨自策劃，終將與別人商量；眾人商議的事，必定有其他人來告發的，難道要靠奴僕來揭發嗎？從今以後，奴僕告發主人謀反的，不要受理，一律處以斬刑。」

貞觀五年，張蘊古❶為大理丞。相州❷人李好德素有風疾❸，言涉妖妄，詔令鞠❹其獄。蘊古言：「好德癲病有徵❺，法不當坐。」太宗許將寬宥，蘊古密報其旨，仍引與博戲❻。持書侍御史❼權萬紀劾奏之，太宗大怒，令斬於東市❽。既而悔之，謂房玄齡曰：「公等食人之祿，須憂人之憂，事無巨細，咸當留意。今不問則不言，見事都不諫諍，何所輔弼？如蘊古身為法官，與囚博戲，漏泄朕言，此亦罪狀甚重，若據常律，未至極刑⑨。朕當時盛怒，即令處置，公等竟無一言，所司又不覆奏⑩，遂即決之，豈是道理？」因詔曰：「凡有死刑，雖令即決，皆須五覆奏。」五覆奏，自蘊古始也。又曰：「守文⑪定罪，或恐有冤。自今以後，門下省覆，有據法令合死而情可矜⑫者，宜錄奏聞。」

蘊古，初以貞觀二年⑬自幽州總管府記室兼直中書省，表上〈大寶箴〉⑭，文義甚美，可為規誡。其詞曰：

「今來古往，俯察仰觀；惟辟作福⑮，為君實難。宅⑯普天之下，處王公之上；任土貢⑰其所有，具僚⑱和其所唱⑲。是故恐懼之心日弛，邪僻之情轉放。豈知事起乎所忽，禍生乎無妄⑳。固以聖人受命，拯溺亨屯㉑，歸罪於己，推恩於民㉒。大明㉓無偏照，至公無私親；故以一人治天下，不以天下奉一人。禮以禁其奢，樂以防其佚。左言而右事㉔，出警而入蹕㉕。四時調其慘舒㉖，三光㉗同其得失。故身為之度㉘，而聲為之律㉙。勿謂無知，居高聽卑；勿謂何害，積小成大。樂不可極，極樂成哀；欲不可縱，縱欲成災。壯九重㉚於內，所居不過容膝；彼昏不知，瑤其臺而瓊其室㉛。羅八珍㉜於前，所食不過適口；惟狂罔念㉝，丘其糟而池其酒㉞。勿內荒於色，勿外荒於禽㉟；勿貴難得之貨，勿聽亡國之音。內荒伐人性，外荒蕩人心；難得之物侈，亡國之聲淫。勿謂我尊而傲賢侮士，勿謂我智而拒諫矜己。聞之夏后㊱，據饋頻起㊲；亦有魏帝㊳，牽裾不止㊴。安彼反側㊵，如春陽秋露；巍巍蕩蕩，推漢高㊶大度。撫茲庶事，如履薄臨深㊷；戰戰慄慄，用周文小心。

《詩》㊸云：『不識不知。』《書》㊹云：『無偏無黨。』一彼此於胸臆，捐好惡於心想。眾棄而後加刑，眾悅而後命賞。弱其強而治其亂，伸其屈而直其枉。故曰：如衡如石㊺，不定物以數，物之懸者，輕重自見；如水如鏡，不示物以形，物之鑒者，妍蚩㊻自露。勿渾渾而濁，勿皎皎而清；勿汶汶㊼而闇，勿察察㊽而明。雖冕旒㊾蔽目而視於未形，雖黈纊㊿塞耳而聽於無聲。縱心乎湛然之域，遊神於至道之精。扣之者，應洪纖[51]而效響；酌之者，隨淺深而皆盈。故曰：天之清，地之寧，王之貞[52]。四時不言而代序，萬物無為而受成；豈知帝有其力，而天下和平。吾王撥亂，戡[53]以智力；人懼其威，未懷其德。我皇撫運[54]，扇以淳風；民懷其始，未保其終。爰述金鏡[55]，窮神盡性。使人以心，應言以行。包括理體[56]，抑揚辭令。天下為公，一人有慶[57]。開羅起祝[58]，援琴命詩[59]。一日二日，念茲在茲。惟人所召，自天祐之。爭臣[60]司直，敢告前疑。」

太宗嘉之，賜帛三百段，仍援以大理寺丞。

【章　旨】此章記述兩件事。一是唐太宗在盛怒之下，錯殺了大理丞張蘊古。張蘊古的問題並不構成死罪，使唐太宗後悔不已，於是詔令：處決死罪的，在京城裡要二天內覆奏五次。另一件事是張蘊古早年曾表上〈大寶箴〉，博得唐太宗的嘉獎，被授予大理丞之職。從張蘊古的任用與被殺，反映了貞觀初期完善死刑的審批程序。

【注　釋】❶張蘊古　相州人。太宗初即位，上〈大寶箴〉以諷，被授予大理丞，職掌分判大理寺事，正六品。

見《舊唐書・文苑傳》。❷相州　唐轄境相當今河北成安、廣平和魏縣西南部，河南安陽、湯陰、林縣、內黃及濮陽西南部地。❸風疾　這裡指「心疾」、「癲病」，即精神病。❹鞫　通「鞠」。審問。❺徵　明證；驗證。❻博戲　局戲，用六箸十二棋。❼持書侍御史　即治書侍御史。因避諱唐高宗李治，改「治」為「持」。❽東市　長安東市。市，市肆。❾極刑　死刑。❿覆奏　死罪判決後，應奏報審核，待覆奏報下才可行決。所謂「五覆奏」，就是規定：處決死罪的，在京城裡要二天內覆奏五次，其他諸州則仍舊「三覆奏」。⓫文　指法律條文。⓬矜憐憫。⓭貞觀二年　誤。《資治通鑑》繫於武德九年（西元六二六年）十二月，較確切。張蘊古係前幽州大都督李瑗之幕僚，玄武門事變後不久，李瑗謀反被殺。八月唐太宗正式即位，張蘊古資序未至，以前幽州總管府記室的身分入中書省，故稱「直中書省」。十二月，表上〈大寶箴〉。⓮大寶箴　上表題名。大寶，指帝位。箴，誡。⓯惟辟作福　謂君王獨自作威作福。語出《尚書・周書・洪範》。辟，君。⓰宅　居。⓱任土貢　語出《尚書・夏書・禹貢》：「任土作貢。」意謂按照土質與生產狀況而定其貢賦。⓲具僚　官僚。⓳唱　通「倡」。倡導。⓴無妄　亦作「毋望」。出乎意料的。㉑亨屯　使苦難的人順利起來。亨，順利通達。屯，六十四卦之一，意味艱困。㉒推恩於民　原作「因心於人」，據《舊唐書・文苑傳》改。㉓大明　指太陽與月亮。㉔左言而右事　謂左史記言，右史記事。㉕出警而入蹕　天子出稱警，入稱蹕。警，戒肅。蹕，止行。㉖慘舒　陰慘與舒爽；憂鬱和舒暢。㉗三光　指日、月、星辰。㉘度　法度。㉙律　音律；樂律。㉚九重　指帝王所居之處。君門九重。㉛瑤其臺而瓊其室　謂夏桀作瑤臺，殷紂王造瓊室。㉜八珍　八種珍貴食物，指淳熬、淳毋、炮豚、炮牂、擣珍、漬、熬、肝膋。㉝狂罔念　放縱無度。㉞丘其糟而池其酒　謂桀、紂以酒糟為堤丘，並以酒為池。㉟荒於禽　沉迷於遊獵。㊱夏后　指夏禹。㊲據饋頻起　夏禹吃飯時多次起來，以慰勞天下之民。㊳魏帝　魏文帝曹丕。㊴牽裾不止　史載，大臣辛毗規諫，文帝不答，起而入內，辛毗隨而牽其裾，終於使文帝同意。㊵反側　指不順從的人。㊶漢高　漢高祖劉邦。㊷履薄臨深　履薄冰，臨深淵。㊸詩　指《詩經・大雅・皇矣》。㊹書　指《尚書・周書・洪範》。㊺如衡如石　衡石，量具。衡，秤。石，容量單位。㊻妍蚩　美醜。㊼汶汶猶惛惛，昏暗不明貌。㊽察察　分析明辨的樣子。㊾冕旒　指天子冠前旒，凡十二旒。用五彩藻為旒，以藻貫五彩玉，垂掛冠前，以示目不須視惡色。㊿黈纊　黃綿。黃色絲綿做成圓球，舊時加於冕的兩旁，使耳朵不妄聽不義的言語。(51)洪纖　大小。(52)貞　正。(53)戡　勝。(54)撫運　遵循時運，意即治世、治國。(55)金鏡　比喻明道，即大道。(56)理體　治國的根本道理。(57)一人有慶　謂天子有善行。語出《尚書・周書・呂刑》。(58)開羅起祝　典出《史記・殷本紀》。商湯出，見郊野張羅網四面，祝（宗教官）曰：「自天下四方皆入吾網。」湯曰：「嘻，盡之矣！」乃去其三面，祝曰：「欲左，左。欲右，右。不用命，乃入吾網。」諸侯聞之，曰：「湯德至矣，及禽獸。」(59)援琴命詩　典出《孔子家語》：「舜彈五絃之琴，造〈南風〉之詩。」表示垂衣拱手，無為而治。(60)爭臣　諫諍之臣。

【語　譯】貞觀五年，張蘊古任大理丞。相州人李好德向來患有精神病，涉及妖言惑眾之罪，唐太宗詔令將他下獄審問。張蘊古奏言：「李好德患瘋癲病是有明證的，按照法律，不應當治罪。」唐太宗允許將他寬大處理，張蘊古便私下透露了旨意，還叫他來一道玩博戲。治書侍御史權萬紀為此彈劾張蘊古，唐太宗大怒，下令將張蘊古在東市斬首示眾。唐太宗不久就後悔了，對房玄齡說：「你們食人之祿，必須憂人之憂，事無巨細，都應當留意。現在我不問，你們就不說，看見事情處理不當都不諫諍，這樣還輔佐什麼呢？如張蘊古身為法官，卻與囚犯玩博戲，泄露我的話，這也可算是很重的罪狀，但如果依據通常的法律，是不至於被判死刑的。我當時在盛怒之下，立即下令處決，你們竟沒說一句話，而有關官員又不再審查奏報，就立即行刑了，難道是合乎道理的嗎？」因此下詔說：「凡判死刑的，雖已下令處決，但都必須覆奏五次。」所謂五覆奏，是從張蘊古事件後開始的。詔令又說：「依據法律條文定罪，有時還恐怕有冤屈情形。自今以後，門下省覆核時，凡有依據法令應判死刑而情況卻值得憐憫的，應當登記下來向我報告。」

張蘊古這個人，當初在貞觀二年以原幽州總管府記室的身分，兼入中書省做事，奏上一篇〈大寶箴〉，文義甚美，可用以規誡君主。它的文詞是這樣說的：

「古往今來，仰觀天文，俯察地理；只有君王獨自可以作威作福，所以當好君王實在是困難的。君王身居普天之下，處王公之上；各地根據所有，進獻貢賦，而百官也都附和聖旨。所以君王的恐懼之心既日益鬆弛，邪僻之情便反而放縱。哪兒知道事故是起於疏忽，禍難是生於意外的。本來以聖王承受天命，要拯救落難困苦的人，使他們走起運來；要把罪過歸於自己，把恩惠施給百姓。就像太陽月亮一樣不會偏照，奉行至公之道而沒有私親；所以由一人治理天下，不以天下侍奉一人。禮是用來禁止奢侈的，樂是用來防止淫佚的。左史記言而右史記事，外出時戒備森嚴而回宮時禁止路人行走。春夏秋冬調和著他的喜憂感受，日月星辰象徵著他的得失。所以帝王的行為成了法度，而聲音成了音律。不要說一無所知，居高能聽到卑下的情況；不要說一無所害，積小害會成為大災。娛樂不可極度，極樂會產生悲哀；欲望不可放縱，縱欲會形成災害。大力興建宮內殿室，所居的不過是容膝之地；但那些昏君卻不懂這個道理，大肆營造瑤臺與瓊室。前面擺滿八珍，所吃的不過是適口而止；但那些昏君卻只知放縱無度，把酒糟堆成山丘，並大造酒池。不要在內沉迷於女色，不要在外沉迷於遊獵；不要貴重難得的寶貨，不要去聽亡國之音。迷戀女色會使人性損害，迷戀遊獵會使人心放蕩；難得之物使人奢侈，亡國之聲使人淫靡。不要以為自己尊貴而輕慢賢士，不要以為自己智慧而驕矜拒諫。聽說夏禹吃飯時多次起來，以慰勞天下之士；也聽說魏文帝不聽勸諫，大臣便牽住他的衣裾不放。安撫那些不順從的人，要像春陽秋露一樣的柔和；胸懷巍巍蕩蕩，要效法漢高祖一樣的大度。處理政事，要像履薄冰、臨深淵一樣的謹慎；戰戰慄慄，要像周文王一樣的小心。

《詩經》上說：『不認識，也不知道。』《尚書》上說：『不偏私，也不阿黨。』胸臆不分彼此，心想捨棄好惡。眾人厭棄了然後加以刑罰，眾人喜悅了然後下令賞賜。強悍的予以削弱，而混亂的予以治理；委屈者予以伸張，而冤枉者予以糾正。所以說：好比秤與石，不能量定物品的數目，但物品放上去，輕重自然清楚；又好比水與鏡，不能顯示人的形體，但人去照時，美醜自然顯露。不要渾渾而濁，不要皎皎而清；不要惛惛而闇，不要察察而明。雖然皇冠的前旒遮住了眼睛，卻能看見尚未成形的東西；雖然黃綿擋住了耳朵，卻能聽見沒有聲音的東西。心思恣縱於清澈的境域裡，神智遨遊於至道的精華中。敲擊時，不論大小都會響應；斟酌時，不論淺深都會盛滿。所以說：上天清明，大地安寧，帝王公正。四時不言而順序替代，萬物無為而自然生成；哪兒知道帝王擁有什麼力量，而天下就和平。如今皇上撥亂反正，是靠智力取勝的；百姓畏懼你的威嚴，尚未懷念你的恩德。皇上遵循時運，倡導淳樸的風俗；百姓雖懷念好的開始，但還未能保證可以善終。於是闡述大道，窮盡思慮。以誠心待人，求言行一致。精通治世的原理，辭令抑揚頓挫。使得天下為公，天子積有善行，讓萬民受福。像商湯那樣放開羅網祝告，恩德遍及禽獸；像虞舜那樣撫琴作詩，垂衣拱手而治。這樣，一天又一天，念念不忘於此。禍福全是人所自招的，有德之人自有上天來保祐他。由於諫諍之臣的職責是直言勸誡，所以冒昧地奏報前述的疑難和問題。」

唐太宗讚賞這些意見，賜給張蘊古帛三百段，還任他為大理寺丞。

貞觀五年，詔曰：「在京諸司，比來奏決死囚，雖云三覆❶，一日即了，都未暇審思，三奏❷何益？縱有追悔，又無所及。自今後，在京諸司奏決死囚，宜二日❸中五覆奏，天下諸州三覆奏。」又手詔敕曰：「比來有司斷獄，多據律文，雖情在可矜而不敢違法，守文定罪，或恐有冤。自今門下省復有據法合死，而情在可矜者，宜錄狀奏聞。」

【章　旨】此章言處決死囚，在京城要五覆奏，其他諸州仍三覆奏。

【注　釋】❶三覆　原作「五覆」，據《新唐書·刑法志》改。❷三奏　原作「五奏」，據《新唐書·刑法志》改。❸二日　原作「三日」，據《新唐書·刑法志》改。

【語　譯】貞觀五年，唐太宗下詔說：「在京城各有關官署，近來奏報處決死囚，雖說要覆奏三次，但一天之內便了結，都沒有時間仔細審查，這樣三覆奏又有什麼益處？即使有了追悔的意思，什麼也來不及補救了。所以從今以後，在京城各有關官署奏報處決死囚，應當在二天內覆奏五次，天下諸州仍然覆奏三次。」唐太宗又親自寫了詔敕，說：「近來有關官署斷獄，大多依據法律條文，雖然情況有可憐憫的，但也不敢違背法律，這樣完全依照法律條文來定罪，會令人擔心有冤屈的情形。因此從今以後，門下省覆審時，如有依法應處死刑，而情況值得憐憫的，應當將案狀記下來，向我奏報。」

貞觀九年，鹽澤道行軍總管❶、岷州❷都督高甑生坐違李靖節度❸，又誣告靖謀逆，減死徙邊。時有上言者曰：「甑生舊秦府功臣，請寬其過。」太宗曰：「雖是藩邸舊勞❹，誠不可忘，然理國守法，事須畫一，今若赦之，使開僥倖之路。且國家建義太原❺，元從❻及征戰有功者甚眾，若甑生獲免，誰不覬覦，有功之人，皆須犯法。我所以必不赦者，正為此也。」

【章　旨】此章論治國守法，事須畫一，功臣犯罪，也不能無故赦免。

【注　釋】❶鹽澤道行軍總管　貞觀八年（西元六三四年）十二月為討伐吐谷渾而設置的。鹽澤，鹽池，在西海郡。❷岷州　今甘肅岷縣一帶。❸節度　調度；指揮。當李靖為主帥時，高甑生因延誤軍期而被治罪。❹藩邸舊勞　指在秦王府時有過功勞。❺建義太原　隋末李淵、世民父子在太原起義，後建立唐朝。❻元從　指最早參加起義的人。

【語　譯】貞觀九年，鹽澤道行軍總管、岷州都督高甑生，因違背李靖的指揮而犯罪，他又誣告李靖謀反，唐太宗便將他減免死刑，發配邊疆。當時有人上奏說：「高甑生是原秦王府的功臣，請寬赦他的罪過。」唐太宗說：「他雖然是在秦王府時有過功勞，確實是不能忘記的，但是治國要守法，事情須劃一，現在如果赦免他，就開了一條僥倖之路。況且國家從太原起兵以來，最早起義以及征戰有功之人很多，如果甄生獲得赦免，誰不會懷著僥倖的非分想法，這樣有功之人都要犯法了。我決不赦免他的緣故，正是為了這一點。」

貞觀十一年，特進魏徵上疏曰：

臣聞《書》曰：「明德慎罰❶」，「惟刑恤哉❷！」《禮》❸云：「為上易事❹，為下易知❺，則刑不煩矣。上人疑則百姓惑，下難知則君長勞矣。」夫上易事，則下易知，君長不勞，百姓不惑。故君有一德，臣無二心，上播忠厚之誠，下竭股肱之力，然後太平之基不墜，「康哉」之詠❻斯起。當今道被華戎❼，功高宇宙，無思不服，無遠不臻。然言尚於簡文❽，志在於明察，刑賞之用，有所未盡。夫刑賞之本，在乎勸善而懲惡，帝王之所以與天下為畫一，不以貴賤親疏而輕重者也。今之刑賞，未必盡然。或屈伸在乎好惡，或輕重由乎喜怒。遇喜則矜其情於法中，逢怒則求其罪於事外，所好則鑽皮出其毛羽，所惡則洗垢求其瘢痕❾。瘢痕可求，則刑斯濫矣；毛羽可出，則賞因謬矣。刑濫，則小人道長，賞謬，則君子道消。小人之惡不懲，君子之善不勸，而望治安刑措，非所聞也。

且夫暇豫❿清談，皆敦尚於孔、老⓫；威怒所至，則取法於申、韓⓬。直道而行，非無三黜⓭，危人自安，蓋亦多矣。故道德之旨未弘，刻薄之風已扇。夫刻薄既扇，則下生百端，人競趨時，則憲章不一，稽之王度，實虧君道。昔州犁⓮上下其手，楚國之法遂差；張湯⓯輕重其心，漢朝之刑以弊。以人臣之頗僻⓰，猶莫能申其欺罔，況人君之高下，將何以措其手足乎！以睿聖之聰明，無幽微而不燭⓱，豈神有所不達，智有所不通哉？安其所安，不以恤刑為念；樂其所樂，遂忘先笑之變⓲。禍福相倚，吉凶同域，惟人所召，安可不思？頃者責罰稍多，威怒微厲，或以供帳⓳不贍，或以營作差違，或以物不稱心，或以人不從命，皆非致治之所急，實恐驕奢之攸[20]漸。是知「貴不與驕期而驕自至，富不與侈期而侈自來[21]」，非徒語也。

且我之所代，實在有隋，隋氏亂亡之源，聖明之所臨照。以隋氏之府藏譬今日之資儲，以隋氏之甲兵況[22]當今之士馬，以隋氏之戶口校今時之百姓，度長比大，曾何等級？然隋氏以富強而喪敗，動之也；我以貧窮而安寧，靜之也。靜之則安，動之則亂，人皆知之，非隱而難見也，非微而難察也。然鮮蹈平易之塗，多遵覆車之轍，何哉？在於安不思危，治不念亂，存不慮亡之所致也。昔隋氏之未亂，自謂必無亂；隋氏之未亡，自謂必不亡。所以甲兵屢動，徭役不息，至於將受戮辱，竟未悟其滅亡之所由也，可不哀哉！

夫鑒形之美惡，必就於止水；鑒國之安危，必取於亡國。故《詩》[23]曰：「殷鑒不遠，在夏后之世。」又曰[24]：「伐柯[25]伐柯，其則[26]不遠。」臣願當今之動靜，必思隋氏以為殷鑒，則存亡治亂，可得而知。若能思其所以危，則安矣；思其所以亂，則治矣；思其所以亡，則存矣。知存亡之所在，節嗜欲以從人，省遊畋之娛，息靡麗之作，罷不急之務，慎偏聽之怒。近忠厚，遠便佞㉗，杜悅耳之邪說，甘苦口之忠言。去易進㉘之人，賤難得之貨，採堯、舜之誹謗㉙，追禹、湯之罪己㉚，惜十家之產㉛，順百姓之心。近取諸身，恕以待物，思勞謙以受益，不自滿以招損。有動則庶類㉜以和，出言而千里斯應㉝，超上德於前載，樹風聲於後昆㉞。此聖哲之宏規，而帝王之大業，能事斯畢，在乎慎守而已。

夫守之則易，取之實難。既能得其所以難，豈不能保其所以易？其或保之不固，則驕奢淫泆動之也。慎終如始，可不勉歟！《易》㉟曰：「君子安不忘危，存不忘亡，治不忘亂，是以身安而國家可保也。」誠哉斯言，不可以不深察也。伏惟陛下欲善之志，不減於昔時；聞過必改，少虧於曩日㊱。若以當今之無事，行疇昔㊲之恭儉，則盡善盡美矣，固無得而稱焉。

太宗深嘉而納用。

【章旨】此章載魏徵的奏疏，論述刑罰與治亂的關係。首先指出刑賞的根本在於勸善懲惡，帝王不能從喜怒好惡出發，不能因貴賤親疏而有輕有重。接著總結了歷史上的經驗，特別是隋朝滅亡的教訓，強調：「隋氏以富強而喪敗，動之也；我以貧窮而安寧，靜之也。」最後希望唐太宗以隋氏為殷鑒，居安思危，慎終如始，以求盡善盡美。

【注釋】❶明德慎罰　語出《尚書・周書・康誥》。謂周文王彰明俊德，謹慎地使用刑罰。❷惟刑恤哉　語出《尚書・虞書・舜典》。意謂惟恐用刑過濫啊。恤，憂念；憐憫。❸禮　指《禮記・緇衣》。❹為上易事　謂君主能以正道而治，臣下侍奉之則容易。為上，指君主。❺為下易知　謂臣下無奸詐，君主知其情則容易。為下，指臣下。❻康哉之詠　傳說虞舜時天下太平，臣子皋陶讚說：「股肱良哉，庶事康哉！」見《尚書・虞書・益稷》。❼華戎　華夏與夷戎。❽簡文　簡省法律條文。❾瘢痕　瘡疤；瘡傷好了後留下的痕跡。❿暇豫　閒暇。⓫孔老　孔子、老子。⓬申韓　申不害、韓非子，戰國時法家代表人物。⓭三黜　三次被罷黜。《論語・微子》載柳下惠為士師，三次被罷黜。他說：「直道而事人，焉往而不三黜？」⓮州犁　即伯州犁，春秋時楚人。史載：楚國進攻鄭國，楚縣尹穿封戌（人名）俘虜了鄭國守將皇頡，楚公子圍要爭功，請伯州犁裁處。伯州犁叫俘虜作證，實有意偏袒公子圍，向皇頡「上其手曰：『夫（彼）子為王子圍，寡君之貴介弟也。』下其手曰：『此子為穿封戌，方城外之縣尹也。誰獲子？』囚曰：『頡遇王子，弱（敗）焉。』」後因稱通同作弊為「上下其手」。見《左傳・襄公二十六年》。⓯張湯　西漢著名的酷吏，善於揣摩漢武帝的旨意，以量刑定罪。⓰頗僻　邪惡不誠實。⓱燭　照耀。⓲先笑之變　謂先笑後悲、始吉終凶的變化。《易・同人卦》：「九五，同人先號咷而後笑。」⑲供帳　陳設帷帳等用具以供宴會或行旅的需要。⑳攸　所。㉑貴不與驕期而驕自至二句是《尚書・周書・周官》孔安國注文，魏徵暗引在此。㉒況　比方。㉓詩　指《詩經・大雅・蕩》。㉔又曰　指《詩經・豳風・伐柯》。㉕伐柯　砍木以製斧柄。㉖則　榜樣；準則。㉗便佞　善以言詞取媚於人，花言巧語。㉘易進　草率進取。㉙堯舜之誹謗　謂堯舜在交通要道設置誹謗之木，讓人書寫諫言。㉚禹湯之罪己　謂禹、湯歸罪於己，所以興旺起來。事見《左傳・莊公十一年》。㉛惜十家之產　謂漢文帝愛惜十家之產的費用，而停止建造露臺。㉜庶類　百姓。㉝出言而千里斯應　謂君子居其室，出其言善，則千里之外應之。見《易・大傳》。㉞後昆　後裔；後代。㉟易　指《易・繫辭下》釋〈否〉九五爻義。㊱曩日　從前。㊲疇昔　往昔。

【語譯】貞觀十一年，特進魏徵上疏說：

我聽《尚書》上說：「彰明美德，慎用刑罰。」又說：「惟恐用刑過濫啊！」《禮記》上也說：「君主以正道而治，臣下就容易侍奉君主，臣下沒有奸詐之心，君主就容易知道下情，這樣刑罰就不必勞煩去動用了。君主多疑，百姓就會感到迷惑，臣下難知，君主就會顯得煩勞了。」君主容易侍奉，則臣下的情況容易知道，君主不必煩勞，百姓也不會感到迷惑。所以君主有純一的美德，臣下就不會有二心，君主廣施忠厚之誠，臣下就竭盡股肱之力，然後太平之基業便不會墜毀，「庶事康哉」的讚歌也都會唱起來了。當今陛下之德澤遍及華夏與夷戎各地，功德高過宇宙，無人不心服，也無遠弗屆。然而，言談上雖崇尚法律條文簡省，但內心想的卻是苛細深察，在刑罰與賞賜的使用上，還有不周全的地方。刑罰與賞賜的根本目的，原在於勸善而懲惡，帝王是藉此給天下定出同一的準則，是不依貴賤親疏來決定輕重的。而現在的刑罰與賞賜，卻不都是這樣。有時屈直取決於好惡，有時輕重取決於喜怒。遇到高興時就用憐憫之情代替法律，碰到憤怒時就在案情之外搜求罪責。對自己所喜愛的人，就連羽毛一樣的優點也要找出來；對自己所厭惡的人，就像洗淨汙垢找瘡疤一樣挑出缺點。瘡疤似的缺點可以尋得，刑罰就會濫用了；羽毛似的優點可以找出，賞賜就會謬誤了。刑罰濫用，就使小人之道增長；賞賜謬誤，就使君子之道消失。小人的罪惡不懲罰，君子的善行不勸勉，卻希望天下安治，刑罰擱置不用，這是沒有聽說過的。

再說閒暇時清談，都崇尚孔子、老子的學說；等到威怒之時，就取法申不害、韓非的法術。這樣，以正直自守的人，是沒有不屢被貶黜的，而危害別人以自安的人，也就因而多了。所以道德的宗旨未能弘揚，而刻薄的風氣便已興起。刻薄的風氣既已興起，下面就弊端百出，人人競相趨時，憲章就不能統一，這樣用帝王的標準來衡量，實在有損於為君之道。從前，伯州犁上下其手，通同作弊，楚國的法令就出現差錯了；張湯揣摩旨意，以量刑定罪，漢朝的刑法就產生弊端了。對於臣子的偏頗不正，尚且不能揭露其欺騙蒙蔽之罪，何況君主隨意所定的輕重好惡，那又有什麼辦法去對付呢？以聖上的聰明，沒有一個幽微的地方是照耀不到的，難道神思有什麼不暢達的？智慧有什麼不通順的嗎？安其所安，便不把慎用刑罰放在心上；樂其所樂，就忘記了先笑後悲的變化。但禍福是互相依存的，吉凶是常常同在的，它們全由自己所招來，哪兒可以不思考呢？近來陛下對人的責備與處罰較多，威怒也稍厲害了，有時是因為供奉不豐裕，有時是因為營造宮室不如意，有時是因為器物不稱心，有時是因為臣下不遵命，這些都不是治理國家所急需的事，實在令人擔心驕奢之風會因而逐漸形成。由此可知，所謂的「貴不與驕相約而驕自至，富不與侈相約而侈自來」，實在不是空話啊！

再說我朝所取代的是隋朝，隋朝亂亡的根源，聖明的陛下是親自看得一清二楚的。拿隋朝的府庫積藏比今天的物資儲備，拿隋朝的甲兵比當今的人馬，拿隋朝的戶口比現在的百姓，量長比大，我朝怎麼能比得上呢？然而隋朝雖富強卻喪敗了，這是由於甲兵屢動、徭役不息的緣故；我朝雖貧窮卻安寧了，這是由於清靜簡省、無為而治的緣故。靜之則安，動之則亂，這是人們都知道的，並非隱而難見、微而難察的道理。但很少有人走平坦易行的道路，卻大都陷入覆車之轍，為什麼呢？這是由於安不思危、治不念亂、存不慮亡所造成的。從前隋朝未亂之時，自以為必定不會動亂；隋朝未亡之時，自以為必定不會滅亡。所以甲兵屢動，徭役不息，以致到了隋煬帝將遭殺身之辱時，竟未覺察到自己滅亡的原因，難道不可悲嗎？

照映形貌的美醜，一定要對著靜止的水面；鑒察國家的安危，一定要吸取亡國的教訓。所以《詩經》上說：「殷朝可借鑒的事不遠，就在夏代的末世君王身上。」又說：「砍樹木做斧柄啊，樹木做的斧柄，它長短大小的標準就在眼前。」我希望當今的一靜一動，必須考慮以隋朝作為借鑒，那麼存亡治亂的情況就可得而知了。如果能夠思考隋朝危急的原因，我朝就安寧了；能夠思考隋朝喪亂的原因，我朝就治平了；能夠思考隋朝滅亡的原因，我朝就長存了。弄清存亡原因的所在，節制嗜欲，以順從民眾，減省遊獵之類的娛樂，停止靡麗宮室的興造，罷除不急之務，謹防偏聽之怒。親近忠誠淳厚之士，疏遠花言巧語的人，杜絕悅耳之邪說，聽納苦口的忠言。斥退草率冒進之人，鄙視難以覓得的寶物，效法堯、舜設置誹謗木，追慕禹、湯歸罪於己的做法，像漢文帝一樣愛惜十家之產，以順從百姓的心願。就近以身作則，以仁愛之心待人；想著勤勞謙虛，以獲得益處；不要驕傲自滿，而招來損害。這樣，做事則百姓擁護，說話則千里響應，高尚的道德超過了前代，給子孫後代樹立風教。這就是聖哲的宏圖、帝王的大業，能夠完全做到這些，全在於謹慎地遵守罷了。

守業容易，創業實難。既然難的能夠做到了，難道容易的就不能守住嗎？有人守得不牢固，是受了驕奢淫逸的影響。要慎終如始，能不努力去做嗎？《易經》上說：「君子安不忘危，存不忘亡，治不忘亂，所以自身既安全而國家又能保住。」這話確實說得對，不可以不深思。我想陛下治好國家的志願，不減於當年，但聞過必改的作風，卻有些不如往日。如果在當今太平無事的時候，仍保持往昔謙恭節儉的作風，那就盡善盡美了，這樣肯定是沒有人能和陛下相媲美的。

唐太宗非常讚賞並採用了這些意見。

貞觀十四年，戴州刺史賈崇以所部有犯十惡❶者，被御史劾奏。太宗謂侍臣曰：「昔陶唐❷大聖，柳下惠❸大賢，其子丹朱❹甚不肖，其弟盜跖❺為巨惡。夫以聖賢之訓，父子兄弟之親，尚不能使陶染❻變革，去惡從善。今遣刺史，化被下人，咸歸善道，豈可得也。若令緣此皆被貶降，或恐遞相掩蔽，罪人斯失。諸州有犯十惡者，刺史不須從坐❼，但令明加糾訪科罪❽，庶可肅清姦惡。」

【章　旨】此章言諸州有犯十惡者，不要彈劾刺史，只令明加糾察，庶可肅清姦惡。

【注　釋】❶十惡　十條不可赦免的罪狀：一曰謀反，二曰謀大逆，三曰謀叛，四曰謀惡逆，五曰不道，六曰大不敬，七曰不孝，八曰不睦，九曰不義，十曰內亂。❷陶唐　陶唐氏堯。❸柳下惠　春秋時魯國大夫，以善於講禮節著稱。❹丹朱　堯之不肖子。❺盜跖　《莊子・雜篇》以為柳下惠之弟，名跖，是個大盜。❻陶染　熏陶感染。❼從坐　連坐；牽連治罪。❽科罪　判刑。

【語　譯】貞觀十四年，戴州刺史賈崇因為他的州中有人犯了十惡之罪，被御史彈劾上奏。唐太宗對侍臣說：「從前陶唐氏堯是大聖人，柳下惠是大賢人，但堯之子丹朱甚為不肖，柳下惠之弟盜跖成了巨惡之人。以聖賢的訓導、父子兄弟的親情，尚且不能使他們的子弟熏陶感染，有所改變，去惡從善。而現在派遣刺史，要去感化一州之人，使他們都走上正道，怎麼可能呢？如果因此都被貶黜，恐怕會不斷地互相掩蓋真實情況，罪人也就發現不了。因此諸州有犯十惡之罪的，刺史不須連坐，只令刺史嚴加糾察，給予懲治判刑，希望這樣可以肅清姦惡之徒。」

貞觀十六年，太宗謂大理卿孫伏伽❶曰：「夫作甲❷者欲其堅，恐人之傷；作箭者欲其銳，恐人不傷。何則？各有司存❸，利在稱職故也。朕常問法官刑罰輕重，每稱法網寬於往代。仍恐主獄之司，利在殺人，危人自達，以釣聲價，今之所憂，正在此耳！深宜禁止，務在寬平。」

【章旨】此章論刑罰務在寬平，禁止獄官危人自利。

【注釋】❶孫伏伽　唐初名臣，詳見本書「直諫」注釋。貞觀十四年（西元六四〇年），拜大理卿。❷甲　古時戰士的護身衣，用皮革或金屬做成。❸司存　謂掌管之所在，即職責。

【語譯】貞觀十六年，唐太宗對大理卿孫伏伽說：「製造甲衣想要堅固，唯恐受到別人的傷害；製作箭矢想要尖銳，唯恐不能將別人殺傷。為什麼呢？這是由於各有各的職責，以利於各自擔任的職事的緣故。我常問法官有關刑罰輕重的情況，法官每次都說法網寬於前代。我仍擔心主管刑獄的官員，認為殺人是有利的，所以危害別人而使自己顯達，用來沽名釣譽，今天所擔憂的正在於此啊！應當嚴加禁止，刑罰務必寬大公平。」

赦令第三十二

貞觀七年❶，太宗謂侍臣曰：「天下愚人者多，智人者少，智者不肯為惡，愚人好犯憲章。凡赦宥之恩，惟及不軌之輩。古語云：『小人之幸，君子之不幸。』『一歲再赦，善人喑啞❷。』凡養稂莠❸者傷禾稼，惠姦宄❹者賊❺良人。昔『文王作罰，刑茲無赦❻。』又蜀先主❼嘗謂諸葛亮曰：『吾周旋陳元方❽、鄭康成❾之間，每見啟告治亂之道備矣，曾不語赦。』故諸葛亮治蜀十年不赦，而蜀大化。梁武帝每年數赦，卒至傾敗。夫謀小仁者，大仁之賊，故我有天下已來，絕不放赦。今四海安寧，禮義興行，非常之恩，彌不可數。將恐愚人常冀僥倖，惟欲犯法，不能改過。」

【章　旨】此章論愚人好犯憲章，不能改過；對於犯法的不軌之徒，絕不赦免。

【注　釋】❶貞觀七年　諸史傳作貞觀二年（西元六二八年），較確切。❷暗啞　啞巴；沉默無言。❸稂莠　形似禾苗的害草。❹姦宄　指犯法作亂的人。❺賊　傷害。❻文王作罰二句　節錄自《尚書・周書・康誥》。刑茲無赦，謂對這些亂倫的人懲治，不得赦免。❼蜀先主　即劉備。❽陳元方　名紀，東漢末人，以德行博學著稱。❾鄭康成　即鄭玄，東漢末著名的經學家。

【語　譯】貞觀七年，唐太宗對侍臣說：「天下愚昧的人多，聰明的人少，聰明的人不肯作惡，愚昧的人常常觸犯憲章法令。所以凡有赦免寬宥的恩典，只是給了不軌之徒罷了。古話說：『赦免，是小人的幸運，是君子的不幸。』又說：『一年兩次赦免，好人就沉默無言了。』大凡害草的生殖會損害禾稼，對犯法作亂的人施加恩惠會傷害好人。從前，『周文王制定刑罰，懲治亂倫的人，不予赦免。』還有蜀先主劉備曾對諸葛亮說：『我跟陳元方、鄭康成有過應接交往，每次聽他們講治亂之道，講得都很詳盡，卻不曾說到赦免。』所以諸葛亮治理蜀國十年，不行赦免，卻使得蜀國大治。梁武帝每年幾次赦免，最後卻導致國家敗亡。求取小仁的人，是大仁的蟊賊，所以我即位以來，絕不頒行赦令。現在天下安寧，禮義盛行，我給予全國的特別恩典，到處都有，數不勝數，卻不須行赦令。這樣做，是唯恐愚昧的人常懷僥倖之心，只想犯法，不肯改正自己的過錯啊！」

貞觀十年，太宗謂侍臣曰：「國家法令，惟須簡約，不可一罪作數種條。格式❶既多，官人不能盡記，更生姦詐。若欲出罪❷即引輕條，若欲入罪即引重條。數變法者，實不益道理，宜令審細，毋使互文❸。」

【章旨】此章論法令必須簡約。

【注釋】❶格式　唐代法令有律、令、格、式四類。律以正刑定罪，令以設範立制，格以禁違止邪，式以規物程事。凡是違反了令、格、式的，一斷於律。❷出罪　免罪；寬宥。❸互文　同一罪卻有互不相同的條文。

【語譯】貞觀十年，唐太宗對侍臣說：「國家法令，必須簡明扼要，不能對一種罪定出幾種條文。格式既多，官吏不能都記住，愈會產生姦詐之事。如果想免人之罪就援引輕的條文，如果想陷人於罪就援引重的條文。法令多變，實在無益於治國的道理，應令仔細審定，不要同一罪卻互有不同的條文。」

貞觀十一年，太宗謂侍臣曰：「詔令格式，若不常定，則人心多惑，姦詐益生。《周易》稱『渙汗其大號❶』，言發號施令，若汗出於體，一出而不復也。《書》❷曰：『慎乃出令，令出惟行，弗為反。』且漢祖❸日不暇給，蕭何❹起於小吏，制法之後，猶稱畫一。今宜詳思此義，不可輕出詔令，必須審定，以為永式。」

【章旨】此章論詔令不可輕出，必須審定，以為永式。

【注釋】❶渙汗其大號　語出《易・渙卦・九五爻辭》。❷書　指《尚書・周書・周官》。❸漢祖　即漢高祖劉邦。❹蕭何　漢初名相。原為沛縣主吏掾，跟隨劉邦起兵取天下。史稱：「蕭何為法，講若畫一。」

【語譯】貞觀十一年，唐太宗對侍臣說：「詔令格式，如果不能長期固定，人心就會多疑，姦詐之事就更易發生。《周易》上說『渙汗其大號』，意思是說帝王發號施令，像是人的身體上出汗一樣，一旦出來了就再也收不回去了。《尚書》上說：『要慎重發令，令出必行，不能反覆無常。』而且漢高祖政事繁多，忙得時間不夠用，蕭何出身於小吏，他們制定法令之後，尚且講求整齊劃一。現在應該詳細地思考這個道理，不能輕率地發出詔令，必須仔細審定，作為永久的準則。」

長孫皇后遇疾，漸危篤。皇太子❶啟后曰：「醫藥備盡，今尊體不瘳❷，請奏赦囚徒並度人入道❸，冀蒙福祐。」后曰：「死生有命，非人力所加。若修福可延，吾素非為惡者；若行善無效，何福可求？赦者國之大事，佛道者，上❹每示存異方之教❺耳。常恐為理體之弊，豈以吾一婦人而亂天下法，不能依汝言。」

【章旨】此章言長孫皇后不以婦人而亂天下法。

【注釋】❶皇太子　指李承乾。❷瘳　病癒。❸度人入道　謂度人為道士。唐代往往以此舉祈求冥福。度，指世人超脫俗間成為僧尼、道士、女冠。❹上　皇上，指唐太宗。❺異方之教　印度佛教經西域傳入，稱為「異方之教」。

【語譯】長孫皇后患病，日漸危重。皇太子承乾向母后啟奏，說：「醫藥都用盡了，現在貴體仍未能痊癒，奏請父皇赦免囚犯，並度人為道士，希望因而得到上天的賜福與保祐。」長孫皇后說：「生和死乃命中所注定，不是人力所能改變的。如果行善修福可以延長壽命，那我向來沒有做過惡事；如果行善無效，那又有什麼福可求？赦免囚犯是國家的大事，對於佛教和道教，皇上每次表示只保存異域之教罷了。我尚且常擔心它們會給治國之道帶來傷害，這次又怎麼能因為我一個婦人而擾亂了國家的法度，所以不能依你說的去做。」

貢賦第三十三

貞觀二年，太宗謂朝集使❶曰：「任土作貢❷，布在前典❸，當州所產，則充庭實❹。比聞都督、刺史邀射❺聲名，厥土所賦，或嫌其不善，踰意外求，更相倣效，遂以成俗，極為勞擾。宜改此弊，不得更然。」

【章旨】此章言貢賦須是當地產品，不可踰意外求。

【注釋】❶朝集使　諸州奉貢物入京者，謂之朝集使。又稱考使，詳見本書〈禮樂〉篇注釋。❷任土作貢　見本書〈刑法〉篇〈大寶箴〉注釋。❸前典　指《尚書・禹貢》。❹庭實　貢品。諸侯朝拜天子，將貢品陳列在中庭。❺邀射　希求。

【語譯】貞觀二年，唐太宗對朝集使說：「按照土地生產狀況確定貢賦，是記載在從前的經典上的，也就是說要用本州所出產的物品，作為獻給朝廷的貢品。近來聽說都督、刺史為求名聲，對本地所出的貢賦，有的嫌不好，便想盡辦法到外地去搜求，互相倣效，就形成了風氣，是極其勞擾百姓的。應當改去這種弊端，不得再這樣做。」

貞觀中❶，林邑國❷貢白鸚鵡，性辯慧，尤善應答，屢有苦寒之言。太宗愍❸之，付其使，令還出於林藪❹。

【章旨】此章言唐太宗令還貢物白鸚鵡。

【注釋】❶貞觀中 《資治通鑑》繫於貞觀五年（西元六三一年）十一月，較確切。❷林邑國 亦稱占城、占婆，故地在今越南中南部。❸愍 哀憐。❹林藪 山林澤地。

【語譯】貞觀五年，林邑國進貢了一隻白鸚鵡，能言慧解，尤其善於應答，並屢有寒苦一類的話。唐太宗哀憐牠，便將牠交給林邑國的使臣，讓他帶回國，放到山林澤地中去。

貞觀十二年❶，疏勒❷、朱俱波❸、甘棠❹遣使貢方物❺。太宗謂群臣曰：「向使中國不安，日南❻、西域朝貢使，亦何緣而至？朕何德以堪之！睹此翻懷危懼。近代平一天下，拓定邊方者，惟秦皇、漢武。始皇暴虐，至子而亡。漢武驕奢，國祚幾絕。朕提三尺劍❼以定四海，遠夷率服，億兆乂安❽，自謂不減二主也。然二主末途，皆不能自保，由是每自懼危亡，必不敢懈怠。惟藉公等，直言正諫，以相匡弼。若惟揚美隱惡，共進諛言，則國之危亡，可立而待也。」

【章旨】此章言唐太宗從西域貢方物引出教訓來，強調：雖然遠夷率服，百姓安定，但仍要心懷危懼，不能懈怠。

【注釋】❶貞觀十二年　誤。《資治通鑑》繫於貞觀十年（西元六三六年）十二月，較確切。❷疏勒　西域國名，故治在今新疆喀什。❸朱俱波，亦稱朱俱槃，在葱嶺之北。❹甘棠　在西海之南，崑崙人。❺方物　土產。❻日南　在今越南中部。❼三尺劍　指劍。劍約長三尺，故常以「三尺」代稱劍。❽億兆乂安　百姓安定。

【語譯】貞觀十二年，疏勒、朱俱波、甘棠等西域國派遣使臣進貢土產。唐太宗對群臣說：「假使中國不安定，日南、西域朝貢使又為什麼會來呢？我哪兒有德行當得起這種盛況！目睹這種盛況，反而產生危懼之感。近代統一天下，拓定邊疆的，只有秦始皇和漢武帝。秦始皇暴虐，傳位到兒子就滅亡了。漢武帝驕奢，帝位也幾乎斷絕。我提三尺之劍以平定四海，遠夷大率歸服，百姓安定，自以為功業不減於秦始皇和漢武帝。然而秦皇、漢武的晚年，都不能自我保全，因此我常常為國家的危亡而憂懼，一定是不敢懈怠的。只有依靠你們諸位，以直言正諫來匡救過失，輔佐我治國。如果只讚揚好的，隱瞞壞的，都只說奉承阿諛的話，那麼國家的危亡，是立刻就會出現的。」

貞觀十八年，太宗將伐高麗，其莫離支❶遣使貢白金。黃門侍郎褚遂良諫曰：「莫離支虐殺其主，九夷❷所不容，陛下以之興兵，將事弔伐❸，為遼東之人，報主辱之恥。古者討弒君之賊，不受其賂。昔宋督❹遺魯君❺以郜鼎❻，桓公受之於大廟❼，臧哀伯❽諫曰：『君人者將昭德塞違❾，今滅德立違，而置其賂器於大廟，百官象❿之，又何誅焉！武王克商，遷九鼎⓫于雒邑⓬，義士⓭猶或非之。而況將昭違亂之賂器，置諸大廟，其若之何？』夫《春秋》之書，百王取則，若受不臣之筐篚⓮，納弒逆之朝貢，不以為愆⓯，將何致伐？臣謂莫離支所獻，自不合受。」太宗從之。

【章　旨】此章記述高麗莫離支遣使貢白金，大臣褚遂良勸唐太宗拒絕收受。

【注　釋】❶莫離支　高麗官名，如唐朝吏部兼兵部尚書之職。貞觀十六年（西元六四二年），高麗東部大人蓋蘇文弒其王高建武，立王弟之子高藏為王，自為莫離支，專制國事。❷九夷　東方之夷有九種：畎夷、干夷、方夷、黃夷、白夷、赤夷、玄夷、風夷、陽夷。❸弔伐　弔民伐罪。即慰問百姓，討伐有罪之君。❹宋督　字華父，春秋時宋國戴公之孫。曾弒其君殤公與夷，自為相。❺魯君　春秋時魯桓公。❻郜鼎　郜國所造的鼎。❼大廟　指周公之廟。❽臧哀伯　即魯國大夫臧孫達。❾昭德塞違　彰明德行，堵塞邪惡。❿象　仿效。⓫九鼎　夏朝的傳國寶器。湯滅夏，遷九鼎於商邑。⓬雒邑　今洛陽。⓭義士　蓋伯夷之屬。⓮筐篚　竹器，用以盛貢物。這裡指貢品。⓯愆　罪過。

【語譯】貞觀十八年，唐太宗將要征伐高麗，高麗的莫離支派使者來貢獻白金。黃門侍郎褚遂良勸諫說：「莫離支暴虐地殺了自己的君主，這是東方九夷所不能容忍的，陛下因此興兵動眾，準備弔民伐罪，為遼東之人報仇，洗雪他們君主被殺的恥辱。古代討伐弒君之賊，決不接受他的賄賂。從前，宋督殺了宋國國君後，送給魯桓公一個郜鼎，魯桓公收下放在周公廟裡，大夫臧哀伯勸諫說：『當國君的要彰明德行，堵塞邪惡，現在卻淹沒德行，樹立邪惡，把宋督的賄賂之物放在周公廟裡，如果百官加以仿效，又怎麼去責罰他們呢？周武王滅商後，把九鼎遷到雒邑，有的仁義之士尚且非議這件事。何況現在把象徵惡亂的賄賂之器，放在周公廟裡，結果又會怎麼樣呢？』《春秋》書上所記載的，是百代帝王取法的準則，如果接受反叛之臣的貢物，接納弒君之人的朝貢，不以為是罪過，又拿什麼去討伐他們？我認為莫離支所貢獻的白金，自然是不應該接受的。」唐太宗同意了這個意見。

貞觀十九年❶，高麗王高藏❷及莫離支蓋蘇文❸遣使獻二美女，太宗謂其使曰：「朕憫此女離其父母兄弟於本國，若愛其色而傷其心，我不取也。」並卻還之本國。

【章旨】此章言唐太宗不收取高麗所獻美女。

【注釋】❶貞觀十九年　誤。諸史傳均作貞觀二十年（西元六四六年）。❷高藏　高麗王名。❸蓋蘇文　姓泉氏，號蓋金。立高藏為王，自為莫離支。

【語譯】貞觀十九年，高麗王高藏及莫離支蓋蘇文派遣使臣來進獻二個美女，唐太宗對使臣說：「我憐憫這兩個女子離開本國的父母兄弟來到這裡，如果為了喜愛她們的美色而傷了她們的心，我是不會這麼做的。」就把二個美女都退還高麗國。

辯興亡第三十四

貞觀初❶，太宗從容❷謂侍臣曰：「周武平紂之亂，以有天下，秦皇因周之衰，遂吞六國，其得天下不殊，祚運長短若此之相懸也？」尚書右僕射❸蕭瑀進曰：「紂為無道，天下苦之，故八百諸侯❹，不期而會。周室微，六國無罪，秦氏專任智力❺，蠶食諸侯。平定雖同，人情則異。」太宗曰：「不然，周既克殷，務弘仁義；秦既得志，專行詐力。非但取之有異，抑亦守之不同。祚之脩短❻，意在茲乎？」

【章　旨】此章論周、秦祚運長短不同的原因，不僅在於取天下有異，就是守天下也不同。

【注　釋】❶貞觀初　《冊府元龜》卷四六及《資治通鑑》均作貞觀元年（西元六二七年），較確切。❷從容　舒緩；不急迫。❸右僕射　誤。《貞觀政要》古寫本作「左僕射」，是。諸史傳也均作左僕射。其時右僕射封德彝死，不久長孫無忌為右僕射。❹八百諸侯　史載，周武王伐紂，諸侯會孟津者八百餘國。❺智力　智術和暴力。❻脩短　長短。

【語　譯】貞觀元年，唐太宗從容地對侍臣說：「周武王平定殷紂王的暴亂，而取得了天下，秦始皇乘東周的衰微，就吞併了六國，他們奪得天下的情況沒有不同，為什麼祚運長短卻如此懸殊呢？」尚書右僕射蕭瑀上前答道：「殷紂王暴虐無道，天下之人都痛恨他，所以八百國諸侯不約而同地會聚在一起，共同討伐他。東周王室衰微，六國並沒有罪過，秦始皇卻專靠智術和暴力，逐漸吞食六國諸侯。平定天下的結果雖然相同，但人的心情就不一樣了。」唐太宗說：「不對，周滅殷以後，努力弘揚仁義；秦得天下後，專門做欺詐和暴力之事。他們不但取天下的情況有異，而且守天下的方法也不同。祚運的長與短，它的理由就在於此吧？」

貞觀二年，太宗謂黃門侍郎王珪曰：「隋開皇十四年大旱，人多飢乏。是時倉庫盈溢，竟不許賑給，乃令百姓逐糧❶。隋文不憐百姓而惜倉庫，比至末年，計天下儲積，得供五六十年。煬帝恃此富饒，所以奢華無道，遂致滅亡。煬帝失國，亦此之由。凡理國者，務積於人，不在盈其倉庫。古人云❷：『百姓不足，君孰與足？』但使倉庫可備凶年，此外何煩儲蓄！後嗣❸若賢，自能保其天下；如其不肖，多積倉庫，徒益其奢侈，危亡之本也。」

【章　旨】此章言隋文帝不憐百姓而惜倉庫，為隋煬帝之驕奢亡國提供了條件。

【注　釋】❶逐糧　逐食；遷往有糧食的地方。開皇十四年（西元五九四年），關中大旱，隋文帝令飢民就食山東。❷古人云　指《論語・顏淵》。❸後嗣　後代，這裡指後繼的帝王。

【語　譯】貞觀二年，唐太宗對黃門侍郎王珪說：「隋開皇十四年關中大旱，很多人都飢餓困乏。當時國家的倉庫裡堆滿了糧食，竟不允許開倉救濟，卻命令飢民遷往山東有糧食的地方。隋文帝不哀憐百姓而愛惜倉庫，等到開皇末年，總計全國儲積的糧食，可以供給五六十年的需要。隋煬帝仗恃這樣富饒的條件，所以奢侈揮霍，荒淫無道，於是導致了滅亡。隋煬帝亡國，也就是這個緣故。凡是治理國家的帝王，務必積蓄於百姓之家，不在於堆滿官府的倉庫。古人說：『百姓不富足，國君又怎麼會富足呢？』只要倉庫儲糧可以防備荒年就行了，此外又何必勞煩地去儲蓄呢！後繼的帝王如果賢明，自然能夠保住天下；如果不肖，倉庫積儲再多，也只是徒然助長他的奢侈浪費罷了，這是國家危亡的禍根！」

貞觀五年，太宗謂侍臣曰：「天道福善禍淫，事猶影響。昔啟民❶亡國來奔，隋文帝不悋❷粟帛，大興士眾營衛安置，乃得存立。既而強富，子孫不思念報德，纔至始畢❸，即起兵圍煬帝於雁門❹。及隋國亂，又恃強深入，遂使昔安立其國家者，身及子孫並為頡利❺兄弟之所屠戮，今頡利❻破亡，豈非背恩忘義所至也！」群臣咸曰：「誠如聖旨。」

【章　旨】此章言突厥首領背恩忘義，所以敗亡。

【注　釋】❶啟民　啟民可汗，突厥首領。開皇十九年（西元五九九年），為其兄都藍可汗所敗，遂降隋，被封為啟民可汗。後在隋朝的支持下，盡有東突厥故地。❷悋　吝。❸始畢　原誤作「失脫」，據《舊唐書・突厥傳》改。始畢可汗，即啟民可汗之子。❹雁門　在今山西。大業十一年（西元六一五年），隋煬帝北巡長城，被始畢可汗圍於雁門。❺頡利　頡利可汗，始畢可汗之弟。始畢可汗死，其弟處羅可汗繼立。處羅可汗死，頡利可汗繼立。及至貞觀四年（西元六三〇年），唐軍大破東突厥，俘獲頡利可汗。❻兄弟之所屠戮今頡利　此九字原脫，據《舊唐書・突厥傳》補。

【語譯】貞觀五年，唐太宗對侍臣說：「天道是使好人得福、壞人遭禍的，這種事一直是有效驗的。從前，突厥啟民可汗被都藍可汗打敗後，投奔隋朝，隋文帝不吝惜粟帛，大量動用士兵去保衛，並安置突厥，才使啟民可汗得以存身立國。後來突厥又富強起來了，他們的子孫卻不思報答隋朝的恩德，才傳至始畢可汗，就起兵把隋煬帝圍困在雁門。到了隋朝喪亂時，突厥又恃強深入內地，於是使過去建立他們國家的人及子孫，都被頡利可汗兄弟所殺害，而現在頡利可汗也敗亡了，難道不是背恩忘義所造成的結果嗎？」群臣都說：「確實如聖上所說的那樣。」

貞觀九年❶，北蕃❷歸朝人奏：「突厥內大雪，人饑，羊馬並死。中國人在彼者，皆入山作賊，人情大惡。」太宗謂侍臣曰：「觀古人君，行仁義，任賢良則理；行暴亂，任小人則敗。突厥所信任者，並共公等見之，略無忠正可取者。頡利復不憂百姓，恣情所為。朕以人事觀之，亦何可久矣？」魏徵進曰：「昔魏文侯❸問李克❹，諸侯誰先亡？克曰：

『吳先亡。』文侯曰：『何故？』克曰：『數戰數勝，數勝則主驕，數戰則民疲，不亡何待？』頡利逢隋末中國喪亂，遂恃眾內侵，今尚不息，此其必亡之道。」太宗深然之。

【章旨】此章論頡利可汗恣情所為，恃眾內侵，必定會滅亡。

【注釋】❶貞觀九年 諸史傳作貞觀元年（西元六二七年）。元、九，形近致譌。按頡利可汗於貞觀四年被俘，八年正月去世，魏徵自不能在九年云頡利「內侵，今尚不息」。參見《魏鄭公諫錄》卷三王先恭校注。❷北蕃 古代對北方少數族的通稱，這裡指突厥。❸魏文侯 名斯，戰國初期魏國國君。❹李克 子夏的弟子，戰國初政治家。一說李克即李悝。

【語譯】貞觀九年，從北蕃回來的人奏報說：「突厥境內大雪，人們飢餓，羊馬也都死了。在那裡的中國人，都逃入山林當盜賊，一時人心大亂。」唐太宗對侍臣說：「觀察古代的君主，實行仁義，任用賢良，就能治好國家；而推行暴政，任用小人，就會使國家敗亡。突厥所信任的人，都是你們諸位看到的，完全沒有忠正可取的人。頡利又不關心百姓，恣情放縱，為所欲為。我從人情事理上來看，他又哪兒能長久呢？」魏徵進言道：「從前魏文侯問李克，諸侯中誰先滅亡？李克說：『吳國先亡。』魏文侯說：『什麼原因呢？』李克說：『吳國數戰數勝，數勝則君主驕傲，數戰則民眾疲憊，這樣不滅亡，還等什麼時候？』頡利乘隋末中國喪亂之機，就仗恃人馬眾多，入侵內地，至今尚不停止，這就是他必定滅亡的原因。」唐太宗非常同意這個看法。

貞觀九年，太宗謂魏徵曰：「頃讀周、齊❶史，末代亡國之主，為惡多相類也。齊主❷深好奢侈，所有府庫，用之略盡，乃至關市❸無不稅斂。朕常謂此猶如饞人自食其肉，肉盡必死。人君賦斂不已，百姓既弊，其君亦亡，齊主即是也。然天元❹、齊主，若為優劣？」徵對曰：「二主亡國雖同，其行則別。齊主愞弱❺，政出多門，國無綱紀，遂至亡滅。天元性凶而強，威福在己，亡國之事，皆在其身。以此論之，齊主為劣。」

【章旨】此章論北周、北齊亡國之主的優劣。

【注釋】❶周齊　北周、北齊。❷齊主　北齊後主高緯，被北周所滅。❸關市　關口和市集。❹天元　北周宣帝宇文贇，自稱天元皇帝。死後，年幼的北周靜帝繼位。不久，楊堅奪取政權，建立隋朝。❺愞弱　怯弱；懦弱。愞，同「懦」。

【語譯】貞觀九年，唐太宗對魏徵說：「不久前讀了北周、北齊的史書，覺得末代亡國的君主，作惡情況大都相類似。北齊後主非常愛好奢侈，把所有的府庫積藏幾乎都耗用盡了，以至於對所有的關口市集都徵收賦稅。我常說這好比貪饞的人吃自己身上的肉，肉吃完了必定死亡。君主不停地徵收賦稅，百姓既已疲弊，君主也就滅亡，北齊後主就是這個樣子。然而，北周天元皇帝和北齊後主，哪個為優，哪個為劣呢？」魏徵回答說：「兩個君主亡國的情況雖然相同，但他們的行為卻有差別。齊後主懦弱，政出多門，國無綱紀，終於導致滅亡。天元皇帝生性兇狠強橫，獨自作威作福，北周亡國的原因，全在他一人身上。由此說來，齊後主劣於天元。」

卷九

征伐第三十五

武德九年冬，突厥頡利❶、突利❷二可汗，以其眾二十萬，至渭水便橋❸之北，遣酋帥執失思力❹，入朝為覘❺，自張聲勢云：「二可汗總兵百萬，今已至矣。」乃請返命❻。太宗謂曰：「我與突厥面自和親，汝則背之，我無所愧。何輒將兵入我畿縣❼，自夸強盛？我當先戮爾矣！」思力懼而請命。蕭瑀、封德彝等，請禮而遣之。太宗曰：「不然。今若放還，必謂我懼。」乃遣囚之。太宗曰：「頡利聞我國家新有內難❽，又聞朕初即位，所以率其兵眾，直至於此，謂我不敢拒之。朕若閉門自守，虜必縱兵大掠。強弱之勢，在今一策。朕將獨出，以示輕之，且耀軍容，使知必戰；事出不意，乖其本圖。制服匈奴❾，在茲舉矣。」遂單馬而進，隔津❿與語，頡利莫能測。俄而六軍⓫繼至，頡利見軍容大盛，又知思力就拘，由是大懼，請盟⓬而退。

【章旨】此章記述突厥進逼至渭水便橋，唐太宗挺身而出，顯耀軍容，使得頡利可汗請盟而退。

【注釋】❶頡利　見前〈辯興亡〉篇注釋。❷突利　突利可汗，即始畢可汗之子什缽苾，頡利的姪子。❸便橋　架設在渭水之上，因與長安便門相對，故稱便橋。始建於漢武帝時，在長安城北面西頭。❹執矢思力　姓執矢，名思力。頡利的心腹、長帥。❺覘　偷偷地看，窺探虛實。❻返命　覆命；回報。❼畿縣　京畿地區。❽內難　指武德九年（西元六二六年）六月四日玄武門之變。❾匈奴　指突厥。❿津　渡口。⓫六軍　泛稱中央禁軍，並非指六個軍隊編制單位。⓬請盟　請求結盟。武德九年八月乙酉，唐太宗與頡利盟於便橋之上。

【語譯】武德九年冬，突厥頡利、突利二可汗，率領二十萬軍隊，入侵至渭水便橋的北面，派遣長帥執矢思力入朝窺探虛實，執矢思力自張聲勢說：「二位可汗統率百萬大軍，現在已經到了。」接著就請求給予回答。唐太宗說：「我與突厥曾當面約定和親，是你們背信棄義，我是沒有什麼愧疚的。為什麼率軍侵入我京畿地區，還自誇強盛？我當先把你殺了！」思力害怕而請求饒命。

蕭瑀、封德彝等建議以禮待他，將思力放還。唐太宗說：「不能這樣。現在如果放還，必定認為我怕了他們。」於是派人將執失思力囚禁起來。唐太宗說：「頡利聽到我們國家新近有內難，又聽到我剛即位，所以率領軍隊一直入侵到此地，以為我不敢抵抗他們。我如果閉門自守，突厥必然縱兵大肆搶掠。強弱勝敗的形勢變化，就在於今天的決策。我準備單獨出陣，以表示輕視他們，而且顯耀我們的軍隊陣容，使他們知道我們是必定要決戰的；由於事情出於他們的意料之外，就會改變他們原先的企圖。要制服突厥，就在此一舉了。」於是唐太宗單身匹馬，來到渭水邊，隔岸對話，頡利摸不清情況。不久，唐朝禁軍陸續抵達，頡利看見唐軍陣容盛大，又知道思力已被拘囚，因此非常害怕，便請求結盟，引兵退去。

貞觀初❶，嶺南諸州奏言高州酋帥馮盎❷、談殿❸，阻兵反叛。詔將軍藺謩❹發江、嶺❺數十州兵討之。祕書監❻魏徵諫曰：「中國初定，瘡痍❼未復，嶺南瘴癘❽，山川阻深，兵運難繼，疾疫或起，若不如意，悔不可追。且馮盎若反，即須及中國未寧，交結遠人，分兵斷險，破掠州縣，署置官司。何因告來數年，兵不出境？此則反形未成，無容動眾。陛下既未遣使人就彼觀察，即來朝謁，恐不見明。今若遣使，分明曉諭❾，必不勞師旅，自致闕庭❿。」太宗從之，嶺表⓫悉定。侍臣奏言：「馮盎、談殿，往年恆相征伐。陛下發一單使，嶺外帖然。」太宗曰：「初，嶺南諸州盛言盎反，朕必欲討之，魏徵頻諫，以為但懷之以德，必不討自來。既從其計，遂得嶺表無事，不勞而定，勝於十萬之師。」乃賜徵絹五百匹。

【章旨】此章記述魏徵勸諫不要發兵征伐嶺南，主張遣使曉諭，懷之以德，即可使嶺南太平無事。

【注釋】❶貞觀初　《資治通鑑》等繫於貞觀元年（西元六二七年），較確切。《魏文貞公年譜》從之。❷馮盎　字明達，高州良德（今廣東高州東北）人。隋亡，據嶺南。唐興，以其地降，被封為越國公。❸談殿　姓談，名殿，也據嶺南。❹藺暮　姓藺，名暮。將軍。❺江嶺　江南道、嶺南道。❻祕書監　其時魏徵為尚書右丞兼諫議大夫，至貞觀三年始遷祕書監。❼瘡痍　創傷，比喻戰爭後民生凋敝。❽瘴癘　因瘴氣引起的疾病，指南方山林間濕熱蒸發鬱積，致人疾病的癘氣。癘，疫病。❾曉諭　明白地告知。❿闕庭　指朝廷。⓫嶺表　嶺外，即嶺南，指五嶺以南地區。

【語譯】貞觀元年，嶺南諸州奏報說高州酋帥馮盎、談殿，擁兵反叛。唐太宗詔令將軍藺暮調遣江南道、嶺南道數十州的軍隊，前往討伐。祕書監魏徵勸諫說：「中國剛安定，戰爭的創傷尚未平復，嶺南是瘴癘之地，山險河深，運兵困難，疫病時常發生，如果事情不如人意，後悔就來不及了。況且馮盎如果反叛，就必須趁中國尚未安寧的時候，勾結遠方之人，派兵切斷險要的道路，攻掠州縣，設置官署。為什麼被告發反叛已經幾年，他們的隊伍卻沒有越出嶺南地界？這就是說反叛並未形成事實，用不著我們興師動眾去討伐。陛下既然沒有派遣使者到那裡去觀察，即使他們來朝拜，恐怕也不能明白真相。現在如果派遣使者，前往那裡向他們清楚地說明，並勸諭他們，那麼不必勞煩軍隊，他們就會自動來朝廷拜見。」唐太宗聽從了魏徵的建議，嶺南地區因而全部安定下來。侍臣奏報說：「馮盎、談殿，往年經常互相征伐。陛下僅派遣一個使者，便使嶺南帖然安靜。」唐太宗說：「當初，嶺南諸州盛傳馮盎反叛，我決心發兵討伐。魏徵卻多次勸諫，以為只要用恩德加以安撫，不必去討伐，馮盎就會自動來歸順。我聽從了這個建議，就使得嶺南太平無事，不勞而定，勝過十萬軍隊去征伐。」於是賜給魏徵絹五百匹。

貞觀四年，有司上言：「林邑❶蠻國，表疏不順，請發兵討擊之。」

太宗曰：「兵者，凶器，不得已而用之。故漢光武云：『每一發兵，不覺頭鬚為白。』自古以來窮兵極武，未有不亡者也。苻堅❷自恃兵強，欲必吞晉室，興兵百萬，一舉而亡。隋主❸亦必欲取高麗，頻年勞役，人不勝怨，遂死於匹夫之手。至如頡利，往歲數來侵我國家，部落疲於征役，遂至滅亡。朕今見此，豈得輒即發兵？但經歷山險，土多瘴癘，若我兵士疾疫，雖剋翦❹此蠻，亦何所補？言語之間，何足介意！」竟不討之。

【章　旨】此章論自古以來窮兵黷武的帝王沒有不滅亡的。

【注　釋】❶林邑　在今越南中南部。貞觀四年（西元六三〇年），林邑獻火珠，有關官員以為表疏言詞不恭順，請討之。❷苻堅　東晉十六國時期前秦國的皇帝，氐族。曾以百萬大軍伐東晉，發動著名的淝水之戰，失敗後被羌族首領姚萇所殺。❸隋主　指隋煬帝。❹剋翦　克取；消滅。

【語　譯】貞觀四年，有關官員上奏說：「林邑這個蠻國進貢火珠，所上表疏的言詞不恭順，請發兵去討擊。」唐太宗說：「兵器，是凶器，不得已才使用它。所以漢光武帝劉秀說：『每一次發兵，不由得頭髮鬍鬚都變白了。』自古以來，窮兵黷武的人是沒有不滅亡的。苻堅自恃兵強，必定要吞滅東晉王室，動用了百萬大軍，結果一下子就敗亡了。隋煬帝也一定要奪取高麗，連年勞役，人不勝怨，最終竟死於匹夫之手。至於像頡利，往年多次侵犯我國家，他的部落疲於征戰和勞役，於是也遭到滅亡。我今天目睹這些教訓，難道能隨意就調發軍隊嗎？況且討伐林邑，要經歷山險，南方有很多瘴疫，如果我們的兵士染上疫病，即使消滅了林邑蠻國，又有什麼補益呢？

言詞上不恭順，又何必在意呢？」終於不同意討伐林邑。

貞觀五年，康國❶請歸附。時太宗謂侍臣曰：「前代帝王，大有務廣土地❷，以求身後之虛名，無益於身，其民甚困。假令於身有益，於百姓有損，朕必不為，況求虛名而損百姓乎！康國既來歸朝，有急難不得不救；兵行萬里，豈得無勞於民？若勞民求名，非朕所欲。所請歸附，不須納也。」

【章旨】此章言唐太宗因恤民不接受康國的歸附。

【注釋】❶康國　西域國名，即漢時康居國，故地在今烏茲別克撒馬爾罕一帶。❷務廣土地　致力於拓展疆土。

【語譯】貞觀五年，康國請求歸附。這時唐太宗對侍臣說：「前代的帝王，大有致力於拓展疆土，以求得死後虛名的，這對自身既沒有益處，使得百姓也很困苦。假使對自身有益，對百姓有損害，我一定是不去做的，更何況貪求虛名而損害百姓的事呢？康國既然來歸附朝廷，他們有急難，不得不去救；而軍隊遠行萬里，難道能不勞累百姓嗎？如果勞累百姓以求虛名，這不是我所要做的事。康國請求歸附，是不能接受的。」

貞觀十四年，兵部尚書侯君集❶，伐高昌❷。及師次柳谷❸，侯騎❹言：「高昌王麴文泰❺死，剋日❻將葬，國人咸集，以二千輕騎襲之，可盡得也。」副將薛萬均❼、姜行本❽，皆以為然。君集曰：「天子以高昌驕慢，使吾恭行天誅❾，乃於墟墓間以襲其葬，不足稱武，此非問罪之師也。」遂按兵以待。葬畢，然後進軍，遂平其國。

【章旨】此章記侯君集平定高昌。

【注釋】❶侯君集　唐初名將。豳州三水（今陝西旬邑）人。貞觀四年（西元六三〇年），遷兵部尚書。貞觀十四年，官為交河行軍大總管、吏部尚書。❷高昌　西域國名，在今新疆吐魯番地區。詳見本書〈君臣鑒戒〉篇注釋。❸柳谷　柳谷渡，在西州交河縣（今新疆吐魯番東南）北二百一十里。❹侯騎　偵察騎兵。❺麴文泰　高昌王。貞觀十四年八月，聞唐軍臨磧口，憂懼而病卒。❻剋日　約定日期。❼薛萬均　唐初大將。當時任交河行軍副總管兼左屯衛大將軍。❽姜行本　唐初名臣姜謩之子。當時為行軍副總管。❾天誅　謂上天對有罪者的懲罰。

【語譯】貞觀十四年，兵部尚書侯君集，率軍討伐高昌。當軍隊停留在柳谷時，偵察騎兵報告說：

「高昌王麴文泰已死，並已定好日期舉行葬禮，那時高昌國人都會集一起，我們以兩千輕騎襲擊他們，可獲全勝。」副將薛萬均、姜行本都認為可行。侯君集說：「天子因為高昌王驕傲輕慢，派我敬奉天意去懲罰有罪的人，如果竟在丘墓之間襲擊他們的送葬隊伍，不足以稱為英武，這不是問罪之師應該做的。」於是按兵以待。等葬禮完畢以後，才進軍攻伐，結果平定了高昌國。

貞觀十六年，太宗謂侍臣曰：「北狄❶世為寇亂，今延陀❷倔強，須早為之所。朕熟思之，惟有二策：選徒十萬，擊而虜之，滌除凶醜，百年無患，此一策也。若遂❸其來請，與之為婚媾，朕為蒼生❹父母，苟可利之，豈惜一女！北狄風俗，多由內政❺，亦既生子，則我外孫，不侵中國，斷可知矣。以此而言，邊境足得三十年來無事。舉此二策，何者為先？」司空房玄齡對曰：「遭隋室大亂之後，戶口太半未復，兵凶戰危，聖人所慎，和親之策，實天下幸甚。」

【章旨】此章言唐太宗對北狄薛延陀實行和親政策。

【注釋】❶北狄　對北方少數民族的通稱。❷延陀　薛延陀，是鐵勒諸部中最強悍的部落，習俗與突厥相近。

❸遂　順從。❹蒼生　借指百姓。❺內政　由妻室主持政務。

【語　譯】貞觀十六年，唐太宗對侍臣說：「北狄世代入侵擾亂，現在薛延陀部落強悍不馴，必須盡早對他們有所處置。我反覆思考，只有兩條對策：選派士卒十萬，攻擊並俘獲他們，清除凶惡，可保百年無患，這是一條對策。如果順從他們的通婚請求，和他們結成姻親，我身為百姓父母，只要有利於百姓的，難道會愛惜一個女兒？而北狄的風俗，大都是由妻室主持政務的，加上生了兒子，就是我的外孫，所以不再侵犯中國，是斷然可知的了。由此說來，邊境足能三十年太平無事。我舉了這兩條對策，你們看哪一條較好？」司空房玄齡回答說：「遭逢隋朝大亂之後，戶口大半沒有恢復，用兵征戰會造成凶險，這是聖人所該謹慎的，而採取和親政策，實在是天下的大幸事。」

貞觀十七年，太宗謂侍臣曰：「蓋蘇文❶弒其主而奪其國政，誠不可忍。今日國家兵力，取之不難，朕未能即動兵眾，且令契丹❷、靺鞨❸攪擾之，何如？」房玄齡對曰：「臣觀古之列國，無不強陵弱，眾暴寡。今陛下撫養蒼生，將士勇銳，力有餘而不取之，所謂止戈為武❹者也。昔漢武帝屢伐匈奴，隋主三征遼左❺，人貧國敗，實此之由，惟陛下詳察。」太宗曰：「善！」

【章　旨】此章言唐太宗不動用兵力去討伐高麗蓋蘇文。

【注　釋】❶蓋蘇文　詳見本書〈貢賦〉篇注釋。❷契丹　古族名，源於東胡，北魏時號契丹。在今遼河上游一帶游牧。❸靺鞨　古族名，源於肅慎，分布在今松花江、牡丹江流域及黑龍江中下游。❹止戈為武　「止」、「戈」兩字合為「武」字。這裡是止息干戈的意思。❺遼左　遼東。

【語　譯】貞觀十七年，唐太宗對侍臣說：「蓋蘇文弒殺他的君主而奪取了國政，確實不能令人容忍。現在以我們國家的兵力，攻取他是不難的，而我卻不能立即動用軍隊去討伐，既然這樣，暫且令契丹、靺鞨去攪擾他，怎麼樣？」房玄齡回答說：「我觀察古代的列國，無不以強凌弱，以眾暴寡。現在陛下撫養百姓，將士勇武精銳，兵力有餘而不去攻取他，就是止戈為武的意思。從前漢武帝屢伐匈奴，隋煬帝三征遼東，百姓貧困而國家喪敗，實在是由此引起的，希望陛下仔細地考慮。」唐太宗說：「好！」

貞觀十八年，太宗以高麗莫離支❶賊殺其主，殘虐其下，議將討之。諫議大夫褚遂良進曰：「陛下兵機❷神算，人莫能知。昔隋末亂離，克平寇難。及北狄侵邊，西蕃❸失禮，陛下欲命將擊之，群臣莫不苦諫，唯陛下明略獨斷，卒並誅夷❹。今聞陛下將伐高麗，意皆熒惑❺。然陛下神武英聲，不比周❻、隋之主，兵若渡遼❼，事須剋捷❽，萬一不獲，無以威示遠方，必更發怒，再動兵眾。若至於此，安危難測。」太宗然之。

【章旨】此章記褚遂良勸諫唐太宗不要去征高麗。

【注釋】❶莫離支　官名。時蓋蘇文自為莫離支。❷兵機　用兵的智謀。❸西蕃　指吐谷渾、高昌等。❹夷　殺盡。❺熒惑　疑惑。❻周　北周。❼遼　遼河。❽剋捷　限期取得勝利。

【語譯】貞觀十八年，唐太宗因為高麗莫離支蓋蘇文殺害了他的君主，並殘暴地對待臣下，便商議要去討伐他。諫議大夫褚遂良進言道：「陛下的兵機神算，是沒有人能猜知的。過去在隋末，戰亂紛紛，由陛下平定寇難。等到北狄侵犯邊疆，西蕃失禮不恭，陛下想命令將領去攻擊他們，群臣無不苦苦勸諫，但是陛下卻英明決斷，獨排眾議，終於把他們都一一討平。現在聽說陛下打算去討伐高麗，大家都感到疑惑。然而陛下神武英明，是北周、隋朝的君主所不能比的，如果軍隊渡過遼河，就必須限期取得勝利，萬一不能獲勝，就無法威震遠方，陛下必定因而更加發怒，再興師動眾。如果到了這種地步，安危便難以預測了。」唐太宗認為說得對。

貞觀十九年，太宗將親征高麗，開府儀同三司❶尉遲敬德奏言：「車駕❷若自往遼左，皇太子❸又監國定州❹，東西二京❺，府庫所在，雖有鎮守，終是空虛，遼東路遙，恐有玄感之變❻。且邊隅小國，不足親勞萬乘❼。若克勝，不足為武，儻不勝，翻為所笑。伏請委之良將，自可應時摧滅。」太宗雖不從其諫，而識者是之。

【章旨】此章記尉遲敬德勸諫唐太宗不要親征高麗。

【注釋】❶開府儀同三司　職官名稱，為文散官的第一階。開府置官，援照三公成例。❷車駕　代稱皇帝。❸皇太子　指李治。❹定州　今屬河北，治所在今定縣。❺東西二京　長安和洛陽。❻玄感之變　隋煬帝親征高麗，禮部尚書楊玄感遂起兵圍東都洛陽，後失敗。❼萬乘　代稱天子。古代天子兵車萬乘。

【語譯】貞觀十九年，唐太宗將親征高麗，開府儀同三司尉遲敬德上奏說：「陛下如果親自前往遼東，皇太子又在定州代理國政，東西二京是府庫所在之地，雖然有人鎮守，終究是空虛的，再加上遼東路途遙遠，恐怕會發生類似楊玄感起兵的事變。而且邊隅小國，不值得陛下親自勞苦地去出征。如果戰勝了，不足以稱為英武，倘若不勝，反而被人所恥笑。敬請委任良將，自然會及時摧毀高麗。」唐太宗雖然沒有聽從這個勸諫，但有識之士都認為這個勸諫是對的。

禮部尚書江夏王道宗從太宗征高麗，詔道宗與李勣為前鋒。及濟遼水剋蓋牟城❶，逢賊兵大至，軍中僉❷欲深溝保險，待太宗至，徐進。道宗議曰：「不可。賊赴急遠來，兵實疲頓❸，恃眾輕我，一戰可摧。昔耿弇❹不以賊遺君父❺，我既職在前軍，當須清道以待輿駕❻。」李勣大然其議。乃率驍勇數百騎，直衝賊陣，左右出入，勣因合擊，大破之。太宗至，深加賞勞。道宗在陣損足，帝親為針灸，賜以御膳。

【章旨】此章言江夏王李道宗因英勇殺敵，深受唐太宗賞勞。

【注釋】❶蓋牟城　故址在今遼寧蓋縣。❷僉　都；皆。❸疲頓　疲勞困頓。❹耿弇　東漢初名將，曾官建威大將軍。❺君父　指東漢光武帝劉秀。耿弇奉詔討張步等「賊虜」，認為要在光武帝來到之前出兵大戰，說：「乘輿且到，臣子當擊牛釃酒以待百官，反欲以賊虜遺君父邪？」事見《後漢書・耿弇傳》。❻輿駕　代稱皇帝。

【語譯】禮部尚書江夏王李道宗跟隨唐太宗出征高麗，詔令道宗和李勣為前鋒。到了渡過遼河攻克蓋牟城時，遇到敵兵大量來到，軍中將士都想挖深溝、守險地，等待唐太宗來到，再慢慢地推進。道宗卻建議說：「不行。敵軍遠道而來救急，士兵實在疲乏困頓，仗恃著人多而輕視我軍，可以一戰摧毀他們。從前，東漢名將耿弇不把賊虜留給君王，由自己先出兵大戰，如今我既然職任前鋒，就應當掃清道路，等待皇上的到來。」李勣非常贊成這個意見。於是道宗率領數百驍勇的騎兵，直衝賊陣，左右奮戰，李勣也乘勢合擊，結果大破敵軍。唐太宗來到後，對他們大加獎賞、慰勞。李道宗在作戰時傷了腳，唐太宗親自為他針灸，並賜給他御膳。

太宗《帝範》❶曰：「夫兵甲者，國家凶器也。土地雖廣，好戰則民凋；中國雖安，忘戰則民殆。凋非保全之術，殆非擬寇之方❷，不可以全除，不可以常用。故農隙講武，習威儀❸也；三年治兵，辨等列也。是以句踐軾蛙❹，卒成霸業；徐偃棄武，終以喪邦❺。何也？越習其威，徐忘其備也。孔子曰❻：『以不教民戰，是謂棄之。』故知弧矢❼之威，以利天下，此用兵之職也。」

【章旨】此章論用兵之道，以為兵「不可以全除，不可以常用」，以利天下為原則。

【注釋】❶帝範　貞觀二十二年（西元六四八年）唐太宗作《帝範》十二篇，以賜太子李治。❷擬寇之方　對付敵寇的方略。❸威儀　儀仗，用於儀衛的兵仗。❹句踐軾蛙　句踐，春秋末期越王。句踐為了報仇雪恥，出兵攻伐吳國，途見怒蛙，憑軾（車前扶手橫木）致敬。意在激勵士卒像怒蛙一樣去奮力作戰。❺徐偃棄武二

句　徐偃，徐偃王，春秋時徐戎的首領。因不修武備，曾被楚國所敗，終為吳國吞併。❻孔子曰　指《論語・子路》之詞。❼弧矢　弓和箭。

【語　譯】唐太宗撰的《帝範》中說：「兵器鎧甲是國家的凶器。土地雖然廣闊，愛好戰爭就會使百姓凋敝；中國雖然安定，忘記戰備就會使百姓不安。百姓凋敝不是保全國家的辦法，百姓不安不是對付敵寇的方略，兵器不可以全部廢除，也不可以經常使用。所以農閒時講習武藝，訓練儀衛的兵仗；三年定期練兵，學會辨識作戰的陣列。所以，越王句踐向怒蛙憑軾致敬，以激勵鬥志，最後成就了霸業；徐偃王廢棄武備，終於使國家喪亡。為什麼呢？這是因為越王能鼓勵練武，而徐偃王卻忘記了武備啊！孔子說：『讓不習武的民眾去打仗，就等於是拋棄了他們。』所以我們知道，弓箭的威力在於為天下謀利，這就是用兵的任務。」

貞觀二十二年，太宗將重討高麗。是時，房玄齡寢疾❶增劇，顧謂諸子曰：「當今天下清謐❷，咸得其宜，唯欲東討高麗，方為國害。吾知而不言，可謂銜恨入地。」遂上表諫曰：

臣聞兵惡不戢❸，武貴止戈。當今聖化所覃❹，無遠不暨❺。上古所不臣者，陛下皆能臣之；所不制者，皆能制之。詳觀古今，為中國患害，無過突厥。遂能坐運神策，不下殿堂，大小可汗，相次束手，分典禁衛⑥，執戟行間。其後延陀鴟張⑦，尋就夷滅，鐵勒⑧慕義，請置州縣，沙漠已北，萬里無塵。至如高昌叛渙⑨於流沙⑩，吐渾首鼠⑪於積石⑫，偏師薄伐⑬，俱從平蕩。高麗歷代逋誅⑭，莫能討擊。陛下責其逆亂，殺主虐人，親總六軍，問罪遼、碣⑮。未經旬日，即拔遼東，前後虜獲，數十萬計，分配諸州，無處不滿。雪往代之宿恥⑯，掩崤陵之枯骨⑰，比功校德，萬倍前王。此聖主所自知，微臣安敢備說。

且陛下仁風被于率土⑱，孝德彰於配天⑲。睹夷狄之將亡，則指期數歲；授將帥之節度，則決機萬里。屈指而候驛，視景而望書⑳，符應若神，筭無遺策㉑。擢將於行伍之中，取士於凡庸之末。遠夷單使，一見不忘；小臣之名，未嘗再問。箭穿七札㉒，弓貫六鈞㉓。加以留情《墳》《典》㉔，屬意篇什㉕，筆邁鍾、張㉖，詞窮賈、馬㉗。文鋒既振，則宮徵㉘自諧；輕翰㉙暫飛，則花葩㉚競發。撫萬姓以慈，遇群臣以禮。褒秋毫之善，解吞舟之網㉛。逆耳之諫必聽，膚受之愬㉜斯絕。好生之德，禁障塞於江湖；惡殺之仁，息鼓刀於屠肆㉝。鳧鶴㉞荷稻粱之惠，犬馬蒙帷蓋㉟之恩。降尊吮思摩之瘡㊱，登堂臨魏徵之柩㊲。哭戰亡之卒㊳，則哀動六軍；負填道之薪㊴，則情感天地。重黔黎㊵之大命，特盡心於庶獄㊶。臣心識昏憒，豈足論聖功之深遠，談天德之高大哉！陛下兼眾美而有之，靡不備具，微臣深為陛下惜之重之，愛之寶之。

《周易》㊷曰：「知進而不知退，知存而不知亡，知得而不知喪。」又曰㊸：「知進退存亡，而不失其正者，其惟聖人乎！」由此言之，進有退之義，存有亡之機，得有喪之理，老臣所以為陛下惜之者，蓋謂此也。《老子》曰：「知足不辱，知止不殆。」臣謂陛下威名功德，亦可足矣；拓地開疆，亦可止矣。彼高麗者，邊夷賤類，不足待以仁義，不可責以常理。古來以魚鱉畜之，宜從闊略㊹。必欲絕其種類，深恐獸窮則搏。且陛下每決死囚，必令三覆五奏㊺，進素食、停音樂者，蓋以人命所重，感動聖慈也。況今兵士之徒，無一罪戾[46]，無故驅之於戰陣之間，委之於鋒刃之下，使肝腦塗地[47]，魂魄無歸，令其老父孤兒、寡妻慈母，望轊車[48]而掩泣，抱枯骨而摧心，足變動陰陽，感傷和氣，實天下之冤痛也。且兵，凶器；戰，危事，不得已而用之。向使高麗違失臣節，而陛下誅之可也；侵擾百姓，而陛下滅之可也；久長能為中國患，而陛下除之可也。有一於此，雖日殺萬夫，不足為愧。今無此三條，坐煩[49]中國，內為舊主[50]雪怨，外為新羅[51]報讎，豈非所存者小，所損者大？願陛下遵皇祖老子[52]止足之誡，以保萬代巍巍之名。發霈然[53]之恩，降寬大之詔，順陽春[54]以布澤，許高麗以自新，焚凌波[55]之船，罷應募之眾，自然華夷慶賴，遠肅邇安。臣老病三公，朝夕入地，所恨竟無塵露，微增海岳。謹罄[56]殘魂餘息，豫代結草之誠[57]。儻蒙錄此哀鳴，即臣死骨不朽。

太宗見表，歎曰：「此人危篤如此，尚能憂我國家。」雖諫不從，終為善策。

【章　旨】此章載房玄齡病危時所上奏表，勸諫唐太宗不要再次往征高麗。首先肯定唐太宗的聖功天德，認為平定突厥、薛延陀、高昌、吐谷渾以及初次征高麗，已經贏得了空前的勝利。接著闡述了皇祖老子的止足之誡，指出「陛下威名功德，亦可足矣；拓地開疆，亦可止矣」。何況高麗一不違失臣節，二不侵擾百姓，三不長久為患，因此再次討伐，實在沒有理由。最後希望唐太宗下詔允許高麗自新，這樣「自然華夷慶賴，遠肅邇安」。

【注　釋】❶寢疾　臥病。❷清謐　清靜；安寧。❸戢　止息。❹覃　深入；延及。❺暨　及。❻分典禁衛　分配擔任禁宮的宿衛。唐初常以夷族驍勇之士充禁軍將領。❼鴟張　囂張；凶暴。鴟，凶猛的鴟鷹。貞觀十九年（西元六四五年），薛延陀入侵；次年，為唐軍所敗。薛延陀共歷三主，凡二十年，至此終於滅亡。❽鐵勒　古族名。漢稱丁零，後音變為鐵勒。其漠北十五部，以薛延陀和回紇為最著。貞觀二十年，薛延陀被打敗後，回紇等十一姓鐵勒各遣使入貢，乞置州縣。❾叛渙　背叛作亂。❿流沙　指西北沙漠地區。⓫首鼠　躊躇；進退不定。⓬積石　即積石關，在今甘肅臨夏西北。⓭薄伐　迫近攻擊。⓮逋誅　逃避誅戮。⓯遼碣　遼東、碣石（今河北昌黎北）。⓰宿恥　舊有的恥辱，指隋朝征高麗失敗而言。⓱掩崤陵之枯骨　典出《左傳》。僖公三十三年（西元前六二七年），秦國軍隊曾在崤陵（今河南西部）被晉國及姜戎打敗。後來，秦伯在文公三年（西元前六二四年）伐晉，晉人不出城應戰，秦軍就在崤陵掩埋陣亡將士，然後回師。這裡借指貞觀十九年十月，唐太宗自遼東班師途中，詔戰亡士卒骸骨並集柳城東南，設太牢祭祀的事。⓲率土　率土之濱，猶言四海之內。⓳配天　與天相匹配。⓴視景而望書　看著日影而盼望驛使送來捷報。景，日影。書，文書，這裡指捷報。㉑筭

無遺策　謀略沒有失策。筭，同「算」。謀劃。㉒箭穿七札　傳說春秋時楚名將養由基射穿七層鎧甲葉。札，鎧甲上的金屬片。㉓弓貫六鈞　傳說春秋時顏高能拉六鈞重的弓。三十斤為一鈞。㉔墳典　《三墳》、《五典》。泛指遠古的典籍。㉕篇什　指詩章。㉖鍾張　鍾繇、張芝，古代著名的書法家。㉗賈馬　賈誼、司馬相如，西漢著名的文學家。㉘宮徵　古代五音中的兩個音級，這裡泛指音調。㉙翰　毛筆。㉚葩　花。㉛解吞舟之網　謂施刑罰時法網寬大。㉜膚受之愬　謂進讒言毀謗。膚受，浮泛不實，指讒言。愬，訴；進讒；毀謗。㉝屠肆　屠宰場。肆，店鋪。㉞鳧鶴　野鴨和鶴。㉟帷蓋　車子的帷幔和篷。《禮記・檀弓》云：「敝帷不棄，為埋馬也；敝蓋不棄，為埋狗也。」㊱吮思摩之瘡　貞觀十九年征遼東，右衛大將軍李思摩為流矢所中，唐太宗親為之吮血。見本書〈仁惻〉篇。㊲登堂臨魏徵之柩　貞觀十七年正月，魏徵逝世，唐太宗親自到靈堂，痛哭哀悼。堂，指魏徵家靈堂。臨，哭弔死者。柩，已裝屍的棺材。㊳哭戰亡之卒　貞觀十九年十月自遼東班師，在柳城東南為陣亡士卒祭奠，臨哭盡哀。㊴負填道之薪　貞觀十九年九月班師渡遼河，遼澤泥潦，車馬不通，命長孫無忌將萬人翦草填道，唐太宗自繫薪於馬鞘以助役。㊵黔黎　黔首、黎民，指百姓。㊶庶獄　民間的官司訟案。㊷周易　指《易・文言傳》釋〈乾〉卦之辭。㊸又曰　引文出處同⑫。㊹闊略　寬恕；饒恕。㊺三覆五奏　詳見本書〈刑法〉篇。㊻罪戾　罪過。㊼肝腦塗地　形容慘死。㊽轊車　即槥車，運送從軍死者小棺的車子。㊾坐煩　自煩。坐，猶「自」。㊿舊主　指原高麗王高建武，被蓋蘇文殺死。(51)新羅　貞觀十七年，新羅遣使言百濟攻取其國四十餘城，復與高麗連兵，謀絕新羅入朝之路，乞兵救援。(52)皇祖老子　武德三年（西元六二〇年），唐高祖李淵立老子廟於晉州，追尊老子李聃為皇祖。(53)霈然　雨盛貌，比喻帝王恩澤。(54)陽春　溫暖的春天，比喻惠政。(55)凌波　渡越波濤。(56)罄　盡。(57)結草之誠　典出《左傳・宣公十五年》，比喻恩情深重，雖死也要報答。史載，魏武子有嬖妾，無子，武子疾，命顆（武子之子）曰：「必嫁是。」疾甚，則曰：「必殉。」及卒，顆嫁之。宣公十五年，秦伐晉，顆出迎戰，見一老人，結草以抗秦將杜回，杜回躓而顛，故獲之。顆夜夢見老人，老人曰：「余，而所嫁婦人之父也，爾用爾先人之治命，余是以報。」

【語譯】貞觀二十二年，唐太宗將要再次討伐高麗。這時，房玄齡臥病在家，病情加重，看了看兒子們說：「當今天下清靜，朝政都處理得很得當，只有想要東征高麗，卻是危害國家的事情。我如知而不言，可以說真會含恨而死了。」於是上表勸諫說：

我聽說用兵以不息為惡，動武以止戈為貴。當今聖明的教化遍及每個地方，不論多遠都能達到。上古不能臣服的，陛下都使他們稱臣了；上古不能控制的，陛下都控制了他們了。詳觀古今歷史，對中國造成禍害的，莫過於突厥。陛下卻一直能安坐著運籌神策，不下殿堂，卻使得大小可汗相繼投降歸順，被分配擔任禁宮的宿衛，執戟於巡行的行列之間。後來薛延陀囂張，不久就被消滅，鐵勒諸部仰慕陛下的德義，乞求設置州縣，沙漠以北，萬里的地方都因而平靜下來。至於像高昌在流沙背叛作亂，吐谷渾在積石進退不定，陛下僅以偏師迫近去攻擊，也全都掃平了。高麗歷代逃避誅討，沒有人能去攻伐。陛下譴責逆亂的蓋蘇文殺害其君主和虐待臣下，親自統領大軍，前往遼東、碣石一帶討伐。不到十天，就攻下遼東，前後俘虜的人達數十萬，分配到各州安置，沒有一處不額滿。雪洗了往代的恥辱，掩埋了陣亡士卒的屍骸，比起功德來，超過了前代帝王一萬倍。這些都是聖明的陛下自己所知道的，微臣哪兒敢詳細地陳述呢？

而且陛下仁愛之風遍及四海，孝義之德與天相匹配。目睹夷狄將要滅亡，就算出數年後的滅亡日期；授予將帥調節軍隊的職責，就決勝於萬里之外。屈指計算驛使到達的日期，看著日影而盼望捷報，符命靈驗若神，謀略之中沒有失策的地方。從行伍之中提拔將領，從凡人之末選用官吏。對來自遠夷的使者，見了一面就不會忘記；對小臣的名字，也未曾再次詢問過。射箭可以穿透七層甲葉，拉弓能拉六鈞重的硬弓。加上留心研讀典籍，注意學習詩章，書法超過鍾繇、張芝，文詞追上賈誼、司馬相如。文鋒既已奮起，則音調自然和諧；輕筆稍一飛舞，則花葩競相開放。以慈愛撫養百姓，以禮度對待群臣。獎賞時能表揚細微善行，刑罰時能力求法網寬和。逆耳之諫必定聽取，毀謗之言一律杜絕。由於有愛惜生靈的美德，禁止堵塞江湖去濫捕；由於有厭惡殺生的仁心，停止屠場中動刀宰殺。野鴨和鶴受到稻粱餵養的惠賜，狗與馬也享有帷蓋裹屍的恩典。降尊屈身，吮吸李思摩的瘡血，親至靈堂，哭弔魏徵的靈柩。痛悼陣亡的士卒，悲哀感動了六軍；負薪去填鋪道路，真情感動了天地。重視百姓的生命，特別細心處理民間的獄案。我如今見識已經昏亂糊塗，哪裡配議論聖功的深遠，談說天德的高大呢？陛下兼有眾多的美德，沒有一樣不具備，微臣深為陛下愛惜並寶重這些美德。

《周易》上說：「知進而不知退，知存而不知亡，知得而不知失。」又說：「懂得進退存亡，而不失其正道的，可以說只有聖人吧！」由此說來，進包含有退的意義，存包含有亡的契機，得包含有失的道理，老臣為陛下惋惜的緣故，就是指這一點呀！《老子》說：「知道滿足就不會有困辱，知道適可而止就不會有危險。」我認為陛下的威名功德，也可以感到滿足了；開拓疆土，也可以適可而止了。那個高麗國是邊夷賤類，是不值得以仁義對待，是不可以用常理要求的。自古以來都當作魚鱉來畜養，所以應該要用寬恕的態度去對待他們。如果一定要絕滅他們的族類，深恐他們會困獸猶鬥。況且陛下每次處決死因，一定要三覆奏或者五覆奏，吃素食，停音樂，這是因為人命重大，感動了聖上的仁慈之心。又何況現在兵士們沒有一點罪過，無故將他們驅入戰陣之間，置於鋒刃之下，使他們肝腦塗地，魂魄無歸，讓他們的老父孤兒、慈母寡妻，望著靈車而掩泣，抱著屍骸而碎心。這樣足以使陰陽失調，和氣損傷，實在是天下的冤痛啊！而且兵器是凶器，戰爭是危險之事，不得已才使用。假使高麗違背了稱臣的禮節，陛下誅伐它是可以的；假使侵擾了百姓，陛下消滅它是可以的；假使長久地對中國造成了禍患，陛下除去它是可以的。只要有上述的任何一條，即使每天殺死萬人，也不足以感到愧疚。現在沒有這三條，自己卻煩勞中國，內為高麗舊主雪怨，外為新羅報仇，難道不是所得到的小，所損失的大嗎？

希望陛下遵循皇祖老子那知足知止的訓誡，用以保持萬代崇高的名聲。廣施盛大的恩典，下達寬大的詔令，隨著溫暖的春光而遍布恩澤，允許高麗改過自新，焚燒淩波的戰船，停止士卒的招募，這樣華夏和四夷自然慶幸，遠近都肅靜安寧。我年老患病，位列三公，早晚將死，遺恨的是竟沒有一點塵埃和露水，給大海和高山略作貢獻。所以恭謹地竭盡最後的殘魂餘息，預先表達死後也要報恩的誠意。如蒙陛下採用我臨終前的這些意見，我即使死了也會永懷恩德。

唐太宗看了奏表後，感歎說：「此人病危到如此地步，還憂慮著我的國家大事。」房玄齡的勸諫雖然沒有被採納，但終究是良好的建議。

貞觀二十二年，軍旅亟動❶，宮室互興，百姓頗有勞弊。充容❷徐氏❸上疏諫曰：

貞觀已來，二十有餘載，風調雨順，年登歲稔，人無水旱之弊，國無饑饉之災。昔漢武帝，守文之常主❹，猶登刻玉之符❺；齊桓公小國之庸君，尚塗⑥泥金之事⑦。望陛下推功損己⑧，讓德不居⑨。億兆傾心，猶闕告成之禮⑩；云、亭佇謁⑪，未展升中之儀⑫。此之功德，足以咀嚼⑬百王，網羅千代者矣。然古人有云：「雖休勿休⑭。」良有以也。守初保末⑮，聖哲罕兼。是知業大者易驕，願陛下難之；善始者難終，願陛下易之。

竊見頃年以來，力役兼總，東有遼海之軍⑯，西有崑丘之役⑰，士馬疲於甲冑⑱，舟車倦於轉輸。且召募役戍⑲，去留懷死生⑳之痛，因風阻浪，人米㉑有漂溺之危。一夫力耕，年無數十之獲；一船致損，則傾覆數百之糧。是猶運有盡之農功，填無窮之巨浪，圖未獲之他眾，喪已成之我軍。雖除凶伐暴，有國常規，然黷武玩兵㉒，先哲所戒。昔秦皇併吞六國，反速危禍之基；晉武奄有三方㉓，翻成覆敗之業。豈非矜功恃大，棄德輕邦，圖利忘害，肆情縱欲？遂使悠悠六合㉔，雖廣不救其亡，嗷嗷㉕黎庶，因弊以成其禍。是知地廣非常安之術，人勞乃易亂之源。願陛下布澤流人㉖，矜弊恤乏㉗，減行役之煩，增雨露之惠。

妾又聞為政之本，貴在無為。竊見土木之功，不可遂兼。北闕初建，南營翠微㉘，曾未踰時，玉華㉙創制，非惟構架之勞，頗有工力之費。雖復茅茨㉚示約，猶興木石之疲，假使和雇㉛取人，不無煩擾之弊。是以卑宮菲食㉜，聖王之所安；金屋瑤臺㉝，驕主之為麗。故有道之君，以逸逸人；無道之君，以樂樂身。願陛下使之以時，則力不竭矣；用而息之，則心斯悅矣。

夫珍玩技巧，為喪國之斧斤㉞；珠玉錦繡，實迷心之酖毒㉟。竊見服玩鮮靡㊱，如變化於自然；職貢㊲奇珍，若神仙之所製。雖馳華於季俗㊳，實敗素於淳風。是知漆器非延叛之方，桀造之而人叛；玉杯㊴豈招亡之術，紂用之而國亡。方驗侈麗之源，不可不遏。夫作法於儉，猶恐其奢；作法於奢，何以制後？伏惟陛下，明照未形，智周無際，窮奧祕於麟閣㊵，盡探賾㊶於儒林。千王治亂之蹤，百代安危之跡，興亡衰亂之數，得失成敗之機，固亦包吞心府❹❷之中，循環目圍❹❸之內，乃宸衷久察❹❹，無假一二言焉。惟知之非難，行之不易，志驕於業著，體逸於時安。伏願抑志裁心❹❺，慎終成始，削輕過以添重德，擇今是以替前非，則鴻名與日月無窮，盛業與乾坤❹❻永泰！

太宗甚善其言，特加優賜甚厚。

【章　旨】此章載後宮賢妃徐氏所上奏疏。首先肯定貞觀以來的政績，「人無水旱之弊，國無饑饉之災」。然後指出，貞觀末年，軍旅亟動，宮室互興，百姓頗有勞弊。強調「為政之本，貴在無為」，「有道之君，以逸逸人」。因此，希望唐太宗力戒驕奢，慎終如始，使盛業永久不衰。

【注　釋】❶亟動　屢次動用。❷充容　唐後宮女官號，皇帝九嬪之一。❸徐氏　名惠，徐孝德之女，聰明好學，文詞敏贍。唐太宗聞之，召為才人，後升為充容。唐高宗永徽初卒，贈賢妃。❹常主　平常的君主。❺登刻玉之符　指封禪泰山。登，升。刻玉之符，即玉牒書，寫有向上天告成的文詞。❻塗　古通「圖」。❼泥金之事　指封禪典禮。原脫「事」字，據《舊唐書．后妃傳》補。泥金，即用水銀和金為泥來造祭壇。❽推功損己　謂推功於天，恭謙自牧。❾不居　不占有。❿告成之禮　即封禪之禮。古代帝王實現了「天下大治」，要登泰山，向上天告成功。⓫云亭佇謁　在云云山、亭亭山佇候謁告。傳說黃帝禪於亭亭山，五帝禪於云云山。⓬升中之

儀　登名山祭天告成功的儀式，即封禪典禮。⑬咀嚼　玩味。在此有含容、超越之意。⑭雖休勿休　雖有美德而謙虛不自恃。休，美。⑮守初保末　原作「守保未備」，據《舊唐書·后妃傳》改。⑯東有遼海之軍　指貞觀十九年（西元六四五年）討伐高麗。⑰西有崑丘之役　貞觀二十一年十二月詔崑丘道行軍大總管阿史那社爾率軍討伐龜茲。崑丘，指崑崙山。⑱甲冑　鎧甲和頭盔，泛指戰事。⑲役戍　原作「投戎」，據《舊唐書·后妃傳》改。⑳生　該字原脫，據《舊唐書·后妃傳》補。㉑米　該字原脫，據《舊唐書·后妃傳》補。㉒玩兵　原作「習兵」，據《舊唐書·后妃傳》改。㉓晉武奄有三方　謂晉武帝統轄了魏、蜀、吳。奄，覆蓋；包括。㉔六合　天、地和四方，泛指天下。㉕噭噭　哀號聲。㉖人　原作「仁」，據《舊唐書·后妃傳》改。㉗矜弊恤乏　四字原脫，據《舊唐書·后妃傳》補。㉘翠微　翠微宮，在驪山絕頂。貞觀二十一年四月，命修太和廢宮為翠微宮。㉙玉華　玉華宮，在宜君以西四十里。貞觀二十一年七月，以翠微宮險隘，不能容百官，詔更營玉華宮於宜君之鳳皇谷。㉚茅茨　用茅草蓋房。㉛和雇　官府出資雇用工匠、勞力等。㉜卑宮菲食　宮室簡陋、食物粗劣。傳說唐堯茅茨土階，夏禹惡衣菲食。參見本書〈奢縱〉篇。㉝金屋瑤臺　漢武帝造金屋，夏桀作瑤臺。㉞斧斤　斧頭。㉟酖毒　鴆毒；毒酒。㊱鮮靡　鮮豔華麗。㊲職貢　賦稅貢品。㊳季俗　末世之風俗。㊴玉杯　犀玉之杯，為殷紂王所造。㊵麟閣　麒麟閣。西漢宣帝畫功臣像於此閣中。㊶探賾　探索深奧玄妙的道理。㊷心府　內心。㊸目圍　目力所及的範圍。㊹宸衷久察　謂帝王內心久已察知。宸，指帝王的宮殿，這裡代稱帝王。㊺裁心　裁制心思。原作「摧心」，據《舊唐書·后妃傳》改。㊻乾坤　指天地。

【語　譯】貞觀二十二年，唐太宗屢次用兵，相繼興建宮殿，百姓頗有勞苦疲憊的怨言。充容徐氏便上疏勸諫說：

貞觀二十多年以來，風調雨順，連年豐收，百姓沒有遭受水旱之害，國家沒有發生饑饉之災。從前，漢武帝是守業的平常君主，還登泰山舉行封禪大典；齊桓公是小國的普通君主，尚且設法奉行封禪禮儀。希望陛下推功於天，恭謙自牧，有大德而能謙讓，不居功自傲。儘管億萬民眾已傾心嚮往，但還不舉行向天地告成功的典禮；雖然云云山、亭亭山在佇候謁告，但仍不去那裡舉行祭天的儀式。這樣的功德，是足以超越百王、涵蓋千代的了。然而古人有言：「雖有美德而謙虛不自恃。」實在很有道理。堅持好的開端並保持到最後，這是聖哲之王也極少能兼而有之的。這就知道：帝業盛大的容易驕傲，希望陛下不會心生驕傲；善始的難以善終，希望陛下容易做到善終。

我私下發現近年以來，力役集中，東有征高麗的軍事行動，西有討龜茲的戰役，人馬疲於戰爭，舟車倦於運輸。而且被召募去戍邊的士卒，和留在故鄉的家人都懷著死別生離的悲痛，運輸的船隻乘風遇浪，士卒與糧食都有漂走沉沒的危險。一個農夫努力耕種，一年不過數十石的收穫；一條船受了損壞，就傾覆數百石的糧食。這猶如運送有限的農作物，去填無窮的巨濤大浪，貪圖尚未俘獲的敵人，卻先喪失了自己的軍隊。雖然除凶伐暴是國家的常規，但窮兵黷武是先哲所禁止的事情。從前，秦始皇併吞六國，反而加速了秦朝基業的敗壞；晉武帝統轄魏、蜀、吳，反而促成了晉朝帝業的覆亡。這難道不是矜功恃大，遺棄德行，輕視邦國，圖利忘害，肆情縱欲的結果？於是使悠悠的天下再怎麼廣闊也不能挽救他們的滅亡，使哀號的百姓因為生活困苦而促成了他們的災禍。這就知道：土地廣闊並不是長治久安的法寶，百姓勞苦才是容易產生禍亂的根源。希望陛下把恩澤施給流亡的人，憐憫並撫恤那些困乏的百姓，減少行軍徭役的煩勞，增加雨露似的恩惠。

我又聽說為政之本，貴在無為。私下以為土木興作，不可以一直連續下去。宮城北門營建剛完，南邊又造翠微宮，沒過多久，玉華宮又開始闢建，這些不只是構造殿室的煩勞而已，在人工力役上還是很大的浪費。雖又以茅草蓋房，表示儉約，但還有大興木石的煩勞，即使官府出資雇用人力，也不免有煩擾百姓的弊病。所以簡陋的宮室和粗劣的食物，是聖哲之王所安心受用的；金屋和瑤臺，則是驕奢之主所喜愛的靡麗之作。所以有道的君主，用休養生息使百姓安逸；無道的君主，用淫樂享受使自身快樂。希望陛下適時地使用民力，民力就不會枯竭了；使用了民力而又讓他們休息，他們心中也就高興了。

珍玩技巧之類的東西，是使國家喪亡的斧頭；珠寶玉器和錦繡，實在是迷惑人心的毒酒。我私下發現衣服與玩物的鮮豔華麗，像是從自然中所變化出來的；各地貢獻的珍奇寶物，猶如神仙所製造出來的。雖然在末世風俗中競相追求華麗是難免的，但在實際上卻敗壞了淳樸的風氣。這就知道：漆器雖非引起叛亂的東西，但夏桀造了漆器，卻使百姓叛亂；玉杯豈是招致滅亡的東西，但殷紂王用了玉杯，卻使國家敗亡。這就證明：奢侈靡麗是災禍的源泉，是不可不加以遏止的。取法於節儉，猶恐趨向奢靡；取法於奢靡，又怎樣去約束後人？希望陛下事先明察，用無邊的智慧，在麒麟閣中鑽研治國的奧祕，向儒林學士探究玄妙的道理。這樣，千年帝王治亂的經驗，百代君主安危的事跡，興亡衰亂的命運，得失成敗的關鍵，就原原本本地含藏在陛下心胸之中，循環出現在目力所及的範圍之內，這是陛下內心久已察知的，用不著由我來多說一兩句話。只是知道這些道理不難，要做就不容易了，往往是功業卓著時就志意驕奢，局勢安寧時就貪圖逸樂。希望陛下克制心志，慎終如始，改掉輕微的過失而增添崇高的德行，擇用今天做對的事用來代替以前做錯的事，這樣鴻名就與日月齊光，盛業就與天地長安！

唐太宗很讚賞這些意見，特地給予優厚的賞賜。

安邊第三十六

貞觀四年，李靖擊突厥頡利，敗之，其部落多來歸降者。詔議安邊之策，中書令溫彥博議：「請於河南❶處之。準漢建武❷時，置降匈奴於五原❸塞下，全其部落，得為捍蔽❹，又不離其土俗，因而撫之，一則實空虛之地，二則示無猜之心，是含育之道❺也。」太宗從之。祕書監魏徵曰：「匈奴自古至今，未有如斯之破敗，此是上天勦絕，宗廟神武。且其世寇中國，萬姓冤讎，陛下以其為降，不能誅滅，即宜遣發河北❻，居其舊土。匈奴人面獸心，非我族類，強必寇盜，弱則卑伏，不顧恩義，其天性也。秦、漢患之者若是，故時發猛將以擊之，收其河南以為郡縣。陛下以內地居之，且今降者幾至十萬，數年之後，滋息❼過倍，居我肘腋❽，甫邇❾王畿，心腹之疾，將為後患，尤不可處以河南也。」溫彥博曰：「天子之於萬物也，天覆地載，有歸我者則必養之。今突厥破除，餘落歸附，陛下不加憐愍，棄而不納，非天地之道，阻四夷之意，臣愚甚謂不可，宜處之河南。所謂死而生之，亡而存之，懷我厚恩，終無叛逆。」魏徵曰：「晉代有魏時，胡部落分居近郡，江統⑩勸逐出塞外，武帝不用其言，數年之後，遂傾瀍、洛⑪。前代覆車，殷鑒不遠。陛下必用彥博言，遣居河南，所謂養獸自遺患也。」彥博又曰：「臣聞聖人之道，無所不通。突厥餘魂⑫，以命歸我，收居內地，教以禮法，選其酋首，遣居宿衛，畏威懷德，何患之有？且光武居河南單于⑬於內郡，以為漢藩翰⑭，終于一代，不有叛逆。」又曰：「隋文帝勞兵馬，費倉庫，樹立可汗⑮，令復其國，後孤恩⑯失信，圍煬帝於雁門。今陛下仁厚，從其所欲，河南、河北，任情居住，各有酋長，不相統屬，力散勢分，安能為害？」給事中杜楚客⑰進曰：「北狄人面獸心，難以德懷，易以威服。今令其部落散處河南，逼近中華，久必為患。至如雁門之役，雖是突厥背恩，自由隋主無道，中國以之喪亂，豈得云興復亡國以致此禍？夷不亂華，前哲明訓，存亡繼絕，列聖通規。臣恐事不師古，難以長久。」太宗嘉其言。方務懷柔⑱，未之從也，卒用彥博策，自幽州⑲至靈州⑳，置順、祐、化、長四州都督府以處之，其人居長安者近且萬家。

自突厥頡利破後，諸部落首領來降者，皆拜將軍中郎將，布列朝廷，五品已上百餘人，殆與朝士相半。唯拓跋㉑不至，又遣招慰之，使者相望於道。涼州都督李大亮，以為於事無益，徒費中國，上疏曰：「臣聞欲綏遠㉒者必先安近，中國百姓，天下根本，四夷之人，猶於枝葉。擾其根本以厚枝葉，而求久安，未之有也。自古明王，化中國以信，馭夷狄以權。故《春秋》云㉓：『戎狄豺狼，不可厭㉔也；諸夏㉕親昵，不可棄也。』自陛下君臨區宇㉖，深根固本，人逸兵強，九州殷富，四夷自服。今者招致突厥，雖入提封㉗，臣愚稍覺勞費，未悟其有益也。然河西㉘民庶，鎮禦藩夷，州縣蕭條，戶口鮮少，加因隋亂，減耗尤多，突厥未平之前，尚不安業，匈奴微弱以來，始就農畝，若即勞役，恐致妨損。以臣愚惑，請停招慰。且謂之荒服㉙者，故臣而不納。是以周室愛民攘狄，竟延八百之齡；秦王輕戰事胡，故四十載㉚而絕滅；漢文養兵靜守，天下安豐；孝武揚威遠略，海內虛耗，雖悔輪臺㉛，追已不及。至於隋室，早得伊吾㉜，兼統鄯善㉝，且既得之後，勞費日甚，虛內致外，竟損無益。遠尋秦漢，近觀隋室，動靜安危，昭然備矣。伊吾雖已臣附，遠在藩磧㉞，民非夏人㉟，地多沙鹵㊱。其自豎立稱藩附庸㊲者，請羈縻㊳受之，使居塞外，必畏威懷德，永為藩臣，蓋行虛惠而收實福矣。近日突厥，傾國入朝，既不能俘㊴之江淮，以變其俗，乃置於內地，去京不遠，雖則寬仁之義，亦非久安之計也。每見一人初降，賜物五匹，袍一領，酋長悉授大官，祿厚位尊，理多糜費。以中國之租賦，供積惡之凶虜，其眾益多，非中國之利也。」太宗不納㊵。

十三年，太宗幸九成宮。突利可汗弟中郎將阿史那結社率㊶陰結所部，并擁突利子賀羅鶻夜犯御營，事敗，皆捕斬之。太宗自是不直突厥，悔處其部眾於中國，還其舊部於河北，建牙㊷於故定襄城㊸，立李思摩㊹為乙彌泥熟俟利苾可汗以主之。因謂侍臣曰：「中國百姓，實天下之根本，四夷之人，乃同枝葉。擾其根本以厚枝葉，而求久安，未之有也。初，不納魏徵言，遂覺勞費日甚，幾失久安之道。」

【章旨】此章記述貞觀君臣熱烈討論「安邊之策」的情形。平定東突厥後，中書令溫彥博主張仿照東漢初「置降匈奴於五原塞下」，把他們安置在黃河南河套一帶，「全其部落，得為捍蔽」；同時，「教以禮法，選其酋首，遣居宿衛，畏威懷德」。這種說法是建立在信任突厥族歸附後德化不亂的思想基礎上的，深得唐太宗的贊同。至於魏徵、李大亮等則恪守傳統的觀點，認為夷狄非我族類，其心必異，不能加以信任。到了貞觀十三年，由於突利可汗弟弟的叛亂，才使唐太宗回到傳統的立場上，強調：「中國百姓，實天下之根本，四夷之人，乃同枝葉。」

【注釋】❶河南　指黃河南河套一帶。❷建武　東漢光武帝年號。❸五原　郡名。漢武帝元朔二年（西元前一二七年）置，治所在九原（今包頭西北）。❹捍蔽　捍衛屏蔽。❺含育之道　含養化育的辦法。❻河北　謂黃河之北，即河套地區以北。❼滋息　滋生繁育。❽肘腋　比喻切近的地方。指內地。❾甫邇　接近。❿江統　字應元，陳留（今河南開封東北）人。晉武帝時，為山陰（今屬浙江）令。撰〈徙戎論〉，建議將夷族逐出塞外。⓫瀍洛　瀍河、洛河，指西晉都城洛陽及附近地區。⓬餘魂　指殘餘的部眾。⓭單于　匈奴首領的稱號。⓮藩翰　藩籬屏蔽。⓯樹立可汗　指隋文帝立突厥啟民可汗，並嫁以義成公主。⓰孤恩　負恩。⓱杜楚客　唐初名相杜如晦之弟。貞觀四年（西元六三〇年）召為給事中，後遷工部尚書。⓲懷柔　懷柔政策，主要是施以恩德，加以安撫。⓳幽州　在今北京及河北北部。⓴靈州　在今寧夏中衛、中寧以北地區。㉑拓跋　拓跋氏，這裡指西突厥種落。㉒綏遠　安撫邊遠地區。㉓春秋云　指《左傳・閔公元年》管仲告齊侯之詞。㉔厭　滿足。㉕諸夏　中原諸國。㉖區宇　疆域，指天下。㉗提封　古代諸侯或宗室的封地。也指國內。㉘河西　包括甘、涼、瓜、沙、肅等州。㉙荒服　五服之一，指最荒遠的地方。㉚四十載　秦始皇在位三十七年，舉其整數，謂四十年。㉛輪臺　在今新疆輪臺東南。漢武帝晚年，桑弘羊等建議在輪臺以東屯田，帝不從，乃下詔罪己，深陳既往遠征之悔。㉜伊吾　即漢代伊吾盧之地。隋大業六年（西元六一〇年）置郡，治所在今新疆哈密。㉝鄯善　本名樓蘭，王居扜泥城（在今新疆若羌縣治卡克里克），隋大業五年置郡。㉞蕃磧　邊域沙漠。㉟夏人　華夏族人。㊱沙鹵　多沙石的鹽鹼地。㊲附庸　內附。㊳羈縻　謂籠絡使不生異心。唐朝在被平定的或內附的夷族地區設羈縻州府。㊴俘　俘獲。這裡是強制遷往的意思。㊵太宗不納　按《舊唐書・李大亮傳》及《資治通鑑》均謂唐太宗採納了建議。㊶阿史那結社率　按「率」或作「爾」。突利可汗之弟，勾結突利子賀羅鶻，襲擊御帳。事敗，結社率被斬，賀羅鶻流於嶺南。㊷建牙　建立牙帳。牙帳，突厥首領居住的大本營，營前樹立牙旗。㊸定襄城　在今山西大同以東。㊹李思摩　見本書〈仁惻〉篇注釋。

【語　譯】貞觀四年，李靖討擊突厥頡利，打敗了他，他的部落有很多前來歸降。唐太宗詔令群臣討論安邊之策，中書令溫彥博建議說：「請在河南一帶安置他們。依照東漢建武時，把歸降的匈奴安置在五原塞下，保全他們的部落，使他們成為捍衛中國的屏障，又不改變原有的風俗，以此來安撫他們，一則充實了空虛之地，二則表示沒有猜疑之心，這是對夷狄含養化育的辦法。」唐太宗聽從了這個建議。祕書監魏徵卻說：「匈奴自古至今，不曾破敗到這種地步，這是上天要剿滅他們，也是祖先有靈，表現神武威力的結果。匈奴世代侵犯中國，和百姓結有寃仇，陛下因為他們投降，不能誅殺，就應當把他們遣返河北，居住在原來的地方。匈奴人面獸心，不是我們的族類，強大時必為寇盜，弱小時就卑屈服從，不顧恩義，這是他們的天性。秦、漢時就有這樣的禍患，所以不時地派遣猛將擊敗他們，收復河南，設置郡縣。陛下把內地讓他們居住，而且現在歸降的又幾乎達十萬人，數年之後，滋生繁育，人數就會超過一倍，讓他們居住在內地，接近京畿地區，這是心腹之疾，將會造成禍患，因此不可讓他們住在內地，尤其不可以把他們安置在河南。」溫彥博說：「天子對於萬物，猶如天覆地載一樣，凡有歸附我們的，一定要撫養他們。現在突厥被擊敗，殘餘部落前來歸附，陛下如不加以憐憫，棄而不納，這就不符合天覆地載的道理，又阻絕了四夷歸順的誠意，依我的愚見，這樣做是很不對的，因此應該把他們安置在河南。這就是通常所說的，使死者復生、亡者續存，他們一定會因而感激我們的厚恩，永久不會叛逆。」魏徵說：「西晉取代魏國時，胡人部落散居在內地郡縣，江統建議把他們逐出塞外，晉武帝沒有採用他的意見，幾年之後，京城洛陽及附近地區就被胡人占據了。前代覆車之鑒，距今不遠。陛下如一定要採用溫彥博的意見，把突厥遷居於河南，這正所謂豢養野獸而給自己留下禍患啊！」溫彥博說：「我聽說聖人之道，是無所不通的。突厥殘餘的部眾，歸命於我朝，將他們收留在內地，教以禮法，並選拔他們的酋長充任宮廷的宿衛，他們害怕天威又感激恩德，還會有什麼禍患呢？而且漢光武帝把河南匈奴單于移居在內地郡縣，作為漢王朝的屏障輔翼，經過東漢一代，沒有發生過叛逆的事。」溫彥博又說：「隋文帝勞動兵馬，耗費庫財，為突厥立了啟民可汗，使他們恢復自己的國家，後來突厥負恩失信，把隋煬帝圍困在雁門。現在陛下仁愛寬厚，順從他們的願望，河南、河北任他們居住，各有各的酋長，互相不統屬，勢力因而分散，哪兒能成為禍害？」給事中杜楚客進言道：「北狄人面獸心，難於用恩德去感化，易於用威力去征服。現在讓突厥部落散居河南，逼近中原，時間久了，一定會成為禍患。至於像雁門之役，雖然是突厥負恩失信，但也由於隋煬帝殘暴無道所致，中國因此喪亂，難道能說是隋文帝為了復興滅亡的突厥國，才導致這次禍難的嗎？夷狄不能使中華喪亂，前代聖哲已有明確的訓示，存亡繼絕是歷代聖王的通行規則。我擔心事不師古，是難以長久的。」唐太宗讚賞這番話。但因當時正在致力於懷柔政策，所以沒有聽從這種意見，於是最終採用了溫彥博的建議，東自幽州，西至靈州，設置了順、祐、化、長四州都督府，以安置突厥部眾，突厥人居住在長安的，將近一萬家。

自從突厥頡利被打敗後，各部落首領前來歸降的，都拜為將軍或者中郎將，他們列於朝班，五品以上的高官有一百多人，幾乎占了朝廷大官的一半。只有西突厥首領不來歸附，唐太宗又派使臣去招慰，使者往返，不絕於道路。涼州都督李大亮以為這樣做無益於國事，只有白白浪費國家的人力物資而已，所以上疏說：「我聽說要安撫邊疆，必須先穩定內地，中國百姓是天下的根本，四夷之人則猶如枝葉。根本動搖，枝葉茂盛，卻要求得長治久安，是從來沒有過的事。自古以來英明的帝王，用信義感化中國百姓，用權勢駕馭夷狄之人。所以《春秋左氏傳》上說：『夷狄之人好像豺狼，是不能滿足他們的；中原諸國十分親昵，是不可拋棄他們的。』自從陛下君臨天下以來，根本既深且固，百姓安逸，兵力強大，全國殷富，四夷自動歸服。現在招慰突厥，雖然納入國內，愚臣以為稍嫌勞費，領悟不出這樣做有什麼益處。然而河西一帶民眾，鎮守並防禦藩邦夷狄，州縣蕭條，人口稀少，加上由於隋末喪亂，損耗尤多，突厥未平之前，還不能安居樂業，突厥衰弱以來，才開始恢復農業生產，如果立即調發他們去服勞役，恐怕會造成傷害。依臣之愚見，請停止招慰。況且稱為荒服的最邊遠地區，即使願意稱臣也是不能接納的。所以，周王室愛民攘夷，國祚竟延續了八百年；秦始皇輕易發動對胡人的戰爭，卻不到四十年就滅亡了；漢文帝養兵靜守，使天下安定富饒；漢武帝揚威遠征，使國內虛耗，到了晚年雖然下了輪臺罪己詔，但追悔已經來不及了。至於隋朝，早已取得了伊吾，又兼統轄鄯善，而且既得之後，勞費一天比一天多，虛耗國內財力，以供對外需要，結果只有害處而沒有益處。遠看秦漢，近觀隋朝，動靜安危的情況，是很清楚的了。伊吾雖已臣附，遠在邊域沙漠之外，民眾又不是華夏之人，土地大都是砂石鹽鹼之地。那些自動起來稱臣歸附的人，請用羈縻的方法加以接受，使他們居住在塞外，他們一定會畏威懷德，永遠成為藩臣，這樣只施予名義上的恩惠，卻會收到實在的益處了。近來突厥傾國歸附入朝，既不能強制地遷往江淮一帶，以改變他們的習俗，就只好在內地把他們安置，在距離京城不遠的地方，雖然是寬仁之義的做法，但也不是久安之計。每見一個突厥人剛歸降，就賞賜帛五匹，袍一領，酋長都授予大官，祿厚位尊，必然會造成很大的浪費。以中國的租賦來供給積惡甚多的凶虜，而且他們的人數又眾多，這樣做是不會對中國有利的。」唐太宗不予採納。

貞觀十三年，唐太宗行幸九成宮。突利可汗的弟弟中郎將阿史那結社率暗中勾結部下，並擁護突利可汗的兒子賀羅鶻，乘黑夜襲擊唐太宗的住所，失敗後都被斬殺。唐太宗從此不再讓突厥人直宿禁衛，也後悔把突厥部眾安置在內地，於是遣返突厥舊部回到河北，在原來的定襄城建立牙帳，立李思摩為乙彌泥熟俟利苾可汗，以統率他們。唐太宗為了此事對侍臣說：「中國百姓確實是天下的根本，四夷之人只是如同枝葉一樣罷了。根本動搖了，枝葉卻茂盛，這樣要求得長治久安，是從來沒有過的事。當初，沒有採納魏徵的建議，以至於覺得勞費日益嚴重，幾乎喪失了長治久安之道。」

貞觀十四年，侯君集平高昌之後，太宗欲以其地為州縣。魏徵曰：「陛下初臨天下，高昌王先來朝謁❶，自後數有商胡❷，稱其遏絕貢獻，加之不禮大國詔使❸，遂使王誅載加❹。若罪止文泰❺，斯亦可矣。未若因撫其民，而立其子，所謂伐罪弔民❻，威德被於遐外，為國之善者也。今若利其土壤以為州縣，常須千餘人鎮守，數年一易，每來往交替，死者十有三四，遣辦衣資，離別親戚，十年之後，隴右❼空虛，陛下終不得高昌撮穀尺布以助中國。所謂散有用而事無用，臣未見其可。」太宗不從，竟以其地置西州⑧，仍以西州為安西都護府⑨，每歲調發千餘人，防遏其地。

黃門侍郎⑩褚遂良亦以為不可，上疏曰：「臣聞古者哲后⑪臨朝，明王創業，必先華夏而後夷狄，廣諸德化，不事遐荒。是以周宣⑫薄伐，至境而反⑬；始皇遠塞⑭，中國分離。陛下誅滅高昌，威加西域，收其鯨鯢⑮，以為州縣。然則王師初發之歲，河西供役之年，飛芻輓粟⑯，十室九空，數郡蕭然，五年不復⑰。陛下每歲遣千餘人，而遠事屯戍，終年離別，萬里思歸。去者資裝，自須營辦，既賣菽粟，傾其機杼⑱。經途死亡，復在言外⑲。兼遣罪人⑳，增其防遏。所遣之內，復有逃亡，官司捕捉，為國生事。高昌塗路，沙磧千里，冬風冰冽，夏風如焚，行人遇之多死。《易》云：『安不忘危，治不忘亂。』設令張掖㉑塵飛，酒泉㉒烽舉㉓，陛下豈能得高昌一人菽粟而及事乎？終須發隴右諸州，星馳電擊㉔。由斯而言，此河西者方於心腹，彼高昌者他人手足，豈得糜費中華，以事無用？陛下平頡利於沙塞，滅吐渾於西海㉕。突厥餘落，為立可汗；吐渾遺萌㉖，更樹君長。復立高昌，非無前例，此所謂有罪而誅之，既服而存之。宜擇高昌可立者，徵給㉗首領，遣還本國，負載洪恩，長為藩翰。中國不擾，既富且寧，傳之子孫以貽後代。」疏奏，不納。

至十六年，西突厥遣兵寇西州，太宗謂侍臣曰：「朕聞西州有警急，雖不足為害，然豈能無憂乎？往者初平高昌，魏徵、褚遂良勸朕立麴文泰子弟，依舊為國，朕竟不用其計，今日方自悔責。昔漢高祖遭平城之圍㉘，而賞婁敬㉙；袁紹敗於官渡㉚，而誅田豐㉛。朕恆以此二事為誡，寧得忘所言者乎！」

【章旨】此章記述貞觀君臣對處置高昌的不同意見。貞觀十四年（西元六四〇年）平定高昌之後，唐太宗欲以其地為州縣；魏徵、褚遂良則勸立高昌王子弟，依舊為國。唐太宗堅持己見，遂設置了西州及安西都護府，每年調發士卒屯戍。至貞觀十六年，又後悔沒有採用魏徵等人的建議。

【注　釋】❶朝謁　入朝進謁。貞觀四年（西元六三〇年），高昌王麴文泰入朝貢獻。❷商胡　經商的胡人。❸詔使　傳達詔令的使臣。❹王誅載加　謂唐太宗再加以誅伐。❺文泰　即高昌王麴文泰。❻伐罪弔民　討伐有罪的人，慰問百姓。❼隴右　隴右道，轄境相當今甘肅六盤山以西、青海湖以東及新疆東部。❽西州　轄境相當今新疆吐魯番盆地一帶。❾安西都護府　置於交河城（今新疆吐魯番東），留兵鎮守。❿黃門侍郎　應為諫議大夫。貞觀十八年九月，以諫議大夫褚遂良為黃門侍郎，參預朝政。⓫哲后　聖明的帝王。后，帝王。⓬周宣　周宣王。王伐玁狁，至於太原而返，不窮追出境。⓭反　返。⓮遠塞　在邊遠之地設置險塞。⓯鯨鯢　即鯨魚，比喻凶惡的人。⓰飛芻輓粟　運送糧草。芻，草料。⓱不復　不能復承平之舊。⓲機杼　指紡織機，這裡代稱布帛。⓳言外　原作「方外」，據《通典．邊防》改。⓴遣罪人　將犯罪的人送去戍邊。㉑張掖　在今甘肅。㉒酒泉　在今甘肅。㉓烽舉　升起烽火報警。㉔星馳電擊　形容極其迅速。㉕西海　今青海湖一帶。㉖遺萌　遺民。㉗徵給　徵聘。㉘平城之圍　漢高祖曾被匈奴圍困在平城的白登山，七日而得解圍。平城，在今山西大同東北。㉙婁敬　漢初名臣，曾勸漢高祖不要伐匈奴。平城解圍後，漢高祖封婁敬千戶，為關內侯。㉚袁紹敗於官渡　袁紹，東漢末年割據勢力的代表人物。在官渡之戰中，被曹操打敗。官渡，在今河南中牟東北。㉛田豐　袁紹的部下，曾預言袁紹在官渡之戰中必敗。後被袁紹所殺。

【語　譯】貞觀十四年，侯君集平定高昌之後，唐太宗想在那裡設置州縣。魏徵說：「陛下即位之初，高昌王首先前來朝見，而以後由於胡商多次聲稱高昌截去他們的貢品，加上高昌王對大唐的使臣不禮貌，於是使陛下對高昌再加以討伐。如果只問罪麴文泰一個人，這是可以的。但還不如因而安撫高昌的人民，而立其國王之子為王，這就是所說的討伐有罪的統治者，而慰問百姓，將威力德行遍及於遐遠之地啊！這是治國的好辦法。現在如果利用它的國土設置州縣，經常要有千餘人去鎮守，幾年一換，每次來往交替，死亡的人數將占十分之三四，還要準備衣物，離別親戚，這樣過了十年，隴右地區就會空虛，陛下最後也得不到高昌的一撮穀、一尺布用來資助中國。這就叫做耗費有用的東西而去做無益的事，我不認為是可以的。」唐太宗不聽從他的意見，終於在高昌國設置了西州，還在西州設置了安西都護府，每年調發千餘人去防守這個地區。

黃門侍郎褚遂良也認為不可以設置州府，上疏說：「我聽說古代聖哲的帝王臨朝聽政，英明的君主創建基業，必定是先華夏而後夷狄，廣施道德教化，而不貪圖遐遠之地。所以，周宣王討伐玁狁，追逐至邊境就返回；而秦始皇遠築長城，設置險塞，結果使天下分崩離析。陛下誅滅高昌，威震西域，降服凶頑，設置州縣。但是在朝廷的軍隊剛調發的時候，由河西地區提供力役，運送糧草，弄得十室九空，數郡蕭條，過了五年也不能恢復原先的承平景況。陛下每年派遣千餘人，從事邊遠之地的防守，士卒終年離別家人，萬里思歸故鄉。士卒的路費行裝，必須自己營辦，只得賣了糧食，又耗盡了布帛。至於沿途死亡的，更不用說了。加上又遣發罪徒，去增強防守力量。這些派去戍邊的人中，又有逃亡的，官府追捕捉拿，給國家造成不少事端。而且通往高昌的路途上，沙漠千里，寒風冰冽，夏風如焚，行人遇到這種情況大都會死亡。《易經》上說：『安不忘危，治不忘亂。』假使張掖戰塵飛揚，酒泉烽火傳警，陛下難道能從高昌獲得一人一糧的資助，來應付戰事嗎？最終必須調發隴右諸州的兵馬糧草，星馳電擊似地趕去救援。由此說來，這河西地區正好比是自己的心腹，那高昌之地猶如他人的手足，難道能耗費中國的財力，去做無益之事嗎？陛下在沙漠塞外平定突厥頡利，又在西海滅掉吐谷渾。對突厥殘餘的部落，也為他們新立了可汗；對吐谷渾的遺民，更另外立了君長。所以再立高昌王，不是沒有前例可循的，這就是說有罪的就去誅伐他，既然降服了就加以撫存。應當選擇高昌國中可立為王的人，徵聘為首領，派遣他返回本國，他承受了陛下的大恩，可以長久地成為朝廷的屏障輔翼。這樣，中國就不受擾亂，既富庶又安寧，子孫相傳，昌盛不絕。」奏疏呈上後，唐太宗也沒有採納。

到了貞觀十六年，西突厥派兵侵犯西州，唐太宗對侍臣說：「我聽說西州有緊急警報，雖然不足為害，但怎麼能不憂慮呢？以往高昌剛平定時，魏徵、褚遂良勸我立麴文泰子弟為王，依舊作為藩國，我竟沒有採用他們的意見，現在才感到悔恨。從前，漢高祖遭到平城之圍，事後對勸說他不要伐匈奴的婁敬加以賞賜；袁紹敗於官渡之戰，卻將諫阻過他的田豐給殺了。我常以這兩件事為鑒戒，怎麼能夠忘記魏徵、褚遂良所說的話呢？」

卷一〇

行幸第三十七

貞觀初，太宗謂侍臣曰：「隋煬帝廣造宮室，以肆行幸，自西京至東都，離宮別館，相望道次，乃至并州❶、涿郡❷，無不悉然。馳道❸皆廣數百步，種樹以飾其傍。人力不堪，相聚為賊。逮至末年，尺土一人，非復己有。以此觀之，廣宮室，好行幸，竟有何益？此皆朕耳所聞，目所見，深以自誡。故不敢輕用人力，惟令百姓安靜，不有怨叛而已。」

【章旨】此章論造宮室，好行幸，毫無益處。

【注釋】❶并州　今屬山西，隋代治所在太原。❷涿郡　隋大業初改幽州置，治所在薊縣（今北京城西南）。

❸馳道　供帝王行駛車馬的道路。

【語譯】貞觀初年，唐太宗對侍臣說：「隋煬帝大造宮室，以供自己肆意去巡幸遊樂，從西京長安到東都洛陽，離宮別館一個接一個地座落在道路上，一直到并州、涿郡，沒有不是這樣的。供遊幸的馳道都有數百步寬，兩旁並種有樹木以為裝飾。百姓不堪負擔勞役，便相聚為盜賊。到了隋朝末年，連一尺土和一個人，都不再是隋煬帝自己所有的了。由此看來，大造宮室，愛好行幸，究竟有什麼益處？這些都是我親耳所聞，親眼所見，深深地自引為鑒戒的。所以我不敢輕易地使用民力，只想讓百姓安靜無事，不生怨恨、叛亂之心而已。」

貞觀十一年，太宗幸洛陽宮，泛舟于積翠池❶，顧謂侍臣曰：「此宮觀臺沼❷並煬帝所為，所謂驅役生民，窮此雕麗，復不能守此一都，以萬民為慮。好行幸不息，民所不堪。昔詩人云：『何草不黃？何日不行❸？』『小東大東，杼軸其空❹。』正謂此也。遂使天下怨叛，身死國滅，今其宮苑盡為我有。隋氏傾覆者，豈惟其君無道，亦由股肱無良。如宇文述❺、虞世基❻、裴蘊❼之徒，居高官，食厚祿，受人委任，惟行諂佞，蔽塞聰明，欲令其國無危，不可得也。」司空長孫無忌奏言：「隋氏之亡，其君則杜塞忠讜之言，臣則苟欲自全。左右有過，初不糾舉，寇盜滋蔓，亦不實陳。據此，即不惟天道，實由君臣不相匡弼。」太宗曰：「朕與卿等承其餘弊，惟須弘道移風，使萬世永賴矣。」

【章　旨】此章記述唐太宗遊幸洛陽宮時的感慨，認為隋亡不只是隋煬帝無道，也是由於沒有賢良大臣以匡弼所致。

【注　釋】❶積翠池　在洛陽宮西苑內。西苑北距北邙山，西至孝水，南帶洛水支渠，穀、洛二水會於其間。❷沼　小池。❸何草不黃二句　見《詩經・小雅・何草不黃》。行，奔忙。❹小東大東二句　見《詩經・小雅・大東》。小東大東，指東方大小各國。杼軸其空，指紡織機的布帛都被搜刮空了。❺宇文述　隋朝大臣，詳見本書〈君臣鑒戒〉篇注釋。元代胡三省注云：「述」恐當作「愷」。宇文愷奉命造洛陽宮西苑。❻虞世基　隋朝大臣，詳見本書〈君道〉篇注釋。❼裴蘊　隋朝大臣，曾任民部侍郎、御史大夫等職。

【語　譯】貞觀十一年，唐太宗駕臨洛陽宮，泛舟於西苑積翠池上，回過頭來對侍臣說：「這些宮觀臺池都是隋煬帝所修造的，就是說他驅使民眾，盡量修造像這些雕飾華麗的建築，卻又不能保住這一都城，替百姓憂慮。他喜歡不停地巡幸遊樂，弄得百姓不堪負擔。從前的詩人說：『什麼草兒不枯黃？什麼日子不奔忙？』又說：『東方大小各國，布帛都被搜刮一空。』指的正是這種情況。於是使天下之人怨叛，自身被殺，國家滅亡，以致現在他的宮苑盡為我所有了。隋朝傾覆，豈只是隋煬帝荒淫無道而已，也是由於沒有賢良的輔弼大臣所致。如宇文述、虞世基、裴蘊之徒，位居高官，享受厚祿，受人委任，只會諂諛奉迎，蔽塞帝王的耳目，這樣，要想使國家不危亡，是不可能的。」司空長孫無忌上奏說：「隋朝的滅亡，原因在於君主杜塞忠誠正直的意見，臣子只想保全自己。左右臣僚有過失，從來就不糾察檢舉，到了盜賊滋生蔓延時，又不如實奏報。據此，隋亡就不只是天意，實在是由於君臣之間沒有互相匡弼的緣故。」唐太宗說：「我與你們承接隋朝留下來的餘弊，必須弘揚正道，移風易俗，這樣就可使子孫萬代永遠有所依靠了。」

貞觀十三年，太宗謂魏徵等曰：「隋煬帝承文帝餘業，海內殷阜❶，若能常處關中，豈有傾敗？遂不顧百姓，行幸無期❷，徑往江都❸，不納董純❹、崔象❺等諫諍，身戮國滅，為天下笑。雖復帝祚長短，委以玄天❻；而福善禍淫，亦由人事。朕每思之，若欲君臣長久，國無危敗，君有違失，臣須極言。朕聞卿等規諫，縱不能當時即從，再三思審，必擇善而用之。」

【章　旨】此章言隋煬帝行幸無期，不納諫諍，結果身戮國滅。

【注　釋】❶殷阜　富裕豐足。❷無期　無限期；無節制。❸江都　今江蘇揚州。❹董純　隋朝宿將，以功拜柱國，進爵為郡公。後被隋煬帝所殺。❺崔象　隋煬帝時為奉信郎，諫阻行幸江都，被斬。❻玄天　上天。

【語譯】貞觀十三年，唐太宗對魏徵等說：「隋煬帝繼承隋文帝的餘業，國內殷實豐足，如果能夠常留在關中時，難道會敗亡嗎？但他就不顧百姓的勞苦，巡幸遊樂沒有節制，徑往江都，不聽董純、崔象等人的勸諫，結果自身被殺戮，國家也滅亡，而為天下之人所笑。雖然帝位保持的長短取決於上天，但是，行善則福，淫惡則禍，也是由於人為之事的結果。我每每思考，如果要君臣長久共治，使國家不致危敗，那麼君主有違失之處，臣子便必須極言規諫。我聽到你們的規諫，即使不能當時就同意，經過再三考慮後，也一定會擇善採用的。」

貞觀十二年❶，太宗東巡狩❷，將入洛❸，次於顯仁宮❹，宮苑官司多被責罰❺。侍中❻魏徵進言曰：「陛下今幸洛州❼，為是舊征行處❽，庶其安定，故欲加恩故老。城郭之民未蒙德惠，官司苑監❾多及罪辜。或以供奉之物不精，又以不為獻食❿，此則不思止足，志在奢靡。既乖行幸本心，何以副百姓所望？隋主⓫先命在下多作獻食，獻食不多，則有威罰，上之所好，下必有甚，競為無限，遂至滅亡。此非載籍⓬所聞，陛下目所親見，為其無道，故天命陛下代之。當戰戰慄慄，每事省約，參蹤⓭前列，昭訓子孫，奈何今日欲在人之下？陛下若以為足，今日不啻⓮足矣。若以為不足，萬倍於此，亦不足也。」太宗大驚曰：「非公，朕不聞此言，自今已後，庶幾無如此事。」

【章　旨】此章記述魏徵對唐太宗東巡時追求精美供食的做法提出批評，希望知足而止，每事省約。

【注　釋】❶貞觀十二年　誤，該年無入洛事。《資治通鑑》繫於貞觀十一年（西元六三七年）二月，較確切。參見《魏鄭公諫錄》卷二王先恭校注。❷巡狩　同「巡守」。天子離京出巡，巡諸侯所守之地。❸洛　指洛陽宮。❹顯仁宮　在河南新安，隋煬帝大業元年所造。❺責罰　指因供應器物不豐而被責罰。❻侍中　應為特進。貞觀七年魏徵為侍中，十年六月固辭職位，乃拜為特進。❼洛州　指東都洛陽。❽舊征行處　謂從前征戰時到過的地方。武德四年（西元六二一年），秦王李世民平定東都。❾苑監　官名，掌管宮苑的官吏。❿獻食　給帝王進獻飯食。⓫隋主　指隋煬帝。⓬載籍　史籍。⓭參蹤　參驗、追蹤，有借鑒之意。⓮不啻　不止；不只。

【語　譯】貞觀十二年，唐太宗向東巡狩，將要進入洛陽宮時，途中停在顯仁宮，宮苑官員因供應不豐足而大都被責備處罰。侍中魏徵上前說道：「陛下現在駕臨洛陽，是因為這裡是從前征戰過的地方，希望該地區安定，所以要加恩於父老。而城郭裡的民眾尚未蒙受德澤恩惠，官員和苑監卻大都已遭到罪罰。有的是因為供奉之物不精美，有的是因為沒有給陛下進獻飯食，這就是不知滿足，一心想奢靡啊。這樣就違背了行幸的本意，又拿什麼來滿足百姓的願望？隋煬帝從前命令下面官員多多進獻食物，獻食不多，就受嚴厲的懲罰，上之所好，下必有甚，這樣競相作無限制的浪費，於是導致滅亡。這不是從史籍上聽說的，而是陛下親眼所見，因為隋煬帝荒淫無道，所以上天便命陛下取代他。陛下應當謹慎小心，每事節約，以前朝的事作為借鑒，明白地訓示子孫，為什麼今天反而想處於他人之下呢？陛下如果認為滿足，今天的供奉已是太滿足了。如果認為不滿足，超過這一萬倍，也是不會滿足的。」唐太宗大驚道：「要不是你，我不可能聽到這些話，從今以後，希望可以避免這樣的事了。」

畋獵第三十八

祕書監虞世南以太宗頗好畋獵❶，上疏諫曰：「臣聞秋獮冬狩❷，蓋惟恆典❸；射隼從禽❹，備乎前誥❺。伏惟陛下因聽覽之餘辰❻，順天道以殺伐❼，將欲摧班碎掌❽，親御皮軒❾，窮猛獸之窟穴，盡逸材于林藪❿。夷兇翦暴，以衛黎元⓫，收革擢羽⓬，用充軍器，舉旗效獲，式遵前古。然黃屋⓭之尊，金輿⓮之貴，八方之所仰德，萬國之所繫心，清道⓯而行，猶戒銜橛⓰，斯蓋重慎防微，為社稷也。是以馬卿⓱直諫於前，張昭⑱變色於後，臣誠細微，敢忘斯義？且天弧星畢⑲，所殪⑳已多，頒禽賜獲，皇恩亦溥㉑。伏願時息獵車，且韜㉒長戟，不拒芻蕘㉓之請，降納涓澮㉔之流，袒裼徒搏㉕，任之群下，則貽範百王，永光萬代。」太宗深嘉其言。

【章旨】此章載虞世南的奏疏，旨在勸諫唐太宗不要迷戀於畋獵。

【注釋】❶畋獵　打獵。❷秋獮冬狩　秋獵為獮，冬獵為狩。❸恆典　常典；常禮。因為秋獮冬狩是《周禮》上規定的。❹射隼從禽　箭射凶鳥，追逐禽獸。隼，一種凶猛的鳥。從，追逐。❺誥　訓誡勸勵的文告。因《尚書》中有〈大誥〉、〈康誥〉、〈酒誥〉、〈召誥〉、〈洛誥〉等，故在此用以指《尚書》。❻聽覽之餘辰　處理政事之後的空閒時間。聽覽，聽政。❼殺伐　指打獵。❽摧班碎掌　謂擊斃猛獸，砍碎腳掌。班，通「斑」。虎豹之類身上雜色的花紋。掌，腳掌，如熊掌之類。❾皮軒　畋獵之車。❿盡逸材于林藪　把特別凶猛的野獸統統圍困在林藪之中。逸材，指健壯有力的猛獸。林藪，山林淵澤。⓫黎元　百姓。⓬收革擢羽　收集皮革，擢取羽毛。⓭黃屋　黃屋車，帝王所乘車上有以黃繒為裡的車蓋。⓮金輿　金玉裝飾的車，指帝王的坐車。⓯清道　帝王或大官外出，肅清道路，禁止行人。⓰銜橛　馬勒和車鉤心。⓱馬卿　即司馬相如，字長卿。曾從漢武帝畋獵，帝好自擊熊豕，馳逐野獸，相如上疏勸諫，武帝接納了他的意見。⓲張昭　三國時吳主孫權軍師，孫權曾乘馬射虎，張昭嚴厲地加以諫阻。⓳天弧星畢　弓如天，網似星。弧，弓。畢，網。⓴殪　死。㉑溥　廣大。㉒韜　掩藏。㉓芻蕘　指草野鄙陋之人。㉔涓澮　細小的水流。㉕袒裼徒搏　脫衣露體，徒手搏鬥。

【語　譯】祕書監虞世南因為唐太宗很愛好打獵，上疏勸諫說：「我聽說秋獮冬狩，是自古以來通行的禮制；箭射凶鳥和追逐禽獸，在《尚書》中也有詳盡的記載。我想陛下在聽政的空餘時間，為順應天道而進行打獵，是打算擊斃猛獸並砍碎其腳掌，親自駕著獵車，窮追到猛獸的窟穴，把特別凶猛的野獸統統包圍在林藪之中。這樣消滅凶暴的野獸，以保衛百姓，收取皮革和羽毛，用來製造兵器，舉起旌旗而呈獻獵物，遵照古代的禮儀來進行。然而，以帝王乘坐黃屋車和金玉輿的尊貴身分，為天下八方所敬仰，為萬國人心所歸向，出行時要肅清道路，還要防止車馬出現危險的事故，這樣做可以說是為了慎重防微，是為了國家啊。所以，從前司馬相如直言勸諫漢武帝不要親自搏擊野獸，後來張昭厲色地勸諫孫權不要乘馬射虎，我實在身微位卑，但怎敢忘記這種勸諫的大義？況且弓如天，網似星，所殺的禽獸已經夠多了，而且陛下把獵物賞賜給群臣，皇恩也很廣大了。但願陛下及時停息獵車，又收藏起長戟，不拒絕鄙陋之人的請求，屈尊採納細微的建議，那些袒露身體和徒手搏鬥的事，交給下面的人去做，這樣就給百代帝王留下榜樣，永遠光照萬代。」唐太宗非常讚賞這些話。

谷那律❶為諫議大夫，嘗從太宗出獵，在途遇雨，太宗問曰：「油衣❷若為得不漏？」對曰：「能以瓦為之，必不漏矣！」意欲太宗弗數遊獵，大被嘉納。賜帛五十段❸，加以金帶。

【章　旨】此章言谷那律諷諫太宗不要經常遊獵。

【注　釋】❶谷那律　魏州昌樂（今山東昌樂）人。貞觀後期，官為諫議大夫兼弘文館學士。見《舊唐書・儒學傳》。❷油衣　用塗油的絹製成，並有油帽，用來避雨。南朝陳時始有此衣。❸五十段　《舊唐書》本傳作二百段。

【語　譯】谷那律任諫議大夫時，曾跟從唐太宗出遊打獵，在途中遇雨，唐太宗問道：「油衣要怎樣做才能不漏？」谷那律回答說：「能用瓦片來做，必定不會漏雨了！」意思是要唐太宗不可多次遊獵，他的話大受唐太宗讚賞並採納。並賜給他帛五十段，另加一條金帶。

貞觀十一年，太宗謂侍臣曰：「朕昨往懷州❶，有上封事者云：『何為恆差山東❷眾丁於苑內營造？即日徭役，似不下隋時。懷、洛以東，殘人❸不堪其命，而田獵猶數，驕逸之主也。今者復來懷州田獵，忠諫不復至洛陽矣。』四時蒐田❹，既是帝王常禮；今日懷州，秋毫不干於百姓。凡上書諫正，自有常準，臣貴有詞，主貴能改。如斯詆毀，有似咒詛。」侍中❺魏徵奏稱：「國家開直言之路，所以上封事者尤多，陛下親自披閱，或冀臣言可取，所以僥倖之士得肆其醜。臣諫其君，甚須折衷，從容諷諫。漢元帝❻嘗以酎祭宗廟❼，出便門❽，御樓船，御史大夫薛廣德❾當乘輿免冠曰：『宜從橋，陛下不聽臣言，臣自刎，以頸血汙車輪，陛下不入廟矣。』元帝不悅。光祿卿張猛❿進曰：『臣聞主聖臣直，乘船危，就橋安。聖主不乘危，廣德言可聽。』元帝曰：『曉人不當如是耶？』乃從橋。以此而言，張猛可謂直臣諫君也。」太宗大悅。

【章　旨】此章記述唐太宗在懷州打獵時，有人直言規諫，太宗以為是詆毀。魏徵便援引西漢的故事，說明「直臣諫君」的道理。

【注　釋】❶懷州　在今河南，治所在今沁陽。❷山東　指太行山以東地區。❸殘人　凋敝的百姓。❹蒐田　打獵。古代天子四時打獵，春曰蒐，夏曰苗，秋曰獮，冬曰狩。❺侍中　應為特進。貞觀十年（西元六三六年）六月魏徵固辭侍中，乃拜為特進。❻漢元帝　即劉奭。❼以酎祭宗廟　謂用多次釀造的醇酒祭祀高祖廟。酎，三重釀酒，味厚。宗廟，指漢高祖廟，在渭水北岸。❽便門　漢長安城西門之一。❾薛廣德　字長卿，沛郡人，官御史大夫。❿張猛　漢元帝時大臣，官光祿卿。

【語　譯】貞觀十一年，唐太宗對侍臣說：「我日前到懷州，有人上封事說：『為什麼經常派山東地區的許多壯丁到宮苑內去營造宮殿？現在的徭役，似乎不比隋朝時少。懷州、洛陽以東，凋敝的百姓已不堪活命了，而陛下還一再田獵，真是驕逸的君主啊。現在又來懷州打獵，我的忠諫不必等到陛下返回洛陽時再提出了。』順應四時而狩獵，既然是帝王通行的禮制；今天在懷州打獵，又絲毫沒有干擾百姓。凡是上書規諫匡正的，自然要有一定的準則，臣子貴在善於言詞，君主貴在能夠改正。如此詆毀，好像是在詛咒啊！」侍中魏徵奏稱：「國家廣開直言之路，所以上封事的人便特別多，陛下親自披閱，希望臣子意見有可取之處，所以僥倖之士就得以大放厥詞。臣子規諫君主，特別需要折衷適度，要從容地進行諷諫。漢元帝曾以多次釀造的醇酒祭祀漢高祖廟，出了便門，準備乘坐樓船，御史大夫薛廣德擋住皇帝的車駕，脫帽說：『應當從便橋上過去，如果陛下不聽我的意見，我就自刎，用頸血汙染車輪，使陛下不能進入祖廟。』漢元帝聽了不高興。光祿卿張猛上前說：『我聽說君主聖哲，臣子就會正直，乘船危險，從橋上過就安全。聖哲的君主不做危險的事，廣德說的話是可以聽從的。』漢元帝說：『曉諭別人不應當如此嗎？』於是從橋上過去。以此而言，張猛可說是以正直來勸諫君主的臣子了。」唐太宗聽了十分高興。

貞觀十四年，太宗幸同州❶沙苑，親格❷猛獸，復晨出夜還。特進魏徵奏言：「臣聞《書》❸美文王不敢盤于遊田❹，《傳》述〈虞箴〉❺稱夷羿❻以為戒。昔漢文臨峻坂❼欲馳下，袁盎❽攬轡❾曰：『聖主不乘危，不徼幸⑩。今陛下騁六飛⑪，馳不測之山，如有馬驚車敗，陛下縱欲自輕⑫，奈高廟⑬何？』孝武好格猛獸，相如進諫：『力稱烏獲⑭，捷言慶忌⑮，人誠有之，獸亦宜然。猝遇逸材之獸，駭不存之地，雖烏獲、逢蒙⑯之伎不得用，而枯木朽株⑰盡為難矣。雖萬全而無患，然而本非天子所宜。』孝元帝郊泰畤⑱，因留射獵，薛廣德稱：『竊見關東⑲困極，百姓離災，今日撞亡秦之鍾，歌鄭、衛之樂⑳，士卒暴露，從官勞倦，欲安宗廟社稷，何憑河暴虎㉑，未之戒也？』臣竊思此數帝，心豈木石，獨不好馳騁之樂？而割情屈己，從臣下之言者，志存為國，不為身也。臣伏聞車駕近出，親格猛獸，晨往夜還，以萬乘㉒之尊，闇行荒野，踐深林，涉豐草，甚非萬全之計。願陛下割私情之娛，罷格獸之樂，上為宗廟社稷，下慰群寮兆庶㉓。」太宗曰：「昨日之事偶屬塵昏㉔，非故然也，自今深用為誡。」

【章　旨】此章言魏徵援引西漢諸帝的事例，勸諫唐太宗割私情之娛，罷格獸之樂。

【注　釋】❶同州　屬關內道，治所在今陝西大荔。其南有沙苑，適宜放牧，唐時置有沙苑監。❷格　格鬥；擒殺。❸書　指《尚書・周書・無逸》。❹盤于遊田　樂於遊逸田獵。❺傳述虞箴　謂《左傳》上引述〈虞箴〉裡的話。〈虞箴〉云：「在帝夷羿，冒于原獸。」❻夷羿　即后羿，傳說中夏代東夷族首領，曾奪取夏王太康的王位。不久，因喜狩獵，不理政事，被家眾殺死。❼峻坂　險峻的山坡。❽袁盎　漢文帝時為中郎將。❾轡馬繮繩。❿徼幸　僥倖。⓫六飛　天子的車駕六馬，奔疾若飛。⓬自輕　輕視自己的生命。⓭高廟　漢高祖廟。⓮烏獲　人名，戰國時秦武王的大力士。⓯慶忌　春秋時吳王僚之子，射能捷矢。⓰逢蒙　傳說是夏代的善射者。⓱枯木朽株　比喻容易做的事。⓲郊泰畤　在郊外祭壇上祭天神。郊，祭天。泰，泰一神；天神。畤，郊祀之壇。⓳關東　稱函谷關或潼關以東地區。⓴鄭衛之樂　春秋戰國時鄭、衛兩國的民間音樂，後用作淫靡之樂的代稱。㉑憑河暴虎　徒步過河，空手打虎。㉒萬乘　指天子。㉓群寮兆庶　群臣百姓。寮，官僚。㉔塵昏一時糊塗。

【語　譯】貞觀十四年，唐太宗駕臨同州沙苑打獵，親自擒殺猛獸，又每每早出晚歸。特進魏徵上奏說：「我聽說《尚書》上讚美周文王不敢以遊獵取樂，《左傳》上引述〈虞箴〉的告誡，說要以愛好狩獵的后羿作為教訓。從前，漢文帝的車駕到了險峻的山坡，想奔馳而下，袁盎拉住馬繮繩說：『聖明的君主不做危險的事，不存僥倖之心。現在陛下的車駕快如飛，奔馳在危險的山坡上，如有馬驚車壞的事故，陛下即使不珍惜自己的性命，又怎麼對得起祖宗廟堂呢？』漢武帝喜歡擒殺猛獸，司馬相如進諫說：『力氣大的要數烏獲，動作快的要數慶忌，確實有這樣的人，野獸中也應當有相似的情況。如果突然遇到特別兇猛的野獸，驚駭失措，人們中無地躲藏，這時雖有烏獲、逢蒙的本領也不能施展，而容易做的事就都成為困難的了。即使絕對安全而沒有禍患，但是親自與猛獸格鬥，這本來也不是天子所該做的事。』漢元帝到郊外的祭壇祭天神，接著留下來打獵，薛廣德奏稱：『私下看到關東地區貧困已極，百姓遭受災害，現在陛下卻去撞亡秦的鐘，唱淫靡的歌，士卒暴露於郊野，隨從官員勞苦疲倦，這樣卻想安定宗廟社稷，無異於徒步過河、空手打虎，為什麼不引以為戒呢？』我私下思考漢代這幾位帝王，他們的心難道是木石做的，偏偏不愛好馳騁打獵的樂趣嗎？而他們割棄情欲，克制自己，聽從臣下的意見，那是一心為了國家，而不是為了自身的歡樂。我聽說陛下車駕近來外出，親自擒殺猛獸，晨往夜歸，以天子的尊貴身分，在荒野的昏暗之處行動，踐深林，涉豐草，這絕對不是非常安全的辦法。希望陛下割棄私人愛好的娛樂，打消擒殺猛獸的興趣，對上為宗廟社稷著想，對下以撫慰群臣百姓。」唐太宗說：「昨天的事情屬於偶然的糊塗而已，不是本來就如此的，自今以後當深以為誡。」

貞觀十四年，冬十月，太宗將幸櫟陽❶遊畋，縣丞劉仁軌❷以收穫未畢，非人君順動之時，詣行所❸，上表切諫。太宗遂罷獵，擢拜仁軌新安令❹。

【章旨】此章言收穫未畢時不宜遊獵。

【注釋】❶櫟陽　縣名，屬京兆，在今陝西臨潼北。按史傳作「太宗將幸同州校獵」。❷劉仁軌　字正則，汴州尉氏（今河南開封附近）人。初為陳倉尉，後擢為櫟陽丞。❸行所　指帝王行幸所至之處。❹新安令　新安縣的縣令。新安，即今河南西北的新安。

【語譯】貞觀十四年，冬十月，唐太宗將要到櫟陽遊獵，縣丞劉仁軌認為農作物收割未完畢，不是帝王順應天道來打獵的時候，就到唐太宗行幸停留的地方，上表急切地勸諫。唐太宗於是停止打獵，提拔劉仁軌為新安縣令。

災祥第三十九

貞觀六年❶，太宗謂侍臣曰：「朕比見眾議以祥瑞❷為美事，頻有表賀慶。如朕本心，但使天下太平，家給人足，雖無祥瑞，亦可比德於堯、舜。若百姓不足，夷狄內侵，縱有芝草❸遍街衢，鳳凰巢苑囿，亦何異於桀、紂？嘗聞石勒❹時，有郡吏燃連理木❺，煮白雉❻肉喫，豈得稱為明主耶？又隋文帝深愛祥瑞，遣祕書監王劭❼著衣冠在朝堂對考使❽焚香讀《皇隋感瑞經》❾。舊嘗見傳說此事，實以為可笑。夫為人君，當須至公理天下，以得萬姓之懽心❿。若堯、舜在上，百姓敬之如天地，愛之如父母。動作興事，人皆樂之；發號施令，人皆悅之；此是大祥瑞也。自此後諸州所有祥瑞，並不用申奏。」

【章　旨】此章論不可以迷信祥瑞，強調：天下太平，家給人足，發號施令，人皆歡悅，這就是大祥瑞。

【注　釋】❶貞觀六年　《資治通鑑》繫於貞觀二年（西元六二八年）九月，較確切。❷祥瑞　吉祥的徵兆。按《儀制令》，凡景星、慶雲等為大瑞，白狼、赤兔等為上瑞，蒼烏、朱雁等為中瑞，嘉禾、芝草、木連理等為下瑞。❸芝草　靈芝草。❹石勒　字世龍，上黨（今屬山西）人，羯族，五胡十六國時期後趙的創立者。❺連理木　兩棵樹的枝幹連生在一起。❻白雉　羽毛純白的野雞。❼王劭　字君懋，隋文帝時的大臣。❽考使　即諸州朝集使。參見本書〈貢賦〉篇注釋。❾皇隋感瑞經　王劭撰，三十卷，記述各地符瑞，並採歌謠、圖讖、佛經文字曲加誣飾。❿懽心　歡心。

【語　譯】貞觀六年，唐太宗對侍臣說：「我近來看到群臣議論，把祥瑞當作美事，經常有人上表慶賀。按我的本意，只要使天下太平，家給人足，雖然沒有祥瑞，也可以與堯、舜相媲美。如果百姓不富足，夷狄內侵，即使芝草遍街生長，鳳凰巢於苑囿，又跟夏桀、殷紂王有什麼不同呢？曾聽說在石勒時，有的郡吏燒連理木，煮白雉肉吃，難道石勒能稱為英明的君主嗎？還有隋文帝非常愛好祥瑞，派遣祕書監王劭穿好朝服，在殿堂上對諸州朝集使焚香宣讀《皇隋感瑞經》。過去我曾聽到傳說這件事，實在覺得可笑。作為君主，應當依至公之道治理天下，以博得百姓的歡心。如果堯、舜在位，百姓敬之如天地一樣，愛之如父母一樣。他們所做的事情，民眾都樂於接受；他們所發的號令，民眾都高興地聽從；這樣就是大祥瑞啊！因此從今以後，諸州所有的祥瑞，都不用申報上奏。」

貞觀八年，隴右❶山崩，大蛇屢見，山東及江、淮多大水。太宗以問侍臣，祕書監虞世南對曰：「春秋時，梁山❷崩，晉侯❸召伯宗❹而問焉，對曰：『國主山川，故山崩川竭，君為之不舉樂，降服乘縵❺，祝幣❻以禮焉。』梁山，晉所主也。晉侯從之，故得無害。漢文帝元年，齊、楚地二十九山同日崩，水大出，令郡國❼無來獻，施惠於天下，遠近歡洽，亦不為災。後漢靈帝❽時，青蛇見御座；晉惠帝❾時，大蛇長三百步，見齊地，經市入朝。按蛇宜在草野而入市朝，所以為怪耳。今蛇見山澤，蓋深山大澤，必有龍蛇，亦不足怪。又山東之雨，雖則其常，然陰潛過久，恐有冤獄，宜斷省繫囚，庶或當天意。且妖不勝德，修德可以銷變。」太宗以為然，因遣使者賑恤飢餒⑩，申理冤訟，多所原宥⑪。

【章　旨】此章言妖害不能勝過德行，修養德行可以消除災變。

【注　釋】❶隴右　見本書〈安邊〉篇注釋。❷梁山　在晉地，即今山西呂梁山。梁山崩，事見《左傳・成公五年》。❸晉侯　即晉景公。❹伯宗　晉國大夫。❺降服乘縵　不穿華麗的衣服，乘坐無彩飾的車子。❻祝幣　以幣帛祈禱。祝，祝禱。幣，帛，指祭品。❼郡國　指郡縣和諸侯王國。❽靈帝　即劉宏，東漢晚年昏庸之君。❾晉惠帝　即司馬衷，西晉白痴皇帝。❿餒　飢餓。⓫原宥　赦罪。

【語　譯】貞觀八年，隴右地區既發生山崩，大蛇又屢次出現，山東地區及江淮一帶更多鬧洪水。唐太宗因此詢問侍臣，祕書監虞世南回答說：「春秋時代，梁山崩塌，晉景公召大夫伯宗來詢問此事，伯宗回答說：『國家以山川為主，所以山嶺崩塌或者河川枯竭，國君就該為此停止宴樂，不穿華麗的衣服，乘坐沒有修飾的車子，敬獻祭品加以祝禱。』梁山，是晉國主祭的地方。晉景公聽從了伯宗的意見，所以沒有發生災害。漢文帝元年，齊、楚地區二十九座山在同一天崩毀，洪水湧出，漢文帝下令各郡和王國都不要來進貢，廣施恩惠於天下，使遠近歡樂，也沒有造成災害。東漢靈帝時，青蛇出現在御座旁；西晉惠帝時，長達三百步的大蛇出現在齊地，大蛇經過市集而爬入朝廷。按理說蛇應當在草野之中，而竟爬入市集和朝廷，所以被視為妖怪。現在蛇只出現在山澤，而深山大澤本就必有龍蛇，這也不足為怪。再說山東地區的大雨，雖然是正常的，但陰雨天氣過久，恐怕會有冤獄，應當審理減省囚犯，或許可以符合天意。況且妖害不能勝過德行，修養德行可以消除災變。」唐太宗認為說得很對，於是派遣使者救濟飢餓的民眾，審理冤案，大都給予赦免。

貞觀八年，有彗星❶見于南方，長六丈❷，經百餘日乃滅。太宗謂侍臣曰：「天見彗星，由朕之不德，政有虧失，是何妖也？」虞世南對曰：「昔齊景公❸時彗星見，公問晏子❹。晏子對曰：『公穿池沼畏不深，進臺榭畏不高，行刑罰畏不重，是以天見彗星為公戒耳！』景公懼而修德，後十六日而星沒。陛下若德政不修，雖麟鳳數見，終是無益。但使朝無闕政，百姓安樂，雖有災變，何損於德？願陛下勿以功高古人而自矜大，勿以太平漸久而自驕逸，若能終始如一，彗星未足為憂。」太宗曰：「吾之理國，良無景公之過。但朕年十八便經綸❺王業，北剪劉武周❻，西平薛舉❼，東擒竇建德❽、王世充❾，二十四而天下定，二十九而居大位，四夷降伏，海內乂安。自謂古來英雄撥亂之主無見及者，頗有自矜之意，此吾之過也。上天見變，良為是乎？秦始皇平六國，隋煬帝富有四海，既驕且逸，一朝而敗，吾亦何得自驕也？言念於此，不覺惕焉震懼！」魏徵進曰：「臣聞自古帝王未有無災變者，但能修德，災變自銷。陛下因有天變，遂能戒懼，反覆思量，深自尅責，雖有此變，必不為災也。」

【章　旨】此章論德政與天變的關係，認為國無闕政，百姓安樂，雖有天變，也不會造成災害。

【注　釋】❶彗星　俗稱掃帚星，古人認為是妖星。❷六丈　一作六尺。❸齊景公　見本書〈納諫〉篇注釋。❹晏子　即齊大夫晏嬰。❺經綸　整理絲縷，引申為處理國家大事。❻劉武周　見本書〈禮樂〉篇注釋。❼薛舉　見本書〈禮樂〉篇注釋。❽竇建德　見本書〈任賢〉篇注釋。❾王世充　見本書〈任賢〉篇注釋。

【語　譯】貞觀八年，有彗星出現在南方天空，長六丈，經過一百多天才消失。唐太宗對侍臣說：「天上出現彗星，是由於我失德，政事上有過失的緣故，這會帶來什麼妖害呢？」虞世南回答說：「從前齊景公時出現彗星，景公向晏子詢問。晏子回答說：『你挖掘池沼怕不深，進入臺榭怕不高，施行刑罰怕不重，所以上天出現彗星，作為你的警戒啊！』齊景公害怕了，便修養德行，十六天後彗星消失了。陛下如果德政不修，雖然麒麟和鳳凰多次出現，最後還是沒有什麼益處的。只要使朝政沒有缺失，百姓安居樂業，即使有災變，對德政又有什麼損害？希望陛下不要以為功高古人而自誇自大，不要以為太平漸久就自己驕逸起來，如果能始終如一，即使彗星出現，也是不值得憂慮的。」唐太宗說：「我治理國家，的確沒有齊景公那樣的過錯。但我十八歲便起兵經營王業，剪滅北方的劉武周，平定西邊的薛舉，擒獲關東的竇建德和王世充，二十四歲時天下平定，二十九歲時登上帝位，四夷降服，全國安定。自認為從古以來英雄撥亂之主沒有一個能比得上我的，因此頗有驕傲自大的念頭，這是我的過錯。上天出現災變，真的是為了這個緣故嗎？秦始皇平定六國，隋煬帝富有四海，既驕矜又淫逸，一下子就敗亡了，我哪兒能驕傲自大呢？想到這些，不禁感到擔心和恐懼！」魏徵進言道：「我聽說自古以來的帝王沒有不遇到災變的，只要能修行德政，災變自然會消失。陛下因為遇到天然的災變，就能警戒和害怕，反覆思考，深刻地自我責備，即使有這種天然的災變，一定是不會造成災害的。」

貞觀十一年大雨，穀水溢❶，衝洛❷城門，入洛陽宮，平地五尺，毀宮寺十九，所漂七百餘家。太宗謂侍臣曰：「朕之不德，皇天降災，將由視聽弗明，刑罰失度，遂使陰陽舛謬❸，雨水乖常。矜物❹罪己，載懷憂惕❺。朕又何情獨甘滋味？可令尚食❻斷肉料，進蔬食。文武百官各上封事，極言得失。」中書侍郎岑文本上封事曰：

臣聞開撥亂之業，其功既難；守已成之基，其道不易。故居安思危，所以定其業也；有始有卒，所以崇其基也。今雖億兆乂安，方隅❼寧謐，既承喪亂之後，又接凋弊之餘，戶口減損尚多，田疇❽墾闢猶少。覆燾❾之恩著矣，而瘡痍❿未復；德教之風被矣，而資產屢空。是以古人譬之種樹，年祀⓫綿遠，則枝葉扶疏⓬；若種之日淺，根本未固，雖壅⓭之以黑墳⓮，暖之以春日，一人搖之，必致枯槁。今之百姓，頗類於此。常加含養，則日就滋息；暫有征役，則隨日凋耗。凋耗既甚，則人不聊生；人不聊生，則怨氣充塞；怨氣充塞，則離叛之心生矣。故帝舜曰：「可愛非君，可畏非民⓯。」孔安國曰⓰：「人以君為命，故可愛。君失道，人叛之，故可畏。」仲尼曰⓱：「君猶舟也，人猶水也，水所以載舟，亦所以覆舟。」是以古之哲王雖休勿休⓲，日慎一日者，良為此也。

伏惟陛下覽古今之事，察安危之機，上以社稷為重，下以億兆在念。明選舉，慎賞罰，進賢才，退不肖。聞過即改，從諫如流。為善在於不疑，出令期於必信。頤神養性，省遊畋之娛；去奢從儉，減工役之費。務靜方內⑲，而不求闢土；載櫜⑳弓矢，而不忘武備。凡此數者，雖為國之恆道，陛下之所常行。臣之愚昧，惟願陛下思而不怠，則至道之美與三、五㉑比隆，億載之祚與天地長久。雖使桑穀為妖㉒，龍蛇作孽㉓，雉雊於鼎耳㉔，石言於晉地㉕，猶當轉禍為福，變災為祥。況雨水之患，陰陽恆理，豈可謂天譴而繫聖心哉？臣聞古人有言：「農夫勞而君子養焉，愚者言而智者擇焉。」輒陳狂瞽㉖，伏待斧鉞㉗。

太宗深納其言。

【章　旨】此章記述洛陽大雨成災，岑文本上書指出：如果百姓凋耗，民不聊生，就會有離叛之心。這是可怕的事。希望唐太宗明選舉，慎賞罰，進賢才，退不肖。這樣，可以轉禍為福，變災為祥。

【注　釋】❶穀水溢　穀水泛濫。❷洛　洛陽。❸舛謬　錯亂。❹矜物　憐憫民眾。❺載懷憂惕　心存憂慮與警惕。❻尚食　指尚食局，掌管帝王的膳食。❼方隅　四方和四隅，引申指國家的邊疆。❽田疇　田地。❾覆燾　覆蓋。❿瘡痍　創傷，比喻戰爭後民生凋敝的情況。⓫年祀　年歲。⓬扶疏　枝葉茂盛分披的樣子。⓭壅把土培在根上。⑭黑墳　黑色的肥土。⑮可愛非君二句　見於《尚書・虞書・大禹謨》。⑯孔安國曰　即偽孔安國傳之詞。⑰仲尼曰　即《孔子家語》之詞。⑱雖休勿休　雖有美德而謙虛不自恃。⑲方內　四境之內；國內。⑳載櫜　收藏。櫜，古代盛甲衣或弓箭的袋子。㉑三五　三皇、五帝。㉒桑穀為妖　傳說商時桑樹、楮樹共生於朝，一暮大拱，被認為是妖怪。事見《史記・殷本紀》。穀，楮樹。㉓龍蛇作孽　參見《漢書・五行志》。㉔雉雊於鼎耳　指野雞在鼎耳上鳴叫，被認為是不祥之兆。事見《尚書・商書・高宗肜日》之序。㉕石言於晉地　見《左傳・昭公八年》。㉖狂瞽　狂言瞎說，自謙之詞。㉗伏待斧鉞　伏地而等待誅殺，奏疏末尾的謙詞。

【語　譯】貞觀十一年下了場大雨，使穀水泛濫，直衝洛陽城門，湧入洛陽宮，平地水深五尺，毀壞宮寺十九所，漂沒的達七百多家。唐太宗對侍臣說：「我不修行德政，皇天降下災害，這或許是由於我視聽不明，刑罰失度，所以使天地間陰陽錯亂，雨水產生反常現象。我憐憫民眾，歸罪於己，心懷憂慮與警惕。我又有什麼心情來獨自享受美味？可令尚食局停止供應肉肴，只進蔬菜素食。文武百官各上奏章，徹底指陳朝政的得失。」於是中書侍郎岑文本上封事說：

我聽說開創撥亂反正的大業，要成功既困難；保守已成就的基業，要做到也不容易。所以要居安思危，來安定帝業；要善始善終，來鞏固基業。現在雖然百姓安定，邊疆寧靜，但是，既承襲喪亂之後，又接續凋弊之餘，戶口減損尚多，土地墾闢猶少。披覆天下的恩澤雖已顯著了，但民生凋敝的情況卻未曾恢復過來；德行教化的風氣雖已遍布了，但百姓的資產卻常常空虛。所以古人用種樹來比喻，它的年歲久遠，枝葉就茂盛，如果種下的時間短，根不牢固，即使給它培上黑色的肥土，得到春天陽光的溫暖，一旦有人動搖它，必然會使它枯死。現在的百姓，很類似這種情況。經常加以關心撫養，就會一天天地繁衍生息；稍有徵調勞役，就會一天天地凋敝耗損。

凋耗既甚，則民不聊生；民不聊生，則怨氣充塞；怨氣充塞，則叛亂之心便產生了。所以帝舜說：「可愛的不是國君嗎？可怕的不是民眾嗎？」孔安國解釋說：「民眾以國君當作性命的依託，所以是可愛的。國君無道，民眾就叛離，所以是可怕的。」孔子說：「國君好像是舟，民眾好像是水，水可以載舟，也可以覆舟。」因此古代的聖哲帝王雖有美德卻謙虛不自恃，一天比一天地謹慎，的確是為了這種緣故。

希望陛下覽閱古今的史事，考察安危的關鍵，上以國家為重，下以百姓為念。選舉嚴明，賞罰慎重，進用賢才，斥退不肖之人。聞過即改，從諫如流。做善事毫不遲疑，頒命令必守信用。頤養精神情性，減少遊獵的娛樂；反對奢侈而力行節約，減省工役的費用。盡力去安定國內，而不企求開闢疆土；收藏起弓矢，而不忘記武備。以上幾件事，雖是治理國家的通常方法，但也是陛下所經常做的。依我愚昧之見，只願陛下時常加以思考而不懈怠，陛下至道之美就可以與三皇五帝一樣隆盛，大唐億萬年的帝位就可以與天地一樣長久。即使桑樹、楮樹變為妖怪，龍蛇造成災禍，野雞在鼎耳上鳴叫，晉地的石頭開口說話，也還能轉禍為福，變災異為吉祥。何況雨水之患，是自然陰陽變化的常理，難道能說是上天的譴責而使陛下牽掛在心嗎？我聽說古人有言：「農夫辛勞使君子享用，愚人說的話讓明智之人加以擇用。」我就陳述這些狂言瞎說，伏在地上，等待誅戮。

唐太宗完全採納了他的意見。

慎終第四十

貞觀五年，太宗謂侍臣曰：「自古帝王亦不能常化❶，假令內安，必有外擾。當今遠夷率服❷，百穀豐稔，盜賊不作，內外寧靜。此非朕一人之力，實由公等共相匡輔。然安不忘危，治不忘亂，雖知今日無事，亦須思其終始。常得如此，始是可貴也。」魏徵對曰：「自古已來，元首股肱❸不能備具，或時君稱聖，臣即不賢；或遇賢臣，即無聖主。今陛下明，所以致治，向若直有賢臣，而君不思化，亦無所益。天下今雖太平，臣等猶未以為喜，惟願陛下居安思危，孜孜不怠耳！」

【章旨】此章論帝王要居安思危，雖知今日無事，亦須思其終始。

【注釋】❶常化　常治；長治久安。化，治。❷率服　順服。❸元首股肱　君主和輔佐大臣。

【語譯】貞觀五年，唐太宗對侍臣說：「自古以來帝王往往不能使天下長治久安，假如國內安定了，又必定有外族的侵擾。當今遠夷順服，百穀豐登，盜賊不起，內外寧靜。這不是靠我一人之力，實在是由於你們共相匡正輔佐的結果。然而安不忘危，治不忘亂，雖知現在太平無事，也必須思考，使能善始，也能善終。常能如此，才是可貴的。」魏徵回答說：「自古以來，君主和輔弼大臣不能同時具備，有時君主是聖明的，大臣卻不賢良；有時遇上賢良的大臣，卻沒有聖明的君主。現在陛下聖明，因此得以大治，假若只有賢良的大臣，而君主不想好好治理，也是沒有什麼用處的。現在雖然天下太平，我們依然不能為此而高興，只望陛下能居安思危，勤奮努力而不懈怠啊！」

貞觀六年，太宗謂侍臣曰：「自古人君為善者，多不能堅守其事。漢高祖，泗❶上一亭長耳，初能拯危誅暴，以成帝業，然更延十數年，縱逸之敗，亦不可保。何以知之？孝惠❷為嫡嗣❸之重，溫恭仁孝，而高帝惑於愛姬❹之子，欲行廢立；蕭何、韓信，功業既高，蕭既妄繫❺，韓亦濫黜❻，自餘功臣黥布❼之輩，懼而不安，至於反逆。君臣父子之間悖謬若此，豈非難保之明驗也？朕所以不敢恃天下之安，每思危亡以自戒懼，用保其終。」

【章　旨】此章引漢高祖的歷史教訓，強調帝王要堅守其事，以保其終。

【注　釋】❶泗　泗水。❷孝惠　即劉盈。❸嫡嗣　太子。❹愛姬　指戚夫人。漢高祖欲廢太子劉盈，另立戚夫人之子趙王如意為太子。❺蕭既妄繫　丞相蕭何請求將上林苑空地給百姓耕種，觸怒了漢高祖，被械繫數日。❻韓亦濫黜　韓信以功封楚王，有人告他想造反，被黜為淮陰侯。後呂后設計斬殺韓信，並夷其三族。❼黥布　即英布，秦末時曾犯罪被黥面。漢初，因功封為淮南王。後欲謀反，為漢高祖所殺。

【語　譯】貞觀六年，唐太宗對侍臣說：「自古以來較有成就的帝王，大都不能堅守他的事業。漢高祖劉邦，原是一個泗上亭長罷了，最初能拯救危亡，誅伐殘暴，所以成就了帝業，然而如果再延續十幾年，也將因驕縱淫逸而敗亡，而不能保住帝業了。怎麼會知道這一點？漢惠帝劉盈居於太子的重要地位，溫恭仁孝，而漢高祖卻被愛姬之子所迷惑，想另行廢立太子；蕭何、韓信，具有很高的功勳業績，但是，蕭何卻被亂加械繫，韓信也遭到貶黜殺害，其餘功臣如黥布之輩，也懼怕而不安，以至於謀反叛亂。君臣父子之間，關係既是如此的謬誤，難道不是帝業難以保持的明顯驗證嗎？由於這種緣故，我不敢自恃天下的安定，經常想到危亡的可能，以自我戒懼，用來保全自己，能夠善終。」

貞觀九年，太宗謂公卿曰：「朕端拱無為❶，四夷咸服，豈朕一人之所致，實賴諸公之力耳！當思善始令❷終，永固鴻業，子子孫孫，遞相輔翼。使豐功厚利施於來葉❸，今數百年後讀我國史，鴻勳茂業粲然可觀，豈惟稱隆周❹、炎漢❺及建武❻、永平❼故事而已哉？」房玄齡因進曰：「陛下撝挹❽之志，推功群下，致理昇平，本關聖德，臣下何力之有？惟願陛下有始有卒，則天下永賴。」太宗又曰：「朕觀古先撥亂之主皆年踰四十，惟光武年三十三。但朕年十八便舉兵，年二十四定天下，年二十九昇為天子，此則武勝於古也。少從戎旅，不暇讀書，貞觀以來，手不釋卷，知風化之本，見政理之源。行之數年，天下大治而風移俗變，子孝臣忠，此又文過於古也。昔周、秦已降，戎狄內侵，今戎狄稽顙❾，皆為臣妾，此又懷遠勝古也。此三者，朕何德以堪之？既有此功業，何得不善始慎終耶？」

【章　旨】此章言唐太宗標榜自己的鴻勳茂業，認為在武功、文治、懷遠等三方面都勝過古人，強調要善始慎終。

【注　釋】❶端拱無為　謂端坐拱手，無為而治。❷令　美；善。❸來葉　來世；後代。❹隆周　隆盛的周朝。

❺炎漢　興盛的西漢。❻建武　東漢光武帝年號。❼永平　東漢明帝年號。❽撝挹　謙退；謙讓。❾稽顙　古時一種跪拜禮。多在請罪、投降時行之，表示極度的惶恐。

【語譯】貞觀九年，唐太宗對公卿大臣說：「我端坐拱手，無為而治，四方異族全都歸服，這難道是我一個人所能做到的，實在是依賴你們諸位的力量啊！應當考慮長遠，做到善始善終，永遠鞏固宏大的帝業，子子孫孫，世代互相輔翼。讓豐功和厚利推及後世，使數百年後的人讀我朝歷史，覺得那鴻勳茂業粲然可觀，豈能只稱讚隆周、炎漢以及建武、永平的故事而已？」房玄齡因而進言道：「陛下心存謙讓，把功勞推給群臣，而治理國家達到天下昇平的境地，本來是陛下聖德所致，臣下有什麼力量呢？只願陛下有始有終，天下就永遠賴以太平了。」唐太宗又說：「我觀察古代撥亂創業的君主都是年過四十歲的，只有漢光武帝三十三歲。但我十八歲便起兵，二十四歲平定了天下，二十九歲就昇為天子，這是武功勝過古代的明證。我年少時從軍征戰，沒有空閒時間讀書，貞觀以來，手不釋卷，知道了風俗教化的根本，懂得了治理政事的源泉。實行了幾年，天下大治，風移俗變，子孝臣忠，這又是文治勝過古代的明證。從前周、秦以後，戎狄內侵，現在戎狄跪拜歸降，都成了臣屬，這又是懷遠勝過古代的明證。在這三個方面，我有什麼德行可以擔當得起？既然有了這些功業，哪兒能不做到善始慎終呢？」

貞觀十二年，太宗謂侍臣曰：「朕讀書見前王善事，皆力行而不倦，其所任用公輩數人，誠以為賢。然致理比於三、五之代❶，猶為不逮，何也？」魏徵對曰：「今四夷賓服❷，天下無事，誠曠古❸所未有。然自古帝王初即位者，皆欲勵精為政，比迹於堯、舜；及其安樂也，則驕奢放逸，莫能終其善。人臣初見任用者，皆欲匡主濟時，追縱❹於稷❺、契❻；及其富貴也，則思苟全官爵，莫能盡其忠節。若使君臣常無懈怠，各保其終，則天下無憂不理，自可超邁前古也。」太宗曰：「誠如卿言。」

【章旨】此章論君臣常不懈怠，各保其終，則天下無憂不治。

【注釋】❶三五之代　三皇、五帝的時代。❷賓服　服從；順從。❸曠古　空前。❹縱　通「蹤」。跡。❺稷　傳說是周族的始祖，在堯舜時任農官。❻契　傳說是商族的始祖，被舜任為司徒。

【語譯】貞觀十二年，唐太宗對侍臣說：「我讀書時發現前代帝王的善政，都力行不倦地去效法，而我現在任用你們幾位大臣，也確實都是賢良的。然而治理國家的情況跟三皇、五帝時代相較，還是比不上，為什麼呢？」魏徵回答說：「現在四夷歸順臣服，天下太平無事，確實是空前所未有的。然而，自古以來帝王剛即位時，都想勵精圖治，使政績與堯、舜並列；到了安樂時，就驕奢縱逸，以致不能持善至終。臣子剛被任用時，都想匡輔君主，救濟時弊，趕上稷、契的功績；到了富貴時，就想苟全官爵，以致不能竭盡忠節。如果能使君臣經常不懈怠，各自持善至終，天下就不怕治理不好，自然就可以超過古人了。」唐太宗說：「確實如你所說的那樣。」

貞觀十三年，魏徵恐太宗不能克終儉約，近歲頗好奢縱，上疏諫曰：

臣觀自古帝王受圖定鼎❶，皆欲傳之萬代，貽厥孫謀❷。故其垂拱❸巖廊❹，布政天下，其語道也必先淳樸而抑浮華，其論人也必貴忠良而鄙邪佞，言制度也則絕奢靡而崇儉約，談物產也則重穀帛而賤珍奇。然受命之初，皆遵之以成治；稍安之後，多反之而敗俗。其故何哉？豈不以居萬乘❺之尊，有四海之富，出言而莫己逆❻，所為而人必從，公道溺於私情，禮節虧於嗜欲故也？語曰：「非知之難，行之惟難；非行之難，終之斯難。」所言信矣。

伏惟陛下，年甫弱冠❼大拯橫流❽，削平區宇❾，肇開帝業。貞觀之初，時方克壯❿，抑損嗜欲，躬行節儉，內外康寧，遂臻至治。論功則湯、武不足方；語德則堯、舜未為遠。臣自擢居左右，十有餘年，每侍帷幄，屢奉明旨。常許仁義之道，守之而不失；儉約之志，終始而不渝。一言興邦，斯之謂也。德音在耳，敢忘之乎？而頃年已來，稍乖曩⓫志，敦朴之理，漸不克終。謹以所聞，列之如左：

陛下貞觀之初，無為無欲，清靜之化，遠被遐荒。考之於今，其風漸墜，聽言則遠超於上聖，論事則未踰於中主⑫。何以言之？漢文、晉武俱非上哲，漢文辭千里之馬⑬，晉武焚雉頭之裘⑭。今則求駿馬於萬里，市珍奇於域外，取怪於道路，見輕於戎狄，此其漸不克終，一也。

昔子貢⑮問理人於孔子，孔子曰：「懍乎若朽索之馭六馬⑯。」子貢曰：「何其畏哉？」子曰：「不以道導之，則吾讎也，若何其無畏？」故《書》⑰曰：「民惟邦本，本固邦寧。」為人上者⑱奈何不敬？陛下貞觀之始，視人如傷，恤其勤勞，愛民猶子，每存簡約，無所營為。頃年已來，意在奢縱，忽忘卑儉，輕用人力，乃云：「百姓無事則驕逸，勞役則易使。」自古以來，未有由百姓逸樂而致傾敗者也，何有逆畏其驕逸，而故欲勞役者哉？恐非興邦之至言，豈安人之長算？此其漸不克終，二也。

陛下貞觀之初，損己以利物，至於今日，縱欲以勞人，卑儉之迹歲改，驕侈之情日異。雖憂人之言不絕於口，而樂身之事實切於心。或時欲有所營，慮人致諫，乃云：「若不為此，不便我身。」人臣之情，何可復爭？此直意在杜諫者之口，豈曰擇善而行者乎？此其漸不克終，三也。

立身成敗，在於所染，蘭芷⑲鮑魚⑳，與之俱化，慎乎所習，不可不思。陛下貞觀之初，砥礪㉑名節，不私於物，唯善是與，親愛君子，疏斥小人。今則不然，輕褻小人，禮重君子。重君子也，敬而遠之；輕小人也，狎而近之。近之則不見其非，遠之則莫知其是。莫知其是，則不間而自疏；不見其非，則有時而自昵。昵近小人，非致理之道；疏遠君子，豈興邦之義？此其漸不克終，四也。

《書》㉒曰：「不作無益害有益，功乃成；不貴異物賤用物，人乃足。犬馬非其土性不畜，珍禽奇獸弗育於國。」陛下貞觀之初，動遵堯、舜，捐金抵璧[23]，反[24]朴還淳。頃年以來，好尚奇異，難得之貨，無遠不臻；珍玩之作，無時能止。上好奢靡而望下敦朴，未之有也。末作[25]滋興，而求豐實，其不可得亦已明矣。此其漸不克終，五也。

貞觀之初，求賢如渴，善人所舉，信而任之，取其所長，恆恐不及。近歲已來，由心好惡，或眾善舉而用之，或一人毀而棄之，或積年任而用之，或一朝疑而遠之。夫行有素履[26]，事有成跡。所毀之人，未必可信於所舉；積年之行，不應頓失於一朝。君子之懷，蹈仁義而弘大德；小人之性，好讒佞以為身謀。陛下不審察其根源，而輕為之臧否[27]，是使守道者日疏，干求者[28]日進，所以人思苟免，莫能盡力。此其漸不克終，六也。

陛下初登大位，高居深視，事惟清靜，心無嗜慾，內除畢弋之物[29]，外絕畋獵之源。數載之後，不能固志，雖無十旬之逸[30]，或過三驅[31]之禮，遂使盤遊[32]之娛，見譏於百姓，鷹犬之貢，遠及於四夷。或時教習之處，道路遙遠，侵晨㉝而出，入夜方還，以馳騁為歡，莫慮不虞之變，事之不測，其可救乎？此其漸不克終，七也。

孔子曰㉞：「君使臣以禮，臣事君以忠。」然則君之待臣，義不可薄。陛下初踐大位，敬以接下，君恩下流，臣情上達，咸思竭力，心無所隱。頃年已來，多所忽略，或外官㉟充使，奏事入朝，思睹闕庭，將陳所見，欲言則顏色不接，欲請又恩禮不加，間因所短，詰㊱其細過，雖有聰辯之略，莫能申其忠款㊲，而望上下同心，君臣交泰㊳，不亦難乎？此其漸不克終，八也。

傲不可長，欲不可縱，樂不可極，志不可滿㊴。四者，前王所以致福，通賢以為深誡。陛下貞觀之初，孜孜不怠，屈己從人，恆若不足。頃年已來，微有矜放㊵，恃功業之大，意蔑前王，負聖智之明，心輕當代，此傲之長也。欲有所為，皆取遂意，縱或抑情從諫，終是不能忘懷，此欲之縱也。志在嬉遊，情無厭倦，雖未全妨政事，不復專心治道，此樂將極也。率土[41]乂安，四夷款服[42]，仍遠勞士馬，問罪遐裔[43]，此志將滿也。親狎者阿旨而不肯言，疏遠者畏威而莫敢諫，積而不已，將虧聖德。此其漸不克終，九也。

昔陶唐[44]、成湯之時非無災患，而稱其聖德者，以其有始有終，無為無欲，遇災則極其憂勤，時安則不驕不逸故也。貞觀之初，頻年霜旱，畿內[45]戶口並就關外[46]，攜負老幼，來往數年，曾無一戶逃亡，一人怨苦，此誠由識陛下矜育之懷，所以至死無攜貳[47]。頃年已來，疲於徭役，關中之人，勞弊尤甚。雜匠之徒，下日[48]悉留和雇[49]；正兵之輩，上番[50]多別驅使。和市[51]之物不絕於鄉閭，遞送之夫相繼於道路。既有所弊，易為驚擾，脫因[52]水旱，穀麥不收，恐百姓之心，不能如前日之寧帖。此其漸不克終，十也。

臣聞「禍福無門，唯人所召。」人無釁[53]焉，妖不妄作。伏惟陛下統天御宇[54]十有三年，道洽寰中[55]，威加海外，年穀豐稔，禮教聿[56]興，比屋喻於可封[57]，菽粟同於水火。暨乎今歲，天災流行，炎氣致旱，乃遠被於郡國；凶醜作孽，忽近起於轂下[58]。夫天何言哉？垂象示誡，斯誠陛下驚懼之辰，憂勤之日也。若見誡而懼，擇善而從，同周文之小心，追殷湯之罪己。前王所以致理者，勤而行之；今時所以敗德者，思而改之。與物更新，易人視聽，則寶祚[59]無疆，普天幸甚，何禍敗之有乎？然則社稷安危，國家治亂，在於一人而已。當今太平之基，既崇極天之峻；九仞[60]之積，猶虧一簣[61]之功。千載休[62]期，時難再得，明主可為而不為，微臣所以鬱結而長嘆者也。

臣誠愚鄙，不達事機，略舉所見十條，輒以上聞聖聽。伏願陛下採臣狂瞽之言，參以芻蕘之議，冀千慮一得，袞職有補[63]，則死日生年，甘從斧鉞。

疏奏，太宗謂徵曰：「人臣事主，順旨甚易，忤情尤難。公作朕耳目股肱，常論思獻納。朕今聞過能改，庶幾克終善事，若違此言，更何顏與公相見？復欲何方以理天下？自得公疏，反覆研尋，深覺詞強理直，遂列為屏障，朝夕瞻仰。又錄付史司，冀千載之下識君臣之義。」乃賜徵黃金64十斤，廄馬65二疋。

【章旨】此章載魏徵著名的〈十漸疏〉，列舉了唐太宗十種「漸不克終」的表現，希望能有補於衰職，以求長治久安。由此可反映出貞觀後期不如前期的景況。

【注釋】❶受圖定鼎　謂承受天命，創立王朝。圖，河圖。傳說遠古有龍馬從黃河出現，背負河圖。鼎，傳國的寶器。❷貽厥孫謀　為其子孫圖謀。❸垂拱　垂衣拱手，無為而治。❹巖廊　高峻的廊廟，指朝廷。❺萬乘　指天子。❻莫己逆　謂別人不敢違背自己的話。❼弱冠　指男子二十歲左右。❽橫流　洪水泛濫，借指亂世。❾區宇　疆域；天下。❿時方克壯　正當年輕力壯之時。⓫曩　從前；過去。⓬中主　一般的君主。⓭漢文辭千里之馬　漢文帝時，有獻千里馬者，詔還其馬，與道里費。⓮晉武焚雉頭之裘　晉武帝時，有人獻雉頭裘，帝以奇技異服，焚之於殿前。⓯子貢　即端木賜，孔子的弟子。以下問答見《孔子家語》。⓰六馬　指六匹馬拉的車子。⓱書　指《尚書·夏書·五子之歌》。⓲為人上者　指君主。⓳蘭芷　蘭草、白芷，氣味香，比喻有美德的人。⓴鮑魚　鹽漬的魚，氣味臭，比喻有惡行的人。㉑砥礪　磨煉。㉒書　指《尚書·周書·旅獒》。㉓捐金抵璧　拋棄金銀玉璧。參見本書〈貪鄙〉篇注釋。㉔反　返。㉕末作　指商業、手工業。㉖素履　一貫的行為。㉗臧否　評論好壞。㉘干求者　追求官職俸祿的人。㉙畢弋之物　打獵用具。畢，田獵用的長柄網。弋，繫在箭上的繩。㉚十旬之逸　傳說夏王太康遊獵無度，十旬不返。見《尚書·夏書·五子之歌》。㉛三驅已詳本書〈君道〉篇。㉜盤遊　遊樂。㉝侵晨　淩晨。㉞孔子曰　指《論語・八佾》中答魯定公之詞。㉟外官　地方官。㊱詰　追問；責備。㊲款　誠。㊳交泰　時運亨通，這裡指融洽。㊴傲不可長四句　見《禮記・曲禮》。㊵矜放　驕矜放逸。㊶率土　率土之濱，指全國。㊷款服　誠服。㊸問罪遐裔　對遠方的異族興師問罪。㊹陶唐　即堯。㊺畿內　京畿地區，指關內道。㊻就關外　遷往關東有糧食的地方。就，就食。㊼攜貳　叛離。㊽下日　指服役完畢。㊾和雇　官府出錢雇用勞力。㊿上番　輪流擔任值勤。(51)和市　官府出錢購買百姓的物品。(52)脫因　或許由於。(53)釁　指過失。(54)統天御宇　統治天下。(55)寰中　宇內；天下。(56)聿　助詞，無意義。(57)比屋喻於可封　謂盡人皆賢，家家都有可受封爵的德行。按「喻」原作「踰」，據《魏鄭公集》改。(58)轂下　輦轂之下。魏徵上疏前不久，突厥人結社率叛亂，襲擊唐太宗所住的九成宮。(59)寶祚　帝位；國祚。(60)九仞　言高。仞，八尺為一仞。(61)簣　盛土的筐子。(62)休　美好。(63)袞職有補　謂對帝王有所補益。袞，帝王的禮服。袞職，指帝王之位。(64)黃金　即銅。(65)廄馬　皇宮馬房中的馬。

【語　譯】貞觀十三年，魏徵擔心唐太宗不能始終保持節儉，又近年來頗愛好奢侈縱逸，便上疏勸諫說：

我觀察自古以來帝王承受天命而創立王朝，都想傳之萬代，為後世子孫謀劃。所以在朝廷上垂裳拱手，宣布政令於天下，論述治國之道必定首先倡導淳樸而抑止浮華，選用人物必定要貴重忠良而鄙薄邪佞，講述制度就杜絕奢靡而崇尚儉約，談論物產就貴重穀帛而輕視珍奇。然而，帝王受命之初，都能遵循這些原則，從而達到天下大治的境地；而在稍微安定之後，卻大都違背這些原則，從而敗壞了社會風俗。這是什麼原因呢？難道不是因為居於天子的尊貴地位，富有四海，說話別人不敢違背，斷事別人必須服從，公道為私情所淹沒，禮節為嗜欲所虧損的緣故嗎？諺語說：「不是知曉道理難，而要做到它就難；不是做到它難，而要堅持到底就難。」所說的確實不錯啊！

陛下年方二十歲左右，就大力拯救亂世，削平天下，開創了帝業。貞觀之初，陛下正值年輕力壯之時，抑損嗜欲，親自履行節儉，內外康泰寧靜，於是達到了大治的境界。論功業，就是商湯、周武王也不能相比；說德行，就是跟堯、舜也相差不遠。我自從被任為陛下身邊大臣，已十多年了，每在殿堂侍奉陛下，屢次聽到聖明的旨意。陛下常說要行仁義之道，堅守不失；要有儉約之志，始終不渝。所謂「一言興邦」，就是這個意思。陛下的德音猶在耳邊，我怎麼敢忘記呢？然而，近年以來，陛下稍微違背了從前的志向，淳樸的原則漸漸地不能堅持到底。謹將所聽到、看到的情況，列舉如下：

陛下在貞觀之初，無為而治，沒有嗜欲，清靜的教化遍及荒遠地區。考察當今，這種風氣逐漸地失落了，聽言談則遠遠超過上等聖王，論做事則無法超過一般君主。為什麼這樣說呢？漢文帝、晉武帝都不是上等聖哲之君，漢文帝卻拒收千里馬，晉武帝也燒掉雞頭裘。現在陛下則到萬里之外去覓求駿馬，到國外去購買珍奇，以致為沿途百姓所責怪，被戎狄所輕視，這是逐漸不能善終的表現之一。

從前，子貢向孔子請教治理民眾的事情，孔子說：「要像用腐朽的繮繩駕馭六匹馬拉的車子那樣戒懼小心。」子貢說：「為什麼要這樣戒懼呢？」孔子說：「不用仁義之道去引導民眾，民眾就會成為我的仇敵，你怎麼不戒懼呢？」所以《尚書》上說：「民眾是國家的根本，根本牢固，國家才會安寧。」作為一個君主怎麼能不敬畏？陛下在貞觀之初，看待民眾如對待受傷之人一樣，憐恤他們的勤勞，愛民如子，經常保持簡樸節約，沒有什麼營造興作。而近年以來，陛下卻留意於奢侈縱欲之事，忘記了卑謙節儉，輕易地動用民力，竟說：「百姓無事就會驕懶放逸，使他們勞役就會易於使喚。」自古以來，沒有由於百姓安逸樂業而導致敗亡的，哪兒有反而害怕百姓驕逸，而故意要他們服勞役的呢？這恐怕不是什麼振興國家的至理名言，又怎麼會是安定百姓的長久之策呢？這是逐漸不能善終的表現之二。

陛下在貞觀之初，減損己欲，以利人民，到了現在，卻放縱己欲，以勞役民眾，卑謙節儉的作風一年年地改變，驕矜奢侈的欲望一天天地增長。雖然憂慮民眾的話不絕於口，而實際在心裡關切的卻是自己作樂的事。有時要想營造什麼，又擔心別人來規諫，竟說：「如果不造這些，對我的身體是不利的。」做人臣子的在這情形下，哪兒能再諫諍呢？這只是想杜絕勸諫者的嘴，難道說是擇善而行嗎？這是逐漸不能善終的表現之三。

人立身的成敗，在於環境的薰染，與好人或者壞人在一起，時間長久了都會受到感化，因此要慎重地選擇自己所親近的人，是不可不考慮的。陛下在貞觀之初，磨礪名譽與節操，不偏私於人，只要有善行的就和他在一起，親愛君子，疏斥小人。現在就不是這樣，輕褻小人，禮重君子。禮重君子，就敬而遠之；輕褻小人，就狎而近之。狎近就看不見他們的壞處，疏遠就不知道他們的長處。不知道他們的長處，就不用別人離間而自然地疏遠；看不見他們的壞處，就不時地自然親昵。親近小人，不是治理天下的良方；疏遠君子，又難道是振興國家的良策？這是逐漸不能善終的表現之四。

《尚書》上說：「不做無益之事來損害有益之事，功績才能建立；不貴重奇異之物並輕視日用之物，人心才能滿足。犬馬不是本地所產的就不要畜養，珍禽奇獸不要在國中繁育。」陛下在貞觀之初，都遵循堯、舜的做法，拋棄金寶璧玉，返璞歸真。近年以來，卻愛好奇異之物，只要是難得的珍寶，無論多遠都要弄到手；珍玩的造作，沒有一個時刻能停止下來。皇上愛好奢靡而希望臣下敦樸，是不會有的事。工商業興盛，而希望農夫豐足富實，也一樣不可得，道理是很明顯的了。這是逐漸不能善終的表現之五。

貞觀之初，求賢如渴，所推舉的善人，都給予相信與任用，取其所長，常恐不及。而近年以來，則全憑個人內心的好惡，有時眾人稱好的就加以任用，有時一人說壞的便予以廢棄，有的因多年相信而加以任用，有的因一朝懷疑而加以疏遠。人的行為是有一貫表現的，做事也有現成的跡象。詆毀的人，未必比被舉薦的人可信；多年的作為，不應當因一朝懷疑而立刻否定。君子的胸懷，在於實行仁義而弘揚大德；小人的心性，在於愛好讒佞而為自己謀利。陛下不審察其根源，就輕率地評論他們的好壞，這就使奉守正道的人日益疏遠，追求利祿的人日益進用，所以人人都想苟且求免，不能竭盡心力了。這是逐漸不能善終的表現之六。

陛下初登帝位，高瞻遠矚，清靜圖治，心無嗜慾，在內撤除打獵用具，在外禁絕畋獵之源。但數年之後，就不能堅持這種意志了，雖然沒有遊獵十旬不返的情況，但有時卻超過了三驅的禮度，使得遊樂之娛竟被百姓譏議，而鷹犬的進獻更勞動了遙遠的四夷。有時打獵練武的地方，道路遙遠，凌晨外出，夜晚才歸，以馳騁為歡樂，不考慮到意外的變故，一旦發生不測之事，怎麼能挽救呢？這是逐漸不能善終的表現之七。

孔子說：「君主以禮差遣臣子，臣子以忠事奉君主。」既然如此，那麼君主對待臣子，在禮義上便不能輕忽。陛下剛即位時，敬重地接待臣下，君恩流布天下，使得臣子的情意上達，都想竭盡力量，內心沒有什麼隱諱。而近年以來，卻多有忽略，有的地方官擔任使臣，入朝奏事，想一見龍顏，陳述些見聞，正要說時，陛下卻不能喜悅地接待，正要請求時，陛下又不能恩禮相加，其間或有不足之處，陛下便追問細小的過失，即使有聰明善辯的本領，也不能申明自己的忠誠，這樣，希望上下同心，君臣融洽，不是困難的嗎？這是逐漸不能善終的表現之八。

驕傲不可滋長，欲望不可放縱，娛樂不可過度，心志不可滿溢。這四項是前代的帝王用來獲得幸福的準則，而通達的賢人也引為深切的警誡。陛下在貞觀之初，孜孜不倦，屈己從人，常常覺得有所不足似的。而近年以來，卻稍微驕矜放逸，自恃功業盛大，在心裡蔑視前代的帝王，自負聖智英明，從心中輕視當代的人物，這是驕傲滋長的結果。想要有所作為，完全順從自己的心意，即使有時抑制私情，聽從諫諍，最後還是不能忘懷想做的事，這是欲望放縱的結果。把心放在於嬉戲遊樂之上，從不感到厭倦，雖未完全妨礙政事，但已不再專心於治道，這是娛樂將要過度的結果。全國安定，四夷誠服，但仍使兵馬忍受遠途的勞苦，對荒遠的異族興師問罪，這是心志將要滿溢的結果。親狎的人阿旨奉迎而不肯直言，疏遠的人害怕君威而不敢規諫，這樣積久下去，不加防止，將會虧損陛下的聖德。這是逐漸不能善終的表現之九。

從前，在唐堯、商湯之時，並非沒有災害，但大家卻稱頌他們的聖德，是因為他們能善始善終，無為無欲，遇到災害時就極其憂勤地處理，時勢安定時就不驕不逸的緣故。貞觀之初，連年霜災旱災，京畿地區的民眾遷往關東就食，攜老扶幼，往返數年，竟無一戶逃亡，一人怨苦，這實在是由於百姓體會到陛下的憐憫和關懷所致，所以至死也沒生叛離之心。近年以來，百姓疲於徭役，關中民眾的勞弊尤其厲害。各種工匠服役完畢以後，都留下來由官府出資雇用；府兵的將士輪流當班值勤時，大都被驅遣做別的事。官府不停地從民間徵購物品，運送的差夫相繼於道路。既然有這些弊端，就容易造成驚擾，或許由於遇到水災旱災，穀麥不收，恐怕百姓之心就不能像從前那樣寧靜了。這是逐漸不能善終的表現之十。

我聽說「禍與福沒有一定的門路，全是由人自己的行為所招來的。」人無過失，妖害便不會妄作。陛下統治天下已有十三年，道義遍及宇內，威望加於海外，年穀豐登，禮教興盛，家家戶戶都有可受封爵的德行，菽粟多得如水火一樣。但到了今年，則天災流行，炎熱乾旱，竟遍及郡國各地；凶惡的壞人因而犯上作亂，亂事忽然發生在陛下所居的離宮。上天能說什麼呢？只是垂降天象以示警誡罷了，這確實是陛下該驚懼、憂勤的時候了。如果看見上天的警誡而畏懼，擇善而從，如同周文王那樣小心謹慎，追慕殷湯那樣歸罪於己。對前代帝王治理得好的地方，努力去效法；對現在敗壞德政的地方，考慮去改正。與物更新，易人視聽，帝位就會傳之無窮，天下都會很幸運，這樣還有什麼災禍能導致敗亡呢？既然如此，那麼社稷的安危，國家的治亂，其關鍵在於陛下一人而已。當今太平的基業，既已達到像天那樣高峻的地步；但要堆積九仞之山，還差一筐土就將告成功了。這是千年一遇的美好時機，難以再得，英明的君主可以做到而不去做，這正是微臣憂鬱而長歎的緣由。

我確實愚昧鄙陋，不通事理，略舉所見十條缺失，就向陛下奏報。願陛下採納我的狂言瞽說，把鄙陋之人的意見加以參考，希望千慮一得，對陛下有所補益，這樣我雖死而猶生，甘心受刑戮。

魏徵的奏疏呈上後，唐太宗對他說：「臣子事奉君主，順從旨意很容易，觸犯情面就非常困難。你作為我的輔佐大臣，經常提出意見，勸善規過。我現在聞過能改，也許能夠做到善終的境地，如果違背了這些建言，還有什麼臉面與你相見？又要用什麼方法來治理天下？自從看到你的奏疏，反覆研究，深感詞嚴理直，就把它貼在屏風上，朝夕拜讀。又抄錄一份交付史官，希望千年之後知道君臣之義。」於是賜給魏徵黃金十斤，廄馬二匹。

貞觀十四年，太宗謂侍臣曰：「平定天下，朕雖有其事，守之失圖，功業亦復難保。秦始皇初亦平六國❶，據有四海，及末年不能善守，實可為誡。公等宜念公忘私，則榮名高位，可以克終其美。」魏徵對曰：「臣聞之，戰勝易，守勝難。陛下深思遠慮，安不忘危，功業既彰，德教復洽，恆以此為政，宗社❷無由傾敗矣。」

【章旨】此章論戰勝易，守勝難。

【注釋】❶六國　即韓、趙、魏、燕、楚、齊。❷宗社　宗廟社稷。

【語譯】貞觀十四年，唐太宗對侍臣說：「平定天下，我雖然有這樣的事業，但如果守天下失策，功業也還是難以保持的。秦始皇當初也平定六國，統一天下，到了末年卻不能善守，實在可引為鑒戒。你們應當念公而忘私，那麼榮耀的名望和崇高的地位，就能夠始終保全了。」魏徵回答說：「我聽說，戰勝容易，保持勝利困難。陛下深思遠慮，安不忘危，功業既已顯著，道德教化又廣施天下，經常如此治理政事，宗廟社稷就不致傾覆敗亡了。」

貞觀十六年，太宗問魏徵曰：「觀近古帝王有傳位十代者，有一代兩代者，亦有身得身失者。朕所以常懷憂懼，或恐撫養生民不得其所，或恐心生驕逸，喜怒過度。然不自知，卿可為朕言之，當以為楷則❶。」徵對曰：「嗜慾喜怒之情，賢愚皆同。賢者能節之，不使過度；愚者縱之，多至失所❷。陛下聖德玄遠，居安思危，伏願陛下常能自制，以保克終之美，則萬代永賴。」

【章旨】此章論帝王要自制，以保克終之美。

【注釋】❶楷則　楷模、準則。❷失所　失去節制。

【語譯】貞觀十六年，唐太宗問魏徵說：「觀察近古帝王有傳位十代的，有傳一代兩代的，也有自己得到帝位而自己又喪失了的。我因此經常心懷憂懼，有時擔心撫養民眾而不能妥善安置，有時擔心產生驕逸情緒，喜怒超過限度。然而苦於自己不能察覺，你可以給我指出來，我一定把它作為言行的準則。」魏徵回答說：「嗜慾喜怒的情感，賢明之人和愚昧之人都是一樣具有的。只是賢明之人能夠加以節制，不使過度；愚昧之人卻放縱自己，大都失去節制罷了。陛下的聖德玄遠，居安思危，希望陛下常能自我節制，以保持善終的美德，那麼子孫萬代便永遠有了依賴了。」

古籍今注新譯叢書

書種最齊全
注譯最精當

【哲學類】

新譯四書讀本　謝冰瑩等編譯
新譯學庸讀本　王澤應注譯
新譯孝經讀本　賴炎元等注譯
新譯論語新編解義　胡楚生編著
新譯易經讀本　郭建勳注譯
新譯周易六十四卦經傳通釋　黃慶萱注譯
新譯乾坤經傳通釋　黃慶萱注譯
新譯易經繫辭傳解義　吳怡著
新譯禮記讀本　姜義華注譯
新譯儀禮讀本　顧寶田等注譯
新譯孔子家語　羊春秋注譯

新譯老子讀本　余培林注譯
新譯帛書老子　趙鋒注譯
新譯老子解義　吳怡著
新譯莊子讀本　黃錦鋐注譯
新譯莊子讀本　張松輝注譯
新譯莊子本義　水渭松注譯
新譯莊子內篇解義　吳怡著
新譯列子讀本　莊萬壽注譯
新譯管子讀本　湯孝純注譯
新譯墨子讀本　李生龍注譯
新譯公孫龍子　丁成泉注譯
新譯晏子春秋　陶梅生注譯
新譯鄧析子　徐忠良注譯
新譯荀子讀本　王忠林注譯

新譯尹文子　徐忠良注譯
新譯尸子讀本　水渭松注譯
新譯鶡冠子　趙鵬團注譯
新譯鬼谷子　王德華等注譯
新譯韓非子　傅武光等注譯
新譯呂氏春秋　朱永嘉等注譯
新譯韓詩外傳　孫立堯注譯
新譯淮南子　熊禮匯注譯
新譯春秋繁露　朱永嘉等注譯
新譯新書讀本　饒東原注譯
新譯新語讀本　王毅注譯
新譯潛夫論　彭丙成注譯
新譯論衡讀本　蔡鎮楚注譯
新譯申鑒讀本　林家驪等注譯

新譯人物志　吳家駒注譯
新譯張載文選　張金泉注譯
新譯近思錄　張京華注譯
新譯傳習錄　李生龍注譯
新譯呻吟語摘　鄧子勉注譯
新譯明夷待訪錄　李廣柏注譯

【文學類】

新譯詩經讀本　滕志賢注譯
新譯楚辭讀本　林家驪注譯
新譯楚辭讀本　傅錫壬注譯
新譯文心雕龍　羅立乾注譯
新譯六朝文絜　蔣遠橋注譯
新譯世說新語　劉正浩等注譯
新譯昭明文選　周啟成等注譯
新譯古文觀止　謝冰瑩等注譯
新譯古文辭類纂　黃　鈞等注譯
新譯樂府詩選　溫洪隆注譯
新譯古詩源　馮保善注譯
新譯千家詩　邱燮友等注譯
新譯詩品讀本　成　林等注譯
新譯花間集　朱恒夫注譯
新譯南唐詞　劉慶雲注譯

新譯絕妙好詞　聶安福注譯
新譯唐詩三百首　邱燮友注譯
新譯宋詩三百首　陶文鵬注譯
新譯宋詞三百首　汪　中注譯
新譯宋詞三百首　劉慶雲注譯
新譯元曲三百首　賴橋本等注譯
新譯明詩三百首　趙伯陶注譯
新譯清詩三百首　王英志注譯
新譯清詞三百首　陳水雲等注譯
新譯唐人絕句選　卞孝萱等注譯
新譯唐才子傳　戴揚本注譯
新譯拾遺記　石　磊注譯
新譯搜神記　黃　鈞注譯
新譯唐傳奇選　東　忱等注譯
新譯宋傳奇小說選　東　忱注譯
新譯明傳奇小說選　陳美林等注譯
新譯容齋隨筆選　朱永嘉等注譯
新譯明散文選　周明初注譯
新譯明清小品文選　鄭　婷注譯
新譯人間詞話　馬自毅注譯
新譯白香詞譜　劉慶雲注譯
新譯幽夢影　馮保善注譯
新譯菜根譚　吳家駒注譯

新譯小窗幽記　馬美信注譯
新譯圍爐夜話　馬美信注譯
新譯郁離子　吳家駒注譯
新譯歷代寓言選　黃瑞雲注譯
新譯賈長沙集　林家驪注譯
新譯揚子雲集　葉幼明注譯
新譯曹子建集　曹海東注譯
新譯建安七子詩文集　韓格平注譯
新譯阮籍詩文集　林家驪注譯
新譯嵇中散集　崔富章注譯
新譯陸機詩文集　王德華注譯
新譯陶淵明集　溫洪隆注譯
新譯江淹集　羅立乾等注譯
新譯庾信詩文選　歸　青注譯
新譯初唐四傑詩集　李福標注譯
新譯駱賓王文集　黃清泉注譯
新譯王維詩文集　陳鐵民注譯
新譯孟浩然詩集　楊　軍注譯
新譯李白詩全集　郁賢皓注譯
新譯李白文集　郁賢皓注譯
新譯杜甫詩選　張忠綱等注譯
新譯杜詩菁華　林繼中注譯
新譯高適岑參詩選　孫欽善等注譯

新譯昌黎先生文集　周啟成等注譯
新譯劉禹錫詩文選　閻　琦注譯
新譯柳宗元文選　卞孝萱等注譯
新譯白居易詩文選　陶　敏等注譯
新譯元稹詩文選　郭自虎注譯
新譯李賀詩集　彭國忠注譯
新譯杜牧詩文集　張松輝注譯
新譯李商隱詩選　朱恒夫等注譯
新譯范文正公選集　王興華等注譯
新譯蘇洵文選　羅立剛注譯
新譯蘇軾文選　滕志賢注譯
新譯蘇軾詞選　鄧子勉注譯
新譯蘇轍文選　朱　剛注譯
新譯曾鞏文選　高克勤注譯
新譯王安石文選　沈松勤注譯
新譯唐宋八大家文選　鄧子勉注譯
新譯柳永詞集　侯孝瓊注譯
新譯李清照集　姜漢椿等注譯
新譯陸游詩文集　韓立平注譯
新譯辛棄疾詞選　聶安福注譯
新譯歸有光文選　鄔國平注譯
新譯唐順之詩文選　馬美信注譯
新譯徐渭詩文選　周　群等注譯

新譯薑齋文集　平慧善注譯
新譯顧亭林文集　劉九洲注譯
新譯納蘭性德詞　馮　乾注譯
新譯方苞文選　鄔國平等注譯
新譯鄭板橋集　朱崇才注譯
新譯袁枚詩文選　王英志注譯
新譯李慈銘詩文選　潘靜如注譯
新譯聊齋誌異選　任篤行等注譯
新譯閱微草堂筆記　嚴文儒注譯
新譯浮生六記　馬美信注譯
新譯弘一大師詩詞全編　徐正綸編著

【歷史類】

新譯史記　韓兆琦注譯
新譯漢書　吳榮曾等注譯
新譯後漢書　魏連科等注譯
新譯三國志　吳樹平等注譯
新譯資治通鑑　張大可等注譯
新譯史記—名篇精選　韓兆琦注譯
新譯尚書讀本　吳　璵注譯
新譯尚書讀本　郭建勳注譯
新譯周禮讀本　賀友齡注譯
新譯逸周書　牛鴻恩注譯

新譯左傳讀本　郁賢皓等注譯
新譯公羊傳　雪　克注譯
新譯穀梁傳　顧寶田注譯
新譯春秋穀梁傳　周　何注譯
新譯戰國策　溫洪隆注譯
新譯國語讀本　易中天注譯
新譯說苑讀本　左松超注譯
新譯說苑讀本　羅少卿注譯
新譯新序讀本　葉幼明注譯
新譯吳越春秋　黃仁生注譯
新譯西京雜記　曹海東注譯
新譯列女傳　黃清泉注譯
新譯越絕書　劉建國注譯
新譯燕丹子　曹海東注譯
新譯東萊博議　李振興等注譯
新譯唐六典　朱永嘉等注譯
新譯唐摭言　姜漢椿注譯

【宗教類】

新譯金剛經　徐興無注譯
新譯高僧傳　朱恒夫等注譯
新譯碧巖集　吳　平注譯
新譯百喻經　顧寶田注譯

新譯楞嚴經　賴永海等注譯
新譯梵網經　王建光注譯
新譯圓覺經　商海鋒注譯
新譯法句經　劉學軍注譯
新譯六祖壇經　李中華注譯
新譯禪林寶訓　李中華注譯
新譯維摩詰經　陳引馳等注譯
新譯經律異相　顏洽茂注譯
新譯阿彌陀經　蘇樹華注譯
新譯無量壽經　邱高興注譯
新譯無量壽經　蘇樹華注譯
新譯妙法蓮華經　張松輝注譯
新譯景德傳燈錄　顧宏義注譯
新譯大乘起信論　韓廷傑注譯
新譯釋禪波羅蜜　蘇樹華注譯
新譯八識規矩頌　倪梁康注譯
新譯永嘉大師證道歌　蔣九愚注譯
新譯華嚴經入法界品　楊維中注譯
新譯地藏菩薩本願經　李承貴注譯
新譯悟真篇　劉國樑等注譯
新譯无能子　張松輝注譯
新譯坐忘論　張松輝注譯
新譯列仙傳　張金嶺注譯

新譯抱朴子　李中華注譯
新譯神仙傳　周啟成注譯
新譯性命圭旨　傅鳳英注譯
新譯老子想爾注　顧寶田等注譯
新譯周易參同契　劉國樑注譯
新譯道門觀心經　王　卡注譯
新譯養性延命錄　曾召南注譯
新譯樂育堂語錄　戈國龍注譯
新譯冲虛至德真經　張松輝注譯
新譯長春真人西遊記　顧寶田等注譯
新譯黃庭經・陰符經　劉連朋等注譯

【軍事類】

新譯司馬法　王雲路注譯
新譯尉繚子　張金泉注譯
新譯三略讀本　傅　傑注譯
新譯六韜讀本　鄔錫非注譯
新譯吳子讀本　王雲路注譯
新譯孫子讀本　吳仁傑注譯
新譯李衛公問對　鄔錫非注譯

【教育類】

新譯爾雅讀本　陳建初等注譯
新譯顏氏家訓　李振興等注譯
新譯聰訓齋語　馮保善注譯
新譯曾文正公家書　湯孝純注譯
新譯三字經　黃沛榮注譯
新譯百家姓　馬自毅等注譯
新譯幼學瓊林　馬自毅注譯
新譯增廣賢文・千字文　馬自毅注譯
新譯格言聯璧　馬自毅注譯

【政事類】

新譯商君書　貝遠辰注譯
新譯鹽鐵論　盧烈紅注譯
新譯貞觀政要　許道勳注譯

【地志類】

新譯山海經　楊錫彭注譯
新譯水經注　陳橋驛等注譯
新譯佛國記　楊維中注譯
新譯大唐西域記　陳　飛等注譯
新譯洛陽伽藍記　劉九洲注譯
新譯徐霞客遊記　黃　珅注譯
新譯東京夢華錄　嚴文儒注譯